Datenaustausch in der Wissenschaft

Europäische Hochschulschriften Recht

European University Studies in Law

Publications Universitaires Européennes de Droit

Band/Volume **6817**

Miriam Tormin

Datenaustausch in der Wissenschaft

Inwieweit trifft den Staat eine Gewährleistungsverantwortung für eine Forschungsdateninfrastruktur?

PETER LANG

Berlin - Bruxelles - Chennai - Lausanne - New York - Oxford

Bibliografische Information der Deutschen Nationalbibliothek
Die Deutsche Nationalbibliothek verzeichnet diese Publikation in der Deutschen Nationalbibliografie; detaillierte bibliografische Daten sind im Internet über http://dnb.d-nb.de abrufbar.

Zugl.: Hamburg, Bucerius Law School, Diss., 2024

H 360
ISSN 0531-7312
ISBN 978-3-631-92712-0 (Print)
E-ISBN 978-3-631-92721-2 (E-PDF)
E-ISBN 978-3-631-92722-9 (E-PUB)
DOI 10.3726/b22382

Verlegt durch Peter Lang GmbH, Berlin, Deutschland
info@peterlang.com - www.peterlang.com

Inhaltsverzeichnis

Vorwort

Diese Arbeit wurde im Oktober 2024 von der Bucerius Law School – Hochschule für Rechtswissenschaft – als Dissertation angenommen. Das Rigorosum fand am 3. Dezember 2024 statt. Die Arbeit und die Literatur sind im Wesentlichen auf dem Stand der Einreichung von Januar 2024.

Sehr herzlich danken möchte ich Herrn Prof. Dr. Michael Fehling, meinem Doktorvater und akademischen Lehrer, der mich in diesem Vorhaben mit ebenso kritischen wie wertvollen Ratschlägen gefördert und gefordert hat. Mein Dank gilt auch Herrn Prof. Dr. Christian Bumke für sein zügiges Zweitgutachten. Ebenfalls danken möchte ich aktuellen und ehemaligen Kollegen am Lehrstuhl und im Forschungsprojekt sowie den Mitarbeitern der Bibliothek.

Schließlich gilt mein besonderer Dank denen, die mich stets mit ganzem Herzen unterstützt und abgelenkt haben: meinen Eltern, meinen Freunden, insbesondere der Einen, meiner Familie, und vor allem demjenigen, den ich zu Beginn der Promotionszeit beim Joggen kennengelernt habe und der mittlerweile mein Ehemann ist.

Washington, D.C., im Dezember 2024 *Miriam Tormin*

Liste der Abkürzungen

Abs.	Absatz
AEUV	Vertrag über die Arbeitsweise der Europäischen Union
allg.	allgemein/allgemeine/allgemeines/allgemeiner
Anm.	Anmerkung
ArbSchG	Arbeitsschutzgesetz
Art.	Artikel
Aufl.	Auflage
Aug.	August
a.A.	andere Ansicht
ähnl.	ähnlich
BauGB	Baugesetzbuch
Bd.	Band
BeckOK	Beck'scher Online-Kommentar
Begr.	Begründer
Beschl.	Beschluss
BGHZ	Entscheidungen des Bundesgerichtshofes in Zivilsachen
BHO	Bundeshaushaltsordnung
BStG	Bundesstatistikgesetz
BVerfG	Bundesverfassungsgericht
BVerfGE	Bundesverfassungsgerichtsentscheidung
bzgl.	bezüglich
bzw.	beziehungsweise
BDSG	Bundesdatenschutzgesetz
BGBl.	Bundesgesetzblatt
BK	Bonner Kommentar
bspw.	beispielsweise
BT-Drs.	Bundestagsdrucksache
ders.	derselbe

dies.	dieselbe
DS-GVO	Datenschutzgrundverordnung
DSchR	Datenschutzrecht
DVBl.	Deutsche Verwaltungsblätter
EG	Europäische Gemeinschaft
EGMR	Europäischer Gerichtshof für Menschenrechte
EL	Ergänzungslieferung
EMRK	Europäische Menschenrechtskonvention
EU	Europäische Union
EUV	Vertrag über die Europäische Union
f.	folgend
ff.	folgende
FG	Festgabe
Fn.	Fußnote
FS	Festschrift
gem.	gemäß
GG	Grundgesetz
GVwR	Grundlagen des Verwaltungsrechts
GRC	Grundrechte-Charta
grds.	grundsätzlich
Hdb.	Handbuch
HGrG	Haushaltsgrundsätzegesetz
Hrsg.	Herausgeber
h.M.	herrschende Meinung
IKRK	Internationales Komitee vom Roten Kreuz
insb.	insbesondere
i.R.d.	im Rahmen des/der
i.d.R.	in der Regel
i.E.	im Ergebnis
i.V.m.	in Verbindung mit
J	Journal (Abkürzung in amerikanischen Zeitschriften)

Lit.	Literatur
lit.	littera (Buchstabe)
MüKo	Münchener Kommentar
m.w.N.	mit weiteren Nachweisen
NFDI	Nationale Forschungsdateninfrastruktur
NIH	National Institutes of Health (US-amerikanischer Forschungsförderer)
Nov.	November
Nr.	Nummer
NRW	Nordrhein-Westfalen
OVG	Oberverwaltungsgericht
öff.	öffentlich
OWiG	Ordnungswidrigkeitengesetz
Rn.	Randnummer
RegE	Regierungsentwurf
RL	Richtlinie
Rspr.	Rechtsprechung
S.	Seite
SGB	Sozialgesetzbuch
st.	ständige
StGB	Strafgesetzbuch
StR	Staatsrecht
TK	Telekommunikation
TKG	Telekommunikationsgesetz
UNFCC	Klimarahmenkonvention der Vereinten Nationen
u.	und
u.a.	unter anderem
u.U.	unter Umständen
USA	Vereinigte Staaten von Amerika
v.	vom/von
VG	Verwaltungsgericht

vgl.	vergleiche
VwVfG	Verwaltungsverfahrensgesetz
WRV	Weimarer Reichsverfassung
z.B.	zum Beispiel
ZPO	Zivilprozessordnung

Kapitel 1: Einleitung

Deutschland entwickelt sich von einer Industrienation zu einer Wissensgesellschaft. Daten sind für die Digitalisierung, was Kohle für die Industrialisierung war. Sie sind der Rohstoff der Zukunft.[1] Anders als Güter wie Erdöl und Stahl sind sie unsichtbar, von räumlichen Grenzen unabhängig und lassen sich beliebig oft teilen, ohne sich abzunutzen.

Wertschöpfungsprozesse basieren zunehmend auf kodierten Informationen.[2] Das trifft insbesondere auf die Wissenschaft zu. Sachliche Informationen sind die Basis für empirische Versuche einzelner Forscher.[3] Der Erkenntnisbedarf wächst beständig.[4] Forschungsdaten gelten zunehmend als wichtiger wissenschaftlicher Output.[5] Neue Entdeckungen bauen regelmäßig auf bestehenden auf. Um Erkenntnisse zu gewinnen und weiterzugeben,[6] ist die Wissenschaft auf eine umfassende Öffnung von Datensätzen angewiesen.[7] Dafür bedarf es verfügbarer Informationen über eine zugängliche Dateninfrastruktur.

---

1 So auch vertreten vom *Bundesministerium für Finanzen*, Deutscher Aufbau- und Resilienzplan, 2021, S. 105; *Brauckmann*, Digitale Revolution in der industriellen Fertigung, S. 105.

2 *Zibell*, Infrastruktur, in: Köhler (Hrsg.), Infrastruktur, 2007, S. 92 f.

3 Das BVerfG spricht bei der Wissenschaftsfreiheit von einer „Schlüsselfunktion (…) für die gesamtgesellschaftliche Entwicklung“, E 35, 79 (114); 47, 327 (368); vgl. auch *Gärditz*, in: Dürig/Herzog/Scholz (Hrsg.), GG Bd. I, 88. EL, Art. 5 Abs. 3, Rn. 1.

4 *Britz*, in: Dreier (Hrsg.), GG Bd. I, 3. Aufl. 2013, Art. 5 III (Wissenschaft), Rn. 17.

5 *Borghi/Van Gulick*, PLoS ONE, 16/5 (2021), 1, 3 f., 11. Zur Entwicklung des wissenschaftlichen Prozesses hin zu einem elektronischen vgl. die Mitteilung „Offene Daten“ der Europäischen Kommission, KOM (2011) 882 endg., S. 4.

6 Den Erwerb und die Weitergabe von Wissen als zentrale Aufgaben der Wissenschaft manifestierend BVerfGE 90, 1 (11 f.); siehe auch *Kempen*, in: Epping/Hillgruber (Hrsg.), BeckOK GG, 51. Ed. 15.5.2022, Art. 5 Abs. 3, Rn. 191. So bereits Abg. *von Mangoldt* in der 3. Sitzung des Ausschusses für Grundsatzfragen vom 21.9.1948, abgedruckt in: Deutscher Bundestag/Bundesarchiv (Hrsg.), Der Parlamentarische Rat, 1948-1949, Bd. 5/1, S. 55; darauf Bezug nehmend *Gärditz*, in: Dürig/Herzog/Scholz (Hrsg.), GG Bd. I, 88. EL, Art. 5 Abs. 3, Rn. 10.

7 *Hevers*, Informationszugangsansprüche des forschenden Wissenschaftlers, S. 47; *Lederer*, Open Data, S. 33. Vgl. *Berg*, Informationelle Selbstbestimmung und Forschungsfreiheit, in: Jehle (Hrsg.), Datenzugang und DSch, 1987, S. 30, 36; wortgleich *Berg*, CR 1988, 234, 236, der die Wissenschaftsfreiheit als autonom, aber nicht autark charakterisiert und daraus folgert, der Forscher sei auf Informationen von außen angewiesen. Allg. zur Bedeutung der Information für die Wissenschaft *Bizer*, Forschungsfreiheit

So wie die ökonomische Infrastruktur das Fundament jeder Volkswirtschaft ist,[8] ist eine Forschungsinfrastruktur elementar für eine funktionierende, leistungsfähige und produktive wissenschaftliche Gemeinschaft. Der Wandel von einer Industrie- zu einer Informationsgesellschaft erfordert auch in der wissenschaftlichen Praxis technische Anpassungen, Mobilität von Ideen und jederzeit zugängliche Informationen.[9] Der heutige Lebensstandard ist ohne Energieverteilungssysteme nicht denkbar. Entsprechend ist der wissenschaftliche Betrieb künftig ohne miteinander verbundene Datenrepositorien kaum vorstellbar.

Ein funktionierender Wissenschaftsbetrieb ist unabdingbares Fundament für freiheitlichen, gesellschaftlichen Fortschritt. Der Austausch von verknüpfbaren, weiterverwertbaren Forschungsdaten gewinnt dabei an Relevanz.[10] Damit der Forschungsstandort Deutschland in der europäischen und transnationalen Forschung attraktiv und wettbewerbsfähig bleibt, sollte er die Potenziale verfügbarer und vernetzter Daten[11] ausschöpfen. Um zukünftig anschlussfähig im internationalen Wirtschaftsbetrieb zu agieren, braucht Deutschland eine geregelte Infrastruktur, die Daten aufbewahrt, verknüpft, zugänglich und damit verwertbar macht.[12]

Deutsche Behörden üben sich bereits in einer Transparenzkultur und ermöglichen auf Grundlage des Open-Data- und Datennutzungsgesetzes[13] Zugang zu staatlichen Daten.[14] Open Government Data lebt eine effektive Verwaltung vor.[15] Wenngleich es nicht speziell um Forschungsdaten geht, profitieren Wissenschaftler von den verfügbaren Informationen. Zudem deuten offene Verwaltungsdaten

---

und informationelle Selbstbestimmung, S. 29 ff.; *Blankenagel*, Wissenschaft zwischen Information und Geheimhaltung, S. 65 ff.; *Mayen*, Der grundrechtliche Informationsanspruch des Forschers gegenüber dem Staat, S. 28 ff.

8 *Hünnekens*, Rechtsfragen der wirtschaftlichen Infrastruktur, S. 1.

9 *Zibell*, Infrastruktur, in: Köhler (Hrsg.), Infrastruktur, 2007, S. 92 f., 103.

10 *Tenopir/Rice/Allard et al.*, PLoS ONE, 15/3 (2020), 1, 2, 23.

11 *Hardwicke/Wallach/Kidwell et al.*, RS Open Science, 7/2 (2020), 1, 2.

12 Vgl. *Bundesministerium für Finanzen*, Deutscher Aufbau- und Resilienzplan, 2021, S. 329 f. Derzeit hängt Deutschland beim Teilen von Forschungsdaten deutlich zurück, *Berndt/Grill*, Ergebnisse Tausender Studien nicht veröffentlicht, 2021, abrufbar unter: https://www.sueddeutsche.de/wissen/studien-eu-ergebnisse-nicht-veroeffentlicht-1.5341275.

13 Modernisierter Nachfolger des Informationsweiterverwendungsgesetzes, die EU-Richtlinie 2019/1024 (Open-Data- and Public Sector Information-Directive) umsetzend.

14 Zu kritischen Punkten bzgl. offener Behördendaten *Janda*, VM, 17 (2011), 227, 231; *Senges/P. Müller/Weitzmann et al.*, Offene Staatskunst, S. 58 ff.

15 BT-Drs. 17/11473, S. 20; *Lederer*, Open Data, S. 84.

auf die Bereitschaft für eine künftige Öffnung von Daten auch in anderen Bereichen hin.[16]

Bisher gibt es nur wenige rechtliche oder wissenschaftsinterne Vorgaben zum Teilen von Forschungsdaten, die über unverbindliche Empfehlungen[17] hinausgehen. Wissenschaftliche Verlage, Forschungseinrichtungen und Forschungsförderorganisationen setzen sich aber vermehrt dafür ein, dass Wissenschaftler auf Daten zugreifen können.[18] Datenteilen und -abrufen wird dadurch zunehmend Bestandteil der wissenschaftlichen Praxis.[19] Besonders in der Phase, in der involvierte Akteure Anwendungsrichtlinien entwickeln und Ausgestaltungsoptionen austesten, sollten sie dabei die Bedürfnisse einzelner Wissenschaftler ebenso wie die der Scientific Community[20] berücksichtigen.

Der Wandel der Anforderungen an nachnutzbare Daten in Gesetzen, Publikations- und Förderbedingungen und das insgesamt steigende Volumen verfügbarer Datensätze werfen die Fragen auf, wer wo und wie Informationen speichern und bereitstellen soll. Es kristallisiert sich ein wachsender Bedarf an Datenbanken heraus, die Zugang zu Informationen verschaffen. Dafür bedarf es einer Infrastruktur, die mit ihren Speicherkapazitäten einen erhöhten Umfang an Daten verwahren kann.[21] Gleichermaßen muss ein regulatorischer Rahmen bestehen, der einen sicheren Umgang mit Daten gewährleistet. Dazu gehört auch ein urheberrechtlicher Datenbankschutz, der die Aufbereitung der investierten Arbeit in einem Repositorium schützt und dadurch Wissenschaftler zum Teilen ihrer Daten motivieren kann.

Gegenstand dieser Untersuchung ist es, herauszuarbeiten, ob und inwieweit den Staat eine Gewährleistungsverantwortung trifft, eine Infrastruktur für Forschungsdaten bereitzustellen und welche möglichen Formen der Ausgestaltung zweckmäßig sind.

---

16 *Lederer*, Open Data, S. 84.

17 So die Leitlinien der *DFG*, Leitlinien zur Guten Wissenschaftlichen Praxis, 2019, Leitlinie 13, 15, 17, abrufbar unter: https://www.dfg.de/download/pdf/foerderung/rechtliche_rahmenbedingungen/gute_wissenschaftliche_praxis/kodex_gwp.pdf; *DFG*, Guidelines on the Handling of Research Data, 2015, abrufbar unter: https://www.dfg.de/download/pdf/foerderung/grundlagen_dfg_foerderung/forschungsdaten/guidelines_research_data.pdf.

18 *Bundesministerium für Finanzen*, Deutscher Aufbau- und Resilienzplan, 2021, S. 329.

19 *Fehling/Tormin*, WissR 2021, 281, 306 ff.

20 Die Scientific Community ist die global vernetzte Gemeinschaft kritisch kommunizierender, ähnlichen Regeln folgender Wissenschaftler, *Hevers*, Informationszugangsansprüche des forschenden Wissenschaftlers, S. 107.

21 Zu der Herleitung einer entsprechenden staatlichen Gewährleistungsverantwortung sowie zu ihrem Inhalt siehe Kapitel 4 u. 5.

A. Begriffsbestimmungen und Ausdifferenzierung des Untersuchungsgegenstands

Der folgende Abschnitt bestimmt den Untersuchungsgegenstand näher und erläutert grundlegende Begriffe. Ein einheitliches Begriffsverständnis erhöht den Erkenntniswert und soll einen Bezugspunkt für die nachstehenden Erwägungen bilden. Die Materie wird zu benachbarten Themenfeldern abgegrenzt.

I. Forschungsdaten

1. Begriffsklärung

Die Begriffe „Forschung" und „Wissenschaft" lassen sich kaum abschließend bestimmen, will man die gebotene juristische Trennschärfe wahren.[22] Die vom Bundesverfassungsgericht betonte Schlüsselfunktion von Wissenschaft für die gesamtgesellschaftliche Entwicklung fußt auf der Gesamtheit der freien wissenschaftlichen Betätigung.[23] Dieses weite Verständnis ist hier zugrunde gelegt. Danach betreibt derjenige wissenschaftliche Forschung, dessen Tätigkeit nach ihrem Inhalt und ihrer Form als ernsthafter, planmäßiger Versuch zur Wahrheitsermittlung erscheint.[24] Der Begriff der Forschung umfasst in dieser Arbeit die systematische Suche nach neuen Erkenntnissen einschließlich deren Dokumentation und Veröffentlichung. Das kann in der Grundlagenforschung ebenso geschehen wie in der angewandten Forschung. Öffentlich geförderte Forschungsprojekte, aus denen die zu speichernden Daten stammen, generieren in der Regel Erkenntnisse im Interesse der Allgemeinheit.

„Daten" bezeichnen allgemein unkörperliche Gegenstände, die Informationen mit verschiedenen Inhalten kodieren. Sie können elektronisch verarbeitet werden.[25] Forschungsdaten sind aufgezeichnete Erkenntnisse, die Wissenschaftler als primäre Quelle in ihrer Arbeit verwenden und anhand derer sie Forschungsergebnisse validieren können.[26] Es handelt sich um digitale oder digitalisierbare Ergebnisse, zum Beispiel aus Messreihen oder empirischen Umfragen.[27]

---

22 *Hevers*, Informationszugangsansprüche des forschenden Wissenschaftlers, S. 55; vgl. auch *J. Ipsen*, Staatsrecht II, Rn. 529. Ausführlicher zu den Begriffen Kapitel 4 D. I.

23 *Hevers*, Informationszugangsansprüche des forschenden Wissenschaftlers, S. 55.

24 BVerfGE 35, 79 (113); 47, 327 (367); 90, 1 (12).

25 *Kloepfer*, Informationsrecht, § 1, Rn. 53 ff.; *Riehm*, VersR 2019, 714, 715; *Specht*, CR 2016, 288, 290; *Zech*, Information als Schutzgegenstand, S. 33; *Zech*, CR 2015, 137, 138.

26 *OECD*, Principles and Guidelines for Access to Research Data from Public Funding, Nr. 2390779402, 2007, S. 13.

27 *Fehling*, OdW 2014, 179, 181.

Der Begriff Open Research Data steht für das offene Bereitstellen von Daten aus Studien, damit andere Forscher die Informationen nutzen können. Die Bereitschaft, Daten auf Nachfrage verfügbar zu machen, ist von dem Begriff nicht umfasst.[28]

2. *In der Untersuchung behandelte Daten*

Die Arbeit behandelt vorrangig, aber nicht ausschließlich biomedizinische Daten aus dem Bereich des öffentlichen Gesundheitswesens und solche aus der Umwelt- und Klimaforschung. Bei ihnen wird das größte Nutzenpotenzial und deshalb Erfordernis zum Datenteilen gesehen.[29] Sie können die Lebensqualität zahlreicher Menschen oder die Effizienz von Sozialdiensten konkret verbessern.

Ausgangs- und Mittelpunkt sind Daten, die Wissenschaftler im Rahmen öffentlich geförderter Forschungsprojekte unter Einhaltung allgemein anerkannter wissenschaftlicher Standards generieren. Öffentlich geförderte Daten umfassen sowohl solche aus der staatlichen Hochschulforschung, aus anderen staatlichen Forschungseinrichtungen als auch aus der Projektförderung durch (semi-)staatliche Förderorganisationen. Privat finanzierte Forschung kommerzieller Einrichtungen sowie die Industrieforschung fallen nicht darunter.[30]

Verschiedene Datenarten[31] und Besonderheiten im Zusammenhang mit sensiblen Informationen[32] sind zur rechtlichen Bewertung zu unterscheiden. Daten nach ihrer Art zu klassifizieren, hilft dabei, geeignete Analysemethoden und Speicheranforderungen für sie festzulegen. Unterscheiden lassen sich quantitative

28 *Deutsche Gesellschaft für Psychologie*, Survey, 2021.

29 Für Gesundheitsdatenbanken gibt es bereits eine Infrastruktur, so dass in diesem Bereich auf den vorhandenen Datenbanken aufgebaut werden kann. Bei Klima- und Umweltdaten begründet sich das Potenzial aus der Dringlichkeit, vorhandene Probleme infolge des Klimawandels zu lösen.

30 Zu den Forschungstypen *Britz*, in: Dreier (Hrsg.), GG Bd. I, 3. Aufl. 2013, Art. 5 III (Wissenschaft), Rn. 22.

31 In der Wissenschaft gibt es experimentelle Daten, die Forscher im Rahmen kontrollierter wissenschaftlicher Experimente oder Umfragen gewinnen (z.B. physikalische Messungen, chemische Reaktionsraten oder Fragebögen). Daneben gibt es Daten, die Forscher durch die Beobachtung natürlicher Phänomene sammeln. Biologische oder genetische Daten stammen aus biologischen Quellen. Zudem können Computermodelle Simulationsdaten erzeugen, um Szenarien zu modellieren, die nicht direkt beobachtet oder experimentell getestet werden können.

32 Etwa wenn es um Daten aus der Gentechnik oder Nuklearforschung geht, siehe bspw. *Gill/Bizer/Roller*, Riskante Forschung; *F. Reimer*, Grundrechtlicher Schutz riskanter Forschung, in: Britz (Hrsg.), Forschung, 2012, S. 47, 47 ff.

und qualitative Daten.[33] Daten lassen sich auch nach der Art ihrer Erhebung unterscheiden.[34] Es wird nicht danach abgegrenzt, ob die Daten gezielt oder rein zufällig erhoben wurden.[35]

Ebenso erforderlich istes, nach dem Stand der Verarbeitung der Daten zu unterscheiden. Diese Untersuchung umfasst Rohdaten, die bisher regelmäßig unter Verschluss bleiben, wissenschaftlich verarbeitete, analysierte und interpretierte Daten sowie solche, die bereits in einer Publikation verwertet und dort gegebenenfalls bereits mitveröffentlicht wurden einschließlich der Ergebniswerte. Rohdaten sind die ursprünglichen, unverarbeiteten Daten, die direkt aus der Datenerhebung stammen.[36] Da sie oft in einem Format vorliegen, das sich nicht für die Analyse eignet, verarbeiten ihre Erheber sie zunächst. In diesem Zuge bereinigen Erheber Fehler, Inkonsistenzen, fehlende Werte und Messungenauigkeiten, entfernen Ausreißer, formatieren die Daten und reichern sie an. Danach analysieren Forscher die Daten durch statistische Analysen, Modellierungen oder andere Methoden, gegebenenfalls mithilfe maschinellen Lernens. Analysierte Daten sind häufig zumindest mittelbar in eine Publikation eingeflossen.[37] Interpretierte Daten sind solche, die Forscher in den Kontext ihrer Forschungsfrage oder Hypothese gestellt haben und aus denen sie Schlussfolgerungen ziehen. Sind Daten aufbereitet, können Forscher sie präsentieren und etwa in Form von Texten, Tabellen, Grafiken oder Diagrammen publizieren. Danach können Forscher ihre Daten archivieren und sie so dokumentiert in einem Format speichern, das eine langfristige Aufbewahrung und Zugänglichkeit beispielsweise über Datenbanken oder als Teil von Veröffentlichungen ermöglicht.

Rohdaten stehen im Fokus der hiesigen Betrachtung. Relevant sind daneben Sekundär- und Metadaten. Sekundärdaten haben Forscher zuvor für andere Zwecke (in Studien) gesammelt. Sie oder ihre Kollegen verwenden die gesammelten

---

33 Erstere sind numerische Daten, die Forscher durch Messungen oder quantitative Methoden erlangen. Sie umfassen etwas Laborwerten und Bevölkerungsstatistiken. Qualitative Daten sind nicht-numerische Daten, beispielsweise aus Interviews, Fallstudien, ethnografischen Studien oder Literaturanalysen.

34 Es gibt experimentelle Daten, die Forscher im Rahmen kontrollierter wissenschaftlicher Experimente oder Umfragen gewinnen (zum Beispiel im Rahmen physikalischer Messungen, chemischer Reaktionsraten oder Fragebögen). Daneben gibt es Daten, die Forscher durch die Beobachtung natürlicher Phänomene sammeln. Zudem können Computermodelle Simulationsdaten erzeugen, um Szenarien zu modellieren, die nicht direkt beobachtet oder experimentell getestet werden können.

35 *Hevers*, Informationszugangsansprüche des forschenden Wissenschaftlers, S. 53.

36 *Gitelman*, "Raw data" is an oxymoron, Frontmatter.

37 *Fehling*, OdW 2014, 179, 181.

Daten in der Folge erneut für neue Forschungsfragen. Metadaten sind für das Verständnis und die Reproduzierbarkeit von Forschungsergebnissen unerlässlich. Sie charakterisieren die Primärdaten, auf die sie sich beziehen, geben Aufschluss darüber, wer sie wann gesammelt hat, über ihren Inhalt, ihre Entstehung (dazu gehören eingesetzte Methoden und Software-Programme sowie die Bedingungen ihrer Erhebung), rechtliche Aspekte wie Nutzungs- und Zugangsbedingungen.[38]

3. *Ausschluss datenschutzrechtlicher Fragen*

Datenschutzrechtliche Aspekte hinsichtlich der in Datenbanken gespeicherten Daten sind nicht Gegenstand dieser Untersuchung.[39]

Das Datenschutzrecht greift nur bei der Verarbeitung personenbezogener[40] Daten, vergleiche § 1 Abs. 1 Satz 1 Bundesdatenschutzgesetz (BDSG) und Art. 2 Abs. 1 Datenschutz-Grundverordnung[41] (DS-GVO). Nach § 46 Abs. 1 Satz 1 BDSG sind Daten personenbezogen, wenn sie sich auf eine identifizierte oder identifizierbare natürliche Person beziehen.[42] Identifizierbar ist eine Person gemäß Satz 2, wenn sie zumindest indirekt anhand der Zuordnung zu einer persönlichen Kennung und/oder einem besonderen Merkmal identifiziert werden kann.[43]

Dem Teilen und Verarbeiten personenbezogener Daten kann der Wille des Betroffenen entgegenstehen. Daraus resultiert eine Verletzung seines Persön-

---

38 *Böker*, Repositorien, 2022, abrufbar unter: https://www.forschungsdaten.info/themen/veroeffentlichen-und-archivieren/repositorien/.

39 Siehe aber zu datenschutzrechtlichen Fragen insb. hinsichtlich der Verantwortung von Forschungsförderorganisationen beim Data Sharing *Fehling/Tormin/Wendelborn et al.*, MedR, 41 (2023), 869 ff.

40 Im Falle personenbezogener Daten sind zudem die Persönlichkeitsrechte der Datenspender aus Art. 8 Grundrechte-Charta zu beachten, vgl. Art. 1 Abs. 1 DS-GVO. Vollständig anonymisierte Daten gelten nicht als personenbezogen. Es gibt zunehmend Initiativen, die an einer dauerhaften Anonymisierung von Daten arbeiten, *Hossayni/Khan/Crespi*, IT Prof., 23 (2021), 23, 23 ff. Darüber hinaus enthält die DS-GVO Forschungsprivilegien, etwa in Art. 6, 14 Abs. 5 lit. b), 17 Abs. 3 lit. d), Erwägungsgrund 113 Satz 4, 159 DS-GVO.

41 Verordnung (EU) 2016/679 des Europäischen Parlaments und des Rates vom 27.4.2016 zum Schutz natürlicher Personen bei der Verarbeitung personenbezogener Daten, zum freien Datenverkehr und zur Aufhebung der Richtlinie 95/46/EG, in Geltung seit dem 25.5.2018.

42 Kritisch zu dieser Definition *Conrad/Treeger*, in: Auer-Reinsdorff/Conrad (Hrsg.), Hdb. IT- u. DSchR, 2019, § 34, Rn. 89.

43 Die vollständige Definition personenbezogener Daten findet sich gleichermaßen in § 46 BDSG wie in Art. 4 Nr. 1 DS-GVO.

lichkeitsrechts aus Art. 8 Grundrechte-Charta (GRC) oder Art. 2 Abs. 1 in Verbindung mit Art. 1 Abs. 1 GG darstellen.[44] Datenschutzrechtliche Belange und Privatsphäre-Bedenken werden auch von Forschern selbst als Grund angeführt, warum sie erhobene Daten nicht teilen.[45] Die Komplexität datenschutzrechtlicher Vorgaben stellt insbesondere für juristische Laien eine erhebliche Hürde dar. Teilweise nutzen Forscher den Datenschutz allerdings als Vorwand, um sich einem Bereitstellen ihrer Erkenntnisse zu entziehen.[46]

Daten sind jedenfalls in Bereichen der Umwelt- und Klimaforschung, auch in verarbeiteter Form, oft nicht personenbezogen. Anders ist das in der medizinischen Forschung. Dort weisen selbst Rohdaten häufig noch einen Personenbezug auf.

Hinreichend anonymisierte Daten werden nach Erwägungsgrund 26 zur DS-GVO nicht vom Datenschutzrecht erfasst.[47] Anonymität[48] wird erreicht, indem besondere persönliche Merkmale ausgelassen oder indem Daten mehrerer Personen und Merkmale aggregiert und nur Durchschnittswerte mitgeteilt werden.[49] Das ist freilich nur möglich, wenn die Gruppe der Betroffenen, die dasselbe Merkmal oder dieselbe Merkmalskombination teilen, eine Mindestanzahl[50] erreicht und es keine oder nur wenige Ausreißer gibt.[51] Bei absolut anonymisierten Informationen kann niemand unabhängig von etwaigem Zusatzwissen den Personenbezug wiederher-

---

44 BVerfGE 142, 313 (338 ff.); *Gärditz*, in: Dürig/Herzog/Scholz (Hrsg.), GG Bd. I, 88. EL, Art. 5 Abs. 3, Rn. 170; *Lindner*, JURA, 40 (2018), 240, 243.

45 *Bonomi/Huang/Ohno-Machado*, Nature genetics, 52 (2020), 646, 646.

46 *Phillips*, Human Genetics, 137 (2018), 575, 579; *White/Blok/Calhoun*, Human Brain Mapping, 43 (2022), 278, 288.

47 *Globig*, in: Globig (Hrsg.), LDSG PdK RhPf, 2009, Erster Abschnitt Allg. Bestimmungen, § 3 Begriffsbestimmungen, 8.2, 9.1; *Oostveen*, International Data Privacy Law, 6 (2016), 299, 306; *Ziebarth*, in: Sydow (Hrsg.), DSGVO, 2. Aufl. 2018, Art. 4, Rn. 25.

48 Vgl. für medizinische Daten *T. Herbst*, DuD, 40 (2016), 371, 371 ff.; *Pigeot/Buchner*, DuD, 38 (2014), 816, 816 ff.; zu steuerstatistischen Daten *Greb*, Die Verwaltung, 44 (2011), 563, 563 ff.; zum allg. Datenschutzrecht *Paals*, DVP, 66 (2015), 234, 234 ff.

49 *Klar/Kühling*, in: Kühling/Buchner (Hrsg.), DSGVO, 3. Aufl. 2020, Art. 4 Nr. 1, Rn. 34.

50 *Höhne/Höninger*, Zeitschrift für amtliche Statistik 2014, 54, 55 ff. Sachlich begründbar ist die Mindestzahl drei, weil bei lediglich zwei zusammengefassten Datensätzen jeder Betroffene seine (ihm bekannten) Verhältnisse herausrechnen und so auf die des anderen schließen kann, vgl. *Höhne*, Verfahren zur Anonymisierung von Einzeldaten, S. 46; ebenso *Ronning/Sturm/Höhne et al.*, Handbuch zur Anonymisierung wirtschaftsstatistischer Mikrodaten, S. 81.

51 *Ziebarth*, in: Sydow (Hrsg.), DSGVO, 2. Aufl. 2018, Art. 4, Rn. 27.

stellen.[52] In der Regel[53] genügt dem Datenschutzrecht eine faktische Anonymität, bei der die Identifizierung einer Person nicht mit vernünftigerweise zu erwartendem Aufwand gelingen kann.[54] Angesichts der sehr hohen Anforderungen an eine Anonymisierung von Daten ist eine solche zumindest nach heutigem Stand der Technik jedenfalls in der medizinischen Forschung kaum realistisch.

Dennoch bleiben datenschutzrechtliche Aspekte in dieser Untersuchung ausgeklammert, funktionierende technischen Möglichkeiten und Methoden vollständiger Anonymisierung sowie künftige weitere Forschungsprivilegien antizipierend, die das Speichern erlauben. Mögliche Ausweitungen der Einwilligung zeichnen sich ab.[55] Die Rechtslage verschiebt sich zunehmend in Richtung eines freien wissenschaftlichen Datenaustauschs, in dem personenbezogene Daten ohne besondere bürokratische datenschutzrechtliche Hürden geteilt, abgerufen und verarbeitet werden können.

a) Anonymisierung

Eine permanente Anonymisierung erfüllt die Löschpflicht aus Art. 17 Abs. 1 Satz 1 der DS-GVO.[56] Das entspricht dem Grundsatz der Datenminimierung aus Art. 5 Abs. 1 lit. c) DS-GVO, der ein wesentliches Prinzip des Datenschutzes darstellt.

---

52 *Ziebarth*, in: Sydow (Hrsg.), DSGVO, 2. Aufl. 2018, Art. 4, Rn. 29.

53 In Deutschland etwa ist absolute Anonymität im Statistikrecht erforderlich, vgl. § 16 Abs. 1 Satz 3 Nr. 4 StatG; a.A. *Dorer/Helmut Mainusch/Tubies*, Bundesstatistikgesetz, § 16 Rn. 28, die eine absolute Anonymisierung als nicht möglich erachten und deshalb eine „gesteigerte faktische Anonymisierung" ausreichen lassen; der Unterschied dürfte eher akademischer Natur sein.

54 *Schreiber*, in: Plath (Hrsg.), DSGVO/BDSG, 3. Aufl. 2018, Art. 4 DSGVO, Rn. 21; *Ziebarth*, in: Sydow (Hrsg.), DSGVO, 2. Aufl. 2018, Art. 4, Rn. 30. Die Unterscheidung zwischen absoluter und faktischer Anonymisierung wird von *Roßnagel/P. Scholz*, MMR 2000, 721, 726 abgelehnt – möglicherweise jedoch nur, weil sie sich gegen die absolute Theorie des Personenbezugs aussprechen, nach der faktisch anonymisierte Daten weiter personenbezogene Daten sind.

55 Vgl. *SPD/DIE GRÜNEN/FDP*, Mehr Fortschritt wagen. Bündnis für Freiheit, Gerechtigkeit und Nachhaltigkeit, S. 17.

56 *Meents/Hinzpeter*, in: Taeger/Gabel (Hrsg.), DSGVO/BDSG/TTDSG, 4. Aufl. 2022, Art. 17 DSGVO, Rn. 75; *Reimer*, in: Sydow (Hrsg.), DSGVO, 2. Aufl. 2018, Art. 5, Rn. 40 f.; *Schneider*, in: Specht-Riemenschneider/Mantz (Hrsg.), Hdb. Datenschutzrecht, 2019, § 15 Datenschutz in der Informationstechnik, Rn. 37; *Stürmer*, ZD 2020, 626, 628 f.; a.A. *Roßnagel*, in: Simitis/Hornung/Spiecker gen. Döhmann (Hrsg.), DSchR 2019, Art. 4 Nr. 2 "Verarbeiten", Rn. 32, demzufolge Löschen weitreichender ist und Daten derart unkenntlich macht, dass sie in keiner Weise mehr verarbeitbar, auslesbar oder wahrnehmbar sind.

Insbesondere strukturierte Daten sind bereits mittels Löschung spezifischer Inhalte, Generalisierung oder Mikroaggregierung anonymisierbar.[57] Bei einer Generalisierung werden präzise Informationen eines Datensatzes in allgemeinere Kategorien umgewandelt.[58] Im Rahmen einer Mikroaggregierung werden ähnliche Datensätze in Gruppen zusammengefasst und durch den Durchschnittswert oder einen anderen repräsentativen Wert der Gruppe ersetzt.[59] Die Ersetzung der spezifischen Informationen zu einer Einzelperson schützt ihre Identität. Die Anonymisierung geschieht etwa unter Einsatz maschinellen Lernens in Verbindung mit *Differential Privacy*[60] oder Kryptografie. Bei diesen Methoden sind allerdings (noch) Einschränkungen hinsichtlich Anonymitätsgarantien und der Effizienz der eingesetzten Algorithmen zu berücksichtigen.[61] Eine vereinfachte Anonymisierung ist derzeit Gegenstand einiger Forschungszusammenschlüsse.[62] Besondere Beachtung schenkt die Wissenschaft der Idee, einen Datentreuhänder zwischenzuschalten. Er wäre für die Anonymisierung oder Pseudonymisierung der anvertrauten Daten zuständig, bevor er sie an (vertraglich festgelegte) Dritte herausgibt.[63]

b) Künftige Forschungsprivilegien beim Umgang mit personenbezogenen Daten

Zudem gibt es Ansätze, das derzeitige Konzept der Einwilligung[64] ein wenig großzügiger zu interpretieren. Das liegt an der mit der Widerruflichkeit einer Einwilli-

---

57 *Winter/V. Battis/Halvani*, ZD 2019, 489, 490.

58 Beispielsweise wird das genaue Alter einer Person in eine Altersgruppe umgewandelt.

59 Beispielsweise könnten in einer Gruppe von Personen mit ähnlichem Einkommen die individuellen Einkommen durch den Durchschnittswert des Einkommens dieser Gruppe ersetzt werden.

60 „Differential Privacy" kommt von *Microsoft Research* und verfälscht mathematisch stringent mittels Algorithmen randomisiert gewisse Angaben, *Winter/V. Battis/Halvani*, ZD 2019, 489, 490. Daneben wurde „Diffix" vom Max-Planck-Institut für Softwaresysteme als Alternative entwickelt. Das System erlaubt eine dynamischere Arbeit mit einer größeren Anzahl an Daten, *Probst Eide*, Der aktuelle Entwicklungsstand von Tools zur Daten-Anonymisierung, IT Finanzmagazin, 2018, abrufbar unter: https://www.it-finanzmagazin.de/entwicklungsstand-daten-anonymisierung-73373/.

61 *Winter/V. Battis/Halvani*, ZD 2019, 489, 493.

62 Es gibt bereits zahlreiche Tools und Lösungen je nach Anwendungsgebiet, z.B. „Aircloak", „DICOM Anonymizer&Masker", „IRI FieldShield (Data Masking)", „Dynamic Data Masking" und „Persistent Data Masking" von *Informatica*.

63 Ausführlicher zum Einsatz von Datentreuhändern, ihren Aufgaben und Befugnissen bei *Specht-Riemenschneider/Blankertz/Sierek et al.*, MMR-Beil. 2021, 25, 30.

64 Vgl. zu den grds. Voraussetzungen einer wirksamen Einwilligung Art. 4 Nr. 11, 6 Abs. 1 lit. a), 7-9 DS-GVO; EuGH, Urt. vom 1.10.2019 – C-673/17 und vom 11.11.2020 –

gung einhergehenden Rechtsunsicherheit.[65] Bisher ist umstritten, wie konkret ein Betroffener in die wissenschaftliche Verarbeitung seiner Daten einwilligen muss.[66] Das datenschutzrechtliche Verbot mit Erlaubnisvorbehalt könnte im Bereich wissenschaftlicher Forschung faktisch auf die Erhebung oder anderweitige erstmalige Erlangung durch den Verantwortlichen beschränkt werden, während für weitere Verarbeitungen nur ein Gebot zu besonderen technischen und organisatorischen Maßnahmen bestünde.[67]

Um der Tatsache gerecht zu werden, dass sich Forschungsziele oft erst im Laufe des Projekts konkretisieren, wird erwogen, die Voraussetzungen der Einwilligung anzupassen.[68] Eine breitere Definition des zulässigen Zwecks der Weiterverarbeitung steht im Raum.[69] Mit ihr soll den Bedürfnissen und Möglichkeiten, die mit Big Data einhergehen, entsprochen werden können.[70] Bei genetischen Daten

---

C-61/19 – Orange România/ANSPDCP; *Ernst*, in: Paal/Pauly (Hrsg.), DS-GVO BDSG, 3. Aufl. 2021, Art. 4, Rn. 61 ff.; *Schild*, in: Wolff/Brink (Hrsg.), BeckOK DSch, 40. EL, Mai 2022, Art. 4, Rn. 122 ff.

65 *Dierks*, Lösungsvorschläge für ein neues Gesundheitsforschungsdatenschutzrecht in Bund und Ländern, 2019, S. 71, 116, abrufbar unter: https://www.bundesgesundheitsministerium.de/fileadmin/Dateien/5_Publikationen/Gesundheit/Berichte/RECHTSGUTACHTEN_Gesundheitsforschungsdatenschutzrecht_BMG.pdf.

66 *Deutscher Ethikrat*, Humanbiobanken für die Forschung, 2010, S. 19, abrufbar unter: https://www.ethikrat.org/fileadmin/Publikationen/Stellungnahmen/deutsch/DER_StnBiob_Online.pdf; *Deutscher Ethikrat*, Zukunft der genetischen Diagnostik – von der Forschung in die klinische Anwendung, 2013, S. 108, abrufbar unter: https://www.ethikrat.org/fileadmin/Publikationen/Stellungnahmen/deutsch/stellungnahme-zukunft-der-genetischen-diagnostik.pdf.

67 *Radtke*, Im Dienste der Wissenschaft – Das Forschungsprivileg der DSGVO, 2020, abrufbar unter: https://www.juwiss.de/45-2020/.

68 *Bunnenberg*, JZ, 75 (2020), 1088, 1094.

69 Der Grundsatz der Zweckbindung findet sich in § 14 Abs. 1 BDSG, ist angesichts der neuen Big-Data-Entwicklungen aber kaum mehr zeitgemäß. Nicht unerwähnt bleiben sollen an dieser Stelle aber auch die Bestrebungen, im Falle einer möglichen Pseudonymisierung oder Anonymisierung insb. genetischer Daten besondere Schutzvorschriften einzuführen oder die Idee, die Verfügungsbefugnis der Betroffenen über ihre Daten zu ihrem eigenen Schutz zu beschränken. So verfolgt etwa das *Personal Genome Project* den Ansatz, Datenspender einem Test zu unterziehen, der ihr Wissen hinsichtlich der Genomwissenschaften und Belangen der Privatsphäre prüft, *Angrist*, Personalized Medicine, 6 (2009), 691, 691.

70 Etwa der Grundsatz der Datensparsamkeit und der Datenvermeidung nach § 3a Satz 1 BDSG scheint angesichts des Vormarsches von Big Data nicht mehr zeitgemäß, denn je mehr Daten verfügbar sind, desto höher ist das Potenzial von Big Data.

beispielsweise stünde nicht mehr die Beziehung zwischen Arzt und Patient im Vordergrund, sondern das wissenschaftliche Erkenntnisinteresse.[71] Dieser Ansatz lässt sich angesichts der Forschungs-Privilegierungen im Bundesdatenschutzgesetz und in der Datenschutz-Grundverordnung in das Regelungsregime einfügen.

Die allgemeinen Regeln zur Verarbeitung personenbezogener (Gesundheits-) Daten weiter konkretisierend, enthalten Art. 6 und 9 DS-GVO Öffnungsklauseln. Dem liegt die Wertung der Datenschutz-Grundverordnung zugrunde, Forschung grundsätzlich zu ermöglichen.[72] So ist eine Einwilligung in die Verarbeitung besonderer Kategorien[73] personenbezogener Daten im Sinne des Art. 9 Abs. 1 DS-GVO für wissenschaftliche Forschungszwecke nach § 27 Abs. 1 BDSG zulässig, wenn die Verarbeitung zu diesen Zwecken erforderlich ist, die Interessen des Verantwortlichen an der Verarbeitung gegenüber den Interessen der betroffenen Person an einem Ausschluss der Verarbeitung erheblich überwiegen und der Verantwortliche besondere Maßnahmen zur Wahrung der Interessen des Betroffenen gemäß § 22 Abs. 2 Satz 2 BDSG vorsieht, so auch Art. 9 Abs. 2 lit. j) DS-GVO.

In diesem Sinne wurde die erweiterte Einwilligung („broad consent") als zentraler Ansatz entwickelt. Hierbei stimmt die betroffene Person allgemein zu, dass Wissenschaftler ihre persönlichen Daten, einschließlich biomedizinischer oder gesundheitsbezogener Informationen, ohne ihre erneute explizite Zustimmung für weitere Forschungszwecke verwenden dürfen. So können Forscher Daten mit einem geringeren bürokratischen Aufwand teilen, (zum Beispiel zur Untersuchung bisher unbekannter Krankheiten) weiterverwenden und datengetriebene (Langzeit-)Studien leichter durchführen.[74]

Auch Probanden haben häufig ein Interesse an einer möglichst umfassenden Nutzung ihrer Daten, ohne dass sie in jede weitere Verarbeitung erneut einwilligen müssen. Die Datenschutz-Grundverordnung zeigt sich in Art. 5 Abs. 1 lit. b),

---

71 *Joffe*, Dispatches from the abortion wars, S. 30.

72 *U. Bernhardt/Ruhmann/Weichert*, Die Forschungsklauseln im neuen Datenschutzrecht, 2018, S. 9, abrufbar unter: https://www.netzwerk-datenschutzexpertise.de/sites/default/files/gut_2018_forschungklauseln_181018.pdf; a.A. wohl *Golla*, in: Specht-Riemenschneider/Mantz (Hrsg.), Hdb. Datenschutzrecht, 2019, § 23 Datenschutz in Forschung und Hochschullehre, Rn. 31.

73 Nach Art. 9 Abs. 1 DS-GVO können sensible Daten wie solche zur ethnischen Herkunft, politischen Meinung, religiösen oder weltanschaulichen Überzeugung, Gewerkschaftszugehörigkeit, Genetik, Gesundheit oder sexuellen Orientierung unter besonderen Umständen nach § 27 Abs. 1 BDSG für wissenschaftliche Forschungszwecke verarbeitet werden.

74 *Cepic*, ZD-Aktuell 2021, 5214; *Hänold*, ZD-Aktuell 2020, 07198.

9 Abs. 2 lit. j), 89 Abs. 1 und in Erwägungsgrund 50 Satz 4 offen für einen nach erteilter Einwilligung variablen Zweck, soweit geeignete Garantien zum Schutz der Betroffenen bestehen. Um eben diese Persönlichkeitsrechte zu wahren, kann ein Proband seine Einwilligung jederzeit widerrufen (Art. 7 Abs. 3 DS-GVO), auf bestimmte Forschungsbereiche oder Teile eines Projekts beschränken.[75] Governance-Maßnahmen zum Schutz der Probanden oder eine auf bestimmte Projekte beschränkte restriktive Anwendung der erweiterten Einwilligung stehen als Lösungsansätze ebenfalls im Raum.[76]

Rechtlich stützt sich das Modell der erweiterten Einwilligung auf Erwägungsgrund 33 Satz 1 DS-GVO. Dieser berücksichtigt, dass Forscher die konkreten Zwecke vor einer wissenschaftlichen Datenerhebung in der Regel nicht vollständig angeben können. Relevante Fragestellungen ergeben sich teilweise erst während des Projekts. Erhobene Daten können auch für andere, gegebenenfalls noch unbekannte Projekte oder Krankheiten hilfreich sein. Der Erwägungsgrund ermöglicht eine Einwilligung in ganze Forschungsbereiche. Dem steht allerdings der Wortlaut des Art. 9 Abs. 2 lit. a) DS-GVO entgegen, der eine ausdrückliche Einwilligung fordert.[77]

Dennoch stimmte die Konferenz der unabhängigen Datenschutzaufsichtsbehörden des Bundes und der Länder am 15.4.2020 dem Mustertext der Medizininformatik-Initiative für die Einwilligung zur Forschung mit pseudonymisierten Patientendaten nach dem Modell des broad consent zu.[78] Die darin vorgeschlagene Rechtsgrundlage für die interoperable und standortübergreifende Verwendung von Patientendaten verspricht Rechtssicherheit für die Verantwortlichen.[79] Kontrollmechanismen[80] sollten dabei sicherstellen, dass die Rechte der Datensub-

---

75 *Raum*, in: Ehmann/Selmayr/Albrecht (Hrsg.), DS-GVO, 2. Aufl. 2018, Art. 89, Rn. 35.

76 *Stemmer*, in: Wolff/Brink (Hrsg.), BeckOK DSch, 40. Ed., Art. 7, Rn. 78.

77 *Albers/Veit*, in: Wolff/Brink (Hrsg.), BeckOK DSch, 40. Ed., Art. 9, Rn. 50 f. Nicht geklärt ist, ob sich die geforderte Ausdrücklichkeit auf „nicht konkludent" bezieht oder ob die Einwilligung neben den konkreten Datenkategorien auch die spezifischen Gesundheitsdaten im konkreten Einzelfall reflektieren muss, vgl. dazu *Tinnefeld/Conrad*, ZD 2018, 391, 395.

78 *Medizininformatik-Initiative*, Medizininformatik-Initiative erhält grünes Licht für bundesweite Patienteneinwilligung, 2020, abrufbar unter: https://www.medizininformatik-initiative.de/de/medizininformatik-initiative-erhaelt-gruenes-licht-fuer-bundesweite-patienteneinwilligung.

79 *Hänold*, ZD-Aktuell 2020, 07198.

80 Als Beispiel seien hier die Einberufung einer Ethikkommission, spezielle Use and Access-Committees, sichere Pseudonymisierungsverfahren sowie öffentlich zugängliche Informationen zu konkreten Forschungsvorhaben genannt.

jekte gewahrt werden. Noch weiter als der *broad consent* geht ein *opt-out*-Modell, bei dem grundsätzlich jeder, der vom öffentlichen Gesundheitssystem profitiert, durch seine Daten dazu beiträgt, dieses zu verbessern, es sei denn er widerspricht ausdrücklich.[81]

Der Gesetzgeber kann eine Zweckänderung für die Weiterverarbeitung von Forschungsdaten entgegen Art. 8 Abs. 2 Satz 1 GRC erlauben. Solange der deutsche Gesetzgeber[82] jedoch nur zurückhaltend von Öffnungsklauseln wie Art. 9 Abs. 2 lit. j) DS-GVO Gebrauch macht,[83] bleibt das Problem mit dem Wortlaut des Art. 9 Abs. 2 lit. a) DS-GVO als Grenze der Auslegung allerdings ungelöst.[84]

Eine Alternative zur erweiterten stellt die dynamische Einwilligung dar. Sie ermöglicht es einem Forscher, jederzeit zu überprüfen, ob eine von ihm beabsichtigte Datenverarbeitung von der Einwilligung der Studienteilnehmer erfasst ist. Probanden können ihre Einwilligung jederzeit einsehen, widerrufen oder auf weitere Verarbeitungen ausweiten.[85] Eine Erweiterung kann jedoch nur für jedes Forschungsprojekt gesondert geschehen. Das erscheint wenig praxistauglich. Insbesondere wenn die Biobank nur über pseudonymisierte Daten verfügt, wäre stets ein Datentreuhänder einzuschalten.[86] Die Möglichkeit des Widerrufs führt überdies zu Planungsunsicherheiten für Forschungsprojekte.

Im Datenschutzrecht gibt es weitere Privilegien für die Wissenschaft zur Nachnutzung von Daten zu Forschungszwecken. So ist zum Beispiel das Erheben besonderer Arten personenbezogener Daten zulässig, wenn und soweit dies erstens erforderlich ist, um wissenschaftlich zu forschen, zweitens das wissenschaftliche Interesse gegenüber dem Interesse des Betroffenen, seine Daten aus der Erhebung auszuschließen, erheblich überwiegt und drittens der Zweck der Forschung andernfalls nicht (zumutbar) erreicht werden kann, vergleiche § 28 Abs. 2 Nr. 3 BDSG. Im wissenschaftlichen Kontext ist das Speichern,

81 *Hänold*, ZD-Aktuell 2020, 07198.

82 In Österreich wurde die Öffnungsklausel in § 2d Abs. 3 Öst. Forschungsorganisationsgesetz umgesetzt und der broad consent nicht als Einwilligung, sondern als gesetzlicher Erlaubnistatbestand normiert, was zu unionsrechtlichen Bedenken nicht aber zu einer rechtlichen oder praktischen Erleichterung der Forschungsdatenverarbeitung führte, *Cepic*, ZD-Aktuell 2021, 5214.

83 Vgl. § 27 BDSG; RegE, BT-Drs. 18/11325, S. 99; BGBl. I 2019, S. 1625, 1634; in diesem Sinne auch *Pauly*, in: Paal/Pauly (Hrsg.), DS-GVO BDSG, 3. Aufl. 2021, § 27, Rn. 2; i. E. a. A. *Schlösser-Rost/Koch*, in: Wolff/Brink (Hrsg.), BeckOK DSch, 40. Edition, Nov. 2021, § 27, Rn. 6.

84 Vgl. zum Wortlaut als Grenze einer extensiven Auslegung BVerfGE 71, 81 (115).

85 *Teare/Prictor/Kaye*, Europ. J. of Human Genetics, 29 (2021), 649, 650.

86 *Hänold*, ZD-Aktuell 2020.

Verändern oder Nutzen besonderer Arten personenbezogener Daten zu einem von der ursprünglichen Datenerhebung abweichenden Zweck unter bestimmten Bedingungen zulässig. Gemäß § 14 Abs. 2 Nr. 9 BDSG ist das der Fall, wenn die Verarbeitung zur Wahrung erheblicher öffentlicher Interessen erforderlich ist und die Interessen des Verantwortlichen gegenüber denjenigen der betroffenen Person überwiegen, vorausgesetzt, die Verarbeitung steht im Einklang mit den Zielen der ursprünglichen Datenerhebung. Der potenzielle Nutzen wissenschaftlicher Forschung für die Allgemeinheit kann die teilweise Freistellung von grundlegenden Datenschutzprinzipien gegebenenfalls legitimieren.[87]

Privilegierte Forschung mit personenbezogenen Daten unterliegt besonderen Transparenzerfordernissen.[88] Das gilt ebenso für die Zielrichtung wie für die anzuwendende Methode und die zentralen Ergebnisse. Transparenz bedeutet in diesem Zusammenhang offene Kommunikation über verschiedene Aspekte der Datenverarbeitung. Forscher sollten die Betroffenen darüber informieren, wie, zu welchem Zweck und in welchem Umfang sie ihre Daten für Forschungszwecke verwenden und wie die Betroffenen ihre Einwilligung erteilen und widerrufen können. Transparenz umfasst auch, dass Forscher ihre Methoden und Maßnahmen zum Schutz der Daten und zur Wahrung der Privatsphäre der Betroffenen offenlegen. Transparenz ermöglicht es, zu kontrollieren, ob tatsächlich gemeinschaftsnützlich und dem erklärten Zweck entsprechend geforscht wird.

Schließlich können Datensubjekte dem Austausch ihrer Daten ausdrücklich zustimmen. In diesem Zuge wird sogar das Recht von Probanden und Patienten auf Veröffentlichung ihrer Daten diskutiert, damit ihre Daten der Gesellschaft möglichst umfassend helfen können. Noch herrschen allerdings Bedenken hinsichtlich der Privatsphäre vor.[89]

II. Datenteilen

Die Arbeit befasst sich mit dem Teilen von Forschungsdaten. *Datenteilen*, *Data Sharing* und *Bereitstellen* dienen als synonym verwendete Oberbegriffe. Akteure teilen ihre Daten, wenn sie sie entsprechend gesetzlichen Vorschriften oder einer vorher geschlossenen Vereinbarung an Dritte weitergeben oder sie gemeinsam nutzen.[90] Die Daten sollen zur Reproduktions-, Replikations- oder Anschlussforschung verfügbar gemacht werden.

---

87 *Weichert*, ZD 2020, 18, 20. Grds. bedarf es aber eines konkret möglichen Nutzens.

88 *Weichert*, ZD 2020, 18, 20.

89 *Bonomi/Huang/Ohno-Machado*, Nature genetics, 52 (2020), 646, 646.

90 *Bundesregierung*, Datenstrategie der Bundesregierung, 2021, S. 110.

Dabei *veröffentlichen* Forscher ihre Daten nicht notwendigerweise offen zugänglich, also allgemein für jedermann kostenlos ohne Zugangshürden abrufbar wie im Fall einer „Open Access"-Bereitstellung. Zumindest aber sollen Mitglieder der einschlägigen Fach-Community auf die Daten zugreifen können.[91]

Werden Daten *zugänglich gemacht*, ist darunter die Übermittlung an einen näher zu bestimmenden Adressatenkreis gegebenenfalls gekoppelt an einen vorher festzulegenden Verwendungszweck zu verstehen. Bei diesem Modell kommen verschiedene Zugangsbeschränkungen in Betracht.[92] Dazu zählen Embargo-Zeiten, Datennutzungsvereinbarungen und Lizenzmodelle, die regeln, wie wann und unter welchen Bedingungen Daten genutzt werden dürfen.

Das Zugänglichmachen von Forschungsdaten innerhalb einer speziell dafür vorgesehenen Infrastruktur kann auf verschiedene Weisen erfolgen, abhängig von den Forschungszielen, dem Umfang und der Art der Daten sowie den beteiligten Akteuren. Daten können in Online-Datenbanken gespeichert und dann über digitale Plattformen berechtigten Nutzern zugänglich gemacht werden. Die Repositorien können sowohl von Forschungseinrichtungen als auch von spezialisierten Drittanbietern betrieben werden. Um große Datenmengen sicher und skalierbar zu speichern und von überall her zugänglich zu machen, bietet sich der Einsatz von Cloud-Technologien an. Zum Einsatz kommen können auch Daten-Webportale mit erweiterten Suchfunktionen, mit deren Hilfe Forscher ihre Daten einfach auffindbar und abrufbar teilen. Eine weitere Möglichkeit der Zugangsgewährung sind virtuelle Forschungsumgebungen wie Online-Plattformen im Metaversum, über die Forscher nicht nur auf Daten zugreifen, sondern diese auch bearbeiten, analysieren und mit anderen teilen können. Die verschiedenen Methoden lassen sich miteinander kombinieren, um ein effektives und sicheres Zugangssystem zu Forschungsdaten zu schaffen, das den Bedürfnissen und Anforderungen der beteiligten Nutzer gerecht wird. Demgegenüber sind rein mündliche Auskünfte oder eine Einsichtnahme vor Ort unüblich und wenig zweckmäßig aufgrund mangelnder Nachweisbarkeit.

Potenziell zugangsberechtigt sind akademische Forscher (einzeln aus Forschungseinrichtungen, Forschungsgruppen, Nachwuchswissenschaftler wie Doktoranden, Postdoktoranden), Studenten sowie Universitäten und andere Forschungsinstitute, die Zugriff auf Daten im Zusammenhang mit einem Forschungsvorhaben begehren. Auf dieser Gruppe liegt der Fokus der Untersuchung.

---

91 Zu verschiedenen Ausgestaltungsmöglichkeiten hinsichtlich des Kreises der Zugangsberechtigten siehe Kapitel 5 C. II. 1. b) aa) (1).

92 Siehe dazu in Kapitel 5 C. II. 1. b).

Förderorganisationen können Zugang zu Daten für die Bewertung und Überwachung von geförderten Projekten benötigen. Zugangsberechtigt können auch öffentliche Bibliotheken und Archive sein, die Forschungsdaten für Bildungs- und Informationszwecke bereitstellen. Als Zugangsberechtigte kommen ebenso Behörden und andere öffentliche Einrichtungen in Betracht, die Daten für politikbezogene Forschung, Entscheidungsfindung oder statistische Analysen begehren. Zudem kommen Unternehmen und Start-ups in Betracht, die Forschungsdaten für Produkt-, Technologieentwicklung, Innovationen, Marktanalysen oder zur Verbesserung ihrer Dienstleistungen benötigen.[93] Journalisten könnten Zugriff begehren für investigative Reportagen. Non-Profit-Organisationen bedürfen Forschungsdaten für soziale, ökologische oder humanitäre Projekte. Darüber hinaus ist an internationale und intergouvernementale Organisationen zu denken, die ein Interesse an Daten für länderübergreifende Studien und Analysen haben. Schließlich könnte die allgemeine Öffentlichkeit einschließlich Hobby-Forschern an einem Zugang zu Repositorien interessiert sein.

Data Sharing ist eine wichtige, aber nicht die einzige „Open Science"-Praktik. Das Konzept offener Wissenschaft zielt darauf ab, den gesamten Forschungsprozess offener, zugänglicher und transparenter zu gestalten und Kollaborationen zu erleichtern. Open Science umfasst eine Offenlegung von Forschungsdaten, Veröffentlichungen von Forschungsergebnissen, eine gemeinsame Nutzung von Methoden und Werkzeugen wie Open Source-Software, offene Peer-Reviews und die Einbeziehung der Öffentlichkeit in den Forschungsprozess.

III. Speichermedien

Als Speichermedien werden Datenbanken mit dazugehörigen Clouds untersucht. Datenbanken sammeln und speichern dauerhaft eine Vielzahl geordneter Werke, Daten oder andere unabhängige Elemente. Sie stellen Benutzern benötigte Teilmengen an Informationen in nutzbarer Form bereit. Oft handelt es sich um ein System zur elektronischen Datenverwertung. Eine Datenbank besteht aus den zu verwaltenden Informationen (Datenbank im engeren Sinne) und einer Software, die die Datenbank verwaltet (Managementsystem für Inhalte und administrative Funktionen). Das Datenbankmanagementsystem speichert Daten strukturiert. Es kontrolliert Zugriffe auf die Datenbank.

Ein Forschungsdaten-Repositorium ist eine online zugängliche Datenbank. Es archiviert Forschungsdaten und bietet eine Infrastruktur für Informationen. Als solche registriert und speichert es digitale Forschungsdaten dauerhaft oder jeden-

93 Näher zur Industrieforschung in Kapitel 5 C. II. 1. a) bb).

falls bis zu zehn Jahre.[94] Die eingespeisten Daten werden über das Repositorium – den Anforderungen der jeweiligen Nutzergruppen entsprechend – auffindbar, zitierbar und nachnutzbar gespeichert.[95] Die aufbewahrten Informationen sind entweder öffentlich oder einem bestimmten Nutzerkreis zugänglich. Handelt es sich bei dem Repositorium um einen sogenannten Dataprovider, bietet es den Abruf von Forschungsdaten und ihrer Metadaten an. Operiert das Repositorium als „Serviceprovider", sammelt es Metadaten der Dataprovider und bietet damit einhergehende Mehrwertdienste an.[96]

Der Begriff „Cloud" steht für Server in Rechenzentren sowie für Software und Datenbanken, die auf diesen Servern ausgeführt werden.[97] Der Zugriff auf die Server erfolgt über das Internet. Es verknüpft verschiedene Netze.[98] Nutzer unterschiedlicher Netze können von überall aus auf dieselben Dateien und Anwendungen zugreifen. Vorgänge der Datenverarbeitung und -speicherung erfolgen direkt auf den Servern.[99] Die Rechenzentren sind global verteilt.[100] Die Nutzer der Cloud brauchen weder eine eigene interne Speicher-Infrastruktur, noch müssen sie selbst physische Server verwalten, Softwareanwendungen auf ihren Computern ausführen oder den Server warten.[101] All das übernimmt der Cloud-Anbieter. Sollten einige der Server ausfallen, kann die Cloud grundsätzlich weitergenutzt werden, weil sie dann auf die Rechenleistung anderer Server zurückgreift.

Zur Speicherung der Daten kommen Datenbanken von Wissenschaftsorganisation des Datenproduzenten, der Förderorganisation oder der Verlage sowie

---

94 *Böker*, Repositorien, 2022, abrufbar unter: https://www.forschungsdaten.info/themen/veroeffentlichen-und-archivieren/repositorien/.

95 *Registry of Research Data Repositories*, Schema 2014, S. 6, abrufbar unter: https://gfzpublic.gfz-potsdam.de/rest/items/item_758898_6/component/file_775891/content; *Vierkant/Spier/Rücknagel et al.*, Schema for the description of research data repositories, 2014, abrufbar unter: https://gfzpublic.gfz-potsdam.de/rest/items/item_758898_6/component/file_775891/content.

96 *Registry of Research Data Repositories*, Schema 2014, S. 6, abrufbar unter: https://gfzpublic.gfz-potsdam.de/rest/items/item_758898_6/component/file_775891/content; *Vierkant/Spier/Rücknagel et al.*, Schema for the description of research data repositories, 2014, abrufbar unter: https://gfzpublic.gfz-potsdam.de/rest/items/item_758898_6/component/file_775891/content.

97 *Weinhardt/Anandasivam/Blau et al.*, Wirtschaftsinformatik, 51 (2009), 453, 456.

98 *Weinhardt/Anandasivam/Blau et al.*, Wirtschaftsinformatik, 51 (2009), 453, 454.

99 *Biebl*, Wirtschaftsinformatik & Management, 4 (2012), 22, 25.

100 *Repschläger/Pannicke/Zarnekow*, HMD Praxis der Wirtschaftsinformatik, 47 (2010), 6, 10.

101 *Biebl*, Wirtschaftsinformatik & Management, 4 (2012), 22, 24 f.

andere, Wissenschaftlern zugängliche Datenbanken, in Betracht. Daneben sind eigene private Datenbanken des Datenproduzenten möglich. Ihre Inhalte sind allerdings weit weniger gut auffindbar. Sie sind kaum vernetzt. Die Interoperabilität und Kompatibilität der Daten sind nur schwierig sicherzustellen. Solche privaten Datenbanken bleiben vorliegend ausgeklammert.

B. Erkenntnisinteresse der Untersuchung

Anliegen dieser Arbeit ist es, eine staatliche Infrastrukturgewährleistungsverantwortung für Forschungsdaten herzuleiten und ihren Inhalt herauszuarbeiten. Zudem sollen Ansätze aufgezeigt werden, wie Datenbanken ausgestaltet sein können. Erörtert wird dabei insbesondere, wie der Zugang zu gespeicherten Daten gewährt werden kann. Dabei ist eine Bestandaufnahme und Einordnung des Speicherns und Teilens von Forschungsdaten sowie der diesbezüglichen Interessen von Wissenschaftlern, Förderorganisationen, Betreibern von Datenbanken, dem Staat und der Gesellschaft unerlässlich. Maßnahmen, mit denen der gewünschte politische Zustand zu erreichen ist, werden aufgezeigt.

I. Stand der Forschung

Zu wichtigen Teilbereichen gibt es bereits wertvolle Untersuchungen im Schrifttum, auf deren aufgebraut werden kann. So untersuchten *Thomas Mayen*,[102] *Erik Hevers*[103] und *Bartholomäus Manegold*[104] Informationszugangsansprüche von Forschern. Aus diesen ergeben sich Erwägungen zur Reichweite der verfassungsrechtlichen Verbürgung für die Wissenschaft ebenso wie für den Konflikt zwischen Interessen von Forschern einerseits und solchen an Informationsrestriktionen andererseits. Die Dissertationen behandeln jedoch nicht, inwiefern der Staat eine Infrastruktur zu gewährleisten hat, die den Zugang zu wissenschaftlichen Informationen ermöglichen oder vereinfachen kann.

Die Bedeutung von Infrastruktur und infrastrukturellen Instrumenten legt *Rolf Stober* im Bereich der Wirtschaftsverwaltung dar.[105] *Georg Hünnekens* beschäftigt sich mit Rechtsfragen der Infrastruktur,[106] bezieht sich dabei jedoch ebenfalls

102 *Mayen*, Der grundrechtliche Informationsanspruch des Forschers gegenüber dem Staat.

103 *Hevers*, Informationszugangsansprüche des forschenden Wissenschaftlers.

104 *Manegold*, Archivrecht.

105 *Stober*, Handbuch des Wirtschaftsverwaltungs- und Umweltrechts, § 47; *Stober/Korte*, Öffentliches Wirtschaftsrecht, § 26.

106 *Hünnekens*, Rechtsfragen der wirtschaftlichen Infrastruktur.

auf die wirtschaftliche Infrastruktur. *Georg Hermes* spielt die wohl bedeutendste Rolle im wissenschaftlichen Diskurs über eine Infrastrukturverantwortung.[107] Zu speziellen infrastrukturellen Einzelmaterien gibt es umfangreiche Untersuchungen.[108] Darstellungen zu einer wissenschaftlichen Infrastruktur fehlen hingegen.

Die Gewährleistungskomponente der Wissenschaftsfreiheit wird im Schrifttum diskutiert.[109] Ausführungen bleiben jedoch vage oder fehlen gänzlich, wenn es darum geht, ob sich daraus eine Infrastrukturverantwortung für Forschungsdatenbanken ergibt und inwiefern die Bereitstellung einer wissenschaftlichen Infrastruktur als Staatsaufgabe aufzufassen ist. Gleiches gilt für Erwägungen, ob aus einer solchen Verantwortung eine Pflicht zur Bereitstellung entsprechender Repositorien abgeleitet werden kann, und welchen darüberhinausgehenden Inhalt sie hinsichtlich der Unterhaltung und Ausgestaltung von Datenbanken hat.

Diese Arbeit entstand inspiriert durch das Forschungsprojekt „DATABLIC – Data Sharing Policies für öffentliche (deutsche) Forschungsförderorganisationen", gefördert vom Bundesministerium für Bildung und Forschung.[110] Das interdisziplinäre Verbundprojekt, geleitet von *Christoph Schickhardt*, ist Teil der Fördermaßnahme „Forschung zu ethischen, rechtlichen und sozialen Aspekten (ELSA) der Digitalisierung, von Big Data und Künstlicher Intelligenz in der Gesundheitsforschung und -versorgung".[111] Das rechtliche Teilprojekt unter der Projektleitung von *Michael Fehling* befasst sich mit den gesetzlichen Rahmenbedingungen für den Austausch von Forschungsdaten. Dabei wird den Fragen nachgegangen, welche rechtlich relevanten Regelungen zum Austausch von Forschungsdaten es bereits in der Europäischen Union, Deutschland und seitens staatlicher Forschungsförderorganisationen insbesondere aus der Europäischen Union,

---

107 *Hermes*, Staatliche Infrastrukturverantwortung.

108 Z.B. *Evers*, Das Recht der Energieversorgung; *Kodal* (Hrsg.); *Masing*, in: Isensee/P. Kirchhof (Hrsg.), Hdb. StR, Bd. IV, 2007, § 90; *Scherer*, Telekommunikationsrecht und Telekommunikationspolitik; *Uerpmann-Wittzack/Robert*, in: Isensee/P. Kirchhof (Hrsg.), Hdb. StR, Bd. IV, 2007, § 89.

109 Exemplarisch genannt seien hier *Baluch*, Der verfassungsrechtliche Schutz der Habilitation durch Art. 5 Abs. 3 S. 1 GG, Abschnitt F; *Gärditz*, in: Dürig/Herzog/Scholz (Hrsg.), GG Bd. I, 88. EL, Art. 5 Abs. 3, S. 195 ff.; *Gostomzyk*, JuS 2004, 949, 951.

110 Förderkennzeichen 01GP1904C, Homepage des Projekts abrufbar unter: https://www.nct-heidelberg.de/forschung/nct-core-services/nct-epoc/research/datablic.html#Teilprojekt. Die Verfasserin arbeitete als wissenschaftliche Mitarbeiterin für das Projekt.

111 *Bundesministerium für Bildung und Forschung*, Die ELSA-Förderung des BMBF, 2016, abrufbar unter: https://www.gesundheitsforschung-bmbf.de/files/bmbf_flyer_elsa_deutsch_barrierefrei.pdf.

ihren Mitgliedstaaten, Großbritannien und den Vereinigten Staaten von Amerika gibt. Dazu hat *Michael Anger* vom sozialempirischen Teilprojekt Experteninterviews mit Vertretern nationaler und internationaler öffentlicher und privater Förderorganisationen aus den besagten Regionen geführt.[112] Das Projekt erarbeitet Empfehlungen, die aufzeigen, wie Data Sharing Policies zweckdienlich ausgestaltet werden können, ohne die herausgearbeiteten rechtlichen Rahmenbedingungen zu sprengen oder in Rechte der Betroffenen einzugreifen. Instrumente, mit denen der Staat das Teilen von Forschungsdaten fördern kann, wurden untersucht.[113] Erörtert wurde, ob und inwieweit staatliche Förderorganisationen Data Sharing per Förderbedingung oder als Evaluationskriterium bei der Mittelvergabe von Anwärtern auf eine Förderung verlangen können. Den Fokus bildet die Frage, inwieweit kollidierende verfassungsrechtlich geschützte Rechtsgüter staatlichen Instrumenten zur Förderung des Forschungsdatenaustauschs entgegenstehen können und welche Rolle die „gute wissenschaftliche Praxis" dabei spielt.[114] Besonderes Augenmerk liegt auf der Wissenschaftsfreiheit der Fördernehmer, insbesondere in ihrer Ausprägung als negative Publikationsfreiheit. Ferner wird im Rahmen des Projekts der Frage nachgegangen, welche Verantwortung Forschungsförderorganisationen gegenüber Datensubjekten trifft, wenn sie das Teilen personenbezogener Daten durch ihre Fördernehmer indizieren.[115] Inwiefern Forschern auch eine Infrastruktur bereitgestellt werden muss, wenn Förderorganisationen von ihnen das Teilen ihrer Daten in Repositorien einfordern, war hingegen nicht Gegenstand des Forschungsprojekts und soll nun im hiesigen Rahmen erfolgen.

II. Staatliche Infrastrukturgewährleistungsverantwortung für Forschungsdaten

Die Maßnahmen und Projekte zur Förderung des Datenaustauschs führen notwendigerweise zu einem erhöhten Aufkommen an zu speichernden Informationen. Es kristallisiert sich der Bedarf an einer vernetzten Infrastruktur heraus, die die Vielzahl an Daten archiviert und zugänglich macht. Deshalb untersucht diese Arbeit, wie eine solche Infrastruktur umgesetzt werden kann und welche Rolle

---

112 Eine Analyse der Interviews findet sich in *Anger/Wendelborn/Winkler et al.*, PLoS ONE, 17 (2022). Gespeichert sind die Interview-Datensätze im Repositorium heiDATA, wo sie angefragt werden können, abrufbar unter: https://heidata.uni-heidelberg.de/dataset.xhtml?persistentId=doi:10.11588/data/M2TSIT.

113 Siehe in *Fehling/Tormin*, WissR 2021, 281 ff.; *Overkamp/Tormin*, OdW 2022, 39 ff.

114 *Fehling/Tormin*, WissR 2021, 281, 303 ff.; *Overkamp/Tormin*, OdW 2022, 39, 45 ff.

115 *Fehling/Tormin/Wendelborn et al.*, MedR, 41 (2023), 869 ff.

der Staat dabei spielt. Herausgearbeitet werden soll, was unter einer Infrastrukturgewährleistungsverantwortung für Forschungsdatenbanken zu verstehen[116] ist und wie sie rechtlich herzuleiten ist.[117] Erörtert wird, „ob" und „wie" der Staat für die Bereitstellung einer Forschungsdateninfrastruktur in Deutschland verantwortlich ist.

Entscheidend für die Herleitung sind die Wertungen der untersuchten Grundrechte und Verfassungsprinzipien und die sich aus ihnen ergebenden Rahmenbedingungen. Die Wissenschaftsfreiheit nach Art. 5 Abs. 3 GG wird vorrangig zur Herleitung herangezogen, insbesondere in ihrer objektiv-rechtlichen Komponente. Ferner wird untersucht, ob sich eine Gewährleistungsverantwortung aus dem Grundrecht der Informationsfreiheit oder aus einer kumulativen Berücksichtigung verfassungsrechtlich geschützter, sich gegenseitig verstärkender Interessen herleiten lässt. Darüber hinaus wird eine Herleitung aus dem Gedanken eines Konsequenzgebots beziehungsweise einer Garantenstellung erwogen:[118] Fordert die öffentliche Hand das Bereitstellen von Daten, etwa in Form von Förderbedingungen seitens staatlicher Förderorganisationen, muss sie womöglich auch für die notwendige Infrastruktur sorgen.

Es lohnt sich, andere Bereiche deutscher und europäischer Infrastruktur als Vorbild heranzuziehen, wie die europäische Infrastruktur für Geodaten.[119] Hinsichtlich des Ausbaus des Schienennetzes lassen sich übertragbare Aufgabenteilungs- und Verantwortungsstrukturen erkennen. Ähnlich wie bei der Schieneninfrastruktur, wo eine zentrale Behörde (das Eisenbahn-Bundesamt) in Deutschland die Planung und Koordination übernimmt, könnte eine zentrale Institution auch für Forschungsdateninfrastrukturprojekte verantwortlich sein. Während die übergeordnete Planung zentralisiert ist, erfolgen die Umsetzung und der Betrieb oft auf lokaler oder regionaler Ebene durch einzelne Betreiber. Beim Schienenausbau sind oft sowohl staatliche als auch private Akteure beteiligt. Eine öffentlich-private Partnerschaft kann auch bei Forschungsdatenbanken sinnvoll sein. Die Einhaltung von Sicherheits- und Qualitätsstandards wird durch Regulierungsbehörden überwacht. Ein Pendant ist gerade für sensible Daten unabdingbar. Stets sind bei Vergleichen die Besonderheiten der Strukturen im wissenschaftlichen Betrieb zu berücksichtigen, der eine möglichst freie Forschung voraussetzt.

---

116 Siehe Kapitel 4 B.

117 Dazu Kapitel 4 C., D.

118 Kapitel 4 C. II., III.

119 Siehe dazu in Kapitel 3 D.

Forschungsdatenbanken können in einigen Aspekten als Netzwirtschaften betrachtet werden, aber sie sind keine klassischen Beispiele dafür.[120] Netzwirtschaften zeichnen sich durch Netzwerkeffekte aus, bei denen der Wert des Netzwerks oder der Plattform mit der Anzahl der Nutzer steigt. In Forschungsdatenbanken kann ein ähnlicher Effekt auftreten: Je mehr Daten sie enthalten und je mehr Forscher sie nutzen, desto wertvoller werden sie. Allerdings dienen Forschungsdatenbanken vornehmlich dem Sammeln, Speichern und Bereitstellen von Daten und weniger der Interaktion zwischen den Nutzern, was ein Schlüsselmerkmal vieler Netzwirtschaften ist. Es gibt bei Forschungsdatenbanken in der Regel keine Lock-in-Effekte.[121] Nutzer können problemlos zwischen verschiedenen Datenbanken wechseln. Das Regulierungsrecht[122] kommt aber auch in nicht netzgebundenen Sektoren zum Zuge und kann die Strukturen steuern, sofern sich die Infrastruktur ohne staatliches Einschreiten nicht ausreichend umfangreich und inklusiv entwickelt.[123]

III. Aufbau und Design der Datenbanken

Ziel dieser Arbeit ist es, ein Konzept für den Infrastrukturausbau zu skizzieren, das alternative Ansätze berücksichtigt. Dazu wird die Ausgestaltung der Gewährleistungsverantwortung behandelt. Untersucht wird, was sie grundsätzlich umfasst, was sie optional beinhaltet und wie Ausbau und Betrieb der Forschungsdateninfrastruktur gelingen. Wie kann die Sicherheit der gespeicherten Daten gewährleistet werden und wer ist dafür verantwortlich? Welche Ausgestaltung empfiehlt sich für Datenbanken, um das Potenzial von Data Sharing auszuschöpfen? Wie lassen sich die Datenbanken umfassend vernetzen? Welche Standards

---

120 Ausführlicher zur Netzgebundenheit in Kapitel 3 A. II. 3.

121 Hierbei handelt es sich um Merkmale oder Standars, die Nutzer an ein bestimmtes System binden, vgl. *Krämer*, Wirtschaftsdienst, 99 (2019), 47, 49.

122 Unter Regulierung wird in dieser Arbeit die staatliche Einflussnahme auf einen bestimmten Sektor bzw. die Steuerung gesellschaftlicher Prozesse zu allgemeingültigen Ordnungszwecken verstanden. Es umfasst alles staatliche Tätigwerden, das auf die Schaffung eines normativen Rahmens zielt, innerhalb dessen gemeinwohlpflichtiger Wettbewerb entstehen und aufrechterhalten werden kann, den Wettbewerb mithin als Instrument nutzt, um Gemeinwohlziele zu erreichen, *Dahlke*, Rechtssystematische Besonderheiten im Telekommunikationsrecht, S. 7 f. m.w.N.; *Dahlke/A. Neumann*, CR 2006, 377, 377; *Kühling*, Sektorspezifische Regulierung in den Netzwirtschaften, S. 12 ff.

123 *C. Bumke*, Die Verwaltung, 41 (2008), 227, 229, 255 f.; *Fehling*, Regulierung als Staatsaufgabe, in: Hill (Hrsg.), Zukunft des öff. Sektors, 2006, S. 91, 98.

sollten hinsichtlich der Qualität der Daten gelten? In wessen Verantwortungsbereich liegt es, die Datenqualität und -verlässlichkeit sicherzustellen? Muss es Peer-Review-Verfahren für die Datenprüfung und -aufnahme in die Infrastruktur geben? Muss der Datenbankbetreiber durch Qualitätskontrollen prüfen, ob die Daten verlässlich und seriös genug sind, um aufgenommen zu werden?

Die Untersuchung zielt darauf ab, die Rollenverteilung und Verantwortlichkeiten zwischen dem Staat und privaten Akteuren zu analysieren. Die Kooperation von Staat und Privaten im Bereich Forschungsdatenbanken bezieht sich auf die Zusammenarbeit zwischen öffentlichen Institutionen (wie Universitäten, staatlichen Forschungseinrichtungen) und privaten Unternehmen oder Organisationen bei der Entwicklung, Finanzierung, Verwaltung, Bereitstellung und Nutzung von Datenbanken für Forschungszwecke. Diese privat-öffentlichen-Partnerschaften können verschiedene Formen annehmen, wie die gemeinsame Nutzung von Ressourcen, Zusammenarbeit bei der Datensammlung und -analyse, gemeinsame Entwicklung von Technologien und Plattformen sowie gemeinsame Finanzierungsmodelle. Es wird erörtert, ob die Finanzierung einer Forschungsdateninfrastruktur vorrangig aus wissenschaftsexternen oder wissenschaftsinternen Quellen stammen sollte. Zudem sind die Bereiche zu identifizieren, in denen staatliche Interventionen erforderlich sind, um die Einhaltung von grundrechtlichen Gemeinwohlverpflichtungen zu gewährleisten und zu überprüfen, ob und inwieweit private Akteure in der Lage sind, diese Anforderungen eigenständig zu erfüllen.[124]

Der Zugang zu Forschungsdaten kann unterschiedlich ausgestaltet sein. Voraussetzungen, Grenzen und verschieden Zugangsmodelle werden untersucht.[125] Dabei wird erörtert, ob ein offener oder eingeschränkter Zugang zu Forschungsdaten zielführender ist.[126] Im Zuge dessen definiert diese Untersuchung offenen Zugang und erklärt Abstufungen der Offenheit. Welche Mitbestimmungsrechte über den Zugang stehen dem Datenerheber zu, nachdem er Daten in ein Repositorium eingespeist hat? Wer entscheidet über den Zugang und welche Rolle spielt der Datenerheber dabei? Sollte bei einem eingeschränkten Zugang nach Eigenschaften des potenziellen Nachnutzers, dem Zweck der Verwendung, der Art der Daten oder ihrem Verarbeitungsstadium unterschieden werden? Welche Pflichten treffen Nachnutzer und welche Rechte stehen ihnen zu? Dies sollte ge-

124 Dies als Aufgabe von Regulierung ansehend *Fehling,* Regulierung als Staatsaufgabe, in: Hill (Hrsg.), Zukunft des öff. Sektors, 2006, S. 91, 92 ff.; *Lepsius*, in: Fehling/Ruffert (Hrsg.), Regulierungsrecht, 2010, § 4, Rn. 2 ff. Vgl. auch *Ronellenfitsch*, in: Isensee/P. Kirchhof (Hrsg.), Hdb. StR, Bd. IV, 2007, § 98, Rn. 51.

125 Dazu Kapitel 5 C.

126 Siehe Kapitel 5 C. II. 1.

regelt werden. Denn sind die Daten erst einmal bereitgestellt, lassen sich unautorisierte Verwendungen und Weitergaben nicht mehr verhindern. Es entstehen allenfalls sekundärrechtliche Ansprüche gegen denjenigen, der rechtswidrig mit den Daten umgegangen ist. Es gilt ein kohärentes Konzept für die Reichweite des Zugangs zugunsten Forschender im Einklang mit der Rechtsordnung zu entwickeln. Neben einschlägigen Grundrechten (Wissenschaftsfreiheit, Recht auf informationelle Selbstbestimmung, Recht auf Eigentum und Berufsfreiheit) sind urheberrechtliche Aspekte jedenfalls hinsichtlich der Datenbankbetreiber zu beachten. Forschungs(roh)daten sind in der Regel nicht urheberrechtlich geschützt.[127] Sollten sie es doch sein, kann der Datenerzeuger der Datenherausgabe zustimmen.

Wenngleich globale Vernetzungsfragen bei der Infrastruktur eine Rolle spielen und ein Datenaustausch umso effektiver ist, je breiter er stattfindet, beschränkt sich die Untersuchung weitgehend auf die nationale Ebene. Bevor ein europäischer oder internationaler Rahmen zum Bereitstellen von Daten geschaffen werden kann, sollte zunächst eine nationale Infrastruktur bestehen. Diese wiederum sollte in enger Zusammenarbeit mit einer europäischen Infrastruktur und der Infrastruktur anderer (Mitglied-)Staaten entstehen.[128]

C. Methodisches Vorgehen und Gang der Untersuchung

Nachdem der Gegenstand der vorliegenden Untersuchung konkretisiert und die Forschungsfragen herausgestellt wurden (Kapitel 1 A. und B.), wird in Kapitel 2 die Ausgangslage analysiert: Die Möglichkeiten, die mit Data Sharing einhergehen, werden benannt (A.). Sodann schildert die Arbeit in einem Problemaufriss den Status quo bezüglich des Teilens von Forschungsdaten und ergründet mögliche Hindernisse (B.). Schließlich erfolgt eine überblicksartige Bestandsaufnahme und Bewertung begonnener Maßnahmen, Projekte und Regelungen wie Datenstrategien und Infrastrukturprogramme, die dem Austausch von Forschungsdaten dienen (C.). Das Kapitel schließt mit daraus folgenden Konsequenzen (D.).

Kapitel 3 befasst sich mit der Einordnung von Forschungsdatenbanken als Infrastruktur. Das Kapitel befasst sich zunächst mit dem Begriff „Infrastruktur" (A.), indem es auf Infrastrukturarten, typische Eigenschaften, Funktionen sowie die Kostenintensität und Finanzierungslast sowohl grundlegend als auch bezogen auf Forschungsdaten eingeht. Sodann wird die Infrastruktur für Geodaten als

127 *Kuschel*, OdW 2020, 43, 44. Zu Geodaten *Rossi*, Rechtliche Grundlagen der Zugänglichkeit geologischer Daten, S. 164.

128 Dazu näher in Kapitel 5 A. III. 1., 2.

Beispiel herangezogen und hinsichtlich ihrer Übertragbarkeit auf Forschungsdatenbanken untersucht (B.).

Kapitel 4 widmet sich der Frage, ob den Staat eine Verantwortung zur Gewährleistung einer Forschungsdateninfrastruktur trifft. Dazu wird zuerst untersucht, ob die Bereitstellung von Infrastruktur eine Staatsaufgabe ist (A.). Teil B. geht näher auf die Begriffe „Verantwortung“ (I.), „Gewährleistungsverantwortung“ (II.) und „Infrastrukturgewährleistungsverantwortung“ (III.) ein. Das Konzept der Verantwortungsteilung (B. I. 3.) soll bei der Aufgabenverteilung zwischen Staat und Privaten, die in Kapitel 5 behandelt wird, fruchtbar gemacht werden. Sodann wird untersucht, ob sich eine solche Verantwortung rechtlich aus hoheitlichen Vorgaben zum Teilen von Forschungsdaten (C.) und/oder aus dem Verfassungsrecht (D.) herleiten lässt.

Ungeachtet des systematischen Vorrangs höherrangigen Rechts beginnt die Untersuchung mit konkreten Normen zu der Materie. Für eine Herleitung aus hoheitlichen Vorgaben werden bestehende und zu erwartende Normen dargestellt (C. I.). Dogmatisch wird eine Herleitung aus hoheitlichen Vorgaben an ein Konsequenzgebot (C. II.) und eine Garantenstellung (C. III.) angeknüpft. Zuletzt ist eine Auseinandersetzung mit Fragen der Kompetenzabgrenzung insbesondere zu Institutionen der Europäischen Union (C. IV.) unausweichlich. Zum einen sind die Europäische Kommission und der Europäische Wissenschaftsrat nicht mehr aus der Forschungsfördererlandschaft wegzudenken und spielen auch für deutsche Forscher eine zentrale Rolle.[129] Sie offerieren regelmäßig deutlich höhere Fördersummen als nationale Förderer, setzen sich aus international relevanten Konsortien zusammen und haben ein besonders hohes Prestige. Zum anderen zeichnen sich neue unionsrechtliche Vorgaben zum Teilen von Daten ab, die im späteren Verlauf der Arbeit die Frage aufwerfen, inwiefern die Europäische Union, die derzeit mit dem Auf- und Ausbau der *European Science Cloud* beschäftigt ist, eine Gewährleistungsverantwortung für eine Forschungsdateninfrastruktur trifft.

Schwerpunkt ist die Herleitung aus dem Grundgesetz, insbesondere die aus der objektiv-rechtlichen Komponente der Wissenschaftsfreiheit (D. I. 2.). Im Anschluss wird untersucht, ob sich eine Gewährleistungsverantwortung für Forschungsdatenbanken mit dem Grundrecht der Informationsfreiheit (D. II.) oder aus einer kumulativen Verstärkung verfassungsrechtlich geschützter Interessen (D. III.) herleiten lässt.

---

129 *Europäische Kommission*, Open Europe, 2019, S. 21 f., 27 ff., 64; *Europäische Kommission*, Forschung & Innovation, abrufbar unter: https://germany.representation.ec.europa.eu/strategie-und-prioritaten/eu-politik-deutschland/forschung-innovation_de.

Kapitel 5 geht der Frage nach, was eine Infrastrukturverantwortung für Forschungsdatenbanken beinhaltet. Das soll dazu dienen, eine praktische Anleitung für den Aufbau der *Nationalen Forschungsdateninfrastruktur* zu schaffen. Zunächst geht es um Inhalt und Umfang der Verantwortung (A.). Dabei werden Fragen der Bereitstellung, des Betriebs, der Vernetzung, einheitlicher technischer und qualitativer Standards sowie der Gewährleistung der Sicherheit der Nutzer und der gespeicherten Daten erörtert. Danach wird erwogen, wie die Aufgaben und die Finanzierung, mithin die Verantwortung, zwischen Staat und Privaten aufgeteilt werden können (B.). Bei der Verantwortungsteilung geht es aufbauend auf Kapitel 3 C. 4. um die Frage, wie Umsetzung und Einhaltung des in A. erarbeiteten Inhalts ausgeführt werden können (B. III.). Im Anschluss werden mögliche Ausgestaltungsformen hinsichtlich des Zugangs zu den Daten und den Rechten an ihnen erörtert (C.).

Der Staat kann den Infrastrukturausbau mit einer Vielzahl von Instrumenten vorantreiben. Um zu bewerten, wie vielversprechend einzelne Maßnahmen aus dem Strauß der Gestaltungsoptionen sind, wird die Steuerungsperspektive[130] der nicht mehr ganz so neuen *Neuen Verwaltungswissenschaft* eingenommen: Das zu berücksichtigende Recht bildet den Korridor, innerhalb dessen der Zugriff unterschiedlich ausgestaltet werden kann. Modelle zur Umsetzung werden erarbeitet, systematisiert, in die (europäischen) Regelungsstrukturen eingebettet und in ihrer Wirkung bewertet.[131]

Der Untersuchungsmaßstab für staatliches Handeln geht bei dem steuerungstheoretischen Ansatz über eine reine Rechtmäßigkeitsprüfung hinaus. Untersucht wird, inwiefern sich das jeweilige Steuerungsinstrumente eignet, ein zuvor definiertes Steuerungsziel (Gewährleistung einer Forschungsdateninfrastruktur) zu erreichen, wie es sich zu weiteren Maßnahmen, Akteuren, Interessenlagen und anderen Steuerungsparametern verhält und wie groß der Steuerungsbedarf ist.[132] Wie kann ein ausreichender Auf- und Ausbau der Datenbanken gewährleistet werden? Wie kann sichergestellt werden, dass die Infrastruktur auch tatsächlich genutzt wird und einen Gewinn für die Forschungslandschaft darstellt? Außer-

130 *Voßkuhle*, in: Voßkuhle/Eifert/Möllers (Hrsg.), GVwR, Bd. I, 2022, § 1, Rn. 20 ff.

131 Zum Steuerungsansatz als wirkungsorientierte Methode um politisches Handeln zu analysieren, *Voßkuhle*, in: Voßkuhle/Eifert/Möllers (Hrsg.), GVwR, Bd. I, 2022, § 1, Rn. 1 ff. m.w.N. auch zum ursprünglichen sozial- und politikwissenschaftlichen Begriff der Steuerung.

132 *Kloepfer*, Umweltrecht, § 5, Rn. 12 ff.; *Voßkuhle*, in: Voßkuhle/Eifert/Möllers (Hrsg.), GVwR, Bd. I, 2022, § 1, Rn. 20.

rechtliche Kriterien werden bei der Bewertung ergänzend herangezogen.[133] Es wird untersucht, wie effektiv, treffsicher, effizient, flexibel, innovationsoffen und kontrovers Maßnahmen zur Gewährleistung einer Forschungsdateninfrastruktur sind.[134]

Kapitel 6 widmet sich einer knappen Zusammenfassung der gewonnen Erkenntnisse und spricht abschließende Handlungsempfehlungen aus.

---

133 Allg. *Hoffmann-Riem*, Innovation und Recht, Recht und Innovation, S. 93 ff.

134 Zu den einzelnen Kriterien an geeigneter Stelle im Rahmen des Kapitel 5.

Kapitel 2: Ausgangslage

A. Potenziale von Data Sharing in der Wissenschaft

I. Effizienzgewinne in der Forschung

Durch den umfassenden Austausch von Forschungsdaten können Wissenschaftler vorhandene fremde Datensätze verwenden und dadurch effizienter forschen.[135] Einige Datensätze liefern weitere Erkenntnisse, die über ihren ursprünglich beabsichtigten Umfang hinausgehen.[136] Forschungsgruppen können dank des Austauschs auf vorhandenen Daten aufbauen und dadurch wertvolle Zeit und Ressourcen sparen.[137] Um dieses Potenzial auszuschöpfen, ist ein effektives Teilen und Verwalten von Daten essenziell. Um wissenschaftlichen Fortschritt voranzutreiben, braucht es Transparenz, Partizipation, Kollaboration und eine adäquate Infrastruktur.

Je mehr Daten geteilt und ausgewertet werden, desto mehr Erkenntnisse lassen sich aus ihnen in kürzerer Zeit gewinnen.[138] Big Data vereinfacht es, Krisen, Pandemien und gesellschaftliche Umbrüche vorherzusehen. Durch die Analyse großer Mengen an Forschungsdaten gibt Big Data frühzeitig Muster zu erkennen, die auf bevorstehende Krisen hinweisen. Forscher können Big Data nutzen, um Modelle und Simulationen zu entwickeln, die helfen, eine Ausbreitung von Krankheiten wie COVID-19 vorherzusagen, eine Situation in Echtzeit zu überwachen und die Wirksamkeit von Maßnahmen und Interventionsstrategien zu bewerten.[139]

---

135 In einer Studie des Open Research Council gab mehr als die Hälfte der Teilnehmer an, von Daten anderer Wissenschaftler in ihrer eigenen Forschung profitiert zu haben, sei es zur Validierung ihrer Ergebnisse, um eine Forschungsmethode zu entwickeln oder für neue Analysen der vorhandenen Daten, *van den Eynden/G. Knight/Vlad*, Open Research: practices, experiences, barriers and opportunities, 2016, S. 32, Fig. 17.

136 *Chan/Gherardini/Krummel et al.*, Cell, 184 (2021), 566, 566.

137 Ausführlicher dazu sogleich unter A. IV.

138 So auch der Deutsche Ethikrat, der Big Data als Voraussetzung ansieht, um eine effektive Gesundheitsversorgung bei fortschreitender Digitalisierung zu gewährleisten, *Deutscher Ethikrat*, Big Data und Gesundheit, 2017, S. 16, 106.

139 *Lv/Ma/Li et al.*, Arch Med Sci, 17 (2021), 829 ff.; *Agbehadji/Awuzie/Ngowi et al.*, Int. Journal of Environmental Research and Public Health, 17 (2020), 1 ff.

Insbesondere in Zeiten gesundheitlicher Notsituationen beschleunigen geteilte Daten den Forschungsprozess und steigern seine Effizienz.[140] Ein prominentes Beispiel, wie Data Sharing Forschung beschleunigt und ihre Effizienz gesteigert hat, ist die Entwicklung von COVID-19-Impfstoffen. Die schnelle globale Verbreitung von genetischen Daten über das SARS-CoV-2-Virus ermöglichte es Forschern weltweit, in Rekordzeit Impfstoffe zu entwickeln.[141] Diese Zusammenarbeit und der Datenaustausch über Plattformen wie „Global Initiative on Sharing All Influenza Data“[142] waren entscheidend für das Verständnis des Virus und die schnelle Reaktion der wissenschaftlichen Gemeinschaft.[143]

Auch darüber hinaus birgt das Teilen von Daten in der biowissenschaftlichen Forschung ein beachtliches Entwicklungspotenzial.[144] Die Stammzellenforschung beispielsweise profitiert signifikant von einer gemeinsamen Datennutzung.[145] Die medizinische Versorgung kann verbessert werden, indem Wissenschaftler Informationen systematisch und strukturiert sammeln, vernetzt speichern und anderen Forschern zugänglich teilen.

Bei seltenen Krankheiten hilft das Teilen von Forschungsdaten,[146] Behandlungsmethoden zu entwickeln, die auf den jeweiligen Patienten zugeschnitten

---

140 *van den Eynden/G. Knight/Vlad*, Open Research: practices, experiences, barriers and opportunities, 2016, S. 27.

141 *Bundesministerium für Finanzen*, Deutscher Aufbau- und Resilienzplan, 2021, S. 335; *Cassata*, Here's how it was possible to develop COVID-19 vaccines so quickly, 2021, abrufbar unter: https://www.healthline.com/health-news/heres-how-it-was-possible-to-develop-covid-19-vaccines-so-quickly. Das sog. *Record Linkage*-Verfahren ermöglicht es Forschern, ein umfassendes Bild einer Krankheit zu erhalten, *Hartl/Wössner/Sure-Vetter*, Informatik Spektrum, 44 (2021), 370, 371.

142 Abrufbar unter: https://gisaid.org/.

143 *Velazquez/Bustria/Ouyang et al.*, An analysis of clinical and geographical metadata of over 75,000 records in the GISAID COVID-19 database, abrufbar unter: https://www.medrxiv.org/content/10.1101/2020.09.22.20199497v1.full.pdf.

144 *van den Eynden/G. Knight/Vlad*, Open Research: practices, experiences, barriers and opportunities, 2016, S. 32.

145 Das Team rund um den Stammzellenforscher *Shinya Yamanaka* hat 2006 an der Universität Kyoto am Institut für Frontier Medical Sciences induzierte pluripotente Stammzellen aus Mausfibroblasten erzeugt. Nur ein Jahr später gelang ihnen das gleiche aus menschlichen Fibroblasten. Das Projekt teilte seine Daten, so dass sich in der Folge die iPSC-Technik zur Reprogrammierung adulter Stammzellen in pluripotente Stammzellen deutlich verbesserte, *Robbio/Corradi*, Italian Journal of Library and Information Science 2010, 305, 306 ff.

146 Das gilt auch für das Teilen medizinischer Behandlungsdaten, die jedoch nicht im Fokus dieser Arbeit tehen.

sind.[147] Ein Exemplar dafür ist das „Human Genome Project", bei dem Forscher Daten über das menschliche Genom teilen. Daraus resultierten bereits bedeutende Fortschritte in der genetischen Diagnostik, Pharmakogenomik und in der personalisierten Medizin.[148] Der offene Zugang zu den Daten im „Human Genome Phenome Archive" hat zu wissenschaftlichen Durchbrüchen und der Entwicklung neuer Behandlungsmethoden geführt: Forscher konnten zielgerichtete Krebstherapien entwickeln wie den Wirkstoff Trastuzumab gegen Brustkrebs.[149] Es entstand speziell für die Behandlung von Tumoren mit HER2-Genmutation. Zudem kreierten Forscher auf Grundlage der Daten aus dem Archiv Tests, um die Diagnose genetischer Störungen etwa bei der Zystischen Fibrose oder der Huntington-Krankheit zu verbessern.[150] Es konnten auch spezifische Genmutationen identifiziert werden, die seltene Erbkrankheiten wie das Marfan-Syndrom verursachen.[151]

Geteilte Daten ermöglichen oder vereinfachen Anschlussforschungen. So können Forscher, die über einen Zugang zu und Nutzungsrechte an geteilten Daten verfügen, diese Daten für darauf aufbauende Anschlussprojekte verwenden. Dank entsprechend kontextualisierten und aufbereiteten Daten sparen Nachnutzer Zeit ein, die sie andernfalls aufgewendet hätten, um Daten eigens zu erheben. Insofern profitiert der einzelne Forscher – als Anschlussnutzer – davon, wenn andere ihre Daten teilen. Kann er auf bereits vorhandene Informationen zurückgreifen, sind seine Kapazitäten nicht durch langwierige erneute Datenerhebungen gebunden.[152] Darüber hinaus können Anschlussforscher neue Fragen womöglich mit existierenden Daten beantworten.[153] Für Forscher kann es relevant sein, ob ein gleiches oder ähnliches wie das von ihnen beabsichtigte Projekt zuvor bereits positive oder negative Ergebnisse erzielt hat oder erfolglos geblieben ist. Werden Daten geteilt, können Wissenschaftler aus den Fehlern ihrer Kollegen lernen und diese umgehen.

---

147 *Karlsen/Solbakk/Holm*, Cambridge Quarterly of Healthcare Ethics 2011, 572, 579.

148 Bei der personalisierten Medizin werden Behandlungen entwickelt, die auf die genetischen Profile individueller Patienten zugeschnitten sind, insb. in der Krebstherapie.

149 *Mosele/Deluche/Lusque et al.*, Nat Med, 29 (2023), 2110 ff.; *Tsao/Crosby/Trotter et al.*, JCI Insight, 4 (2019), 1 ff.

150 *Alonso/Pisa/Carrasco*, Front Microbiol, 10 (2019) ff.

151 *Pagnamenta/Camps/Giacopuzzi et al.*, Genome Med, 15 (2023), 1, 17, 21.

152 Vgl. *Tenopir/Rice/Allard et al.*, PLoS ONE, 15/3 (2020), 1, 2, 23.

153 *COVID-19 Ethical & Legal Working Group*, International Transfers of Personal Data for Health Research following Schrems II: A problem in need of a solution, S. 2, abrufbar unter: https://www.nature.com/articles/s41431-021-00893-y.

Bereits durch das Erstellen eines Datenmanagementplans und die damit verbundene gezielte Planung im Vorfeld kann ein Forscher Fehler bei der Konzeption und Durchführung seiner Studie vermeiden.[154] Das Aufbereiten als notwendige Vorstufe des Teilens ist zwar aufgrund des damit verbundenen Arbeitsmehraufwands ein Nachteil. Es unterstützt Datenerheber aber gleichzeitig, sich zu organisieren und an ursprünglich geplante Analysen und Hypothesen zu halten.[155] Data Sharing und eine entsprechende Infrastruktur helfen Wissenschaftlern, Daten zu teilen und zu dokumentieren. Die Dokumentation von Forschungsdaten beinhaltet eine detaillierte Aufzeichnung von Informationen über die erhobenen Daten (Metadaten[156]) und ist die Grundlage für effektives Data Sharing.

II. Lösungsansätze für die Klimakrise

Die Integration und Analyse von Umweltforschungsdaten spielen eine entscheidende Rolle bei der Entwicklung von Strategien gegen Klimakrisen. Eine umfassende Auswertung ermöglicht es Wissenschaftlern, genaue Modelle des Klimawandels zu erstellen und zukünftige Auswirkungen vorherzusagen. Ein eingehendes Verständnis der Auswirkungen auf verschiedene Ökosysteme erlaubt es, gezielte Anpassungsstrategien zu entwickeln.[157] Hitzeperioden, Waldbrände, Extremwetterstürme und Flutkatastrophen können zu Ernteausfällen und Hungersnöten führen oder die Gesundheitsinfrastruktur beschädigen. Sind ortsbezogene Informationen zu Wetterverhältnissen, Bodenerosionen, Artensterben, Pilzbefällen an Bäumen und dergleichen verfügbar und vergleichbar, lassen sich dadurch unter Berücksichtigung regionaler Besonderheiten Rückschlüsse ziehen.[158] Umweltdaten liefern die Grundlage für informierte politische Entscheidungen und die Formulierung effektiver Klimaschutzgesetze.

Klimaforschung trägt der Staatszielbestimmung des Umweltschutzes aus Art. 20a GG Rechnung. Wie der Gesetzgeber das Schutzgebot umsetzt, bleibt ihm im Rahmen seines weiten Gestaltungsspielraums überlassen.[159] Der Staat spielt eine wesentliche Rolle im Kontext des Klimaschutzes und der Datenverfügbarkeit. Er kann Gesetze erlassen und internationale Abkommen schließen, die

---

154 *Kwon/Motohashi*, International Journal of Information Management, 60 (2021), 1, 12.

155 *Munafò/Nosek/D. Bishop et al.*, Nat Hum Behav 2017, 1, 5.

156 Zu dem Begriff der Metadaten und dazu, was sie umfassen, siehe in Kapitel 1 A. I. 2.

157 *Rolnick/Donti/Kaack et al.*, ACM Computing Surveys, 55 (2023), 1 ff., insb. 38 f.

158 *Liang/Gamarra*, Sci Data, 7 (2020), 1, 3.

159 BVerfGE 118, 79 (110); 128, 1 (51); BVerfG, Beschl. v. 24.3.2021 – 1 BvR 2656/18, 78/20, 96/20, 288/20, Rn. 174; *Gärditz*, in: Dürig/Herzog/Scholz (Hrsg.), GG Bd. I, 88. EL, Art. 5 Abs. 3, Rn. 174.

die Sammlung und Offenlegung von Umweltdaten vorschreiben. Daraus folgend kann ihn eine Gewährleistungsverantwortung treffen, eine entsprechende Infrastruktur bereitzustellen.[160] Die Regierung kann Forschung und Entwicklung im Bereich Umwelttechnologien finanziell fördern.

Deutschland[161] hat sich seit der Klimarahmenkonvention der Vereinten Nationen von 1992[162] in zahlreichen globalen Abkommen zu mehr Klimaschutz verpflichtet. Die Konvention schreibt nicht vor, wie und mit welchen Mitteln ihr in Art. 2 des Rahmenübereinkommens erklärtes Ziel zu erreichen ist. Es sind zielführende Maßnahmen zu treffen, um die Treibhausgaskonzentration in der Atmosphäre auf ein Niveau zu bekommen, auf dem eine gefährliche anthropogene Störung des Klimasystems verhindert wird. Gleiches gilt für das Ziel des Pariser Klimaübereinkommens von 2015: Mit Art. 2 Abs. 1 lit. a) des Übereinkommens haben sich die Europäische Union einschließlich Deutschland verpflichtet, die Erderwärmung auf deutlich unter 2°C zu begrenzen, anpassungs- und widerstandsfähiger hinsichtlich Klimaänderungen zu werden und eine klimafreundliche (wissenschaftliche) Entwicklung zu fördern.[163]

Eine Gesamtschau des Koalitionsvertrags von 2021 zeigt: Die Regierungsparteien sind sich bewusst, dass Daten eine entscheidende Rolle bei Klimafragen spielen können. In diesem Sinne haben sie vereinbart, das digitale Portal für Umweltdaten zu einem öffentlich nutzbaren Archiv auszubauen.[164] Fortan sollen die hier gegenständlichen Datenbanken ausschließlich oder zumindest vorrangig Wissenschaftlern zur Verfügung stehen. Wer Daten in das digitale Portal einspeisen kann und ob es sich dabei um ein Dürfen, Sollen oder Müssen handelt, haben die Koalitionsparteien nicht festgelegt.

---

160 Siehe dazu in Kapitel 4 C. II., III.

161 Überblickartig *Bodansky/Brunnée/Rajamani*, International climate change law, S. 96.

162 Rahmenübereinkommen der Vereinten Nationen über Klimaänderungen v. 9.5.1992, Rio de Janeiro (BGBl. II 1993, 1784).

163 Vgl. Art. 2 Abs. 1 Pariser Übereinkommen, umgesetzt in Deutschland durch das Gesetz zu dem Übereinkommen von Paris vom 12. Dezember 2015 v. 28.9.2016 (BGBl. II 2016, 1082).

164 *SPD/DIE GRÜNEN/FDP*, Mehr Fortschritt wagen. Bündnis für Freiheit, Gerechtigkeit und Nachhaltigkeit, S. 12 Das Portal ist abrufbar unter https://www.umweltbundesamt.de/umwelt-info, für weitere Informationen siehe *Börner/Bluhm/T. Fechner et al.*, Umwelt- und Naturschutzinformationssystem UNIS-D, 17/2021, siehe insb. auch den Zeitplan auf S. 225 f., abrufbar unter https://www.umweltbundesamt.de/sites/default/files/medien/5750/publikationen/2021-01-25_texte_17-2021_unis-d_machbarkeitsstudie.pdf.

Der Austausch von Umweltdaten kann Schadens- und Anpassungskosten senken, die aus den Folgen des Klimawandels resultieren.[165] Das gilt ebenso hinsichtlich solcher Kosten, die Deutschland im Falle der Nichteinhaltung seiner jährlichen europäischen Reduktionsziele aus der Klimaschutzverordnung (EU) Nr. 842/2018 zu zahlen hat.[166]

Auch im Bereich Wasserschutz will die Koalition die Gewässerqualität in Deutschland erhöhen, indem sie den Wissensstand mithilfe validierter Daten verbessert.[167] Ähnliche Bestrebungen gibt es für ein Artenschutzportal auf Bundesebene.[168] Ferner soll laut Koalitionsvertrag ein Nationaler Präventionsplan einschließlich konkreter Maßnahmenpakete beschlossen werden, um klima- und umweltbedingten Gesundheitsschäden vorzubeugen.[169] Datenbasierte Ansätze stoßen nachhaltige Lösungen an.[170] Eine Forschungsdateninfrastruktur wird eine entscheidende Rolle bei der Umsetzung dieser Pläne spielen.

III. Ressourcenschonung und weniger Tierversuche

Indem Forscher bereits generierte Daten innerhalb global vernetzter Systeme nutzen, vermeiden sie Dopplungen in der Forschung und gehen nachhaltig und ressourcenschonend mit den öffentlichen Fördermitteln um.[171] Ein wissenschaftlicher Datenaustausch spart finanzielle Ressourcen und entspricht damit ganz

---

165 *Bundesregierung*, Klimaschutzprogramm 2030, 2019, S. 7 f., abrufbar unter: https://www.bundesregierung.de/resource/blob/974430/1679914/e01d6bd855f09bf05cf7498e06d0a3ff/2019-10-09-klima-massnahmen-data.pdf?download=1.

166 *Bundesregierung*, Klimaschutzprogramm 2030, 2019, S. 13, abrufbar unter: https://www.bundesregierung.de/resource/blob/974430/1679914/e01d6bd855f09bf05cf7498e06d0a3ff/2019-10-09-klima-massnahmen-data.pdf?download=1.

167 *SPD/DIE GRÜNEN/FDP*, Mehr Fortschritt wagen. Bündnis für Freiheit, Gerechtigkeit und Nachhaltigkeit, S. 40.

168 BT-Drs. 19/16545, Zusammenfassung auf S. 6 f.

169 *SPD/DIE GRÜNEN/FDP*, Mehr Fortschritt wagen. Bündnis für Freiheit, Gerechtigkeit und Nachhaltigkeit, S. 84.

170 *SPD/DIE GRÜNEN/FDP*, Mehr Fortschritt wagen. Bündnis für Freiheit, Gerechtigkeit und Nachhaltigkeit, S. 20.

171 *Ola*, European Intellectual Property Review, 36 (2014), 112, 117. Vgl. auch *Hallinan/Bernier/Cambon-Thomsen et al.*, Eur J Hum Genet, 29 (2021), 1502, 1503; *Nuffield Council on Bioethics*, The collection, linking and use of data in biomedical research and health care: ethical issues, 2014, S. 81, 113, abrufbar unter: https://www.nuffieldbioethics.org/publications/biological-and-health-data; *Sane/Edelstein*, Overcoming Barriers to Data Sharing in Public Health: A Global Perspective, S. 18.

der Leitlinie der objektiv-rechtlichen Garantie der Wissenschaftsfreiheit, die stets knappen Mittel in der Forschung optimal zu nutzen.[172]

Sind Daten und die ihnen zugrundeliegenden Forschungsprojekte in zugehörigen Metadaten in einem Speichermedium abrufbar, kann das Dopplungen von Experimenten vorbeugen.[173] Hilfreich ist das insbesondere, wenn Forscher vergleichbare Experimente durchgeführt haben und sie auch im Falle eines Fehlschlags zugänglich mit Metadaten dokumentiert haben. Bisher werden erfolglose Experimente oft nicht gründlich dokumentiert, da sich damit kein monetärer Gewinn oder Reputationszuwachs erzielen lässt.[174] Werden alle Forschungsdaten einschließlich ihrer Metadaten geteilt, können andere Forscher auch aus diesen bisher nicht dokumentierten Experimenten lernen und auf ihnen aufbauen.

Data Sharing kann auch dazu führen, dass weniger Tierversuche durchgeführt werden.[175] Das entspricht der Wertung des Art. 20a GG[176] und kommt denjenigen entgegen, die den Schutzbereich des Art. 5 Abs. 3 Satz 1 GG auf unbedingt erforderliche Tierversuche beschränken wollen.[177] Der in Art. 20a GG verbürgte Tierschutz ist hinsichtlich der Schranken der Wissenschaftsfreiheit besonders bedeutend.[178] Die Staatszielbestimmung wurde eigens eingefügt, um vorbehaltlos

---

172 *Starck/Paulus*, in: MKS, GG, Bd. 1, 7. Aufl. 2018, Art. 5, Rn. 503; m.w.N. auf Leitlinien bei *F. Kirchhof*, JZ 1988, 275 ff.

173 So auch *Nuffield Council on Bioethics*, The collection, linking and use of data in biomedical research and health care: ethical issues, 2014, S. 81, abrufbar unter: https://www.nuffieldbioethics.org/publications/biological-and-health-data; *Sane/Edelstein*, Overcoming Barriers to Data Sharing in Public Health: A Global Perspective, S. 18.

174 *Strieth-Kalthoff/Sandfort/Kühnemund et al.*, Angewandte Chemie Int. Ed., 61 (2022), e202204647.

175 Würden durch das Wiederverwenden von Daten weniger Tierversuche durchgeführt werden, könnte das einige ethische Herausforderungen im Zusammenhang mit Tierversuchen lösen, vgl. *Schulze-Fielitz*, Politische Voraussetzungen wissenschaftlicher Forschung, in: H. Dreier (Hrsg.), Wissenschaft und Politik, 2010, S. 71, 101 f.

176 Die Staatszielbestimmung des Tierschutzes wurde 2020 nach langer Debatte eingefügt, *Caspar/Geissen*, NVwZ 2002, 913, 913; kritisch dazu *Kloepfer/Rossi*, JZ 1998, 369, 369 ff.

177 Anders *Loeper*, ZPR 1991, 224, 224 ff. Kritisch *Kloepfer*, JZ 1986, 205, 211, der es weiter für verfassungswidrig hält, wenn Forscher die Beweislast trügen, ob Tierversuche erforderlich sein, um neue Erkenntnisse zu gewinnen.

178 *Britz*, in: Dreier (Hrsg.), GG Bd. I, 3. Aufl. 2013, Art. 5 III (Wissenschaft), Rn. 41; VG Bremen DVBl. 2010, 1044 ff. m. Anm. *Gärditz*, DVBl. 2010, 1048, 1048 ff.; *Gärditz*, WissR 2012, 97, 97 ff.; *Kempen*, in: Hartmer/Detmer (Hrsg.), Hochschulrecht, 2017, I, Rn. 80 f.; *Mager*, in: Isensee/P. Kirchhof (Hrsg.), Hdb. StR, Bd. VII, 2009, 33; *Pröbstl*,

gewährleistete Grundrechte zu beschränken.[179] Wie der Gesetzgeber das Schutzgebot umsetzt, bleibt ihm im Rahmen eines weiten Gestaltungsspielraums überlassen.[180]

Einschränkend ist jedoch zu beachten, dass aufgrund des Datenteilens mehr Reproduktions- und Replikationsstudien stattfinden. Für diese müssen Forscher Versuche zur Kontrolle der vorhandenen Daten erneut durchführen.

IV. Validierung geteilter Daten

Die Reproduktion und Replikation durchgeführter Studien sind zugleich aber auch Vorteile des Datenteilens. In Reproduktions- und Replikationsstudien analysieren und verifizieren Forscher Daten und Methoden eines bereits durchgeführten Experiments. In Reproduktionsstudien versuchen sie, die Ergebnisse einer Studie zu reproduzieren, indem sie dieselben Methoden und originalen Daten verwenden. Ziel ist es, zu überprüfen, ob sie die gleichen Ergebnisse unter vergleichbaren Bedingungen erzielen können. Im Unterschied dazu zielen Replikationsstudien darauf ab, Ergebnisse einer Studie unter veränderten Bedingungen, also einer veränderten Methodik, zu bestätigen.[181]

Unterliegen Daten einer Kontrolle durch andere Forscher, erhöht sich dadurch die Validität von Erkenntnissen. Zugängliche Daten erlauben es anderen Forschern, vorhandene Ergebnisse durch unabhängige Reproduktions- und Replikationsstudien zu überprüfen.[182] Diese Prozesse erhöhen die Nachvollziehbarkeit und Vertrauenswürdigkeit der Daten. Bei einer effektiven Peer Review, gegebenenfalls unterstützt durch einen internationalen wissenschaftlichen Beirat, werden Daten und darauf basierende Erkenntnisse geprüft. Ist Datenerzeugern bewusst, dass andere Forscher ihre Ergebnisse jederzeit validieren können, arbeiten sie womöglich sorgfältiger. Dadurch sind existierende Daten nachvollziehbar und ihre Qualität kann sich erhöhen.[183]

Das Recht der Tierversuche unter Berücksichtigung unionsrechtlicher Vorgaben, S. 19 ff.; *Starck/Paulus*, in: MKS, GG, Bd. 1, 7. Aufl. 2018, Art. 5, Rn. 544 m.w.N.

179 *Gärditz*, in: Dürig/Herzog/Scholz (Hrsg.), GG Bd. I, 88. EL, Art. 5 Abs. 3, Rn. 174. Vgl. auch BT-Drs. 14/8860, S. 1 ff.

180 BVerfGE 115, 276 (309); 116, 202 (225); 127, 293 (333); *Gärditz*, in: Dürig/Herzog/Scholz (Hrsg.), GG Bd. I, 88. EL, Art. 5 Abs. 3, Rn. 174.

181 *McMillan*, Cogent Economics & Finance, 5 (2017), 1.

182 *Fecher/Friesike/Hebing et al.*, Palgrave Communications, 3 (2017), 1, 2 f.

183 *van den Eynden/G. Knight/Vlad*, Open Research: practices, experiences, barriers and opportunities, 2016, S. 27.

Zudem wirkt Data Sharing dem Problem geschönter Daten und ergebnisgetriebener Forschung[184] entgegen. Zum Teil wird ein Thema nur wegen seiner guten Publikationsaussichten erforscht (sogenannter publication bias). Auf der einen Seite veröffentlichen Zeitschriften tendenziell Experimente, die mit überraschenden oder kontraintuitiven Ergebnissen aufwarten.[185] Sie bevorzugen Studien zu aktuellen Themen und behandeln nur solche, die ein weniger aussagekräftiges oder ein irrelevantes Ergebnis erzielten.[186] Insbesondere Negativergebnisse veröffentlichen Verlage selten.[187] Werden größtenteils aufmerksamkeitsversprechende, populäre Themen untersucht, kann ein verzerrtes Bild der Forschung entstehen.

Wissenschaftler auf der anderen Seite unterliegen einem zeitlichen Druck, Ergebnisse zu erzielen und zu publizieren.[188] Für Naturwissenschaftler und Mediziner ist es besonders wichtig, viel zitiert zu werden, sichtbare Ergebnisse zu veröffentlichen und einen guten H-Index[189] zu haben.[190] Veröffentlichungen sind in der Wissenschaft das Mittel der Wahl, um Erkenntnisse zu kommunizieren. Zitationen schlüsseln auf, wie die Veröffentlichungen angekommen sind. Publikations- und Zitationsmaße gelten im Forschungsbereich als Indikator wissenschaftlicher Leistung und werden für Evaluationen und Performancemessungen herangezogen.[191] Förder-, Stellenangebote und Prestige hängen davon ab, wie viele Veröffentlichungen, Zitationen und Zuschüsse ein Wissenschaftler bereits gesammelt hat.[192] Die Relevanz des Impact-Faktors[193] erhöht den Druck auf die Forscher,

---

184 *Hesselmann*, Die Bestrafung wissenschaftlichen Fehlverhaltens, S. 13.

185 *Harford*, The data detective, S. 113 ff.; *Piper*, This economics journal only publishes results that are no big deal, 2019, abrufbar unter: https://www.vox.com/future-perfect/2019/5/17/18624812/publication-bias-economics-journal.

186 *Laurie/Stevens/Jones et al.*, A Review of Evidence Relating to Harm Resulting from Uses of Health and Biomedical Data, 2015, S. 129.

187 *FitzGerald/Hurst*, BMC Med Ethics, 18 (2017), 1, 2 f., 14 f.; *Laurie/Stevens/Jones et al.*, A Review of Evidence Relating to Harm Resulting from Uses of Health and Biomedical Data, 2015, S. 129; *Mlinarić/Horvat/Šupak Smolčić*, Biochem Med (Zagreb), 27 (2017), 1, 2, 5.

188 *Laurie/Stevens/Jones et al.*, A Review of Evidence Relating to Harm Resulting from Uses of Health and Biomedical Data, 2015, S. 129.

189 Der H-Index ist die Anzahl h an Publikationen, die mindestens h-mal zitiert wurden, *Kamrani/Dorsch/Stock*, Beiträge zur Hochschulforschung, 42 (2020), 78, 78, 83.

190 *Kamrani/Dorsch/Stock*, Beiträge zur Hochschulforschung, 42 (2020), 78, 91.

191 *Kamrani/Dorsch/Stock*, Beiträge zur Hochschulforschung, 42 (2020), 78, 78.

192 *Bouter*, J Clinical Epidemiology, 70 (2016), 256, 256 f.

193 Der Impact Factor ist die Mindestzahl X an Publikationen, die mindestens X-mal zitiert wurde, *Saha/Saint/Christakis*, J Med Libr Assoc, 91 (2003), 42, 42.

neue Erkenntnisse in einer Weise zu veröffentlichen, mit der sie möglichst häufig zitiert werden. Dabei werden spektakuläre und statistisch signifikante Ergebnisse gegenüber Studienprotokollen und Ähnlichem bevorzugt. Das fördert weder aussagekräftige Replikationen noch eine gemeinsame Nutzung von Daten.[194]

Zu merklichen Problemen führt ein solches Vorgehen, wenn Forscher infolgedessen ihre Daten voreingenommen einseitig interpretieren oder gar verändern, um doch noch ein für die Fachöffentlichkeit mutmaßlich interessantes Ergebnis zu erzielen.[195] Der Publikationsdruck kann zu einem ungenauen Umgang mit Daten und sogar zu ihrer Falsifizierung im Sinne eines reißerischen Ergebnisses führen. Ausreißer laufen Gefahr, dabei leichtfertig „unter den Tisch" zu fallen.

Data Sharing in einer Forschungsdateninfrastruktur kann dem Problem der Nichtveröffentlichung negativer Ergebnisse entgegenwirken. Eine Forschungsdateninfrastruktur bietet einen Rahmen, in dem Forscher alle Forschungsergebnisse, einschließlich negativer oder nicht signifikanter Ergebnisse, teilen können. So fördern Datenbanken Zugang zu allen Arten von Forschungsdaten sowie eine umfassendere und transparentere wissenschaftliche Kommunikation, unabhängig von den Publikationsneigungen von Fachzeitschriften. Data Sharing setzt nicht notwendigerweise eine vorherige Publikation voraus. Forschende können ihre Daten unabhängig davon teilen, ob ihre Ergebnisse veröffentlicht wurden oder nicht, was die Verfügbarkeit von Daten, die sonst ungenutzt bleiben würden, erheblich erhöht.

Zudem kann Data Sharing dazu beitragen, einen durch den Impact-Faktor bedingten Bias und eine eventuelle „Beschönigung" von Daten zu vermeiden. Wenn Forscher wissen, dass ihre Daten unabhängig von daran geknüpften Ergebnissen zugänglich und überprüfbar sind, kann das dazu beitragen, die Neigung zu einseitiger Interpretation oder Datenmanipulation zu reduzieren. Betreiber einer Forschungsdateninfrastruktur tragen die Verantwortung, sicherzustellen, dass Datenplattformen die Integrität und Qualität der geteilten Daten fördern. Erreichen können sie das durch die Implementierung von Richtlinien für das Datenmanagement und durch Förderung von Best Practices in der Datendokumentation und -publikation. Eine solche Infrastruktur kann Forscher ermutigen, alle Forschungsergebnisse zu teilen, einschließlich derjenigen, die möglicherweise nicht zu vielzitierten Publikationen führen. Darüber hinaus profitieren Forscher,

---

194 *Bouter*, J Clinical Epidemiology, 70 (2016), 256, 256 f.

195 Insb. indem (vermeintliche) Ausreißer mitunter außenvorgelassen werden, *Harford*, The data detective, S. 135 ff.

wenn ihre Ergebnisse leicht auffindbar, verwertbar und zitierbar sind. Die Chancen auf akademische Anerkennung und Datenzitationen erhöhen sich.[196]

Müssen Forscher ihre Daten in einem Repositorium verfügbar, nachverfolgbar und überprüfbar teilen, kann das die Transparenz[197] von Studien, die die Pharmaindustrie finanziert, fördern.[198] Die Pharmaindustrie finanziert mittlerweile viele medizinische Studien, die auffällig wenig Negativergebnisse veröffentlichen.[199]

Das Vertrauen der Gesellschaft in die Forschung wächst proportional zur Transparenz (zumindest gegenüber anderen Wissenschaftlern) und zur Validität wissenschaftlicher Erkenntnisse.[200] Allein durch das abstrakte Wissen, dass Forscher ihre Daten teilen, fühlen sich Bürger womöglich besser in den wissenschaftlichen Prozess eingebunden, selbst wenn die Öffentlichkeit einschließlich der Medien keinen Zugang zu den Daten hat und/oder zugängliche Daten mangels fachlicher Expertise nicht versteht.

Die politische Entwicklung in Folge der SARS-CoV-2-Pandemie demonstriert, wie wichtig die Glaubwürdigkeit in die Wissenschaft ist: Je höher die Menschen die Gefahr durch das Virus einschätzen, umso mehr schützen sie sich und andere durch das Tragen einer Maske. Und je mehr Menschen glauben, das Vakzin sei sicher und wirksam, desto mehr Menschen lassen sich impfen.

V. Internationale Nutzung vorhandener Daten

Data Sharing führt zwar nicht automatisch zu mehr internationaler wissenschaftlicher Zusammenarbeit, erleichtert sie aber.[201] Forscher können Daten unkompliziert weitergeben, denn die Informationen sind zur Übermittlung nicht länger auf ein körperliches Trägermedium angewiesen.[202] So können Forscher sie kos-

196 *P. Dorta-González/González-Betancor/M. Dorta-González*, Scientometrics, 126 (2021), 2209, 2210; *Kwon/Motohashi*, International Journal of Information Management, 60 (2021), 1, 3.

197 Als Teil des Öffentlichkeitsprinzips steht Transparenz für wahrnehmbare, offen zugängliche und einsehbare wissenschaftliche Vorgänge und Daten, *Lederer*, Open Data, S. 85.

198 BVerfGE 35, 79 (113): in „nachprüfbarer Weise".

199 *Laurie/Stevens/Jones et al.*, A Review of Evidence Relating to Harm Resulting from Uses of Health and Biomedical Data, 2015, S. 12.

200 *Munafò/Nosek/D. Bishop et al.*, Nat Hum Behav 2017, 1, 6.

201 *COVID-19 Ethical & Legal Working Group*, International Transfers of Personal Data for Health Research following Schrems II: A problem in need of a solution, S. 2, abrufbar unter: https://www.nature.com/articles/s41431-021-00893-y.

202 *Specht-Riemenschneider/N. Werry/S. Werry*, in: Specht-Riemschneider/Mantz (Hrsg.), S. 5.

tenschonend und schnell um den Globus senden, während verschiedene Personen sie zeitgleich verwenden. Das ermöglicht neue Kollaborationen zwischen Wissenschaftlern unterschiedlicher Nationen, die ihnen womöglich gar eine Co-Autorenschaft vermitteln.[203] Nachnutzer können von großen Datensätzen, dem Wissen ihrer Kollegen sowie deren technischer Ausstattung und Auswertungsmöglichkeiten profitieren.[204] Besonders effizient ist das bei teuren und/oder hochspezialisierten Geräten zur Erhebung und Auswertung von Daten.

Der Austausch mehrerer, qualifizierter Personen über ein bestimmtes Thema ermöglicht fortbestehend neue Erkenntnisse. Für einen produktiven Diskurs ist grundsätzlich eine Pluralität wissenschaftlicher Inhalte sinnvoll. So können Forscher das volle Potenzial vorhandenen Wissens ausschöpfen.

Eine geografisch oder kulturell basierte Verzerrung von Ergebnissen kann dank einer erleichterten internationalen Zusammenarbeit minimiert werden. Damit ist das Phänomen gemeint, dass Forschungsergebnisse und -ansätze oft von den spezifischen geografischen oder kulturellen Kontexten beeinflusst werden, in denen sie entstehen. Dies kann zu einer Verzerrung führen, bei der Forscher ihrem geografischen und/oder kulturellen Ursprung entsprechend bestimmte Perspektiven oder Erkenntnisse überbetonen und andere, etwa globale oder interkulturelle Aspekte, vernachlässigen und nicht angemessen repräsentieren. Durch internationale Zusammenarbeit und den Austausch von Daten können solche Verzerrungen minimiert und ein umfassenderes, objektiveres Bild von Forschungsgegenständen erreicht werden.

VI. Weitere Profiteure

Wissenschaftler profitieren davon, wenn andere ihre Daten mit ihnen teilen. Das gilt insbesondere, wenn sie ein bestimmtes Vorhaben realisieren möchten, dafür aber auf Informationen eines Kollegen angewiesen sind, auf die sie keinen Zugang haben und es zugleich an alternativen Quellen mangelt.[205] Gerade für die wissenschaftliche Ausbildung ist Open Science gewinnbringend.[206] Für

---

203 *D. Agarwal/Damerow/Varadharajan et al.*, Ecological Informatics, 62 (2021), 1, 3.

204 *Fauduet/Peyrad*, Shared Repository, in: Borbinha/M. Nelson/Steve Knight (Hrsg.), Proceedings of the 10th International Conference on Preservation of Digital Objects, 2013, S. 172, 176; *Schönbrodt/Gollwitzer/Abele-Brehm*, Psychologische Rundschau, 68 (2017), 20, 21.

205 Sich mit der Frage ausführlich auseinandersetzend, ob in solchen Konstellationen ein Anspruch auf Informationszugang besteht, *Hevers*, Informationszugangsansprüche des forschenden Wissenschaftlers, S. 655 ff.

206 *Munafò/Nosek/D. Bishop et al.*, Nat Hum Behav 2017, 1, 2.

Nachwuchsforscher kann Data Sharing Chancengleichheit bei der Verfolgung von Forschungsfragen bedeuten. Junge Wissenschaftler erlangen Zugang zu Forschungsdaten ungeachtet ihres Rangs, Namens oder ihrer wissenschaftlichen Kontakte.

Ferner kann Data Sharing für Wissenschaftler bei der Stellensuche oder Förderakquise von Vorteil sein.[207] Die Chance auf eine Zusage im Bewerbungsverfahren erhöht sich perspektivisch für Forscher, die ihre Daten teilen. Das gilt auch für die praktisch bedeutende Forschungsförderung durch die Europäische Union.[208] Art. 179 Abs. 1 des Vertrags über die Arbeitsweise der Europäischen Union (AEUV) entsprechend wirkt die Forschungsförderungspolitik der Union auf einen europäischen Forschungsraum hin, in dem wissenschaftliche Erkenntnisse frei ausgetauscht werden.[209] Die Tendenzen des kulturellen Wandels lassen erahnen, dass Open Science einschließlich Data Sharing zukünftig wissenschaftlicher Standard sein wird.[210] Daher empfiehlt es sich für Forscher, möglichst früh auf den Zug aufzuspringen.

Der Zugang zu Forschungsdaten kann auch Regierungen, Nichtregierungsorganisationen, anderen Organisationen und gegebenenfalls Unternehmen die Arbeit erleichtern. Sie können dank des Zugangs Kosten reduzieren, effektiver handeln oder Lobbyarbeit auf Grundlage validierter Informationen betreiben. Die Möglichkeit, neue Produkte zu entwickeln und Partnerschaften zu etablieren, wird von Unternehmen als Hauptgrund genannt, Daten zu teilen.[211]

Zum einen werden Studien durch das Teilen von Daten für die Bevölkerung transparenter und nachvollziehbarer, wodurch sich der einzelne Bürger womöglich besser in den wissenschaftlichen Prozess eingebunden fühlt. Zum anderen liegt ein hoher Impact durch öffentlich geförderte Forschung im gesellschaftlichen Interesse, etwa wenn dank Data Sharing neue Präventions- und Behandlungs-

---

207 *Kwon/Motohashi*, International Journal of Information Management, 60 (2021), 1, 1; *Munafò/Nosek/D. Bishop et al.*, Nat Hum Behav 2017, 1, 5.

208 *Britz*, in: Dreier (Hrsg.), GG Bd. I, 3. Aufl. 2013, Art. 5 III (Wissenschaft), Rn. 7. Die EU verfügt nach Art. 179-190 AEUV über Kompetenzen zur Forschungsförderung.

209 *Britz*, in: Dreier (Hrsg.), GG Bd. I, 3. Aufl. 2013, Art. 5 III (Wissenschaft), Rn. 7.

210 *D. Agarwal/Damerow/Varadharajan et al.*, Ecological Informatics, 62 (2021), 1, 1.

211 Zu weiteren Potenzialen des Data Sharing aus Sicht der Unternehmen *Fraunhofer Institut für Software und Systemtechnik*, Anreizsysteme und Ökonomie des Data Sharings, S. 30, abrufbar unter: https://ieds-projekt.de/wp-content/uploads/2022/03/IEDS-Whitepaper-1.pdf. 74% der Befragten nannten die Möglichkeit, neue Geschäftsmodelle, Produkte und/oder Services zu entwickeln als Grund, sich im B2B-Data Sharing zu engagieren, während 48% die Möglichkeit neuer Forschungspartnerschaften hervorhoben, *Arnaut/Pont/Scaria et al.*, Study on data sharing between companies in Europe, 39, 45.

methoden entwickelt oder umweltfreundliche Lösungen gefunden werden. Der Austausch von Umweltdaten kann aus den Folgen des Klimawandels resultierende Schadens- und Anpassungskosten senken.[212] Das gilt auch hinsichtlich solcher Kosten, die Deutschland im Falle der Nichteinhaltung seiner jährlichen europäischen Reduktionsziele aus der Klimaschutzverordnung (EU) Nr. 842/2018 zu zahlen hat.[213] Hohe Kosten von Forschungsprojekten, die durch Steuergelder finanziert werden, lassen sich vermeiden, wenn, anstatt neue Daten zu generieren, auf bestehende zurückgegriffen wird. Das kommt der Allgemeinheit zugute. Das Geld kann in andere gemeinwohlorientierte Projekte fließen.

B. Problemaufriss: Kaum ausreichender Datenaustausch in der Praxis

Trotz der dargestellten Vorteile des Data Sharing ist das Bereitstellen von Daten noch nicht verbreitete wissenschaftliche Praxis.[214] Der Großteil der Daten ist allenfalls auf Nachfrage für andere Forscher verfügbar und befindet sich bis dato in einem institutionellen Archiv oder auf einer lokalen Festplatte ihres Erhebers.[215] Wenngleich ein Datenaustausch in einigen Disziplinen wie den

---

212 *Bundesregierung*, Klimaschutzprogramm 2030, 2019, S. 7 f., abrufbar unter: https://www.bundesregierung.de/resource/blob/974430/1679914/e01d6bd855f09bf05cf7498e06d0a3ff/2019-10-09-klima-massnahmen-data.pdf?download=1.

213 *Bundesregierung*, Klimaschutzprogramm 2030, 2019, S. 13, abrufbar unter: https://www.bundesregierung.de/resource/blob/974430/1679914/e01d6bd855f09bf05cf7498e06d0a3ff/2019-10-09-klima-massnahmen-data.pdf?download=1.

214 *Fehling/Tormin*, WissR 2021, 281, 305; *Tedersoo/Küngas/Oras et al.*, Sci Data, 8 (2021), 1, 1; *van Tuyl/Whitmire*, PLoS ONE, 11 (2016), 1, 1; *R. Wilkinson*, The State of Open Data Report, 2018, S. 14 f. Eine Studie des Open Research Council zeigte, dass es 70% der Teilnehmer nicht gelungen ist, die Zahlen aus Experimenten anderer Forscher zu reproduzieren, insbesondere mangels verfügbarer Daten; die Hälfte der Teilnehmer konnte nicht einmal ihre eigenen Ergebnisse reproduzieren aufgrund von Messungenauigkeiten oder verloren gegangener Rohdaten, *van den Eynden/G. Knight/Vlad*, Open Research: practices, experiences, barriers and opportunities, 2016, S. 11; ausführlicher zur Studie *Baker*, Nature 2016, 452, 452 f. Bei einer weiteren Studie des Research Council kam heraus, dass 23% der Befragten noch nie bereits existierende Daten genutzt haben, *van den Eynden/G. Knight/Vlad*, Open Research: practices, experiences, barriers and opportunities, 2016, S. 32.

215 *Wallis/Rolando/Borgman*, PLoS ONE, 8 (2013), e67332, 1. Das ist insofern problematisch, als herauszufinden, wer bereits welche Daten erhoben hat und wen man dafür kontaktieren sollte, einen erheblichen Arbeitsaufwand mit sich bringt. Das

Geowissenschaften bereits vergleichsweise weit verbreitet ist,[216] steckt es in vielen anderen Bereichen einschließlich der Klimaforschung noch in den Kinderschuhen.[217] Infolgedessen bleiben die Daten üblicherweise isoliert und nur die Erzeuger selbst einschließlich der Mitglieder ihres Forschungsprojekts können auf sie zugreifen.[218]

I. Reproduktions- und Auffindbarkeitskrise

In Reproduktions- und Replikationsstudien[219] analysieren und verifizieren Forscher Daten und Methoden eines bereits durchgeführten Experiments. In beiden Fällen sind Forscher auf den Zugang zu vorhandenen, geteilten Daten nicht nur für die Vergleichbarkeit mit der Originalstudie angewiesen, sondern auch, um die Grundlagen der ursprünglichen Forschung zu verstehen, zu überprüfen und zu validieren. Reproduktionsstudien können auch darin bestehen, die originalen Daten unter anderen Perspektiven zu analysieren, um neue Erkenntnisse zu generieren, ohne neue Experimente durchzuführen. Doch regelmäßig lassen sich Studienergebnisse nicht durch eine Reproduktion überprüfen, weil die zu überprüfenden Daten nicht geteilt wurden oder unbrauchbar sind. Häufig sind die wenigen geteilten Datensätze unvollständig oder aufgrund von Zugangshürden, mangelnder Dokumentation, fehlender Metadaten, defizitärer Qualität oder inkompatibler Formate kaum nutzbar.[220] Gleiches gilt für auf Zufällen, (Mess-) Ungenauigkeiten oder äußeren Einflüssen beruhenden Funden, die durchaus

---

Forschungsprojekt, das die Daten erhoben hat, existiert womöglich nicht mehr oder hat seine Erkenntnisse nicht ausreichend dokumentiert. Datenspeicherorte bieten den Vorteil, dass die enthaltenen Informationen elektronisch abrufbar und damit leichter aufzufinden sind.

216 *Tenopir/Christian/Allard et al.*, Earth and Space Science, 5 (2018), 891, 900.

217 Vgl. *Corti/van den Eynden,* Importance, in: Corti/van den Eynden/L. Bishop et al. (Hrsg.), Managing and Sharing Research Data, 2014, S. 1, 6; *Fecher/Friesike/Hebing,* PLoS ONE, 10 (2015), 1, 13–14; *Tal-Socher/Ziderman*, Prometheus, 36 (2020), 116, 119 f., 129; *Tedersoo/Küngas/Oras et al.*, Sci Data, 8 (2021), 1, 7.

218 Nach *Yarborough*, J. Law. Med. Ethics, 45 (2017), 327, 328 werde die Hälfte der klinischen Studien nie vollständig zugänglich gemacht. Zu einem ähnlichen Ergebnis kommt auch eine weitere Studie, nach der nur 54% der befragten Forscher in den USA und 67% in Europa ihre Daten teilen, *Stuart/Baynes/Hrynaszkiewicz et al.*, Practical challenges for researchers in data sharing, 2018, S. 7.

219 Sie zu den Begriffen A. IV.

220 *Tedersoo/Küngas/Oras et al.*, Sci Data, 8 (2021), 1, 1; *van Tuyl/Whitmire*, PLoS ONE, 11 (2016), 1, 1.

falsch oder jedenfalls nicht erneut nachweisbar sein können. Deshalb wird von einer Reproduktionskrise[221] gesprochen.

Daneben lässt sich eine „Findability Crisis“[222] diskutieren. Denn moderne Forschung ist oft unvollständig, weil weiterführende Datensätze nicht auffindbar sind und Wissenschaftler einem Informationsüberfluss („information overload“) unterliegen, der es nahezu unmöglich macht, alle relevanten Daten zum eigenen Thema angemessen auszuwerten.[223] Es gibt schlicht mehr Wissen als bekannt und als reproduzierbar ist. Insbesondere nicht englischsprachig veröffentlichte Forschung wird vernachlässigt.[224] Eine zugängliche, gut organisierte Dateninfrastruktur erleichtert das Auffinden relevanter Daten. Durch Standardisierung der Datenformate und umfassende Metadaten wird die Auffindbarkeit verbessert. Ein umfassender Datenzugang kann helfen, Forschung, die nicht auf Englisch veröffentlicht wird, zugänglicher zu machen, wenn die Daten universell verständlich sind.

Hinzu kommt der bereits angesprochene Zeitfaktor,[225] der eine intensive Recherche, Auswertung und Weiterverwendung erschweren oder verhindern kann. Es kostet viel Zeit, die Daten in einer solchen Form aufzubereiten, dass andere Forscher sie nachnutzen können. Anschlussnutzer wiederum kann es viel Zeit kosten, benötigte Daten zu finden. Effiziente Datenbanken und Suchwerkzeuge ermöglichen allerdings ein schnelleres Auffinden relevanter Daten. Relevant ist zudem, dass die Daten gut organisiert und dokumentiert sind.

Ein weiteres Problem ist die derzeitige Projektförderstruktur, die nicht dazu gedacht ist, Daten langfristig zu speichern. Die Förderung endet in der Regel mit Ablauf des Forschungsprojekts und nur selten wird die Übernahme künftiger Kosten für die Speicherung der Daten vereinbart. In der Folge ist ein Forscher oder seine Einrichtung logistisch und finanziell mit der Aufgabe betraut, Daten bereitzustellen. Fehlen entsprechende finanzielle Mittel und Infrastrukturen, werden die Daten allenfalls lokal und damit in der Regel unsichtbar gespeichert.

---

221 *Baker*, Nature 2016, 452, 452.

222 *Dobusch/Heimstädt*, Leviathan, Sonderband 37 2021, 425, S. 31 der Preprint-Version, abrufbar unter: https://www.researchgate.net/publication/354006103_Strukturwandel_der_wissenschaftlichen_Offentlichkeit_Konstitution_und_Konsequenzen_des_Open-Access-Pfades.

223 *Kraker/Schramm/Kittel*, ABI Technik, 41 (2021), 3, 4.

224 *Konno/Akasaka/Koshida et al.*, Ecology and evolution, 10 (2020), 6373, 6379 ff.

225 Siehe in A. IV.

II. Herausforderungen der Rationalität und Überprüfbarkeit in der Wissenschaft bei unzureichendem Datenaustausch

Freie Wissenschaft fußt auf einem offenen Kommunikationsprozess und auf Korrigierbarkeit.[226] Die ständige Selbst- und Fremdüberprüfung[227] zielt darauf ab, Ergebnisse in ein größeres Ganzes einzuordnen, rational zu bestätigen und ihre Tragfähigkeit bei neuen Erkenntnissen auf die Probe zu stellen.[228] Erst wenn Erkenntnisse überprüfbar sind, sind sie rational zugänglich und erfüllen damit die an erforschtes Wissen gestellte Voraussetzung, besonders verlässlich zu sein.[229] Das Bundesverfassungsgericht definiert Forschung als eine geistige Tätigkeit, die – unter anderem – versucht, in nachprüfbarer Weise neue Erkenntnisse zu gewinnen und weiterzugeben.[230] Zwar erfordert das Merkmal der Überprüfbarkeit wissenschaftlicher Arbeit nicht, dass eine Erkenntnis einem Experiment oder der Empirie anderer Forscher zugänglich sein muss.[231] Als Untergrenze sollten Rationalitätskriterien herangezogen werden, die „eine objektivierbare Überprüfung von Aussagen sicherstellen"[232]. Diese objektivierbare Überprüfung wird erreicht, wenn Forscher Daten genormt dokumentieren und zugänglich speichern. So können Daten aus ihnen gewonnene Erkenntnisse sowie deren argumentative Kohärenz und Schlüssigkeit nachweisen.

Ist ein Vorgehen nicht mehr als ernsthafter und planmäßiger Versuch zu bezeichnen, die Wahrheit zu ergründen, entfällt der Schutz der Wissenschaftsfreiheit aus Art. 5 Abs. 3 GG.[233] Wer verschuldet[234] Daten fälscht, selektiv-ergebnisorientiert Daten ändert, indem er beispielsweise Ausreißer außenvorlässt oder Primärdaten nicht sichert, wird nicht vom Grundrecht geschützt.[235] Enthält ein Forscher seine Ergebnisse der Fachgemeinschaft vor, um sich sachlicher Kritik und rationaler Überprüfung zu entziehen, erfüllt er wissenschaftliche Mindeststandards

226 *Kelsen*, Verteidigung der Demokratie, S. 241.
227 *Wendt*, in: von Münch/Kunig (Begr.), GG, Bd. 1, 7. Aufl. 2021, Art. 5, Rn. 100.
228 *Starck/Paulus*, in: MKS, GG, Bd. 1, 7. Aufl. 2018, Art. 5, Rn. 475.
229 *Gärditz*, in: Dürig/Herzog/Scholz (Hrsg.), GG Bd. I, 88. EL, Art. 5 Abs. 3, Rn. 76.
230 BVerfGE 90, 1 (12); *Britz*, in: Dreier (Hrsg.), GG Bd. I, 3. Aufl. 2013, Art. 5 III (Wissenschaft), Rn. 19.
231 So die Forderung eines Naturwissenschaftlers der versucht, zur Wissenschaftstheorie beizutragen, *Mohr*, Einheit der Wissenschaft, in: Herbert Mainusch (Hrsg.), Einheit der Wissenschaft, 1993, S. 139, 139.
232 *Gärditz*, in: Dürig/Herzog/Scholz (Hrsg.), GG Bd. I, 88. EL, Art. 5 Abs. 3, Rn. 77.
233 BVerfGE 90, 1 (13); BVerwGE 102, 304 (311).
234 *Gärditz*, in: Dürig/Herzog/Scholz (Hrsg.), GG Bd. I, 88. EL, Art. 5 Abs. 3, Rn. 83.
235 *Gärditz*, in: Dürig/Herzog/Scholz (Hrsg.), GG Bd. I, 88. EL, Art. 5 Abs. 3, Rn. 86.

in der universitären Forschung nicht.[236] Wird „vorgefassten Meinungen oder Ergebnissen lediglich der Anschein wissenschaftlicher Gesinnung oder Nachweisbarkeit" verliehen, entfallen auch sie dem Schutzbereich.[237] Das geschieht, wenn Daten verschwiegen oder als „Ausreißer" eliminiert und heruntergespielt werden, um ein wünschenswertes Ergebnis zu suggerieren.

Das Bundesverfassungsgericht verleiht der Wissenschaft in seiner Definition mit den Begriffen „Wahrheit" und „Objektivität" einen Absolutheitsanspruch.[238] Diesem genügt die Wissenschaft, wenn Erkenntnisse nachprüfbar und Methoden offengelegt sind. Ein offener, fachlicher Diskurs funktioniert insbesondere, wenn Erkenntnisse überprüft und kritisiert werden können. Dafür müssen die zugrundeliegenden verarbeiteten Daten zumindest der wissenschaftlichen Gemeinschaft zugänglich sein.[239] Werden Daten in einem Repositorium geteilt, beugt das Nachweisproblemen bezüglich des Data Sharing-Verhaltens der Wissenschaftler vor.

III. Ursachen: Unzureichende Infrastruktur sowie mangelnde Bereitschaft und Expertise der Datenerheber

Die Gründe, warum Forscher Daten nicht umfassend teilen, sind vielfältig. Zum einen fehlt es an einer ausreichenden (technischen) Infrastruktur, um wissenschaftliche Daten effektiv aufzubewahren und zu teilen. In Deutschland gibt es bislang keine umfassenden, vernetzten Datenbanken, sondern bloß isolierte Repositorien.[240] Förderorganisationen wie die Deutsche Forschungsgemeinschaft fördern zwar den Aufbau notwendiger Infrastrukturen, in der Regel aber nicht deren Betrieb.[241] Anders ist das bei *Gaia-X*. Das Projekt zielt darauf ab, eine

---

236 *Gärditz*, in: Dürig/Herzog/Scholz (Hrsg.), GG Bd. I, 88. EL, Art. 5 Abs. 3, Rn. 104. Vgl. auch BVerfGE 35, 79 (113); *Coelln*, in: Friauf (Begr.), Berliner Kommentar GG, Bd. 1, 44, Art. 5, S. 24.

237 BVerfGE 90, 1 (13); *Coelln*, in: Friauf (Begr.), Berliner Kommentar GG, Bd. 1, 44, Art. 5, S. 22; *Jarass*, in: Jarass/Pieroth (Begr.), GG, 17. Aufl. 2022, Art. 5, Rn. 136; *Wendt*, in: von Münch/Kunig (Begr.), GG, Bd. 1, 7. Aufl. 2021, Art. 5, Rn. 100.

238 *Starck/Paulus*, in: MKS, GG, Bd. 1, 7. Aufl. 2018, Art. 5, Rn. 474. Vgl. zur Falsifizierbarkeit als Kriterium für die Geisteswissenschaften *Gadamer*, Gesammelte Werke, S. 272 ff.

239 *Gärditz*, in: Dürig/Herzog/Scholz (Hrsg.), GG Bd. I, 88. EL, Art. 5 Abs. 3, Rn. 103.

240 Wenngleich Deutschland mit über 400 Repositorien eines der Länder mit der höchsten Dichte an Repositorien ist, vgl. *OpenAIRE*, Open Science in Europe, 2018, abrufbar unter: https://www.openaire.eu/data-repositories-germany.

241 Vgl. *DFG*, Wissenschaftliche Infrastruktur, 2016, abrufbar unter: https://www.dfg.de/foerderung/programme/infrastruktur/index.html.

leistungsstarke und sichere digitale Infrastruktur in Europa zu schaffen.[242] Das Hauptziel ist die Entwicklung einer vernetzten Dateninfrastruktur, die europäischen Standards entspricht, insbesondere in Bezug auf Datensouveränität und Datenschutz. *Gaia-X* soll es Unternehmen, Wissenschaft und Verwaltung ermöglichen, Daten sicher und zuverlässig zu speichern, zu teilen und zu nutzen. Es gilt als privatbetriebene europäische Antwort auf dominante US-amerikanische und chinesische Cloud-Anbieter und soll den Austausch sowie die Nutzung von Daten in verschiedenen Sektoren, einschließlich der Forschung, erleichtern.[243] Solche Projekte sind aber (noch) die Ausnahme.

Zum anderen zeigen sich Forscher teilweise nicht bereit, ihre Daten zugänglich zu machen. Einige wollen die Daten erst noch überprüfen aus Sorge, andere könnten Fehler entdecken, was womöglich ihrem Ruf schadete. Auch gibt es Forscher, die befürchten, Kollegen könnten insbesondere ihre Rohdaten missverstehen, beziehungsweise fehlinterpretieren oder widerläufig zu ihren Interessen verwenden, worunter abermals ihr akademischer Ruf leiden könnte.[244] Andere halten ihre Daten noch nicht für bekanntmachungsreif oder irrelevant und stellen sie deshalb nicht bereit.[245] Weiteren Forschern fehlt es an finanziellen Ressourcen, um die Daten bereitzustellen, wenn und weil der Mehraufwand nicht belohnt oder entlohnt wird.[246] Wieder andere Datenerheber geben eine mangelnde Nachfrage als Grund an, warum sie ihre Daten nicht teilen.[247] Demgegenüber führen potenzielle Zweitnutzer an, die benötigten Daten seien nicht vorhanden.[248]

Einige Wissenschaftler benötigen gewonnene Daten zunächst für eigene Anschlussforschung.[249] Würden andere die offengelegten Daten in einem Aufsatz verwerten, könnten die Daten an Wert verlieren, da es vor allem in den Naturwissenschaften darauf ankommt, *neue* Erkenntnisse zu publizieren. Damit könn-

---

242 Für weitere Informationen der Organisationsstruktur von *Gaia-X* siehe https://www.bmwk.de/Redaktion/DE/Dossier/gaia-x.html.

243 *Autolitano/Pawlowska*, JSTOR 2021, 1, 4.

244 Namentlich genannt werden insbesondere der Kontrollverlust über die Daten und fehlende Anerkennung, *Devriendt/Shabani/Borry*, Biopreserv Biobank, 19 (2021), 219, 219 ff.

245 *Coelln*, in: Friauf (Begr.), Berliner Kommentar GG, Bd. 1, 44, Art. 5, S. 32.

246 *Stuart/Baynes/Hrynaszkiewicz et al.*, Practical challenges for researchers in data sharing, 2018, S. 9.

247 Dies gaben 32% an, *Arnaut/Pont/Scaria et al.*, Study on data sharing between companies in Europe, S. 44.

248 Vgl. *Arnaut/Pont/Scaria et al.*, Study on data sharing between companies in Europe, S. 53.

249 *Geneviève/Martani/Perneger et al.*, Front Public Health, 9 (2021), 1, 1.

ten die Datenerheber sich die Möglichkeit weiterer Publikationen abschneiden. Gleiches gilt, wenn sie die Daten vorerst ihren Kollegen oder Assistenten exklusiv bereitstellen wollen.[250]

Viele sind unsicher bezüglich rechtlicher und ethischer Anforderungen.[251] Fehlendes Knowhow und Mentoring im Forschungsdatenmanagement seitens der Datenerheber verhindert ein effektives und effizientes Data Sharing.[252] Es fehlt an entsprechenden Trainings und Anreizstrukturen, die auf das Problem fehlender Daten aufmerksam machen und zeigen, wie man es lösen kann.[253] Mit vermeintlich personenbezogenen Daten sind viele Forscher angesichts der für juristische Laien komplizierten Vorgaben vorsichtig. Oft werden Daten aufgrund von Privatsphäre-Bedenken zurückgehalten, um keinen Verstoß gegen die DS-GVO zu riskieren.[254] Zum Teil nutzen Forscher den Datenschutz jedoch als Vorwand, um sich dem Bereitstellen strategisch zu entziehen.[255] Das geschieht mitunter gegen den Willen der Probanden oder Patienten.

Die fehlende Bereitschaft der Wissenschaftler zum Data Sharing kann auch an dem immensen Zeitdruck liegen, dem viele Forscher unterliegen.[256] Die Aufbereitung der Daten zur Speicherung in einem Repositorium und zur Anschlussnutzung umfasst mehrere zeit- und arbeitsintensive Schritte. Forscher müssen ihre Daten von Fehlern bereinigen, sie an einheitliche Formate und Standards anpassen, ihre Kompatibilität und Nutzbarkeit sicherstellen und sie mit Metadaten anreichern. Dazu ist oft besonderes Fachwissen erforderlich, insbesondere beim Schutz sensibler Daten. Die Aufbereitung gehört nicht zum Kerngeschäft der Forschungstätigkeit. Insofern fürchten einige Wissenschaftler den zusätzlichen Arbeits- und Zeitaufwand, unter welchem im Zweifel ihre Publikationsdichte leidet.[257]

---

250 Als Ursache hierfür wird das sehr kompetitive Wissenschaftsumfeld genannt, *Geneviève/Martani/Perneger et al.*, Front Public Health, 9 (2021), 1, 1.

251 *Stuart/Baynes/Hrynaszkiewicz et al.*, Practical challenges for researchers in data sharing, 2018, S. 19, 25.

252 *Perrier/Blondal/MacDonald*, PLoS ONE, 2/15 (2020), 1, 2.

253 Vgl. *Peer/Arguillas/Honeyman et al.*, Challenges of Curating for Reproducible and FAIR Research Output, 2021, S. 2.

254 So auch 49% der Befragten *Arnaut/Pont/Scaria et al.*, Study on data sharing between companies in Europe, S. 44.

255 *Phillips*, Human Genetics, 137 (2018), 575, 579; *White/Blok/Calhoun*, Human Brain Mapping, 43 (2022), 278, 288.

256 Siehe bereits in Kapitel 2 B. I. *Laurie/Stevens/Jones et al.*, A Review of Evidence Relating to Harm Resulting from Uses of Health and Biomedical Data, 2015, S. 129.

257 *Stuart/Baynes/Hrynaszkiewicz et al.*, Practical challenges for researchers in data sharing, 2018, S. 15.

Kritikanfällig ist Data Sharing, weil sein Nutzen (noch) nicht vollends erwiesen ist. In der Genforschung hat ein großer Teil der erforschten Gene beispielsweise eine niedrige Penetranz, das heißt: Sie weisen nur eine geringe Wahrscheinlichkeit auf, die Ausprägung eines bestimmten Merkmals oder einer Krankheit zu beeinflussen.[258] Insofern ist es unwahrscheinlich, dass die Erkenntnisse von unmittelbarer klinischer Relevanz für einen Großteil der Menschen sind.[259] Medikamente sind auf dieser Basis kaum zu entwickeln.

Auch eine zu große, nicht mehr zu bewältigende Menge an Daten birgt Risiken.[260] Der Informationsüberfluss kann die Auffindbarkeit einzelner Daten sogar verschlechtern.[261] Such-Algorithmen verbessern die Auffindbarkeit spezifischer Daten in großen Datensätzen zwar.[262] Allerdings ist die Entwicklung und Implementierung solcher Algorithmen mit einem erheblichen Aufwand verbunden, der Fachkenntnisse in Datenwissenschaft und Programmierung sowie oft auch eine kontinuierliche Anpassung und Wartung erfordert, um mit der stetig wachsenden Datenmenge und sich ändernden Anforderungen Schritt zu halten.

Ein weiterer Kritikpunkt ist die Umweltschädlichkeit von Data Sharing. Die hohen Server- und Rechenleistungen, die notwendig sind, um die Mengen an Daten zu speichern, gehen mit einem signifikanten Energiebedarf einher. Das ist bei einem unruhigen Gas- und Ölmarkt risikobehaftet. Es kann aber auf der positiven Seite auch den Ausbau erneuerbarer Energien beschleunigen.

Schließlich fühlen sich einige Wissenschaftler in ihrer Arbeit beobachtet und kontrolliert. Vorgaben wie das Erstellen eines Datenmanagementplans, eine Präregistrierung und andere Änderungen „von oben“ verlangen eine nicht immer willkommene Anpassung der Arbeitsweise. Bei der Präregistrierung registrieren und veröffentlichen Forscher ihre geplanten Schritte, Studienpläne, Hypothesen und Methoden innerhalb des Forschungsprojekts schriftlich, bevor sie mit der Datensammlung beginnen.[263] Das soll die Transparenz in der Forschung erhöhen

---

258 *Cooper/Krawczak/Polychronakos et al.*, Human Genetics, 132 (2013), 1077, 1077.

259 *Caulfield/McGuire/Cho et al.*, PLoS Biol, 6 (2008), 430, 432.

260 Dazu ausführlich *Terry*, Time to unlock the potential of the digital world, 20.9.2021, Open Science Fair 20.23.9.2021, der in seinem Vortrag Gefahren des „information overflow” als Gründe gegen Data Sharing anführte.

261 *Dobusch/Heimstädt*, Leviathan, Sonderband 37 2021, 425, S. 31 der Preprint-Version, abrufbar unter: https://www.researchgate.net/publication/354006103_Strukturwandel_der_wissenschaftlichen_Offentlichkeit_Konstitution_und_Konsequenzen_des_Open-Access-Pfades.

262 Siehe dazu unter Kapitel 5 A. III. 1., 4. b).

263 *Simmons/L. Nelson/Simonsohn*, J. of Consumer Psychology, 31 (2021), 151, 153.

und Verzerrungen wie das selektive Berichten von Ergebnissen oder das nachträgliche Anpassen von Hypothesen vermeiden. Präregistrierung ist insofern als Verpflichtung zu wissenschaftlicher Integrität zu verstehen. Dieses Gefühl behindere den Schaffensprozess und die Kreativität und führe zu einem konservativeren Vorgehen.[264] Darunter kann das Innovationspotenzial leiden.

Forscher, die ihre Daten nicht teilen wollen, können sich auf die Wissenschaftsfreiheit und die mit ihr einhergehende negative Publikationsfreiheit aus Art. 5 Abs. 3 Satz 1 GG berufen.[265] Das Grundrecht schützt die freie Wahl des Modus der Arbeitsweise. Gleichermaßen wird der Forscher darin geschützt, selbst einzuschätzen, ob seine Erkenntnisse veröffentlichungsreif und -relevant sind.[266] Möglich scheint zudem ein aus der Wissenschaftsfreiheit folgender individueller Schutz vor einer Schädigung seiner wissenschaftlichen Reputation.[267] Dieser könnte dann greifen, wenn ein Wissenschaftler entgegen einer guten wissenschaftlichen Praxis[268] seine Daten nicht teilen möchte.

Auch das Urheberrecht oder die Eigentumsgarantie sowohl der Forscher als auch der Datenspender können den Datenaustausch einschränken. Das Urheberrecht schützt Art und Weise, wie Inhalte systematisch oder methodisch in einer Datenbank zusammengestellt werden, § 4 UrhG. Es schützt wissenschaftlich interpretierte Daten aber nicht ihrem Inhalt nach, sondern lediglich ihre Darstellung, sei es in einer Publikation oder in einer Datenbank, und bietet insoweit Schutz für die Struktur einer Datenbank hinsichtlich der Auswahl und Anordnung der Daten in ihr. Dafür muss der Ersteller die notwendige geistige Schöpfungshöhe erreicht haben[269] hinsichtlich der Form der Darstellung der Daten.[270] Dann schränkt das Urheberrecht die Verbreitung und Nutzung der jeweiligen Daten ein. Der Datenbankbetreiber kann sich über das urheberrechtliche Datenbankschutzrecht auf Art. 14 Abs. 1 GG berufen (auf europäischer Ebene auf Art. 17 GRC), vergleiche

264 *Simmons/L. Nelson/Simonsohn*, J. of Consumer Psychology, 31 (2021), 151, 154.

265 Dazu ausführlich *Fehling/Tormin*, WissR 2021, 281, 288.

266 Vgl. insoweit den durch Art. 5 Abs. 3 Satz 1 GG gewährten Schutz der wissenschaftlichen Reputation einer Hochschule, *Fehling*, in: Kahl/Waldhoff/Walter (Hrsg.), BK-GG, 110. EL März 2004, Art. 5 Abs. 3 (Wissenschaftsfreiheit), Rn. 167.

267 *Gärditz*, in: Dürig/Herzog/Scholz (Hrsg.), GG Bd. I, 88. EL, Art. 5 Abs. 3, Rn. 111.

268 *Fehling/Tormin*, WissR 2021, 281, 316.

269 Zur Abgrenzung *Dreier*, in: Dreier (Hrsg.)/Schulze (Begr.), Kommentar UrhG, 7. Aufl., § 87a, Rn. 3; *Kuschel/Dolling*, Journal of Intellectual Property, Information Technology and Electronic Commerce Law, 13 (2022), 247, S. 250, 253.

270 *Kuschel*, Forschung & Lehre 2018; *Kuschel*, OdW 2020, 43, 44 ff.; *Kuschel/Dolling*, Journal of Intellectual Property, Information Technology and Electronic Commerce Law, 13 (2022), 247, 247 ff.

auch § 2 UrhG. Wann die Schwelle der schöpferischen Höhe erreicht ist, ist jedoch nicht abschließend geklärt. Im Sinne der Rechtsklarheit sollte klar bestimmt sein, wann Daten urheberrechtlich oder anderweitig geschützt sind, und inwieweit Forscher die Daten welchem Adressatenkreis bereitstellen dürfen. Der Datenbankhersteller wird nach §§ 87a ff. UrhG geschützt. Das Datenbankschutzrecht verhindert, dass Inhalte in ihrer zusammengestellten Form ohne Zustimmung ihres Zusammenstellers genutzt oder vervielfältigt werden. Um diesen Schutz auszulösen, muss die Schöpfungshöhe gerade nicht erreicht werden. Primäres Schutzziel sind Investitionen. Eine wesentliche Investition von Geld, Zeit oder Arbeitskraft ist hierfür eine notwendige, aber auch hinreichende Bedingung.[271] Vor diesem Hintergrund bleiben urheberrechtliche Fragen in dieser Arbeit weitgehend ausgeklammert.

Auch bei sensiblen Daten können neben ethischen[272] insbesondere rechtliche Bedenken das Data Sharing-Verhalten beeinflussen. Das gilt etwa für Daten, die aufzeigen, wie sich genmanipulierte Bakterien oder Viren mit hohem epidemischem Risiko herstellen lassen.[273]

C. (Infrastrukturelle) Maßnahmen zur Förderung des Forschungsdatenaustauschs

I. Auf der internationalen Bühne

Derweil gibt es bereits einige Initiativen, die den Austausch von Forschungsdaten zu fördern suchen. Zunehmend sollen Forscher ihre erhobenen Daten bereitstellen, zugänglich machen und gemeinsam nutzen.[274] Das geht aus zahlreichen internationalen rechtlich nicht bindenden Erklärungen[275], Leitlinien und Empfehlungen seitens der Förderorganisationen hervor. Geben wissenschaftliche Zeitschriften solche Best-Practices vor, handelt es sich um redaktionelle Anfor-

---

271 *Dreier*, in: Dreier (Hrsg.)/Schulze (Begr.), Kommentar UrhG, 7. Aufl., § 87a, Rn. 3 ff.; *forschungsdaten.info*, Glossar, abrufbar unter: https://www.forschungsdaten.info/praxis-kompakt/glossar/.

272 *Gärditz*, in: Dürig/Herzog/Scholz (Hrsg.), GG Bd. I, 88. EL, Art. 5 Abs. 3, Rn. 104.

273 *Gärditz*, in: Dürig/Herzog/Scholz (Hrsg.), GG Bd. I, 88. EL, Art. 5 Abs. 3, Rn. 171; *Würtenberger/Tanneberger*, OdW 2014, 1, 7 ff.

274 *van Tuyl/Whitmire*, PLoS ONE, 11 (2016), 1, 1.

275 So etwa in der Berliner Erklärung über den offenen Zugang zu wissenschaftlichem Wissen von 2013, abrufbar unter: https://openaccess.mpg.de/68053/Berliner_Erklaerung_dt_Version_07-2006.pdf.

derungen, die für die Veröffentlichung in diesen Zeitschriften erfüllt sein müssen. So setzen renommierte Fachjournale wie *Nature* oder *Science* das Teilen der den Publikationen zugrundeliegenden Daten zum Teil bereits voraus.[276]

Europäische und US-amerikanische Förderorganisationen – unter anderem der *Europäische Wissenschaftsrat* – haben eigene Data-Policen, in denen sie ihren Fördernehmern das Teilen der Daten in einem (öffentlichen) Repositorium rechtspolitisch vorschreiben.[277] Das erneuerte Förderprogramm der Europäischen Union *Horizont Europa* als Nachfolger von *Horizont 2020* verlangt ebenfalls, die im Rahmen des geförderten Projekts generierten Daten bereitzustellen.[278] Das Teilen der generierten Forschungsdaten soll Wissenstransfer und Zusammen-

---

276 *Science Journals*, Editorial Policies, 2021, abrufbar unter: https://www.science.org/content/page/science-journals-editorial-policies; *Springer Nature*, Reporting Standards and Availability of Data, Materials, Code and Protocols, 2019, abrufbar unter: https://www.nature.com/nature-portfolio/editorial-policies/reporting-standards; zum abgestuften System von *Springer Nature*, 2021, abrufbar unter: https://www.springernature.com/gp/authors/research-data-policy/research-data-policy-types. Beide Verlagsgruppen haben zudem die Statements „Sharing research data and findings relevant to the novel coronavirus (COVID-19) outbreak" (2020) und „On data sharing in public health emergencies" (2016) unterzeichnet, abrufbar unter https://wellcome.org/press-release/sharing-research-data-and-findings-relevant-novel-coronavirus-ncov-outbreak und https://wellcome.org/press-release/statement-data-sharing-public-health-emergencies unterzeichnet.

277 *Europäischer Wissenschaftsrat*, Open Research Data and Data Management Plans, abrufbar unter: https://erc.europa.eu/sites/default/files/document/file/ERC_info_document-Open_Research_Data_and_Data_Management_Plans.pdf. Auch in europäischen Ländern setzen sich Förderorganisationen für Data Sharing ein, so z.B. das britische *Wellcome Trust*, der *United Kingdom Research Coucnil* und sein *Medical Research Council* sowie die niederländische *Organisation for Scientific Research* (NWO). Zur bedeutenden Rolle von Förderern in diesem Prozess *Wallach/Boyack/Ioannidis*, PLoS Biol, 16 (2018), 1, 2. Gleiches gilt für die USA: *Bill & Melinda Gates Foundation*, Open Access Policy, 2020, Nr. 3, abrufbar unter: https://www.gatesfoundation.org/about/policies-and-resources/open-access-policy; *NIH*, Policy for Data Management and Sharing, 2020, abrufbar unter: https://grants.nih.gov/grants/guide/notice-files/NOT-OD-21-013.html; *NIH*, Genomic Data Sharing Policy, abrufbar unter: https://osp.od.nih.gov/wp-content/uploads/NIH_GDS_Policy.pdf; *NIH*, Grants Policy Statement, I-49, abrufbar unter: https://grants.nih.gov/grants/policy/nihgps/nihgps.pdf.

278 Die Forschungsdaten müssen nach dem Prinzip „as open as possible, as closed as necessary" bereitgestellt werden, *Europäische Kommission*, Horizon Europe, 2021, S. 39, abrufbar unter: https://ec.europa.eu/info/funding-tenders/opportunities/docs/2021-2027/horizon/guidance/programme-guide_horizon_en.pdf; *Yotova/Knoppers*, European Journal of International Law, 31 (2020), 665, 671.

arbeit fördern. Es wird deutlich: Die Europäische Union möchte die Kontrolle und Selbstbestimmung über die Erhebung, Verwendung und den Austausch von Daten innerhalb ihrer Mitgliedstaaten stärken. Die Mitgliedstaaten sollen über den Zugang und die Nutzung von Forschungsdaten mitentscheiden können, insbesondere im Hinblick auf Datenschutz, Sicherheit und wirtschaftliche Interessen. Durch solche Regelungen und Förderprogramme zielt die Europäische Union darauf ab, einen verantwortungsvollen, transparenten und effizienten Umgang mit Daten zu fördern und gleichzeitig die Rechte der Datenerzeuger und -nutzer zu schützen. Erreicht werden soll das unter anderem mit dem Data Governance Act[279] und dem Data Act.[280]

Mit Blick auf Infrastrukturprogramme sollen für die europäische Ebene die *European Open Science Cloud*, das *European Genome-Phenome Archive* und das *European Data Portal*[281] genannt sein. Die sich noch im Aufbau befindende Datenbank der Europäischen Union zur Erforschung des SARS-CoV-2-Virus ist ein weiteres Beispiel dafür, wie eine Plattform für Forschungsdaten zugleich offen und vertrauenswürdig umgesetzt werden kann: Die Datenbank ermöglicht Forschern Zugang zu wichtigen Daten über das Virus. So fördert sie Transparenz und erleichtert eine gemeinsame Nutzung von Erkenntnissen. Eingespeiste Daten unterliegen hohen Sicherheitsstandards. Die Datenbank verwendet Open-Source-Standards und fördert die Interoperabilität zwischen verschiedenen Systemen und Plattformen. Sie kann insofern als Vorbild für andere Forschungsdatenbanken dienen und zeigt, wie sich Daten aus verschiedenen Quellen nutzerfreundlich zusammenführen lassen.[282] Gleiches gilt für

---

279 Der am 25.11.2020 veröffentlichte Entwurf soll auf die Herausforderungen der Digitalisierung für den Binnenmarkt reagieren, indem er insbesondere die Weiterverwendung bestimmter geschützter Daten im Besitz des öffentlichen Sektors, Anforderungen an Datenmittler sowie den Datenaltruismus regelt, Vorschlag für eine Verordnung des Europäischen Parlaments und des Rates über europäische Daten-Governance (Daten-Governance-Gesetz), COM (2020) 767 final.

280 VO (EU) 2023/2854 des Europäischen Parlaments und des Rates vom 13.12.2023 über harmonisierte Vorschriften für einen fairen Datenzugang und eine faire Datennutzung sowie zur Änderung der Verordnung (EU) 2017/2394 und der Richtlinie (EU) 2020/1828 (Datenverordnung).

281 Das *European Data Portal* enthält Daten des *European Union Data Portal* und des *Inspire Geo Portal*, welches Geodaten der Mitgliedstaaten sammelt (dazu näher in Kapitel 3 D.). Deutsche Daten enthält es über das *GovData Portal*, in dem Daten aus dem Fach Open Data Portal sowie statistische und Geodaten des Bundes, der Länder und der Kommunen enthalten sind.

282 *Europäische Kommission*, Zeitschrift für Wirtschaftsrecht 2020, 443, 443.

die europäische Cloud-Infrastruktur *Gaia-X*, die auf Open-Source-Standards basiert.[283] Ziel dabei ist der Aufbau einer neutralen europäischen Dateninfrastruktur, die einen Wettbewerb um Cloud-Dienste ermöglicht und europäisches Recht, insbesondere die Datenschutz-Grundverordnung, effektiv durchsetzt.[284] Für die benachbarte Schweiz ist die Entwicklung nachhaltiger Infrastrukturen ein entscheidender Grundpfeiler ihres nationalen Aktionsplans *Open Research Data*.[285]

II. In Deutschland

1. Initiativen von Forschungsförderorganisationen

Hierzulande prominent sind seitens der Forschungsförderer die Empfehlungen zur Sicherung guter wissenschaftlicher Praxis der *Deutschen Forschungsgemeinschaft*,[286] entsprechende Leitlinien wissenschaftlicher Institutionen wie der *Max-Planck-Gesellschaft*[287] oder andere Richtlinien auf Länderebene (als Beispiele seien hier die Policen der Universität Heidelberg[288] sowie das *Fachkonzept E-Science Baden-Württemberg*[289] genannt).

---

283 *Gaia-X*, Hubs, 2022, abrufbar unter: https://gaia-x.eu/who-we-are/hubs/; *Falkhofen*, EuZW 2021, 787, 789.

284 *Europäische Kommission*, „Eine europäische Datenstrategie", S. 10, abrufbar unter: COM (2020) 66 final; *Falkhofen*, EuZW 2021, 787, 794.

285 Für mehr Informationen siehe *swissuniversities*, Nationale Strategie und Aktionsplan, 2022, abrufbar unter: https://www.swissuniversities.ch/themen/digitalisierung/open-research-data/nationale-strategie-und-aktionsplan.

286 *DFG*, Sicherung guter Wissenschaftlicher Praxis, abrufbar unter: https://www.dfg.de/download/pdf/foerderung/rechtliche_rahmenbedingungen/gute_wissenschaftliche_praxis/kodex_gwp.pdf.

287 *Max-Planck-Gesellschaft*, Regeln zur Sicherung guter wissenschaftlicher Praxis, 2009, abrufbar unter: https://www.mpg.de/229457/Regeln_guter_wiss_Praxis__Volltext-Dokument_.pdf.

288 *Universität Heidelberg*, Satzung zur Sicherung guter wissenschaftlicher Praxis und zum Umgang mit wissenschaftlichem Fehlverhalten, 2021, abrufbar unter: https://backend.uni-heidelberg.de/de/dokumente/satzung-zur-sicherung-guter-wissenschaftlicher-praxis-und-zum-umgang-mit-fehlverhalten-in-der/download.

289 *Ministerium für Wissenschaft, Forschung und Kunst BW*, E-Science, abrufbar unter: https://www.baden-wuerttemberg.de/fileadmin/redaktion/m-mwk/intern/dateien/Anlagen_PM/2014/066_PM_Anlage_E-Science_Web.pdf.

Die *Deutsche Forschungsgemeinschaft* bemüht sich um einen freien Online-Zugang zu Forschungsergebnissen.[290] Das bedeutet, jeder Interessierte kann sie ohne Kosten oder umständliche Zugangsbeschränkungen einsehen und verwenden. Bisher bezieht sich das Vorhaben vor allem auf Publikationen, kann perspektivisch aber auch Forschungsdaten einschließen. Die Förderorganisation will die Rahmenbedingungen des Erkenntnisaustauschs verbessern und den Aufbau einer technisch sicheren, kompatiblen und damit wissenschaftsadäquaten Infrastruktur zur Speicherung unterstützen.[291] Letzteres geschieht insbesondere durch das Programm *Infrastrukturen für wissenschaftliches Publizieren* zum Aus- und Aufbau qualitätsgesicherter Infrastrukturen.[292]

Das *Bundesministerium für Bildung und Forschung* hat – bereits vor Erlass der Datenstrategie[293] – einer Reihe von Förderrichtlinien angeordnet, die den Fördernehmern vorschreiben, gewonnene Daten zu teilen.[294] Akademische Einrichtungen und Förderer wollen die Datenerzeugung und -weitergabe anerkennen, indem sie diese Kriterien in ihrer Bewertung der wissenschaftlichen Produktivität eines Forschers berücksichtigen. Im Fokus soll nicht mehr nur die Anzahl von Publikationen und Zitationen stehen, sondern auch wie sich der Anwärter dar-

290 *Informationsdienst Wissenschaft*, DFG setzt neue Akzente für Open Access, 2021, abrufbar unter: https://nachrichten.idw-online.de/2021/01/25/dfg-setzt-neue-akzente-fuer-open-access/#:~:text=%20DFG%20setzt%20neue%20Akzente%20f%C3%BCr%20Open%20Access,das%20Programm%20.

291 *Informationsdienst Wissenschaft*, DFG setzt neue Akzente für Open Access, 2021, abrufbar unter: https://nachrichten.idw-online.de/2021/01/25/dfg-setzt-neue-akzente-fuer-open-access/#:~:text=%20DFG%20setzt%20neue%20Akzente%20f%C3%BCr%20Open%20Access,das%20Programm%20.

292 *DFG*, Förderprogramm „Infrastrukturen für wissenschaftliches Publizieren", 2021, abrufbar unter: https://www.dfg.de/foerderung/programme/infrastruktur/lis/lis_foerderangebote/infrastrukturen_publizieren/.

293 Dazu sogleich unter 2.

294 In der „Richtlinie zur Förderung von Projekten zur Beschleunigung der Transformation zu Open Access" müssen die erhobenen Daten spätestens sechs Monate nach Abschluss des Projekts geteilt werden, Bundesanzeiger vom 17.6.2020, Punkt 6. Die Zuwendung nach der „Richtlinie zur Förderung von Projekten zum Thema Aktuelle und historische Dynamiken von Rechtsextremismus und Rassismus" wird ebenfalls von der Bereitschaft zum Zugänglichmachen der Daten abhängig gemacht, Bundesanzeiger vom 24.6.2021, Punkt 2. Und nach der „Förderrichtlinie zur Förderung von Forschungsprojekten zu ethischen, rechtlichen und sozialen Aspekten der Neurowissenschaften" vom 6.10.2021 sollen alle Originaldaten gem. Punkt 4 zugänglich und langfristig gesichert werden.

über hinaus im Open Science-Bereich engagiert hat.[295] Ein solches Engagement umfasst unter anderem eigenes Data Sharing sowie eine aktive Beteiligung an Initiativen, die offenen Zugang zu Forschungsdaten fördern. Insgesamt mehren sich Bestrebungen, eine finanzielle Förderung an die Data Sharing-Bereitschaft der Förderanwärter zu knüpfen.[296] In einem späteren Schritt könnten zumindest diejenigen, die dabei öffentlich gefördert wurden, zum Teilen ihrer Daten verpflichtet werden.[297]

2. *Politisches Engagement für mehr Datenaustausch in der Wissenschaft*

Daten rücken zunehmend in den Fokus der Politik. Der aktuelle Koalitionsvertrag sieht vor, einen rechtlichen Anspruch auf Open Data einführen.[298] In diesem Sinne sollten alle Wissenschaftler die Möglichkeit erhalten, die von ihnen erhobenen Daten in einem geeigneten Repositorium offen bereitzustellen. Hinsichtlich konkreter Rechtsfolgen und -wirkungen bleiben die Ausführungen jedoch unkonkret.

Im Bereich der Biomedizin entstehen immer mehr Open Data-Initiativen.[299] Die Gesundheitsforschung treibt eine offene Wissenschaft voran, in der Forscher Daten austauschen und kollaborative Partnerschaften bilden.[300] Die gemeinnützige Organisation *Open Researcher and Contributor ID* „ORCID“ ist eine weltweit agierende, gemeinnützige Organisation. Sie hat es sich zur Aufgabe gemacht, alle in der Forschung Tätigen und ihre wissenschaftlichen Aktivitäten für andere Beteiligte auffindbar zu speichern.[301] Davon umfasst sind auch Datenpublikationen.

Die Bundesregierung vom *Kabinett Merkel IV* (2018 bis 2021) hat den Handlungsbedarf hinsichtlich der unzureichenden Infrastruktur erkannt. Um den Datenaustausch zu fördern, hat das Kabinett Anfang 2021 eine Datenstrategie

---

295 *Devriendt/Shabani/Borry*, Biopreserv Biobank, 19 (2021), 219, 225.

296 BT-Drs. 17/14194, unter II. 1.4. und 1.6.

297 Dies könnte z.B. geschehen, indem der Verwaltungsakt der Förderzusage gemäß § 36 Abs. 2 Nr. 2 VwVfG unter die Bedingung gestellt wird, die Daten offenzulegen. Hält sich der Fördernehmer nicht an die Nebenbestimmung, kann die Förderzusage entfallen. Bezüglich der Begründung für eventuelles Nichtteilen kann es dann einen (Beispiel-)Katalog an Rechtfertigungsgründen geben, *Overkamp/Tormin*, OdW 2022, 39, 49.

298 *SPD/DIE GRÜNEN/FDP*, Mehr Fortschritt wagen. Bündnis für Freiheit, Gerechtigkeit und Nachhaltigkeit, S. 17, 21, 24.

299 *Woolley*, J Med Ethics, 43 (2017), 741, 742.

300 *Geneviève/Martani/Perneger et al.*, Front Public Health, 9 (2021), 1, 2.

301 *ORCID*, About ORCID, abrufbar unter: https://info.orcid.org/what-is-orcid/.

veröffentlicht.[302] Darin geht es einerseits um das Ziel, eine nachhaltige, leistungsfähige Dateninfrastruktur auszugestalten.[303] Andererseits soll die Datennutzung durch klare rechtliche Rahmenbedingungen reguliert werden.[304] Wie genau diese aussehen sollten, wurde hingegen noch nicht festgelegt. Schließlich werden die Maßnahmen der Datenstrategie knapp vorgestellt.[305] Sie sollen eine „innovative und verantwortungsvolle Datennutzung“ steigern, „Datenkompetenzen erhöhen und [eine] Datenkultur[306] etablieren“ sowie die Vernetzung und den Ausbau von Infrastrukturen fördern.[307] Investitionen in diese Infrastruktur sind vorgesehen.[308] Nach dem Digitale-Versorgung-Gesetz wurde eine Forschungsdatenbank initiiert, die umfassend Daten der gesetzlichen Krankenkassen speichert.[309] Diese Daten sind allerdings nicht Gegenstand der vorliegenden Arbeit.

Das Potenzial bestehender Daten veranlasst die amtierende 24. Bundesregierung unter Kanzler *Olaf Scholz* ebenfalls zum Handeln. Um bereits erhobene Forschungsdaten umfassend für alle nutzbar zu machen, soll die angesprochene dezentrale Nationale Forschungsdateninfrastruktur laut Koalitionsvertrag ausgebaut und weiterentwickelt werden.[310] Gleiches gilt für einen Europäischen Forschungsdatenraum.[311] Bei dem Projekt geht es um eine Initiative der Europäischen Union zur Schaffung einer zugänglichen Infrastruktur samt interoperablen Systemen und Standards. Die Interoperabilität ist für eine Zusammenarbeit verschiedener Länder und Disziplinen elementar. Ziel ist es, wissenschaftliche

302 *Bundesregierung*, Datenstrategie der Bundesregierung, 2021.

303 *Bundesregierung*, Datenstrategie der Bundesregierung, 2021, S. 10 ff.

304 *Bundesregierung*, Datenstrategie der Bundesregierung, 2021, S. 16 ff.

305 *Bundesregierung*, Datenstrategie der Bundesregierung, 2021, S. 63 ff.

306 Da die Datenstrategie entsprechende Begriffe nicht näher erläutert, lässt sich nur mutmaßen, was von einer solchen Datenkultur umfasst sein soll. Darunter kann die Förderung eines Bewusstseins für Wert und Bedeutung von Daten insb. in der Wissenschaft ebenso fallen wie eine Etablierung von wissenschaftlichen Praktiken und Prozessen, die auf datengestützten Erkenntnissen basieren. Auch Aus- und Weiterbildungsangebote im Bereich Datenanalyse, -management und -schutz können eine Datenkultur fördern.

307 *Bundesregierung*, Datenstrategie der Bundesregierung, 2021, S. 64 ff.

308 *Bundesministerium für Finanzen*, Deutscher Aufbau- und Resilienzplan, 2021, S. 328, 330.

309 Vertiefend dazu *Platzer*, NZS 2020, 289, 289 ff.

310 *SPD/DIE GRÜNEN/FDP*, Mehr Fortschritt wagen. Bündnis für Freiheit, Gerechtigkeit und Nachhaltigkeit, S. 17, 21, 83.

311 *SPD/DIE GRÜNEN/FDP*, Mehr Fortschritt wagen. Bündnis für Freiheit, Gerechtigkeit und Nachhaltigkeit, S. 17, 21, 83.

Forschung und Innovation innerhalb der Europäischen Union zu stärken. Die Koalitionsparteien haben sich zudem darauf geeinigt, den Zugang zu Daten für Forschungszwecke auch national zu erleichtern und Open Science als Standard zu etablieren.[312] Sie wollen das Teilen von nicht-personenbezogenen, einschließlich vollständig anonymisierten Daten zu Forschungszwecken fördern.[313] Durch den Einsatz von Shared-Service-Plattformen und effizienteren Berichtspflichten will die Koalition den bürokratischen Aufwand in der Forschung abbauen.[314] Shared-Service-Plattformen bieten online gemeinsam genutzte Dienste für verschiedene Forschungsgruppen oder -institutionen an. Darunter fallen Dienstleistungen wie Datenmanagement, -speicherung und -analyse, Projektmanagement-Tools oder administrative Hilfe. Indem ähnliche Dienste zentralisiert und für mehrere Nutzer zugänglich sind, lassen sich Ressourcen effizienter nutzen. Dokumentations- und Berichterstattungsprozesse, denen die Forscher und ihre Einrichtungen im Rahmen von Förderprojekten unterliegen, lassen sich so komprimieren. Das reduziert Bürokratie und Zeitaufwand. Als rechtliche Grundlage sind dafür das Forschungsdatengesetz und das Gesundheitsdatennutzungsgesetz vorgesehen.[315]

3. Die Nationale Forschungsdateninfrastruktur

Der *Rat für Informationsinfrastrukturen* empfiehlt schon seit 2016 den Aufbau einer koordinierten Infrastruktur für Forschungsdaten.[316] Im November 2018 beschloss die *Gemeinsame Wissenschaftskonferenz* von Bund und Ländern den Aufbau der *Nationale Forschungsdateninfrastruktur*.[317] Ziel der *Nationalen For-*

312 *SPD/DIE GRÜNEN/FDP*, Mehr Fortschritt wagen. Bündnis für Freiheit, Gerechtigkeit und Nachhaltigkeit, S. 17, 21, 24, 83.

313 *SPD/DIE GRÜNEN/FDP*, Mehr Fortschritt wagen. Bündnis für Freiheit, Gerechtigkeit und Nachhaltigkeit, S. 21.

314 *SPD/DIE GRÜNEN/FDP*, Mehr Fortschritt wagen. Bündnis für Freiheit, Gerechtigkeit und Nachhaltigkeit, S. 23.

315 *SPD/DIE GRÜNEN/FDP*, Mehr Fortschritt wagen. Bündnis für Freiheit, Gerechtigkeit und Nachhaltigkeit, S. 17, 83.

316 *Hartl/Wössner/Sure-Vetter*, Informatik Spektrum, 44 (2021), 370, 371; *Rat für Informationsinfrastrukturen*, Leistung aus Vielfalt, 2016, insb. S. 41 f., abrufbar unter: https://rfii.de/download/rfii-empfehlungen-2016/.

317 *Gemeinsame Wissenschaftskonferenz*, Bund-Länder-Vereinbarung zu Aufbau und Förderung einer Nationalen Forschungsdateninfrastruktur (NFDI) vom 26. November 2018, 2018, abrufbar unter: https://www.gwk-bonn.de/fileadmin/Redaktion/Dokumente/Papers/NFDI.pdf.

schungsdateninfrastruktur ist es, Forschungsdaten langfristig systematisch zu erschließen, und sie im Sinne der FAIR-Prinzipien[318] (international) vernetzt und nachhaltig nutzbar zu machen.[319] Im Oktober 2020 wurde der Verein *Nationale Forschungsdateninfrastruktur e. V.* (NFDI e.V.) gegründet.[320] Er koordiniert das Vorhaben und verfolgt gemeinsam mit den Konsortien die Ziele der Infrastruktur.[321] Der Aufbau, aufgegliedert in bis zu 30 Konsortien[322], bildet einen der zentralen Schwerpunkte der Datenstrategie der Bundesregierung. Die Infrastruktur soll Forschungsdaten des gesamten deutschen Wissenschaftssystems systematisch erschließen, vernetzen und langfristig nutzbar machen.[323]

Die *Gemeinsame Wissenschaftskonferenz* bestimmt auf Basis der Evaluation eines Expertengremiums, welche Förderanwärter eine Zusage für ein Konsortium erhalten.[324] Konsortien sind Zusammenschlüsse unterschiedlicher Forschungseinrichtungen und Unternehmen aus einem Forschungsfeld.[325] Sie sollen es Forschern ermöglichen, Daten in unabhängigen, forschungsfeldspezifischen Repositorien der *Nationalen Forschungsdateninfrastruktur* zu speichern. Bezeichnend für Konsortien ist ihre enge Verzahnung von Wissenschaft und Infrastruktur.[326] Sie bauen Prozesse und Instrumente für eine cloudbasierte Forschungsinfrastruktur auf.[327] Im Bereich der Gesundheitsdaten gibt es das Konsortium *NFDI4Health* und im Bereich der Klimaforschung das *NFDI4Biodiversity*.[328] Sektionen des NFDI e.V.

---

318 Dazu ausführlicher in Kapitel 5 C. II. 2.

319 *Kraft/Seitz-Moskaliuk/Sure-Vetter et al.*, in: Heuveline/Bisheh (Hrsg.), E-Science-Tage 2021, S. 374, 375.

320 *Kraft/Seitz-Moskaliuk/Sure-Vetter et al.*, in: Heuveline/Bisheh (Hrsg.), E-Science-Tage 2021, S. 374, 374.

321 *Hartl/Wössner/Sure-Vetter*, Informatik Spektrum, 44 (2021), 370, 370.

322 Konsortien sind Zusammenschlüsse unterschiedlicher Einrichtungen aus einem bestimmten Forschungsfeld, *Hartl/Wössner/Sure-Vetter*, Informatik Spektrum, 44 (2021), 370, 370.

323 *Hartl/Wössner/Sure-Vetter*, Informatik Spektrum, 44 (2021), 370, 370.

324 *Deutsche Forschungsgemeinschaft*, Nationale Forschungsdateninfrastruktur, 2022, abrufbar unter: https://www.dfg.de/foerderung/programme/nfdi/.

325 *Hartl/Wössner/Sure-Vetter*, Informatik Spektrum, 44 (2021), 370, 370.

326 *Kraft/Seitz-Moskaliuk/Sure-Vetter et al.*, in: Heuveline/Bisheh (Hrsg.), E-Science-Tage 2021, S. 374, 375.

327 *Schickhardt/Winkler/Sax et al.*, Bundesgesundheitsblatt Gesundheitsforschung Gesundheitsschutz 2023, 1, 1.

328 *Krapp*, Förderung für nationales Forschungsdaten-Netz beschlossen, in: Forschung und Lehre, 2020, abrufbar unter: https://www.forschung-und-lehre.de/forschung/foerderung-fuer-nationales-forschungsdaten-netz-beschlossen-2901/.

erarbeiten fachübergreifende Standards für Metadaten und die Zitierweise von Forschungsdaten, und bearbeiten Themen, die alle Konsortien tangieren wie Infrastrukturdienste und Forschungsdatenmanagement-Dienstleistungen.[329]

Bund und Länder sowie das *Bundesministerium für Bildung und Forschung* und die *Deutsche Forschungsgemeinschaft* finanzieren das Infrastrukturvorhaben, das Forschungsdaten auffindbar und zugänglich sammeln und teilen soll.[330] Die Finanzierung durch Bund und Länder erfolgt im Rahmen der jeweiligen Haushaltsgesetze und Förderprogramme. Richtlinien und Anforderungen des *Bundesministeriums für Bildung und Forschung* und der *Deutsche Forschungsgemeinschaft* für die Förderung von Forschungsprojekten beeinflussen die Ausrichtung und Verwaltung der nationalen Infrastruktur. Für das Sammeln, Speichern und Teilen von Forschungsdaten sind Vorgaben für sensible Daten einzuhalten. Hinsichtlich der Bereitstellung und Nutzung sind urheberrechtliche Vorgaben zu beachten.

Da sowohl das Infrastrukturvorhaben als auch der Großteil der einzuspeisenden Daten öffentlich finanziert sind, wird oft ein Interesse der Allgemeinheit an einen Mehrwert der generierten Daten und einer möglichst großen Reichweite über vernetzte Repositorien angenommen.[331]

Die Datenerzeuger und ihre Institutionen fungieren als Datenverantwortliche („data controller"). Sie entscheiden in der Regel über Verwendung, Verarbeitung, Zugangsbedingungen und Nutzungsrechte der Daten. Betreiber der Repositorien der *Nationalen Forschungsdateninfrastruktur* setzen die Bedingungen um und sorgen für ihre Einhaltung. Sie decken sich nicht mit den großen Förderorganisationen. Als Betreiber verarbeiten sie die Daten im Auftrag der Datenerzeuger und/oder ihrer Forschungseinrichtungen als Datenprozessoren („data processor") und stellen sie bereit. Sie ergreifen technische und organisatorische Maßnahmen im Prozess des Datenteilens.[332] Dazu gehören Maßnahmen zur Datensicherung (mitunter Verschlüsselungen, Zugriffskontrollen, regelmäßige Sicherheitsüberprüfungen und Backup-Strategien), Verarbeitungsrichtlinien, Schulungen für Mitarbeiter und Verfahren zur Einhaltung von Standards.

---

329 *Hartl/Wössner/Sure-Vetter*, Informatik Spektrum, 44 (2021), 370, 371.

330 *Fraunhofer-Institut für Digitale Medizin MEVIS*, Gemeinsame Wissenschaftskonferenz beschließt Förderung der NFDI4Health, 2020, abrufbar unter: https://www.mevis.fraunhofer.de/de/press-and-scicom/institute-news/2020/gemeinsame-wissenschaftskonferenz-beschliesst-foerderung-der-nfdi4health.html.

331 *Schickhardt/Winkler/Sax et al.*, Bundesgesundheitsblatt Gesundheitsforschung Gesundheitsschutz 2023, 1, 5.

332 *Schickhardt/Winkler/Sax et al.*, Bundesgesundheitsblatt Gesundheitsforschung Gesundheitsschutz 2023, 1, 3.

Dieses Modell der Auftragsverarbeitung ermöglicht eine klare Trennung von Verantwortlichkeiten, bei der die Datenerzeuger die Kontrolle über ihre Daten behalten. Es fördert die Datensicherheit und -integrität und unterstützt die Einhaltung einheitlicher Standards.

Eine Herausforderung liegt in einer finanziellen und operationalen Abhängigkeit von externen Betreibern sowie einer potenziellen Fragmentierung der Datenlandschaft, wenn viele Betreiber unterschiedliche Repositorien ohne ausreichende Koordination oder Standardisierung betreiben. Die *Nationale Forschungsdateninfrastruktur* soll dem entgegenwirken und einen einheitlichen Rahmen für ihre einzelnen mitunter disziplinspezifischen Repositorien bilden. Der Staat könnte im Rahmen einer noch zu erörternden Gewährleistungsverantwortung rechtliche und technische Standards festlegen, die für alle Repositorien gelten. So kann er Konsistenz, Datensicherheit und Interoperabilität gewährleisten. Eine finanzielle staatliche Förderung, wie Bund und Länder sie bereits beschlossen haben, ist elementar, um eine nachhaltige Infrastruktur für die Forschungsdatenspeicherung und -verarbeitung zu schaffen und zu erhalten.

Die *Nationale Forschungsdateninfrastruktur* soll auch international eingebunden sein. Sie beteiligt sich etwa am Aufbau der *European Open Science Cloud*.[333] Gemeinsam mit *Gaia-X* hat sie die deutsche Infrastruktur *FAIR Data Spaces* ins Leben gerufen. Das Verbundprojekt soll einen cloudbasierten Datenraum kreieren, der die FAIR-Grundsätze anwendet.[334] International vernetzt sind auch die Konsortien selbst. So steht das *German Human Genome-Phenome Archive* in engem Austausch mit dem *European Genome Archive*.[335]

D. Konsequenzen

Um das Potenzial eines wissenschaftlichen Datenaustauschs auszuschöpfen, werden Maßnahmen ergriffen, die das Teilen und Nutzen vorhandener Forschungsdaten begünstigen. Sollten die Maßnahmen erfolgreich sein, entsteht ein Bedürfnis nach einem staatlichen Ausbau von Datenbanken innerhalb derer Wissenschaftler ihre Daten teilen können.[336] Denn die steigende Masse an zu

333 *Europäische Kommission*, European Open Science Cloud (EOSC), 2021, abrufbar unter: https://digital-strategy.ec.europa.eu/en/policies/open-science-cloud.

334 *Hartl/Wössner/Sure-Vetter*, Informatik Spektrum, 44 (2021), 370, 372.

335 *Hartl/Wössner/Sure-Vetter*, Informatik Spektrum, 44 (2021), 370, 372.

336 *Perrier/Blondal/MacDonald*, PLoS ONE, 2/15 (2020), 1, 12.

speichernden Daten[337] bedarf einer – womöglich staatlich gewährleisteten[338] – adäquaten Infrastruktur, in der Forscher Informationen speichern und bereitstellen können. Infrastrukturen bieten – insbesondere unter dem Einsatz Künstlicher Intelligenz – ein besonderes Innovationspotenzial für die Forschung.[339] Sowohl der Gesetzgeber als auch Förderorganisationen und Fachverlage können Data Sharing aber nur verlangen, wenn eine entsprechende Infrastruktur vorhanden ist.

Bisher stellen überwiegend private Anbieter diese Infrastruktur bereit. Lange beschränkten sich hoheitliche europäische Maßnahmen zugunsten mehr Datensouveränität[340] auf die Förderung von Kooperationen privater Unternehmer, um Innovationen im Bereich der Datenverwaltung und -technologie voranzutreiben. Deshalb gibt es neben einigen staatlich betriebenen Repositorien[341] viele privat betriebene Datenbanken mit Clouds aus der freien Wirtschaft. Nun sollen Infrastrukturen (Datenbanken, Cloud-Services oder Netzwerkplattformen), die aus diesen Kooperationen hervorgehen, als Basis für eine umfassendere europäische Forschungsinfrastruktur zum Einsatz kommen.[342] Langfristig soll dank Nutzung und Integration bestehender privater Infrastrukturen eine leistungsfähige und breit zugängliche Forschungsinfrastruktur effizient auf europäischer Ebene

---

337 Der wachsende Bedarf an Speicherplatz und Rechenleistung zeigt sich auch im wirtschaftlichen Bereich angesichts einer zunehmenden Zahl an DAX-Unternehmen, die sich mit skalierbaren Cloud-Computing-Systemen wie *Microsoft Azure Cloud*, *Amazon Web Services* und *Google Cloud* zusammenschließen, die eine Vielzahl an Servern in einem Netzwerk verbinden („Hyperscaler", Definition unter Digital Guide IONOS, „Hyperscale-Computing", 28.7.2020, abrufbar unter: https://www.ionos.de/digitalguide/server/knowhow/was-ist-hyperscale/), *Falkhofen*, EuZW 2021, 787, 787.

338 Zur Herleitung einer staatlichen Gewährleistungsverantwortung siehe Kapitel 4 C., D.

339 *Bogers/Chesbrough/Moedas*, California Management Review, 60 (2018), 5, 10; *Lederer*, Open Data, S. 33.

340 Datensouveränität meint in diesem Zusammenhang, dass Forscher die EU darüber informieren, wo sie Daten speichern, die im Rahmen einer europäischen Forschungsförderung gewonnen wurden und welche Nutzungsmöglichkeiten die Erheber erlauben. Je mehr Kontrolle die EU über diese Daten hat, etwa indem sie in der *European Science Cloud* geteilt werden, desto höher ist ihre Souveränität über Forschungsdaten, die dank europäischer Mittel erhoben wurden.

341 Anzuführen sind hier beispielshaft die Datenbanken des Deutschen Humangenom-Phenom-Archivs „NFDI4Health" und „NFDI4Biodiversity".

342 So etwa bei der deutsch-französischen Infrastruktur Gaia-X, *Falkhofen*, EuZW 2021, 787, 794.

realisiert und die europäische Datensouveränität gestärkt werden. Wenn diese Infrastruktur aber kaum reguliert wird, birgt das Risiken.[343]

Die Europäische Union und der deutsche Staat können dem entgegenwirken. Sie sind gesetzgebungskompetent, Regeln für den digitalen Forschungsdatenraum zu setzen und können seine Strukturen mitgestalten.[344] Auf Ebene der Verwaltungskompetenzen sind sowohl die Union als auch der Bund dafür zuständig, die Einhaltung des Data Act, der Database Richtlinie, der Forschungsförderungsgesetze und anderer Regelungen wie etwa den Richtlinien von *Horizont Europa* für geförderte Forschungsprojekte zu überwachen und zu gewährleisten. Umfasst davon sind die Gestaltung und Unterstützung entsprechender Infrastruktur sowie die Überwachung ihrer Nutzung. Der digitale Raum baut sich in der Wissenschaft noch auf. Eine frühzeitige Mitgestaltung durch die öffentliche Hand bietet sich an.

Der Gesetzgeber gelangt jedoch dort an seine Grenzen, wo private Unternehmen digitale Räume schaffen und kontrollieren, die außerhalb der direkten rechtlichen Reichweite oder Gebietshoheit des Gesetzgebers liegen. Viele digitale Plattformen und Dienste werden von privaten Unternehmen betrieben. Die privaten Unternehmen kontrollieren technisch ihre Plattformen. Sie bestimmen die Bedingungen für deren Nutzung, den Zugang zu Daten und die Art und Weise, wie Informationen verarbeitet und geteilt werden. Zudem agieren Privatunternehmen oft international, ihre Server und Infrastrukturen befinden sich in verschiedenen Ländern. Dadurch entstehen Durchsetzbarkeitsprobleme und komplexe juristische Situationen, da diese digitalen Räume nicht eindeutig einem einzelnen

---

343 Zum Teil achten private (insbesondere EU-ausländische) Großkonzerne weniger auf die Einhaltung datenschutzrechtlicher Vorgaben, wobei sich dies dank des Vorgehens der Datenschutzbeauftragten gegen Verstöße in diesem Bereich schon deutlich gebessert hat. Der Umgang mit eingespeicherten Daten wie auch mit den Nutzerdaten ist bei einigen Cloudanbietern weniger rechtssicher. Eine hinreichende Datensicherung ist nicht immer gewährleistet bei privaten Betreibern. Es wird selten transparent kommuniziert, welche Rechenzentren eingesetzt werden. Siehe auch bei *Bündnis F5*, Stellungnahme des Bündnis F5 für gemeinwohlorientierte Digitalpolitik zum BMBF-Entwurf der Zukunftsstrategie Forschung und Innovation, 2022, S. 8, abrufbar unter: https://www.bmbf.de/bmbf/de/forschung/zukunftsstrategie/archiv-hts-2025/publikationen/F5_stellungnahme_fui.pdf?__blob=publicationFile&v=1.

344 *Falkhofen*, EuZW 2021, 787, 789. Für die EU konkretisieren sich ihre Gesetzgebungskompetenzen aus der DS-GVO für die hier nicht gegenständlichen personenbezogenen Daten sowie aus Richtlinien und Verordnungen betreffend die Datenverwaltung und -sicherheit. Als Beispiele seien hier der Data Act der EU sowie die Database-Richtlinie genannt. Für den Bund gelten Forschungsförderungsgesetze, die auch Anforderungen an die Datenverwaltung festlegen.

nationalen Rechtssystem unterliegen. Nationale Gesetze und Regelungen haben nur begrenzte Wirkung, wenn es um digitale, von internationalen Akteuren beherrschte Räume geht. Dem nationalen Gesetzgeber erschwert das eine effektive Kontrolle und die Durchsetzung von Sicherheitsstandards. Die fehlende digitale Gebietshoheit führt spätestens dann zu einem Problem, wenn der Staat auf diesen Raum angewiesen ist, um seinen Aufgaben nachzugehen.[345]

Eine staatlich geförderte Datenstruktur wirkt nicht nur Datensouveränitätsproblemen, sondern auch künftigen Vernetzungs- und Kapazitätsproblemen entgegen angesichts der zu erwartenden steigenden Menge an Daten. Der Staat kann für den Ausbau einer Forschungsdateninfrastruktur mit ausreichend Speicherplatz einstehen. Eine Vernetzung erleichtert es Nachnutzern, benötigte Daten aufzufinden. Zudem kann eine Vernetzung Investitionen in redundante Erhebungen verhindern, wodurch sich ohnehin knappe Forschungsgelder effizient einsetzen lassen.

Je mehr Forschung auf vorhandenen Daten basiert, desto mehr bedarf es einer Forschungsdateninfrastruktur, damit diese Daten auffindbar und nachnutzbar sind. Dank der Open Science-Bewegung, Vorgaben von Fachverlagen und zahlreichen Initiativen seitens Förderorganisationen steigt die Menge zu speichernder Forschungsdaten rapide.[346] Daran sind namentlich *Horizont Europa*, *Gaia-X*, die *European Open Science Cloud* und weitere von der Europäischen Kommission geförderte Projekte beteiligt. Die Forschungsdateninfrastruktur erlebt durch die angestrebte europäische Integration[347] einen Schub.

Trifft den Staat eine Gewährleistungsverantwortung für eine Infrastruktur zum Austausch von Forschungsdaten? Im Laufe der Arbeit wird untersucht, ob und inwieweit es in den Aufgabenbereich des Staates – wenn nicht in seinen Pflichtenkreis – fällt, Forschungsdatenbanken bereitzustellen, zu unterhalten und zu fördern. Ziel dabei ist, den Aufbau umfassend vernetzter Repositorien in der (deutschen) Forschungslandschaft zu unterstützen. Dazu wird Handlungsbedarf für den Staat, Forschungseinrichtungen und Förderorganisationen aufgezeigt. Will der Gesetzgeber die europäische Datengoldgrube nutzen und kontrollieren, sollte er die Strukturen mitgestalten. Auf diese Weise kann er seine Souveränität bezüglich der Forschungsdaten, die in den Repositorien gespeichert werden, wahren und ausreichend Kapazitäten für das wachsende Volumen an Informationen schaffen.

---

345 *Falkhofen*, EuZW 2021, 787, 789.

346 Vgl. dazu bereits in B. und C.

347 Vgl. Art. 4 Abs. 3 U-Abs. 1 EUV.

Kapitel 3: Forschungsdatenbanken als Infrastruktur

Um sich der Frage einer Infrastrukturgewährleistungsverantwortung für Forschungsdatenbanken zu nähern, sollen die relevanten Termini geschärft werden. Was unter „Infrastruktur" zu verstehen ist, wird im ersten Teil dieses Kapitels sowohl allgemein als auch in Bezug auf Forschungsdaten erläutert (A.). Es folgt eine Darstellung der Funktionen von Infrastruktur (B.) und wie es um ihre Kostenintensität und Finanzierung steht (C.). Sodann erfolgt ein Seitenblick auf die Richtlinie der Europäischen Union, die das Speichern und Verfügbarmachen von Geodaten europaweit vorschreibt (D.). Die Richtlinie lässt sich als Vorbild für eine Forschungsdaten-Richtlinie heranziehen.

A. Der Infrastrukturbegriff

Ursprünglich stammt der Begriff der Infrastruktur aus dem militärischen Umfeld.[348] Seit den 1960er-Jahren ist er auch im politisch-ökonomischen Kontext verbreitet. Dort bezeichnet Infrastruktur den volkswirtschaftlichen Kapitalstock als Basis einer funktionierenden, leistungsfähigen und produktiven Gesellschaft.[349]

Es gibt mittlerweile verschiedene Ansätze, Infrastruktur zu definieren. Während einige zwischen der materiellen, personellen und institutionellen Infrastruktur unterscheiden,[350] konzentrieren sich andere Ansätze auf Eigenschaften[351] oder Funktionen[352] von Infrastruktur. Zum Teil wird sich dem Begriff über eine Auf-

---

348 Im militärischen Bereich fallen unter den Begriff Infrastruktur alle Einrichtungen und Organisationen, die zur Führung, Aufstellung, Unterhaltung und Ausbildung moderner Streitkräfte erforderlich sind, z.B. das Material, Schulungen, Kasernen, Flugplätze, Treibstofflager, *Schatz,* Entwicklung des Begriffs Infrastruktur, in: Berger (Hrsg.), Wettbewerb und Infrastruktur in Post- u. TK-Märkten, 1996, S. 122, 126.

349 *Hösch/Mayer,* Infrastrukturelle Grundausstattung, in: Guthsmuths (Hrsg.), Energieversorgungsprobleme, 1978, 17; *Trunzer*, Infrastrukturinvestitionen und Wirtschaftswachstum, S. 5.

350 Dazu sogleich unter A. I.

351 Zu Infrastrukturmerkmalen unter A. II.

352 Siehe zu den Funktionen von Infrastruktur B.

listung von Infrastrukturobjekten angenähert.[353] In den meisten Fällen stehen die Ansätze nicht für sich, sondern werden miteinander kombiniert.

In dieser Arbeit umfasst der Begriff der Infrastruktur im Interesse eines einheitlichen Verständnisses alle staatlichen und privaten Einrichtungen, die für eine ausreichende Daseinsvorsorge als erforderlich gelten und wirtschaftliche sowie wachstums-, integrations- und versorgungsnotwendige Funktionen erfüllen.[354] Die einzelnen Versorgungsdienstleistungen, die mit der Infrastruktur erbracht werden, sind entsprechend des jeweiligen Zivilisationsstandards von hoher bis existenzieller Bedeutung für die Bevölkerung, ihre Lebensführung und Grundrechtsverwirklichung.[355]

Nach einem entwicklungsoffenen Verständnis von Infrastruktur fallen – wie es gleich noch ausführlich aufgezeigt wird – Forschungsdatenbanken sowie alle dazugehörigen Dienste, Einrichtungen und Serviceleistungen unter den Begriff. Umfasst sind alle staatlich und privat betriebenen Repositorien und ergänzenden Dienste, die erforderlich sind, um wissenschaftliche Informationen zu speichern und bereitzustellen. Neue (technologische) Entwicklungen werden entsprechend dem gesellschaftlichen Wandel in den Forschungsdateninfrastrukturbegriff einbezogen. Daten und Dienste zu ihrer Verarbeitung gehören mittlerweile wie Labore zur notwendigen Grundausstattung für die wissenschaftliche Arbeit.

Zwar scheint eine Forschungsdateninfrastruktur auf den ersten Blick weniger erforderlich für unsere Gesellschaft und Wirtschaft als die der Energieversorgung oder Telekommunikation. Doch auch zu Beginn des Aufbaus der Telekommunikationsnetze war noch nicht absehbar, welchen Stellenwert sie eines Tages für die globale Kommunikation einnehmen werden. Heute sind sie nicht mehr wegzudenken. Im 21. Jahrhundert sind es mit der schnell voranschreitenden Digitalisierung Daten, die als neuer Rohstoff – ähnlich wie im 20. Jahrhundert Erdöl und Erdgas – an Bedeutung gewinnen. Die wissenschaftliche Anschlussfähigkeit eines Landes hängt mittlerweile auch maßgeblich davon ab, ob (Forschungs-)

---

353 Das Bundesverfassungsgericht fasst insbesondere die Energie- und Wasserversorgung, den Nahverkehr, die Abfallentsorgung, Krankenhäuser, Altenheime, Kindergärten sowie die Daseinsvorsorge unter den Begriff der Infrastruktur, BVerfGE 38, 258 (270 f.).

354 *Jochimsen/Gustafsson*, Infrastruktur, in: Simonis (Hrsg.), Infrastruktur, 1977, S. 38, 44.

355 *Schings*, Der Ausbau öffentlicher Ladeinfrastruktur für Elektrofahrzeuge, S. 84; vgl. auch *Schiller*, Staatliche Gewährleistungsverantwortung und die Sicherstellung von Anschluss und Versorgung im Bereich der Energiewirtschaft, S. 77.

Daten und eine entsprechende unkörperliche Infrastruktur verfügbar sind, die Erkenntnisse liefern und effizient genutzt werden können.

I. Infrastrukturarten

Unterteilen lässt sich Infrastruktur in die technische und in die soziale Infrastruktur. Die technische Infrastruktur betrifft Verkehr,[356] Nachrichtenübermittlung, Entsorgung, Energie- und Wasserversorgung. Die soziale Infrastruktur umfasst die Bereiche Wohnen, Bildung, Gesundheitsversorgung, Deckung des Lebensbedarfs, Kultur, Umweltschutz und Freizeit.[357]

Die technische und die soziale Infrastruktur lassen sich wiederum in eine institutionelle, personelle und materielle Infrastruktur aufteilen.[358] Diese theoretisch-funktionale Aufteilung stammt von *Reimut Jochimsen*. Infrastruktur umfasst danach alle materiellen, institutionellen und personellen Einrichtungen, Daten und Gegebenheiten, die den arbeitsteiligen Wirtschaftsakteuren zur Verfügung stehen und zum Ausgleich der Vergütung vergleichbarer Leistung im Falle einer angemessenen Ressourcenallokation beitragen.[359]

1. *Materielle Infrastruktur*

Unter die materielle Infrastruktur fallen standortgebundene, sich nicht im Umlauf befindende Kapitalgüter, mithin alle Gebäude und Einrichtungen der öffentlichen Verwaltung sowie alle gesamtwirtschaftlichen Anlagen und Betriebsmittel, die elementar sind für die Produktion und den Erhalt von Infrastrukturgütern und -leistungen zur Erfüllung physischer und sozialer Grundbedürfnisse.[360] Dazu gehören Einrichtungen, die der Gesundheitsversorgung, Erziehung, Energie- und Wasserversorgung, Abfallentsorgung, Telekommunikation, Konservierung

---

356 Zur hohen Bedeutung der Verkehrsinfrastruktur nebst Verkehrsmitteln als raumbildender und -strukturierender Wirtschaftsfaktor, *Köhler/Wille*, Infrastruktur, in: Köhler (Hrsg.), Infrastruktur, 2007, S. 1, 2.

357 *Trunzer*, Infrastrukturinvestitionen und Wirtschaftswachstum, S. 22.

358 *Jochimsen*, Theorie der Infrastruktur, S. 31 ff., 100, 103; *Jochimsen/Gustafsson*, Infrastruktur, in: Simonis (Hrsg.), Infrastruktur, 1977, S. 38, 38. Die Einteilung wurde vielfach übernommen, bspw. in *Buhr*, What is infrastructure?, S. 1.

359 *Jochimsen*, Theorie der Infrastruktur, S. 100; so auch *Hermes*, Staatliche Infrastrukturverantwortung, S. 168.

360 *Buhr*, General Considerations on Infrastructure, in: Feng/Popescu (Hrsg.), Infrastrukturprobleme, 2007, S. 13, 17.

natürlicher Ressourcen, dem Transport und Verkehrswegen dienen.[361] Einzelne Akteure können diese Güter aufgrund der Art ihrer Produktion und damit verbundenen Kosten in der Regel nicht selbst produzieren.[362]

Bei einer Forschungsdateninfrastruktur sind Datenbanken – sei es in Form physischer Rechenzentren oder als externe online-Rechenzentren (Clouds)[363] – Teil der materiellen Infrastruktur. Zwar zählen vor allem immobile Einrichtungen zur materiellen Infrastruktur. Allerdings ist hier ein modernes Begriffsverständnis notwendig, das dem Wandel der Zeit und technischen Veränderungen gegenüber offen ist. Nach einem solchen fallen die für die Speicherung und Verarbeitung von Forschungsdaten benötigten physischen Ressourcen unter den Begriff der materiellen Infrastruktur: Clouds, Computerhardware, Speichergeräte und physische Räumlichkeiten für Server und Datenspeicher. Die Einrichtungen können in staatlicher oder privater Hand sein.

Zur technischen-materiellen Infrastruktur gehören Netze (etwa Straßen, Schienen, Wasser-, Luft- und Übertragungswege für Energie, Wasser und Abfall) einschließlich der Telekommunikations-, Nachrichten- und Datennetze inklusive Funkanlagen.[364] Die technische Infrastruktur für Forschungsdaten bezieht sich auf die physischen und technologischen Systeme, die erforderlich sind, um Forschungsdaten zu speichern, zu verarbeiten und zugänglich zu machen. Dazu gehören Datenbanken, Server, Netzwerke, Übertragungswege und andere IT-Systeme, die für die Verwaltung, Verbindung und Bereitstellung von Forschungsdaten notwendig sind. Auch angebotene Serviceleistungen, etwa das Auffinden von Daten über eine Suchmaschine, sind unter die technisch-materielle Infrastruktur zu subsumieren. Gleiches gilt für integrierte Open-Source-Datenanalyse-Software, die mithilfe von Algorithmen, künstlicher Intelligenz und maschinellen Lernens den jeweiligen Datenpool auswertet. Integrierte Software, etwa solche, die die Qualität eingespeister Daten und Metadaten überprüft, ist ebenso Teil der technischen-materiellen Infrastruktur wie Überwachungssysteme, die die Daten vor einem Zugriff Unberechtigter schützen, Daten-Leaks vorbeugen und Hackerangriffe abwehren.

---

361 *Buhr*, What is infrastructure?, S. 8; *Buhr*, Infrastructure of the Market Economy, Volkswirtschaftliche Diskussionsbeiträge 132-09, 2009, S. 18; *Jochimsen*, Theorie der Infrastruktur, S. 103; *Jochimsen/Gustafsson*, Infrastruktur, in: Simonis (Hrsg.), Infrastruktur, 1977, S. 38, 39.

362 *Buhr*, General Considerations on Infrastructure, in: Feng/Popescu (Hrsg.), Infrastrukturprobleme, 2007, S. 13, 17.

363 Zum Begriff der Cloud siehe Kapitel 1 A. III.

364 *Hermes*, Staatliche Infrastrukturverantwortung, S. 162 f.

Die soziale-materielle Infrastruktur umfasst neben Gesundheits-, Sicherheits- (Polizeireviere, Gefängnisse, Überwachungskameras, Dämme) und Mobilitätseinrichtungen (öffentlicher Nahverkehr) unter anderem auch Umweltschutz, Bildungs-, Wissenschafts-, Forschungs- und Informationsstätten (Universitäten, Schulen, Bibliotheken, Labore, andere Forschungszentren, Verlage).[365] In Bezug auf Forschungsdaten fallen unter die soziale-materielle Infrastruktur die sozialen und organisatorischen Strukturen, die erforderlich sind, um die Nutzung, den Austausch und die Verbreitung von Forschungsdaten zu unterstützen. Dies umfasst Bildungseinrichtungen, Forschungsgruppen, Kollaborationsnetzwerke und Gemeinschaften, die sich mit der Sammlung, Analyse und Verbreitung von Forschungsdaten beschäftigen. Gleiches gilt für Plattformen, Datenbanken, Bibliotheken und Rechenzentren, mit deren Hilfe sich Forscher über verfügbare Datensätze austauschen.

2. *Institutionelle Infrastruktur*

Die institutionelle Infrastruktur umfasst rechtliche und regulatorische Rahmenbedingungen, allgemein akzeptierte Normen und Standards, organisatorische Einrichtungen, etablierte Verwaltungsstrukturen und Vorgehensweisen, die den Verfahrensablauf innerhalb der Infrastruktur bestimmen und seine Einhaltung sicherstellen.[366] Hierunter fallen die Rechtsordnung und Verwaltung sowie informelle Zwänge, Konventionen und Verhaltensregeln, die das Verhalten der Akteure beeinflussen. Ebenso erfasst sind Verfahren, die diese Regeln durchsetzen.[367] Einige Normen stammen aus der nationalen und europäischen Wirtschaftsordnung.[368]

Im Bereich des Forschungsdatenaustauschs bezieht sich die institutionelle Infrastruktur auf die Organisationen und Einrichtungen, die Forschungsdateninfrastrukturen betreiben und verwalten. Dies können Universitäten, Forschungsinstitute, Regierungsbehörden, Archivierungsdienste und andere Organisationen sein, die Richtlinien, Standards und Verfahren für den Umgang mit Forschungsdaten festlegen. Diese Vorgaben sind ebenfalls Teil der institutionellen Infrastruktur. Mit Hilfe der involvierten Institutionen speichern, teilen oder erhalten

365 *Buhr*, Infrastructure of the Market Economy, Volkswirtschaftliche Diskussionsbeiträge 132-09, 2009, S. 13; *H. Bull*, Die Staatsaufgaben nach dem Grundgesetz, S. 268.

366 *Buhr*, What is infrastructure?, S. 4; *Jochimsen/Gustafsson*, Infrastruktur, in: Simonis (Hrsg.), Infrastruktur, 1977, S. 38, 39.

367 *Buhr*, Infrastructure of the Market Economy, Volkswirtschaftliche Diskussionsbeiträge 132-09, 2009, S. 18 f.

368 *Buhr*, Infrastructure of the Market Economy, Volkswirtschaftliche Diskussionsbeiträge 132-09, 2009, S. 19.

Forscher Daten. Zur institutionellen Forschungsinfrastruktur zählen auch technische Normen, nach denen Daten zu speichern, aufzubewahren und zugänglich zu machen sind.[369]

Ebenso fallen gegebenenfalls bestehende, allgemein akzeptierte und in der Praxis etablierte Data Sharing-Normen,[370] informelle Zwänge, Konventionen und Verhaltensregeln darunter, die das Verfahren der Akteure beeinflussen. Dabei kann es sich etwa um Anforderungen an die Qualität der Metadaten und die Dauer von Bereitstellungsverfahren handeln oder um ungeschriebene Zitiergebote. Ebenso ist es eine Frage des Verfahrens, welche Datennutzungsvereinbarungen Datenerheber und Nachnutzer miteinander schließen.[371] Gleiches gilt für die Prüfung der Datenqualität.[372] Schließlich gehören Finanzierungsfragen zur institutionellen Infrastruktur:[373] Wer trägt welche Kosten, um die Daten zu speichern, zugänglich zu machen und weiter nutzen zu dürfen? Die Höhe des Entgelts wirkt sich unmittelbar auf die Nutzungsbereitschaft von Forschern aus.[374]

Nach allgemeiner Ansicht ist es eine hoheitliche Aufgabe, die institutionelle Infrastruktur bereitzustellen und konkrete Verfahren zu schaffen.[375] Das Haushaltsbudget muss ausgehandelt und Aufgaben müssen innerhalb der Verwaltung verteilt werden.[376] Beim institutionellen Rahmen für den Austausch von Forschungsdaten innerhalb einer entsprechenden Infrastruktur ist es aufgrund der wissenschaftlichen Autonomie hingegen primär die Scientific Community selbst, die Regeln schafft und durch ihr Verhalten etabliert.[377]

---

369 *Stober/Korte*, Öffentliches Wirtschaftsrecht, § 26 m.w.N.

370 Dazu zählen die FAIR-Prinzipien ebenso wie *DFG*, Leitlinien zur Guten Wissenschaftlichen Praxis, 2019, abrufbar unter: https://www.dfg.de/download/pdf/foerderung/rechtliche_rahmenbedingungen/gute_wissenschaftliche_praxis/kodex_gwp.pdf, um nur ein, das in Deutschland aber wohl prominenteste Beispiel von Förderrichtlinien zur guten wissenschaftlichen Praxis zu geben. Daneben gibt es hoheitliche Vorgaben zum Datenteilen wie die Data Governance Verordnung (EU) 2022/868 des Europäischen Parlaments und des Rates vom 30.05.2022 über europäische Daten-Governance und zur Änderung der Verordnung (EU) 2018/1724 (Daten-Governance-Rechtsakt) Regulation) für Verwaltungsdaten, der als Vorbild für ähnliche Verhaltensrichtlinien bei Forschungsdaten dienen kann.

371 Dazu in Kapitel 5 C. II. 1. b) aa) (3).

372 Zu Ausgestaltungsmöglichkeiten siehe Kapitel 5 A. III. 4. c).

373 Zu Fragen der Kostenaufteilung siehe Kapitel 5 IV.

374 *Jochimsen/Gustafsson*, Infrastruktur, in: Simonis (Hrsg.), Infrastruktur, 1977, S. 38, 41.

375 *Buhr*, What is infrastructure?, S. 3 f.

376 *Buhr*, What is infrastructure?, S. 4.

377 Vertieft zu konkreten Ausgestaltungsmöglichkeiten in Kapitel 5.

3. *Personelle Infrastruktur*

Die personelle Infrastruktur besteht aus Fachkräften und Experten mit ihren geistigen, unternehmerischen und handwerklichen Kompetenzen einschließlich ihrer Ausbildung.[378] Grundsätzlich stellen private Anbieter die personelle Infrastruktur.[379]

Für Forschungsdaten sind das Arbeitskräfte, die an der Sammlung, Verarbeitung, Analyse und Bereitstellung von Forschungsdaten beteiligt sind. Dazu gehören Datenwissenschaftler, IT-Spezialisten, Bibliothekare, Mitarbeiter von Datenbanken, Archiven und Rechenzentren sowie andere Fachleute, die zur Entwicklung und Aufrechterhaltung der Forschungsdateninfrastruktur beitragen. Viele sind bei öffentlichen Hochschulen, dann als Amtsträger und nicht als Private, oder anderen Forschungseinrichtungen angestellt, die Daten bereitstellen.

Zur personellen Infrastruktur zählen auch Data Stewards[380] der Forschungseinrichtungen und Förderorganisationen, die Forscher beim Forschungsdatenmanagement unterstützen. Auch Forscher selbst gehören zur personellen Infrastruktur, wenn sie ihre Daten in einer zugänglichen Infrastruktur teilen. Ihnen obliegt es, die Qualität ihrer Daten sicherzustellen und mit hinreichend Metadaten zu unterfüttern. Die Qualität kann über Peer Review-Verfahren gesichert werden.[381] Daran beteiligte Wissenschaftler sind ebenso Teil der personellen Infrastruktur wie Mitglieder von Datenzugangskomitees. Aufwendungen zur Erlangung besonderer Fähigkeiten (Ausbildung) etwa im Umgang mit neuen technischen Möglichkeiten im Bereich des Datenaustauschs erhöhen die Effektivität der personellen Infrastruktur.

Die Fachkräfte füllen die institutionelle Infrastruktur mit Leben.[382] Der Fachkräftebedarf ergibt sich aus der jeweiligen materiellen Infrastruktur.[383] Bei Forschungsdatenbanken hängt das unter anderem mit der Komplexität und Umfänglichkeit der eingesetzten Software und damit verbundenen angebotenen Dienstleistungen sowie mit der Nachfrage auf Forscherseite zusammen. Bestimm-

---

378 *Buhr*, What is infrastructure?, S. 6.

379 *Buhr*, What is infrastructure?, S. 3.

380 Grundlegend zu Data Stewards *Wendelborn/Anger/Schickhardt*, Sci Data 2021, 1. Data Stewards, die Forscher kompetent und bedarfsgerecht unterstützen, sind das Kernelement der Forschungsdatenmanagement-Strategie des NFDI-Konsortiums *DataPLANT*, *Suchodoletz/Mühlhaus/Brillhaus et al.*, in: Heuveline/Bisheh (Hrsg.), E-Science-Tage 2021, S. 358, 359.

381 Dazu näher in Kapitel 5 A. III. 4. c).

382 *Buhr*, What is infrastructure?, S. 5.

383 *Hünnekens*, Rechtsfragen der wirtschaftlichen Infrastruktur, S. 23.

te Güter (zum Beispiel Datenkataloge) und Dienste (Suchmaschinen zum Auffinden von Datensätzen, Daten und Metadaten) garantieren die Arbeitsfähigkeit des Infrastrukturpersonals.

II. Typische Infrastruktureigenschaften

Neben einer Einordnung nach Infrastrukturarten lassen sich Infrastrukturen auch nach ihren Eigenschaften als solche bestimmen. Im Folgenden sind einige typische Eigenschaften sowohl allgemein als auch in Bezug auf Forschungsdatenbanken herausgegriffen.

1. Lange Planungs- und Nutzungsdauer

Infrastrukturen werden oft von langer Hand geplant und dann über einen beachtlichen Zeitraum genutzt. Auch Forschungsdateninfrastrukturen haben eine lange – wenngleich nicht in einem für Großinfrastrukturprojekte üblichen Ausmaß – Planungs- und Nutzungsdauer. Ihre Planung (Konzeptualisierung, Design, Entwicklung und Implementierung) kann mehrere Jahre in Anspruch nehmen, weil verschiedene Stakeholder einzubeziehen und komplexe technische Anforderungen zu berücksichtigen sind. Der Bedarf an Repositorien für die wissenschaftliche Gemeinschaft lässt sich durch querschnittartige Befragungen und durch Auswertung bestehender Initiativen ermitteln. Da Infrastruktur unteilbar und langfristig angelegt ist, kommt es bei der Prognose nicht nur auf die akute Nachfrage an, sondern auch auf den erwarteten Bedarf in den Forschungsdisziplinen.[384] Infrastrukturelle Maßnahmen sind zukunftsgestaltend. Sie sollen den zukünftigen Bedarf decken können.

Einmal implementiert, nutzen Forscher die Datenbanken über einen längeren Zeitraum. Dazu sind sie auch angelegt. Wie lang dieser Zeitraum ist, hängt stark von der technologischen Entwicklung und Anpassungsfähigkeit der Infrastruktur an neue Anforderungen und Standards ab. Betreiber der Forschungsdateninfrastrukturen müssen sowohl die Hardware als auch die Software regelmäßig aktualisieren und modernisieren. Das erfordert kontinuierliche Investitionen. Unumgänglich sind Erwägungen zur Umsetzung der Datenkompatibilität und Anpassung der Datenformate an den technischen Fortschritt. Gleiches gilt für die Frage, wie der Zugang im Rahmen der rechtlichen Vorschriften zu gewähren ist,

384 Vgl. *Jochimsen/Gustafsson,* Infrastruktur, in: Simonis (Hrsg.), Infrastruktur, 1977, S. 38, 51.

um eine möglichst große, aber dennoch kontrollierte Reichweite zu erhalten.[385] Zudem ist an eine weitergehende Vernetzung zu denken.

2. *Zweck- und Standortgebundenheit*

Grundsätzlich ist Infrastruktur technisch weitgehend unteilbar.[386] Forschungsdatenbanken sind – anders als für Infrastrukturen typisch[387] – zumindest hinsichtlich der Server nicht standortgebunden. Dank neuen Cloud- und Computing-Services sind Daten von überall abrufbar.[388] Nichtsdestotrotz bedarf es Rechenzentren, die an verschiedenen Orten stehen. Für einen optimalen Ressourcenumgang stehen Rechenzentren dort, wo sich ihre Abwärme in Energie umwandeln kann. Auf den genauen Standort kommt es in der Regel nicht an. Der Landschaftsverbrauch ist weniger hoch als allgemein üblich bei Infrastrukturen, da es keine Netze braucht, um die Daten von einem Ort zum anderen zu übertragen. Die Übertragung geschieht über das Internet.[389]

Anders als bei Infrastrukturen üblich,[390] sind jedenfalls die Server von Datenbanken nicht nur zu ihrem vorherbestimmten Zweck einsetzbar. Je nach ihrer Hardware- und Softwareausstattung lassen sich die Server für andere Anwendungen wie das Hosting von Webseiten oder virtuellen Maschinen, als zentralisierter Ort zum Speichern und Verwalten von Dateien, Dokumenten und E-Mails, für Datensicherungen und Notfallwiederherstellungsmaßnahmen (Backup- und Desaster-Recovery-Systeme), für Softwareentwicklungen und -tests, für Streaming-Dienste, die Verteilung von Medieninhalten, Datenanalysen oder maschinelles Lernen einsetzen.

---

385 Siehe dazu in Kapitel 5 C. III.

386 *Buhr*, What is infrastructure?, S. 9; *Hösch/Mayer*, Infrastrukturelle Grundausstattung, in: Guthsmuths (Hrsg.), Energieversorgungsprobleme, 1978, 16 f.; *Jochimsen*, Theorie der Infrastruktur, S. 100; *Jochimsen/Gustafsson*, Infrastruktur, in: Simonis (Hrsg.), Infrastruktur, 1977, S. 38, 40; *Schatz*, Entwicklung des Begriffs Infrastruktur, in: Berger (Hrsg.), Wettbewerb und Infrastruktur in Post- u. TK-Märkten, 1996, S. 122, 129; *Trunzer*, Infrastrukturinvestitionen und Wirtschaftswachstum, S. 11. Zu verschiedenen Facetten der Unteilbarkeiten wesentlicher Systemelemente *Frey*, Infrastruktur, S. 26; dies als Ursache von Marktversagen ansehend *R. Weber*, Wirtschaftsregulierung in wettbewerbspolitischen Ausnahmebereichen, S. 99.

387 *Hermes*, Staatliche Infrastrukturverantwortung, S. 169.

388 Siehe Kapitel 1 A. III. und Kapitel 2 A. III.

389 Siehe Kapitel 1 A. III.

390 *Fehling*, AöR, 121 (1996), 59, 85, 88; *Jochimsen*, Theorie der Infrastruktur, S. 105 f.

Aber auch die Repositorien können unterschiedlich verwendet werden. Zweck der Datenbanken als Gesamtkonstrukt ist es, Daten zu archivieren und in Stand zu halten sowie die gespeicherten Informationen (gegebenenfalls nur einem bestimmten Adressatenkreis und/oder nur für bestimmte Zwecke) nutzbar zugänglich zu machen.[391] Daneben lassen sich durch ihre Bereitstellung von Datensätzen Algorithmen und Analysemethoden im Bereich der Künstlichen Intelligenz und maschinellen Lernens verbessern.

3. *Netzgebundenheit*

Infrastruktur kann netzgebunden oder netzungebunden ausgestaltet sein. Netze sind raumübergreifende, verzweigte Transport- und Logistiksysteme für Güter, Personen und Informationen.[392] Netzförmige Infrastrukturen (zum Beispiel Autobahnen, Schienen-, Wasser- und Elektrizitätsnetze[393]) sind in der Regel standortgebunden, wenngleich sie raumübergreifend ausgestaltet sein können.[394] Für Netzinfrastrukturen ist ein hoher Landschafts- und Ressourcenverbrauch charakteristisch.[395] Daneben gibt es punktnetzförmige (etwa Telekommunikation und Elektrizitätsversorgung) und punktförmige Infrastrukturen (beispielsweise Krankenhäuser, Flughäfen, Bahnhöfe und Elektrizitätswerke).[396]

Dateninfrastruktur lässt sich aufgrund der Möglichkeit, Informationen aus Rechenzentren direkt an die Endgeräte der Nutzer zu übermitteln, als netzgebunden und nicht als punktförmig verstehen. Dafür spricht auch, dass eine Vernetzung der einzelnen Repositorien untereinander erforderlich ist, um ihr volles Potenzial zu entfalten. Nutzer können so auf Daten aus unterschiedlichen Quellen

---

391 Dazu näher in Kapitel 5 C. II. 2. b).

392 *Kühling*, Sektorspezifische Regulierung in den Netzwirtschaften, S. 42, 44 f. verweist auf die Kongruenz mit *Hermes*‘ Infrastrukturbegriff (*Hermes*, Staatliche Infrastrukturverantwortung, S. 162). *Hermes*, Die Verwaltung, 53 (2020), 311, 312 bezieht die Infrastrukturverantwortung ausdrücklich nur auf netzgebundene Infrastrukturen, die eine Raumüberwindung voraussetzen. Plausibler erscheint es, den Infrastrukturbegriff weit zu fassen und auch netzungebundene Infrastrukturen wie Schulen und Universitäten zu erfassen.

393 *Buhr*, What is infrastructure?, S. 8.

394 *Hösch/Mayer*, Infrastrukturelle Grundausstattung, in: Guthsmuths (Hrsg.), Energieversorgungsprobleme, 1978, Rn. 16 f.; *Jochimsen*, Theorie der Infrastruktur, S. 100; *Jochimsen/Gustafsson*, Infrastruktur, in: Simonis (Hrsg.), Infrastruktur, 1977, S. 38, 40; *Trunzer*, Infrastrukturinvestitionen und Wirtschaftswachstum, S. 11.

395 *Fehling*, AöR, 121 (1996), 59, 88.

396 *Buhr*, What is infrastructure?, S. 8; *Scheele*, Privatisierung von Infrastruktur, S. 19.

zugreifen, ohne auf eine zentrale, physische Lokation angewiesen zu sein. Übermitteln Datenbankbetreiber die Informationen direkt von Rechenzentren an die Endgeräte der Nutzer, erleichtert das die Zugänglichkeit und Verbreitung der Daten. Vernetzte Repositorien erleichtern es Nutzern, bestimmte Daten über Suchmaschinen zu finden, effizient und umfassend zu nutzen.

Eine Vernetzung ist zudem ökologisch sinnvoll. Sie vermeidet, dass bestimmte Datensätze doppelt gespeichert werden und sich dadurch der ohnehin hohe Strombedarf proportional zum steigenden Volumen an Daten erhöht.[397] Im Sinne eines ressourcenschonenden Umgangs mit Elektrizität und den zeitlichen Kapazitäten der Forscher ist eine vielfache Speicherung von Daten in verschiedenen Repositorien zu vermeiden. Ausgeschlossen von diesem Ansatz sind jedoch Sicherheitskopien. Solche Kopien sind unerlässlich, um einen Datenverlust durch technische Fehler, Cyberangriffe oder andere unvorhergesehene Ereignisse zu vermeiden sowie um eine langfristige Verfügbarkeit und Integrität der gespeicherten Informationen über längere Zeiträume hinweg zu gewährleisten. Moderne Datenspeicherungsoptionen wie Cloud-Dienste können hierbei helfen. Sie bieten energiearm effiziente Sicherungskopien an. Bei mangelnder Vernetzung kann eine alternative Zugriffsmöglichkeit auf Daten die Auffindbarkeit und Zugänglichkeit verbessern. Vorzugswürdig gegenüber parallelen Speicherplattformen ist aus ökologischen Überlegungen heraus eine Einbindung in größere Datenkataloge. Eine umfassende Metadatenstruktur und gute Indizierung können ebenfalls helfen, die Auffindbarkeit von Daten zu verbessern.

Netzinfrastrukturen neigen naturgemäß zu Monopolstrukturen.[398] Innerhalb eines Infrastrukturnetzes gibt es oft konkurrierende Anbieter der gleichen Leistung.[399] Der Staat kann regulierend eingreifen, um diese aufzubrechen und einen Wettbewerb zu ermöglichen.[400] Dadurch lässt sich sicherstellen, dass neue Anbieter ohne eigene Infrastruktur nicht durch die Inhaber der Netze behindert oder anderweitig beim Netzzugang in unlauter Weise eingeschränkt werden.[401] Andersherum kann ein natürliches Monopol zweckdienlich sein, insbesondere

397 Zu negativen Umweltauswirkungen von Cloud-Computing und Lösungsansätzen in diesem Zusammenhang siehe *A. Patil/R. Patil*, Proceedings of International Conference on Sustainable Computing in Science, Technology and Management, 813, 815.

398 *Fehling*, AöR, 121 (1996), 59, 85.

399 *Steindorff*, Einführung in das Wirtschaftsrecht der Bundesrepublik Deutschland, S. 154

400 Diese staatliche Regulierung macht den Kernbereich der Infrastrukturverantwortung aus, *Hermes*, Staatliche Infrastrukturverantwortung, S. 165 f., 322.

401 *Fehling*, AöR, 121 (1996), 59, 70, 72, 74.

angesichts Größen- und Verbundvorteilen: Die Durchschnittskosten sinken je größer das Infrastrukturversorgungsgebiet ist.[402]

Bei Forschungsdateninfrastruktur können ebenfalls monopolähnliche Bedingungen entstehen. Wenn eine kleine Gruppe von Anbietern die Kontrolle über wichtige Forschungsdatenressourcen oder -plattformen innehat, kann dies den Zugang und die Nutzungsmöglichkeiten für Forscher einschränken. Der Staat sollte in einem solchen Fall regulierend eingreifen, um faire Zugangsbedingungen zu Forschungsdaten und eine sinnvolle Vernetzung gewährleisten. Ist ein diskriminierungsfreier Zugang gewährleistet, sind natürliche Monopole bestimmter Infrastrukturbetreiber nicht negativ zu bewerten.[403] Im Gegenteil: je größer, verbundener und umfassender die Datenbank ist, desto mehr Vorteile entstehen für ihre Nutzer und desto geringer halten sich die laufenden Kosten.[404] So lassen sich Ressourcen sparen, indem unnötige Duplikationen vermieden werden. Eine gemeinsame Datenverwaltung bietet Kostenvorteile. Bei entsprechenden Auswirkungen monopolähnlicher Strukturen bedarf es keines regulierenden staatlichen Einschreitens.

4. *Unterscheidung zwischen Infrastruktur und Betrieb*

Oft wird zwischen Einrichtungen und ihren Dienstleistungen (Betrieb) unterschieden.[405] So sind Bau, Unterhaltung und Verwaltung der Netze sowie die Führung der Betriebsleit- und Sicherheitssysteme die infrastrukturellen Einrichtungen. Diese sind oft statisch und standortgebunden.[406] Infrastrukturelle Dienstleistungen umfassen demgegenüber etwa die Beförderung von Personen und Gütern, Kommunikationsdienste, Patente, die Behandlung von Patienten und weitere Serviceleistungen wie das Unterhalten von Suchmaschinen.[407] Vorkehrungen und Dienste Dritter, die für den Betrieb der Infrastruktur erforderlich sind, fallen ebenfalls unter den Infrastrukturbegriff.[408]

Auch bei Forschungsdateninfrastruktur ist zwischen der Bereitstellung und dem Betrieb zu unterscheiden. Zu letzterem gehören der Auf- und Ausbau, der Betrieb im engeren Sinne (Aufnehmen, Speichern, Formatieren, Bereitstellen,

402 *Ewers/H. Meyer,* Privatisierung und Deregulierung, in: Herder-Dorneich/Schenk/Schmidtchen (Hrsg.), Jahrbuch für neue politische Ökonomie, 1994, S. 178, 185.

403 Ausführlicher sogleich unter A. II. 3.

404 Siehe in Kapitel 5 C. II. 1. b) aa) (2).

405 So auch bei der Bahn-AG, *Fehling*, AöR, 121 (1996), 59, 71.

406 *Hünnekens*, Rechtsfragen der wirtschaftlichen Infrastruktur, S. 15.

407 *Hermes*, Staatliche Infrastrukturverantwortung, S. 171 f.

408 *Hermes*, Staatliche Infrastrukturverantwortung, S. 162 f.

Auffindbar machen, Übermitteln und Instandhalten der Informationen), das Instandhalten der Systeme, die Verwaltung der Speicherorte, Serviceleistungen zum Auffinden von Daten und Schutzsysteme. Diese Aufgaben kommen regelmäßig der personellen Infrastruktur zu. Da Vorkehrungen und Dienste Dritter, die für den Betrieb der Infrastruktur erforderlich sind, ebenfalls unter den Infrastrukturbegriff fallen, gehören auch Datenzugangskomitees[409] als Teil der personellen Infrastruktur und andere Einrichtungen dazu, die eigens für den Datenaustausch geschaffen werden. Die Entwicklung und Bereitstellung von verschiedenen Diensten im Zusammenhang mit Data Sharing (Suchfunktionen, Einschaltung von Zugangskomitees[410]) einerseits sowie ihre Inanspruchnahme andererseits können zeitlich und örtlich zusammenfallen.[411]

5. *Keine Rivalität in der Nutzung*

Bei Infrastrukturen gibt es typischerweise keine Rivalität im Konsum: Nutzt eine Person infrastrukturelle Anlagen, wird dadurch keine weitere Person von der Nutzung ausgeschlossen.[412] Die Infrastruktureinrichtungen können trotz Gebrauchs einer Person zeitgleich durch andere genutzt werden bis eine etwaige Kapazitätsgrenze erreicht ist oder eine exklusive Inanspruchnahme künstlich herbeigeführt wird.[413] Das kann durch Kontrollen oder Gebühren erfolgen. So werden Kosten gedeckt und die Nutzerzahl beschränkt.

Auch bei einer Forschungsdateninfrastruktur gibt es keine Rivalität bei der Nutzung geteilter Informationen. Mehrere Wissenschaftler können dieselben Daten – je nach Zugriffserteilung sogar zeitgleich – abrufen und mit ihnen ar-

409 Die *Datenethikkommission der Bundesregierung* erarbeitet mit wissenschaftlicher und technischer Expertise ethische Leitlinien für den Zugang zu Daten, *Datenethikkommission der Bundesregierung*, Gutachten der Datenethikkommission, 2019, abrufbar unter: https://www.bmi.bund.de/SharedDocs/downloads/DE/publikationen/themen/it-digitalpolitik/gutachten-datenethikkommission.pdf?__blob=publicationFile&v=7. Als Beispiel sei hier das Datenzugangskomitee („Data Access Committee“) des *European Genome-phenome Archive* genannt.

410 *Kraft/Seitz-Moskaliuk/Sure-Vetter et al.*, in: Heuveline/Bisheh (Hrsg.), E-Science-Tage 2021, S. 374, 380.

411 *Hermes*, Staatliche Infrastrukturverantwortung, S. 321; *Jochimsen/Gustafsson*, Infrastruktur, in: Simonis (Hrsg.), Infrastruktur, 1977, S. 38, 40.

412 *Jochimsen/Gustafsson*, Infrastruktur, in: Simonis (Hrsg.), Infrastruktur, 1977, S. 38, 40.

413 *Jochimsen/Gustafsson*, Infrastruktur, in: Simonis (Hrsg.), Infrastruktur, 1977, S. 38, 41.

beiten.[414] Daten sind keine begrenzt verfügbare Ressource, die sich verbrauchen lässt.[415] Die Nutzung der Forschungsdateninfrastruktur schließt andere nicht von ihrem Gebrauch aus.[416] Kapazitätsgrenzen sind allenfalls künstlich durch Vorgaben oder Vereinbarungen des Datenerzeugers mit dem Datenverwahrer oder dem Zweitnutzer zur exklusiven Nutzung realistisch denkbar. Entsprechende Vorgaben liegen allerdings nicht im Interesse eines umfassenden Datenaustauschs.

B. Funktionen von Infrastruktur und ihr Gemeinwohlbezug

Funktionell wird Infrastruktur hier weit verstanden. Sie umfasst alle „wachstums-, integrations- und versorgungsnotwendigen Basisfunktionen einer arbeitsteiligen Wirtschaft"[417] mit Bezug zum Gemeinwohl.[418] Infrastruktur erfüllt physische und

---

414 Es treten grundsätzlich keine Konflikte mit Art. 3 Abs. 1 GG auf. Etwas anderes kann sich ergeben, wenn bestimmte Forscher von der Nutzung der Datenbank ausgeschlossen oder darin eingeschränkt werden, etwa weil sie selbst keine Daten teilen. Zu der Möglichkeit dieses Instruments *Overkamp/Tormin*, OdW 2022, 39, 48 f. Jedenfalls dürfen Nutzer nicht ungerechtfertigt (un-)gleich behandelt werden.

415 Grenzen setzt dabei allein die beschränkte Verwaltungskapazität insb. durch fehlende personelle Ressourcen, was aber letztlich nur das Wann der Zugangsgewährung und nicht sein Ob oder den Umfang beeinflusst (vgl. *Mayen*, Der grundrechtliche Informationsanspruch des Forschers gegenüber dem Staat, S. 243 f.) und durch die Einschaltung Privater minimiert werden kann. Vgl. auch *Wegener*, Informationsfreiheit und Verfassungsrecht, in: Geis/Umbach (Hrsg.), FS Bartlsperger, 2006, 165, 180, der allerdings – zu weitgehend – mangels der Eigenschaft als knappes Gut das Vorliegen einer staatlichen Leistung insg. verneint.

416 Ggf. muss sich der Staat bzgl. der Partizipation an der Infrastruktur an eine selbst geschaffene Verwaltungspraxis halten, *Bizer*, Forschungsfreiheit und informationelle Selbstbestimmung, S. 122 f.; *Heun*, in: Dreier (Hrsg.), GG Bd. I, 3. Aufl. 2013, Art. 3 [Gleichheit], Rn. 58; *Di Fabio*, VerwArch, 86 (1995), 214, 233 f.; *Siegel*, Allgemeines Verwaltungsrecht, Rn. 187; *Wollenschläger*, in: MKS, GG, Bd. 1, 7. Aufl. 2018, Art. 3 Abs. 1, Rn. 192. Zu verschiedenen Zugangsgestaltungsmöglichkeiten siehe ausführlicher unter Kapitel 5 C. II. 1.

417 Zu diesem wirtschaftswissenschaftlichen Begriffsverständnis, vor allem in Zusammenhang mit netzgebundenen Infrastrukturen *Voßkuhle*, Staatsaufgabe Infrastruktur, in: Habersack/K. Huber/Spindler (Hrsg.), Festschrift für Eberhard Stilz zum 65. Geburtstag, 2014, S. 675, 682 f.

418 Zum Gemeinwohlbegriff gibt es wiederum verschiedene Definitionsansätze. Der formale Gemeinwohlbegriff umfasst alles aus der staatlichen Sphäre, was das jeweils zuständige Organ als Gemeinwohl einstuft, *Lerche*, Verfassungsfragen um Sozialhilfe und Jugendwohlfahrt, S. 35; vgl. ferner *Di Fabio*, VVDStRL, 56 (1997), 235, 246; *H. Hofmann*, Verfassungsrechtliche Annäherungen an den Begriff des Gemeinwohls, in: Münkler/

soziale Grundbedürfnisse. Dazu gehören physiologische Bedürfnisse nach Nahrung, Licht und Wärme, Bedürfnisse nach physischer und sozialer Sicherheit (Schutz vor Gefahren, Gesundheitsversorgung und stabile Umweltbedingungen), Mobilitäts- und Zugangsbedürfnisse (sich frei zu bewegen und Zugang zu grundlegenden Diensten wie Bildung, Informationen und öffentlichen Transportmitteln zu haben) sowie soziale und kulturelle Bedürfnisse (darunter gesellschaftliche Teilhabe).[419]

Insbesondere Aspekte des Zugangs zu und der Möglichkeit einer Verbreitung von wissenschaftlichen Informationen und Wissen sind zentrale Elemente einer Forschungsdateninfrastruktur. Dank ihr können Forscher Daten sammeln, speichern, analysieren und teilen. Eine Forschungsdateninfrastruktur schützt zudem die in ihr gespeicherten Daten vor unberechtigten Zugriffen und Verlust durch Verschlüsselung, Zugangskontrollen und andere Datensicherungsmaßnahmen. Sie erfüllt damit das Sicherheitsverlangen insbesondere der Datenerheber. Im Kontext einer Forschungsdateninfrastruktur lassen sich Mobilitäts- und Zugangsbedürfnisse als einfacher und schneller Zugang zu Daten interpretieren, unabhängig vom Standort des Nutzers. Im weiteren Sinne trägt eine Forschungsdateninfrastruktur zur Bildung bei, indem sie den Austausch von Wissen zumindest innerhalb der wissenschaftlichen Gemeinschaft fördert.

I. Lenkungs-, Planungs- und Anschubfunktion

Infrastruktur trägt aufgrund ihrer lenkenden, planerischen und sichernden Basisfunktionen einen Teil zur (rechtlichen) Ordnung und Gestaltung bei.[420] Durch

---

Fischer (Hrsg.), Gemeinwohl und Gemeinsinn im Recht, 2002, S. 25, 29 ff. Dann allerdings begründete die subjektive Einschätzung eines Hoheitsträgers eine Staatsaufgabe, ohne rechtlich oder inhaltlich in der Auslegung (methodisch) gebunden zu sein und ohne sicherzustellen, dass der Gemeinwohlbegriff angesichts des Wandels der gesellschaftlichen Bedürfnisse änderbar ist. Beim materiellen Gemeinwohlbegriff wird der Gehalt des Gemeinwohls aus den verfassungsrechtlichen Grundnormen abgeleitet, *Konrad*, Das Gemeinwohl, die öffentliche Meinung und die fusionsrechtliche Ministererlaubnis, S. 40. Problematisch hieran ist, dass der Politik vorgegeben wird, was eigentlich Gegenstand der demokratisch-pluralistischen Debatte sein sollte. Zur Kritik an den Gemeinwohlbegriffen siehe auch *Klement*, Verantwortung, S. 381 f. Einen Überblick über das substanzialistische Modell, das Schnittmengenmodell und das offene Modell zur Bestimmung des Gemeinwohls bietet aus neuerer Zeit *Konrad*, Das Gemeinwohl, die öffentliche Meinung und die fusionsrechtliche Ministererlaubnis, S. 40 ff.

419 *Buhr*, General Considerations on Infrastructure, in: Feng/Popescu (Hrsg.), Infrastrukturprobleme, 2007, S. 13, 16; *Buhr*, Infrastructure of the Market Economy, Volkswirtschaftliche Diskussionsbeiträge 132-09, 2009, S. 13.

420 *Hünnekens*, Rechtsfragen der wirtschaftlichen Infrastruktur, S. 1.

infrastrukturelle Maßnahmen entstehen neue Produkte und Dienstleistungen.[421] Zudem hat Infrastruktur eine Anreiz- beziehungsweise Anschubfunktion.[422] *Jacques Stohler* charakterisierte Infrastruktur als Kollektivgut und sprach Infrastrukturausgaben Investitionscharakter zu, denn ihr gegenwärtiger Aufwand entspreche zukünftigen Erträgen.[423]

Infrastrukturpolitik[424] will unter anderem private Investitionen und damit das Wirtschaftswachstum induzieren,[425] um die Versorgung sicherzustellen, die Integration zu fördern und gleichwertige Bedingungen zu schaffen.[426] Als Teil der Konjunktur- und Beschäftigungspolitik haben infrastrukturpolitische Vorhaben einen gewissen Anschub- beziehungsweise Vorleistungscharakter für Produktion und Konsum.[427] Die öffentliche Hand kann durch entsprechende Maßnahmen das Verhalten der Produzenten, Konsumenten und Nutzer in eine gewisse Richtung lenken, damit es sich positiv auf Dritte oder die Allgemeinheit auswirkt.[428] Da Vorleistungen in der Regel auf Prognosen beruhen, kann es trotz langer und kostspieliger Planung zu politischen Reibungen, Fehlentscheidungen, räumlichen Disparitäten und Wachstumsverlusten kommen.[429]

Indem Forschungsdateninfrastruktur bereitgestellt und unterhalten wird, kann das Verhalten von Forschern im Sinne der Allgemeinheit in Richtung mehr Data

---

421 *Jochimsen/Gustafsson,* Infrastruktur, in: Simonis (Hrsg.), Infrastruktur, 1977, S. 38, 49.

422 *Buhr*, What is infrastructure?, S. 19, der dabei auch auf das Problem mangelnder Bereitschaft zur (Re-)Investition Privater aufmerksam macht.

423 *Stohler*, Konjunkturpolitik, 11 (1965), 279, 294; so später auch *Jochimsen/Gustafsson,* Infrastruktur, in: Simonis (Hrsg.), Infrastruktur, 1977, S. 38, 45; *Trunzer*, Infrastrukturinvestitionen und Wirtschaftswachstum, S. 6.

424 Infrastrukturpolitik umfasst alle damit einhergehenden Bestrebungen, Handlungen und Maßnahmen öffentlich-rechtlicher Gebietskörperschaften, *Jochimsen/Gustafsson,* Infrastruktur, in: Simonis (Hrsg.), Infrastruktur, 1977, S. 38, 48.

425 *Rietzler*, Anhaltender Verfall der Infrastruktur, 2014, S. 2, die bemängelt, in Deutschland werde zu wenig in Infrastruktur investiert, was zu Wachstumsverlusten führe.

426 *Hermes*, Staatliche Infrastrukturverantwortung, S. 307. Eine gut ausgebaute Infrastruktur als eine notwendige, aber keine hinreichende Voraussetzung für die wirtschaftliche Entwicklung einer ökonomisch unterentwickelten Region erachtend *Frey*, Infrastruktur, S. 39 f., 54 ff.

427 *Frey*, Infrastruktur, S. 25; *Trunzer*, Infrastrukturinvestitionen und Wirtschaftswachstum, S. 11.

428 *Klös*, Öffentliches Infrastrukturmonopol – noch zeitgemäß?, S. 13 ff.

429 *Jochimsen/Gustafsson,* Infrastruktur, in: Simonis (Hrsg.), Infrastruktur, 1977, S. 38, 48.

Sharing gelenkt werden.[430] Datenbanken erleichtern Forschern das Teilen und Nutzen wissenschaftlicher Informationen. Das motiviert Forscher, vermehrt Daten zu teilen und auf geteilte Daten zurückzugreifen, sei es zur Überprüfung oder zur Anschlussforschung.

Forschungsdateninfrastrukturen dienen der Planung und Strukturierung wissenschaftlicher Daten.[431] Sie sollen einen langfristigen[432] und bedarfsgerechten Speicherort[433] für wissenschaftliche Informationen gewährleisten und Ergebnisse geschützt archivieren.

Investitionen in Infrastruktur stellen auch bei Repositorien einen gegenwärtigen Aufwand für künftige Erträge dar. Sie verringern zukünftig erforderliche Aufwendungen für Datenerhebungen. Die Bereitstellung einer Infrastruktur erfüllt eine Anschub- und Vorleistungsfunktion. Sie kann – spätestens sobald sie ihren Nutzen unter Beweis gestellt, erste Erfolge erzielt hat („proof of concept“) und mithilfe staatlicher Subventionen – private Investitionen in den Betrieb induzieren.[434] Da Forschungsdateninfrastrukturen kostenintensiv sind, wird eine Finanzierung allerdings langfristig von staatlicher Subvention abhängig bleiben. Zudem ist nicht absehbar, ob sich tatsächlich private Investoren finden lassen für primär auf wissenschaftliche, nicht auf kommerzielle Ziele ausgerichtete Datenbanken, die keine Rentabilität versprechen. Die Beteiligung privater Investoren könnte zu Konflikten zwischen kommerziellen Interessen einerseits und den Prinzipien von Open Science und der wissenschaftlichen Autonomie andererseits führen.

II. Vermittlungsfunktion

Infrastruktur hat eine vermittelnde Funktion.[435] Sie ermöglicht ein politisches, wissenschaftliches, wirtschaftliches, soziales und kulturelles Miteinander.[436] Sie sorgt nicht nur für wirtschaftlichen, sondern auch für geistigen und politischen

430 Konkret geht es um einen erhöhten Bestand verfügbarer Daten zu Forschungszwecken. Allg. zur lenkenden Funktion von Infrastruktur B. I. Zu meritorischen Gütern, aber durchaus verallgemeinerungsfähig *Klös*, Öffentliches Infrastrukturmonopol – noch zeitgemäß?, S. 13 ff.

431 Allg. zur planerischen Funktion von Infrastruktur unter B. I.

432 Siehe zur langen Nutzungsdauer von Infrastruktur A. II. 1.

433 Siehe bereits in A. II. 2.

434 Die Abhängigkeit von staatlicher Finanzierung und die Sicherstellung der Zugänglichkeit und nachhaltigen Finanzierung problematisierend C. I.

435 *Hermes*, Staatliche Infrastrukturverantwortung, S. 324.

436 Vgl. *Voßkuhle*, Staatsaufgabe Infrastruktur, in: Habersack/K. Huber/Spindler (Hrsg.), Festschrift für Eberhard Stilz zum 65. Geburtstag, 2014, S. 675, 682 f.

Austausch.[437] *Georg Hermes*, der sich vorrangig mit Netzinfrastrukturen befasste, verstand den Begriff der Infrastruktur als die „Gesamtheit der sächlichen, personellen und organisatorischen Vorkehrungen […], die der Mobilität von Personen, dem Transport von Gütern und der [physischen oder kommunikativen] Entfernung überwindenden Kommunikation dienen"[438] und damit eine Vermittlungsfunktion erfüllen.[439] Durch den Ausbau transeuropäischer Netze wird der freie Verkehr von Waren und Dienstleistungen angeregt. Das fördert die internationale Wettbewerbsfähigkeit. Zusätzlich baut es die Beschäftigung und europäische Integration aus.[440]

Auch Forschungsdateninfrastruktur wirkt vermittelnd.[441] Repositorien übermitteln Erkenntnisse und Daten aus vergangenen Studien an (näher bestimmte) Nachnutzer[442] und eröffnen ihnen dadurch neue Handlungsoptionen. Über Metadaten vermitteln sie, wie Forscher aus einem früheren Projekt zu ihren Ergebnissen gelangt sind. Datenbanken ermöglichen einen geistigen und digitalen Austausch zwischen verschiedenen Forschern, Institutionen und Projekten über räumliche Grenzen hinaus.[443] Die gespeicherten Daten sind das Fundament einer gemeinsamen Erkenntnisgrundlage. Auf diese können Forscher verschiedener fachlicher, institutioneller und nationaler Hintergründe zugreifen. Sie können die Daten überprüfen, validieren und mit ihnen weiterforschen.

Infrastrukturelle Maßnahmen erweitern die Kapazitäten der Forscher. Ein innereuropäischer Austausch beflügelt die wissenschaftliche Zusammenarbeit

---

437 *Fehling*, AöR, 121 (1996), 59, 80; allg. zu dieser Funktion von Staatsaufgaben *G. Hesse*, Staatsaufgaben, S. 9.

438 *Hermes*, Staatliche Infrastrukturverantwortung, S. 168, 170.

439 *Hermes*, Staatliche Infrastrukturverantwortung, S. 162.

440 Bereits 1993 wurde die Errichtung transeuropäischer Infrastrukturen gefordert, *EG-Kommission*, Wachstum, Wettbewerbsfähigkeit, Beschäftigung – Herausforderungen der Gegenwart und Wege ins 21. Jahrhundert, KOM (93) 700 endg., Weißbuch, 1994, insb. S. 31. Diesem Gedanken folgend, an die Bedürfnisse der modernen Welt angepasst, entsteht derzeit die European Open Science Cloud als transeuropäische Cloud für Forschungsdaten. Bezogen auf die wirtschaftliche Integration i.S.e. einheitlichen Binnenmarktes bereits, *Hünnekens*, Rechtsfragen der wirtschaftlichen Infrastruktur, S. 1. Zur hohen Bedeutung der Verkehrsinfrastruktur nebst Verkehrsmitteln als raumbildender und -strukturirender Wirtschaftsfaktor, *Köhler/Wille*, Infrastruktur, in: Köhler (Hrsg.), Infrastruktur, 2007, S. 1, 2.

441 Allg. zur Integrationsfunktion von Infrastruktur unter B. I. 3. a).

442 Zur möglichen Ausgestaltung des Zugangs siehe Kapitel 5 C.

443 Dazu bereits in Kapitel 2 A. III.

in der Europäischen Union.[444] Er ermöglicht einen schnelleren und umfassenderen Informationsfluss und fördert interdisziplinäre sowie grenzüberschreitende Forschungsprojekte. Angesichts eines internationalen Standortwettbewerbs in der Forschung ist eine moderne, leistungsfähige, europäische Dateninfrastruktur wichtig.[445]

III. Gemeinwohlbezug

Infrastruktur wird teilweise als Voraussetzung des Gemeinwesens verstanden.[446] *Georg Hünnekens*, der die wirtschaftliche Infrastruktur untersuchte, sieht in ihr Einrichtungen und Maßnahmen, die „im öffentlichen Interesse dem Gemeinwesen zur Verfügung gestellt werden".[447] *Klaus Stern* betont, ausgehend von einem dynamischen Verständnis des Entwicklungsstadiums der Gesellschaft, eine gemeinwohlorientierte Gewährleistungsfunktion von Infrastruktur.[448]

Über ihren Gemeinwohlbezug sind infrastrukturelle Maßnahmen, das Sozialstaatsprinzip und die Daseinsvorsorge[449] miteinander verbunden. Die Europäische Union liberalisiert und strukturiert Bereiche der Daseinsvorsorge[450] schrittweise im Sinne ihrer offenen Marktwirtschaft mit freiem Wettbewerb im Binnenmarkt[451] gemäß Art. 26 Abs. 1 AEUV.[452] Leistungen der Daseinsvorsorge sind nach der Europäischen Kommission Tätigkeiten, die für das Gemeinwohl er-

---

444 Vgl. die Integrationsverantwortung der Europäischen Union und ihrer Mitgliedstaaten aus Art. 1 U-Abs. 2, 3 Abs. 3 U-Abs. 1 EUV.

445 *Classen/Nettesheim*, Europarecht, § 21, Rn. 1 ff.; *Schmidhuber/Hitzler*, DÖV, 44 (1991), 271, 271 f.; *Stober*, EG-Binnenmarkt und deutsche Wirtschaft, S. 55 ff.

446 *Butzer*, in: Isensee/P. Kirchhof (Hrsg.), Hdb. StR, Bd. IV, 2007, 44; *H. Krüger*, Marktwirtschaftliche Ordnung und öffentliche Vorhaltung der Verkehrswege, S. 4.

447 *Hünnekens*, Rechtsfragen der wirtschaftlichen Infrastruktur, S. 16.

448 *Stern*, Rationale Infrastrukturpolitik, in: Arndt/Swatek (Hrsg.), Grundfragen der Infrastrukturplanung für wachsende Wirtschaften, 1971, 69, 70.

449 Ausführlich zu dem (problematischen) Komzept der Daseinsvorsorge, das von *Forsthoff* stammt, unter Kapitel 4 B. II. 1. a).

450 Zur besonderen Stellung der Daseinsvorsorge im Gemeinschaftsrecht *Nettesheim*, EWS, 13 (2002), 253, 253 ff. Zur Verpflichtung der Union und ihrer Mitgliedstaaten, funktionierende Grundstrukturen der Daseinsvorsorge zu gewährleisten, *Tettinger*, DVBl. 1997, 341, 341 ff.

451 *Mestmäcker*, Offene Märkte, in: Coing/Kronstein/Mestmäcker (Hrsg.), Wirtschaftsordnung und Rechtsordnung, 1965, S. 345, 345 ff.; *Müller-Graff*, EuR 1997, 433, 439 ff. Zur verbleibenden hoheitlichen Verantwortung vgl. *Steindorff*, ZHR, 164 (2000), 223, 237 f.

452 *Voßkuhle*, VVDStRL, 62 (2002), 266, 286 f.

bracht werden und daher die Mitgliedstaaten in besonderer Weise verpflichten.[453] Wenngleich die Europäische Union einen infrastrukturellen Rahmen schafft,[454] bleiben die Mitgliedstaaten innerhalb dieses Rahmens für Daseinsvorsorge und Infrastruktur verantwortlich.[455]

Ein infrastrukturell erleichterter Austausch von Forschungsdaten dient nicht nur den Interessen einzelner Forscher an Innovation, sondern auch dem der Gesellschaft. Es besteht ein öffentliches Interesse daran, den wissenschaftlichen und damit gesellschaftlichen Fortschritt voranzutreiben. Neue Erkenntnisse kommen der Allgemeinheit zugute, wenn sie die Lebensverhältnisse auf der Erde verbessern und Grundbedürfnisse stillen.[456] Den Forschungsdaten kommt dabei ein Kollektivgutcharakter zu. Das gilt jedenfalls für solche aus öffentlich geförderten Projekten.

Vor allem hinsichtlich Gesundheits- und Umweltdaten sind infrastrukturelle Einrichtungen erforderlich[457] für eine ausreichende Daseinsvorsorge und wirtschaftliche Entwicklung. Dabei werden keine strengen Anforderungen an das Merkmal der Erforderlichkeit gestellt. Eine Datenbankeninfrastruktur ist bereits erforderlich, wenn sie nachweisbar förderlich für den wissenschaftlichen Fortschritt und damit die Daseinsvorsorge ist.[458] Bei Gesundheitsdaten ist der Zusammenhang mit der Daseinsvorsorge evident. Repositorien, die medizinische Daten speichern und bereitstellen, tragen zum Fortschritt im Gesundheitswesen bei.[459] Auch bei Umweltdaten lässt sich ein Sachzusammenhang mit der Daseinsvorsorge ausmachen: Auf der Erderwärmung basierende, die Daseinsvorsorge gefährdende Ereignisse[460] können mithilfe von Datenanalyse-Tools besser vorhergesehen werden. Die Forschungsdateninfrastruktur erfüllt demnach zumindest mittelbar

---

453 Siehe bei *Löwenberg*, Service public und öffentliche Dienstleistungen in Europa, S. 33 ff., 201 ff.

454 Zum Einfluss dieser Entwicklung auf deutsches Recht *Gersdorf*, in: MKS, GG, Bd. 3, 7. Aufl. 2018, Art. 87e, Rn. 5 ff.; *Gersdorf*, in: MKS, GG, Bd. 3, 7. Aufl. 2018, Art. 87f, S. 1 f.

455 *Badura*, Dienste von allgemeinem wirtschaftlichen Interesse unter der Aufsicht der Europäischen Gemeinschaft, in: Classen/Dittmann/F. Fechner et al. (Hrsg.), FS Oppermann, 2001, 571, 572 f.; *Bullinger*, Daseinsvorsorge, in: Ruland/Maydell/Papier (Hrsg.), Verfassung, Theorie und Praxis des Sozialstaats, 1998, S. 85, 85 ff.; *Schwarze*, EuZW 2001, 334, 339.

456 Vgl. bereits in Kapitel 2 A. I., II.

457 Zum Merkmal der Erforderlichkeit als wesentlich für Infrastrukturen siehe einleitend unter A.

458 Siehe unter Kapitel 2 A. I.

459 Siehe Kapitel 2 A. I.

460 Dazu in Kapitel 2 A. II.

physische Grundbedürfnisse. Forschungsdatenbanken verfolgen jedenfalls dann gemeinwohlorientierte Zwecke, wenn der Forschungsgegenstand selbst einen Gemeinwohlbezug aufweist und dank der Infrastruktur besser verbreitet und genutzt werden kann. Eine Infrastruktur für Gesundheits- und Umweltdaten ist wichtig für ein funktionierendes Gemeinwesen.[461]

C. Kostenintensität und Finanzierung

I. Hoher Kapitalbedarf bei oft fehlender Rentabilität

Der Aufbau und Betrieb von Infrastruktur geht mit hohen finanziellen Aufwendungen einher.[462] Infrastrukturen haben oft hohe Fixkosten, namentlich für Energie und Elektrizität,[463] das Gehalt der Beschäftigten und die Wartung der Anlagen.[464] Sind private Akteure für die Bereitstellung von Infrastruktur zuständig, subventioniert der Staat sie oft.[465] Infrastrukturausgaben werden vorrangig durch Steuern oder Abgaben finanziert, die je nach Zuständigkeit von Bund, Ländern oder Gemeinden erhoben werden.[466] Im Gegenzug für die Subventionen unterliegen die Infrastrukturanbieter nicht selten einer staatlichen Kontrolle.[467]

Ein für Infrastrukturen typischer hoher Kapitalbedarf und hohe laufende Kosten lassen sich auch bei Forschungsdaten ausmachen. Der Investitionsbedarf für den Infrastrukturausbau ist groß.[468] Gleiches gilt für das (dauerhafte) Aufbewahren eines steigenden Informationsvolumens, damit einhergehende Kosten für Server, Speicherplatz, Netzwerkhardware, Softwarelizenzen und Sicherheitstech-

---

461 In diese Richtung andeutend *Butzer*, in: Isensee/P. Kirchhof (Hrsg.), Hdb. StR, Bd. IV, 2007, § 74, Rn. 44; *H. Krüger*, Marktwirtschaftliche Ordnung und öffentliche Vorhaltung der Verkehrswege, S. 4 f.

462 *Hösch/Mayer*, Infrastrukturelle Grundausstattung, in: Guthsmuths (Hrsg.), Energieversorgungsprobleme, 1978, 16 f.; *Jochimsen/Gustafsson*, Infrastruktur, in: Simonis (Hrsg.), Infrastruktur, 1977, S. 38, 40; *Trunzer*, Infrastrukturinvestitionen und Wirtschaftswachstum, S. 11.

463 *Buhr*, What is infrastructure?, S. 9.

464 *Trunzer*, Infrastrukturinvestitionen und Wirtschaftswachstum, S. 22.

465 *Buhr*, What is infrastructure?, S. 3 Zu damit verbundenen Problemen siehe bereits A. III. 1.

466 *Jochimsen/Gustafsson*, Infrastruktur, in: Simonis (Hrsg.), Infrastruktur, 1977, S. 38, 40.

467 *Jochimsen/Gustafsson*, Infrastruktur, in: Simonis (Hrsg.), Infrastruktur, 1977, S. 38, 40; *Trunzer*, Infrastrukturinvestitionen und Wirtschaftswachstum, S. 11.

468 Vgl. Erwägungsgrund 7 der Richtlinie 96/9/EG des Europäischen Parlaments und des Rates v. 11.3.1996 über den rechtlichen Schutz von Datenbanken.

nologien, Kosten für die Wartung der Rechenzentren, Daten und Softwares sowie den damit verbundenen Bedarf an Personal, Energie und Elektrizität. Insbesondere sind viele einzeln verstreute Datensammlungen kostspielig. Zur Fixkostendegression bietet sich eine übergreifende Produktion des angebotenen Gutes für ein möglichst großes Gebiet an.[469] Im Kontext der Forschungsdateninfrastruktur bedeutet das: Die Kosten pro Nutzer sinken, wenn die Infrastruktur region- und/oder fachübergreifend ausgelegt ist und Ressourcen kosteneffektiv nutzt.

II. Finanzierung über Nutzungsgebühren

Die Nutzung der Infrastruktur kann an einen Beitrag beziehungsweise eine Gebühr gekoppelt sein. Doch kann sich der Betreiber damit regelmäßig nicht refinanzieren.[470] Bei einer ausschließlich privat(-rechtlich) organisierten Infrastruktur drohen aufgrund fehlender Rentabilitätserwartungen und einem hohen Investitionsvolumen überhöhte Nutzungskosten und/oder eine ungenügende Versorgung.[471] Investieren staatliche ebenso wie privatwirtschaftliche Akteure in Infrastruktur, komplementieren sich ihre Beiträge. Dadurch kann das hohe wirtschaftliche Risiko bei nur eingeschränkter Vorhersehbarkeit des künftigen Nutzungsbedarfs auf mehrere Schultern verteilt und damit relativiert werden.[472] So geschieht es etwa beim Aufbau und Betrieb von Energieinfrastrukturen, insbesondere im Bereich erneuerbarer Energien. Auch im Straßenbau und öffentlichen Nah- und Fernverkehr finden sich öffentlich-private Partnerschaften, bei denen staatliche und private Akteure gemeinsam in Infrastrukturprojekte investieren.

Ob die Nutzung einer Forschungsdateninfrastruktur Wissenschaftlern unentgeltlich oder gegen eine Gebühr angeboten werden sollte, hängt von verschiedenen Faktoren ab.[473] Für eine Gebühr spricht, dass eine solche helfen kann, Kosten

---

469 *Buhr,* General Considerations on Infrastructure, in: Feng/Popescu (Hrsg.), Infrastrukturprobleme, 2007, S. 13, 16; *Buhr*, Infrastructure of the Market Economy, Volkswirtschaftliche Diskussionsbeiträge 132-09, 2009, S. 15.

470 *B. Wieland*, in: Schöller/Canzler/Knie (Hrsg.), Handbuch Verkehrspolitik, 2007, S. 376, 391.

471 Vgl. *Hermes*, Staatliche Infrastrukturverantwortung, S. 158; beim Daseinsvorsorgekonzept wird ebenfalls vertreten, die „Garantiefunktion der Verwaltung" bzw. eine staatliche Erfüllungsverantwortung greife dann ein, wenn Marktversagen auftrete, so etwa *Rüfner*, in: Isensee/P. Kirchhof (Hrsg.), Hdb. StR, Bd. IV, 2007, § 96, Rn. 6, 34 f.

472 *Jochimsen/Gustafsson,* Infrastruktur, in: Simonis (Hrsg.), Infrastruktur, 1977, S. 38, 45 f.

473 Die Argumente sollen hier nur angerissen werden. Zu Optionen hinsichtlich der konkreten Verteilung der Finanzierungslast siehe Kapitel 5 B. IV.

für Betrieb und Wartung zumindest teilweise zu decken. Kontinuierliche Einnahmen tragen zu einer langfristig nachhaltigen Infrastruktur bei. Zudem regulieren Gebühren die Nutzung und können so zu einem verantwortungsvollen Umgang mit Datenbanken und ihren Diensten führen.

Dagegen spricht, dass unentgeltliche Angebote einen offenen Zugang zu Daten fördern und wissenschaftliche Zusammenarbeit für Forscher niedrigschwellig erleichtern. Eine kostenlose Nutzung ermöglicht einen gleichberechtigten Zugang aller Forscher unabhängig von der finanziellen Situation ihrer Einrichtung und Rentabilitätserwartungen privater Investoren. Das gilt insbesondere, wenn die Erkenntnisse aus den Daten letzten Endes der Allgemeinheit zugutekommen. Zudem könnten Forscher aufgrund eines freien Zugangs eher bereit sein, ihre eigenen Daten zu teilen, insbesondere wenn das Teilen für sie ebenfalls kostenfrei ist.[474]

III. Politische und wirtschaftliche Kriterien bei der Investitionsentscheidung

Weil die Finanzierung in der Regel zu großen Teilen aus staatlicher Hand erfolgt, spielen bei Investitionsentscheidungen über den Auf- oder Ausbau von Infrastruktur politische und wirtschaftliche Kriterien eine wichtige Rolle.[475] Dazu zählen Gemeinwohlorientierung, Nachhaltigkeit, regionale Entwicklung, politische Stabilität und Sicherheit ebenso wie eine gründliche Kosten-Nutzen-Analyse, Bedarfsprognosen im Vorfeld, Marktpotenzial, Beschäftigungseffekte, Finanzierbarkeit und Risikomanagement.[476]

Das ist bei Forschungsdateninfrastruktur nicht anders. Datenbanken zu fördern, ist der politische Wille der Europäischen Kommission und der amtierenden 24. Bundesregierung.[477] Das Potenzial verfügbarer Daten wird seitens öffentlicher Förderorganisationen, Forschungseinrichtungen und Open Science-Initiativen kommuniziert. Es drückt sich in politischen Entscheidungen wie dem Koalitionsvertrag der deutschen Bundesregierung von 2021 aus.[478] Um die im Koalitionsvertrag enthaltenen Vorhaben im Zusammenhang mit Forschungsdaten umzusetzen, bedarf es eines entsprechenden Datenraumes.

---

474 So etwa bei den Geodaten, siehe dazu sogleich unter D. I.
475 *Hermes*, Staatliche Infrastrukturverantwortung, S. 311.
476 *Jochimsen/Gustafsson*, Infrastruktur, in: Simonis (Hrsg.), Infrastruktur, 1977, S. 38, 50.
477 Siehe dazu bereits in Kapitel 2 C. I., II. 2.
478 Siehe bereits in Kapitel 2 C. II. 2.

Die Förderung von Wissenschaft und Forschung im Sinne gesellschaftlichen Fortschritts forciert als zentrale politische Zielsetzung den Ausbau von Forschungsdateninfrastruktur. Eine langfristige Nachnutzung von Daten ist nachhaltig. Ein zentralisiertes System kann regionale Standortnachteile ausgleichen. Maßgeblich sind neben diesen politischen Erwägungen auch wirtschaftliche, etwa ob der mit dem Ausbau der Infrastruktur einhergehende finanzielle Aufwand dem erwarteten Nutzen in puncto Forschungsqualität und Innovationspotenzial entspricht, ob sich eine langfristige Finanzierung sicherstellen lässt und was für Auswirkungen Datenbanken auf eine internationale Wettbewerbsfähigkeit im Bereich der Forschung haben.

D. Infrastruktur am Beispiel von Geodaten

Für Geodaten gibt es bereits eine umfassende, europaweite Infrastruktur.[479] Die Geodateninfrastruktur ermöglicht Zugang zu Informationen und ihre Weiterverwendung. Sie lässt sich als bereichsspezifisches Vorbild für Öffnungen weiterer (Forschungs-)Daten heranziehen.[480] Die Geodateninfrastruktur bietet ein konkretes Beispiel, wie eine umfassende, standardisierte und nutzerfreundliche Dateninfrastruktur aufgebaut und betrieben werden kann. Diese Erfahrungen und Praktiken können als Leitlinien für die Entwicklung und Implementierung von Forschungsdateninfrastrukturen dienen.

I. Die INSPIRE-Richtlinie

Die Infrastruktur für Geodaten ist maßgeblich durch die Richtlinie 2007/2/EG des Europäischen Parlaments und des Rates vom 14.3.2007 zur Schaffung einer Geodateninfrastruktur in der Europäischen Gemeinschaft[481] bestimmt.[482] Geodaten sind gemäß Art. 3 Nr. 2 der Richtlinie alle Daten mit direktem oder indirektem

---

479 Diese hilft Unternehmen bei der Erhebung eigener Statistiken. Insbesondere Start-Ups wie *UZE Mobility* nutzen Geodatenbanken, um Mobilitätsstatistiken zu erheben, die ihnen dabei helfen, Verkehr umweltfreundlicher zu gestalten, *UZE Mobility*, Solutions, 2020, abrufbar unter: https://www.uze-mobility.com/.

480 *Martini/Damm*, DVBl. 2013, 1, 3 f. So entstand im Anschluss etwa die (Open-)Data-Plattform www.govdata.de.

481 Richtlinie 2007/2/EG des Europäischen Parlaments und des Rates v. 14.3.2007 zur Schaffung einer Geodateninfrastruktur in der Europäischen Gemeinschaft (INSPIRE) (im Folgenden INSPIRE-Richtlinie).

482 Zwar verpflichtet die INSPIRE-Richtlinie die Mitgliedstaaten nicht, eine Geodateninfrastruktur aufzubauen, setzt eine solche jedoch implizit voraus, vgl. BT-Drs. 16/10530, S. 11, Erwägungsgründe 18-20 INSPIRE-Richtlinie.

Bezug zu einem bestimmten Standort oder geografischen Gebiet. Die Geodateninfrastruktur umfasst gemäß Art. 3 Nr. 1 INSPIRE-Richtlinie Metadaten, Geodatensätze, Geodatendienste, Netzdienste und -technologien, Vereinbarungen über gemeinsame Nutzung, Zugang und Verwendung sowie Koordinierungs- und Überwachungsmechanismen, -prozesse und -verfahren, die im Einklang mit dieser Richtlinie geschaffen, angewandt oder zur Verfügung gestellt werden. Die Infrastruktur gilt für Geodaten, die von Behörden erhoben wurden, bei ihnen vorhanden sind oder für sie bereitgestellt werden. Geodaten anderer juristischer oder natürlicher Personen können – nach Erwägungsgrund 12 der INSPIRE-Richtlinie auf deren Antrag hin – ebenfalls erfasst werden.

Die Geodateninfrastruktur auf nationaler und europäischer Ebene ist zentral zugänglich.[483] Sie soll dazu beitragen, die Umweltpolitik der Europäischen Union umzusetzen. Dazu werden die Besonderheiten der Regionen berücksichtigt und Anbieterinformationen den Nutzern koordiniert zugänglich gemacht.[484] Die Mitgliedstaaten bauen schrittweise ihre eigene Infrastruktur aus, Art. 11 Abs. 1 und Erwägungsgrund 14 der INSPIRE-Richtlinie. Für die Integration der nationalen Infrastrukturen verwaltet und betreibt die Europäische Kommission das Geodaten-Portal „INSPIRE".[485] Dieses müssen die Mitgliedstaaten nutzen. Das erhöht die Verfügbarkeit, Qualität, Organisation, Auffindbarkeit, Zugänglichkeit, Kompatibilität, Verknüpfung und gemeinschaftsweite grenzüberschreitende Nutzung der Daten sowie ihren Austausch.[486] Die Richtlinie zielt darauf ab, Doppelarbeit zu vermeiden und Ressourcen zu schonen.[487]

Mitgliedstaaten sollen erweiternde Dienste anbieten. Die nationale Infrastruktur muss nach Art. 11 Abs. 1 Satz 1 der INSPIRE-Richtlinie Such-, Dienstleistungs-, Download-, Transformations- und Abrufdienste enthalten. Die Netzdienste gewährleisten die Interoperabilität der mitgliedstaatlichen Infrastrukturen und ermöglichen es, Daten zu ermitteln, umzuwandeln, abzurufen, herunterzuladen und gemeinsam zu nutzen.[488] Ein Teil der Dienste soll Erwägungsgrund 19 der INSPIRE-Richtlinie entsprechend kostenlos für die Allgemeinheit verfügbar sein. Werden Gebühren erhoben, dürfen diese gemäß Erwägungsgrund 23 der Richtlinie nicht die Kosten zur „Erfassung, Erstellung, Reproduktion und Verbreitung zuzüglich einer angemessenen Rendite" übersteigen.

---

483 *Lederer*, Open Data, S. 130.
484 Art. 1 Abs. 1, Erwägungsgrund 1, 27 der INSPIRE-Richtlinie.
485 Erwägungsgrund 20 der INSPIRE-Richtlinie.
486 Erwägungsgrund 2, 3, 5, 6 der INSPIRE-Richtlinie.
487 Erwägungsgrund 11, 15 der INSPIRE-Richtlinie.
488 Erwägungsgrund 17 der INSPIRE-Richtlinie.

Nach der Richtlinie haben die Mitgliedstaaten dafür zu sorgen, dass die Geodatensätze und -dienste sowie die erforderlichen Metadaten regelmäßig aktualisiert werden (Art. 5 Abs. 1) sowie interoperabel und verfügbar sind (Art. 7 Abs. 3 Satz 1). Mitgliedstaaten können den Zugang für die Öffentlichkeit nur unter engen Voraussetzungen beschränken. Art. 13 Abs. 1 der INSPIRE-Richtlinie ermöglicht dies nur, wenn ansonsten negative Auswirkungen für internationale Beziehungen, die öffentliche Sicherheit, die Landesverteidigung, laufende Gerichtsverfahren, geistiges Eigentum, den Schutz ausgewiesener Umweltbereiche oder die Vertraulichkeit gesetzlich vorgesehener behördlicher Verfahren, gewisser Geschäfts- und Betriebsinformationen[489] oder personenbezogener Daten folgten.

II. Umsetzung in Deutschland

Deutschland ist auf Basis der INSPIRE-Richtlinie verpflichtet, Geodaten aufzubereiten, zu aktualisieren und Such-, Darstellungs- sowie Downloaddienste sicherzustellen. Aufbereiten meint, dass die Erheber ihre Daten standardisieren, überprüfen, Fehler korrigieren, mit Metadaten anreichern, in nutzbare Formate umwandeln und dann zugänglich teilen. Genauer bestimmt sind die Pflichten der Mitgliedstaaten in Durchführungsbestimmungen.[490] Die Richtlinie wurde in Deutschland mit dem Geologiedatengesetz[491] und dem Geodatenzugangsgesetz[492] umgesetzt. In § 3 Abs. 3 unterteilt das Geologiedatengesetz Geodaten in folgende Kategorien:

1. Nachweisdaten, „die geologische Untersuchungen persönlich, örtlich, zeitlich und allgemein inhaltlich zuordnen,“
2. Fachdaten, „die mittels Messungen und Aufnahmen gewonnen worden sind oder die mittels Messungen und Aufnahmen gewonnen und mit am Markt verfügbaren technischen Mitteln in vergleichbare und bewertungsfähige Daten aufbereitet worden sind,“ und

---

489 Zum Begriff der Geschäfts- und Betriebsgeheimnisse *Rossi*, Rechtliche Grundlagen der Zugänglichkeit geologischer Daten, S. 42 ff. Eine Definition findet sich in § 7 Abs. 1 Hamburgisches Transparenzgesetz, die zwar für andere (Landes-)Gesetzgeber nicht verbindlich ist, aber ein allg. Verständnis indiziert und wiedergibt.

490 Diese wurden als Verordnungen oder Entscheidungen erlassen, für einen Überblick siehe *Lederer*, Open Data, S. 128.

491 Gesetz zur staatlichen geologischen Landesaufnahme sowie zur Übermittlung, Sicherung und öffentlichen Bereitstellung geologischer Daten und zur Zurverfügungstellung geologischer Daten zur Erfüllung öffentlicher Aufgaben, in Kraft getreten am 30.6.2020, BGBl. I 2020, 1387.

492 Gesetz über den digitalen Zugang zu Geodaten, BGBl. I 2009, 278, zuletzt geändert durch Art. 3 des Gesetzes vom 25.2.2021 (BGBl. I 2021, 306).

3. Bewertungsdaten, „die Analysen, Einschätzungen und Schlussfolgerungen zu Fachdaten, insbesondere in Form von Gutachten, Studien oder räumlichen Modellen des geologischen Untergrunds einschließlich Vorratsberechnungen oder Daten zu sonstigen Nutzungspotenzialen des Untersuchungsgebiets beinhalten."

Richtlinienkonform ist der Bund[493] verpflichtet, jegliche staatliche Informationsbestände im Bereich der Geodaten in einer dafür vorgesehen Infrastruktur[494] öffentlich bereitzustellen, §§ 18 ff. Geologiedatengesetz, §§ 5 ff. Geodatenzugangsgesetz. Wer Zugang erhält, erklärt sich gemäß § 20 Abs. 2 Geologiedatengesetz mit Anzeige- und Übermittlungspflichten einverstanden. Ein Zugangsbegehren muss grundsätzlich[495] innerhalb eines Monats geprüft werden, § 21 Abs. 1 Geologiedatengesetz. Die Nutzung der Daten erfolgt gemäß § 11 Abs. 2 Geodatenzugangsgesetz in der Regel entgeltfrei.[496] Es gelten die per Rechtsverordnung festzulegenden Nutzungsbedingungen, § 15 Nr. 2 Geodatenzugangsgesetz. Die zuständige Behörde treffen Hinweispflichten nach § 22 Geologiedatengesetz. Begehrt eine Person Daten für ihre gewerbliche Tätigkeit, muss sie nach § 20 Abs. 1 Nr. 3 Geologiedatengesetz den Zweck ihrer Datenanfrage angeben. Das dient der Transparenz und Nachvollziehbarkeit der Datenverwendung. Die Angabe soll einen Missbrauch von Daten im Sinne einer unzulässigen Weiterverarbeitung zumindest erschweren. Abhängig vom angegebenen Zweck können andere Nutzungsbedingungen, -beschränkungen, Urheberrechtsbestimmungen, Lizenzvereinbarungen und Gebühren gelten. Die Angabe des Verwendungszwecks ermöglicht es den Behörden, Nutzungsmuster zu erfassen und zu analysieren. Das kann ihnen die Planung und Weiterentwicklung der Geodateninfrastruktur erleichtern. Die Gesetze zeigen, wie der Zugang zu und die Nutzung von Daten reguliert werden können, um sowohl Transparenz als auch Datenschutz und -sicherheit zu gewährleisten.

---

493 Das Gesetz gilt gem. § 2 Abs. 1, 2 für Bundesbehörden, bundesunmittelbare juristische Personen des öffentlichen Rechts, natürliche und juristische Personen des Privatrechts.

494 Die Infrastruktur fußt auch auf Geodaten(-infrastruktur-)gesetzen der Länder und auf der Verwaltungsvereinbarung zwischen Bund und Ländern zum gemeinsamen Aufbau und Betrieb der Geodateninfrastruktur Deutschland, in Kraft getreten am 30.10.2008. Mittels der Verwaltungsvereinbarung soll flexibel auf den technischen Fortschritt reagiert werden können. Abzurufen ist das Portal unter https://www.geoportal.de.

495 Eine Ausnahme findet sich in Absatz 2, die eine Verlängerung um zwei weitere Monate erlaubt.

496 Zur Bedeutung der Unentgeltlichkeit *Martini/Damm*, DVBl. 2013, 1, 4 f.

III. Übertragbarkeit auf Forschungsdatenbanken

Die Infrastruktur für Geodaten kann als Vorbild für eine Forschungsdateninfrastruktur herangezogen werden. Für die INSPIRE-Richtlinie relevante Erwägungen sind zu einem gewissen Grad auf Forschungsdaten übertragbar und die Interessenlage vergleichbar: Auch bei wissenschaftlichen Informationen kristallisiert sich ein zunehmender Bedarf an einer umfassenden Infrastruktur heraus. Der Austausch von Forschungsdaten schont – wie der Austausch von Geodaten – Ressourcen und vermeidet eine wiederholte Finanzierung und Durchführung von Experimenten.[497] Angesichts der Bedeutung europäischer Förderprogramme und ihrer Zielsetzung gilt das für den gesamteuropäischen Raum.

Der Stellenwert, den die Europäische Kommission und der Europäische Wissenschaftsrat geteilten Daten zusprechen, führt vor Augen, wie wichtig Infrastrukturen in den Mitgliedstaaten sind, die ein europäisches Datenportal ergänzen.[498] Das gilt umso mehr angesichts des Grundsatzes der loyalen Zusammenarbeit aus Art. 4 Abs. 3 U-Abs. 1 des Vertrags über die Europäische Union.

1. Metadaten und Dienste als wesentlicher Bestandteil der Infrastruktur

Für die Frage, was eine Forschungsdateninfrastruktur umfassen sollte, lässt sich der Wortlaut des Art. 3 Nr. 1 der INSPIRE-Richtlinie nahezu übernehmen.[499] Auch bei anderen Forschungsdaten, die keine Geodaten sind, bedarf es der in Art. 3 Nr. 1 INSPIRE-Richtlinie genannten Dienste und Technologien in Repositorien, die die gespeicherten Informationen ermitteln, sortieren, umwandeln, in einem abrufbaren Format speichern und sie mithilfe einer Suchfunktion auffindbar, abrufbar, transformierbar sowie (gemeinsam) nutzbar machen.[500] Dienste helfen, Informationen zu validieren und mit ihnen Anschlussforschung zu betreiben.[501] Forschungsdaten können ebenso wie Geodaten ihr volles Potenzial erst entfalten, wenn sie mit bestimmten Algorithmen und Diensten zur Verarbeitung der Daten ausgestattet sind. Zudem bietet es sich auch hier an, neben den eigentlichen Datensätzen die dazugehörigen Metadaten in den Repositorien zu speichern.

---

497 Vgl. Erwägungsgrund 11, 15 der INSPIRE-RL. Siehe dazu D. I.

498 Art. 11 Abs. 1 und Erwägungsgrund 14 der INSPIRE-RL zum schrittweisen Ausbau der Mitgliedstaaten bei Geodatenbanken, siehe D. I.

499 Siehe D. I.

500 Vgl. Erwägungsgrund 2, 3, 5, 6 der INSPIRE-Richtlinie.

501 *Grönewald/Mund/Bodenbrenner et al.*, Mit AIMS zu einem Metadatenmanagement 4.0: FAIRe Forschungsdaten benötigen interoperable Metadaten, 2022, S. 93.

Ob man den Mitgliedstaaten eine Pflicht auferlegen kann, die Dienste einschließlich der Datensätze und Metadaten regelmäßig zu aktualisieren, wie es Art. 5 Abs. 1 der INSPIRE-Richtlinie vorschreibt,[502] ist fraglich. Bei Geodaten handelt es sich um staatliche Informationen. Sie werden häufig von spezialisierten öffentlichen Einrichtungen erzeugt, gepflegt und – unter anderem – im staatlichen Interesse archiviert. Die Infrastruktur ist vornehmlich für Daten vorgesehen, die bei Behörden vorhanden sind oder für Behörden bereitgestellt werden. Das ist bei einer Forschungsinfrastruktur nicht der Fall. Im Gegensatz zu Geodaten, die oft standardisiert und strukturiert sind, können Forschungsdaten eine enorme Vielfalt und Komplexität aufweisen. Sie stammen von verschiedenen Erhebern, aus diversen Quellen, wissenschaftlichen Disziplinen und können in unterschiedlichsten Formaten und Größenordnungen vorliegen. Hauptzielobjekt sind Informationen, die in einem öffentlich geförderten Forschungsprojekt von dank der Wissenschaftsfreiheit staatsfernen Forschern erhoben werden.[503] Daneben sind weitere wissenschaftlich erhobene Daten willkommen. Eine einheitliche Regulierung der Datenaktualisierung ist hier nicht umzusetzen. Zudem würde eine verpflichtende Aktualisierung unter Umständen in die Autonomie der Wissenschaftler eingreifen. Forscher und ihre Einrichtungen könnten – zu recht – Bedenken hinsichtlich der Kontrolle über ihre eigenen Daten und Forschungsergebnisse haben. Die Dienste auf einem aktuellen Stand zu halten, liegt wiederum im Interesse der Datenbankbetreiber und nicht der Mitgliedstaaten. Anders als bei Geodaten gibt es verschiedene mitunter privat betriebene Repositorien. Um als Kooperationspartner für Forschungseinrichtungen und Forscher attraktiv zu sein, sollten die Betreiber ihre Dienste fortlaufend aktualisieren. Eine Aufgabenverteilung entsprechend der Interessen ist gerecht: Zuständig, aber nicht verpflichtet für die Instandhaltung sind die Betreiber der Repositorien hinsichtlich der Dienste und die Forscher und ihre Forschungseinrichtungen hinsichtlich der Daten und Metadaten. Die Mitgliedstaaten kann lediglich die Aufgabe treffen, diese Prozesse zu unterstützen. Schließlich erfordert eine regelmäßige Aktualisierung von Daten und Diensten erhebliche Ressourcen, einschließlich finanzieller

---

502 Siehe D. I.

503 Deshalb sollte bei einer Forschungsdateninfrastruktur keine Antragspflicht (wie sie in Erwägungsgrund 12 der INSPIRE-Richtlinie vorgesehen ist) für das Einspeisen solcher Daten bestehen, die von nicht-behördlichen juristischen oder natürlichen Personen stammen. Denn je mehr qualitativ hochwertige, verwertbare und validierbare Informationen in den Repositorien sind, desto vielseitiger kann Nutzen aus ihnen gezogen werden. Es empfiehlt sich aber eine entsprechende Kennzeichnung in den Metadaten, wer die Daten erhoben hat.

Mittel, technischer Infrastruktur und Fachkompetenz. Das gilt insbesondere, weil Forschungsdaten eher sensible Informationen enthalten als Geodaten.

Zur Optimierung der Aktualisierung und weiterer Dienste sollten Künstliche Intelligenz und andere Formen moderner Technologie zum Einsatz kommen. Moderne Technologien können die Qualität von Daten überprüfen, indem sie Konsistenz, Vollständigkeit und Genauigkeit analysieren. Algorithmen können auf Inkonsistenzen, fehlende Werte oder Abweichungen von Standards hinweisen. Software basierend auf künstlicher Intelligenz kann unlauteres Verhalten wie Datenmanipulationen und unzulässige Weiterverarbeitungen identifizieren. Datenanfragen und der Zugang zu den angefragten Daten lassen sich durch moderne Technologien koordinieren. Technische Tools können auch überprüfen, ob die eingespeisten Informationen vorgegebene Standards einhalten und ob sie sich für Anschlussforschungen eignen. Es ist zwar kompliziert, aber durchaus möglich, Projektdaten derart mit Algorithmen aufzubereiten, dass sie weiterverwendbar sind. Schließlich können moderne Technologien benutzerfreundliche Schnittstellen und Suchwerkzeuge bereitstellen, die es Forschern ermöglichen, schnell und effizient benötigte Informationen zu finden.

Zumindest eine Mindestanzahl der Such-, Dienstleistungs-, Download-, Transformations- und Abrufdienste sollte wie bei Geodaten kostenlos verfügbar sein.[504] Das stärkt die chronisch auf finanzielle Mittel angewiesene Forschung. Je weniger die Dienste kosten, desto eher werden sie von der Wissenschaftsgemeinschaft genutzt. Im Idealfall können Wissenschaftler die Dienste entgeltfrei nutzen. Werden Nutzungsgebühren erhoben, ist die Erwägung zu Geodaten übertragbar: Die Gebühren sollten im Sinne des Kostendeckungsprinzips nicht die Kosten zur „Erfassung, Erstellung, Reproduktion und Verbreitung zuzüglich einer angemessenen Rendite" übersteigen.[505]

2. *Nutzungsbedingungen*

Wie im § 15 Nr. 2 Geodatenzugangsgesetz könnten für die Forschungsdateninfrastruktur spezifische Nutzungsbedingungen festgelegt werden. Diese Bedingungen würden die Grundlage für den Zugriff auf und die Nutzung der Daten bilden und könnten Aspekte wie Datenintegrität, zulässige Nutzungszwecke und Verantwortlichkeiten der Nutzer regeln. Abhängig vom Verwendungszweck könnten unterschiedliche Nutzungsbedingungen und Beschränkungen gelten. Dies ermöglicht eine flexible und zielgerichtete Datenfreigabe, die sowohl den Bedürfnissen der

---

504 Siehe hierzu unter D. I.

505 Erwägungsgrund 23 der INSPIRE-Richtlinie.

Forschungsgemeinschaft als auch den Datenschutzanforderungen gerecht wird. Eine Erfassung von Informationen über die Art und Weise, wie Forschungsdaten genutzt werden, kann hilfreiche Einblicke für die Weiterentwicklung und Planung der Forschungsdateninfrastruktur bieten.

Nach § 20 Abs. 1 Nr. 3 Geologiedatengesetz muss der Zweck der Datenanfrage bei gewerblicher Nutzung angegeben werden. Eine ähnliche Vorgehensweise könnte auch für Forschungsdaten sinnvoll sein, um Transparenz über die Verwendung der Daten zu schaffen und möglichen Missbrauch zu verhindern. Dies könnte insbesondere bei Daten wichtig sein, die sensible Informationen enthalten oder kommerziell verwertbar sind.

Entsprechend § 22 Geologiedatengesetz könnten Behörden oder andere verantwortliche Stellen verpflichtet werden, Nutzer über ihre Rechte und Pflichten im Umgang mit Forschungsdaten zu informieren. Das erhöht die Transparenz und unterstützt die Nutzer dabei, die gesetzlichen Anforderungen zu verstehen und einzuhalten. Insgesamt bieten die Regelungen im Geologiedatengesetz und im Geodatenzugangsgesetz wertvolle Orientierungspunkte für die Gestaltung einer Forschungsdateninfrastruktur, die sowohl offen und zugänglich als auch sicher und rechtskonform ist und dabei einen Ausgleich zwischen dem freien Zugang zu Forschungsdaten und dem Schutz der Daten und anderen relevanten Interessen (Urheberrechtsbestimmungen und Lizenzvereinbarungen) schafft.

3. *Komposition aus einem europäischen Datenportal und ergänzenden mitgliedstaatlichen Infrastrukturen*

Die Kommission kann die sich im Aufbau befindende *European Open Science Cloud* als Forschungsdaten-Portal verwalten, wie sie es bei dem Geodaten-Portal *INSPIRE* tut.[506] Vergleichbar zu Geodaten empfiehlt sich eine Pflicht der Mitgliedstaaten, das europäische Forschungsdaten-Portal zu nutzen und eine ergänzende mitgliedstaatliche Infrastruktur aufzubauen.[507] Die *Cloud* würde in einem solchen Modell als zentrale Plattform für die Speicherung, den Zugriff und die Verwaltung von Forschungsdaten in Europa fungieren. Mitgliedstaaten können Forschungsdaten in dieser Cloud bereitstellen. Alternativ können sie Daten in nationalen Infrastrukturen teilen, die aber mit der *European Open Science Cloud* interoperabel und kompatibel sind. Die *Cloud* sollte wie *INSPIRE* nationale Infrastrukturen disziplinübergreifend miteinander verknüpfen. Dabei ist es wichtig, besondere Anforderungen bestimmter Disziplinen an Datenformate, -speicherung und -si-

506 Zum Geodaten-Portal siehe D. I.

507 Siehe zu dieser Pflicht D. I.

cherheit auch hinsichtlich ethischer Fragen zu berücksichtigen. Einige Disziplinen, insbesondere in den Naturwissenschaften und Ingenieurwissenschaften, benötigen möglicherweise fortgeschrittenere Datenverarbeitungs- und Analysetechnologien. Die Infrastruktur muss in der Lage sein, mit diesen technologischen Anforderungen Schritt zu halten. Nationale Datenbanken können spezifische Anforderungen und Besonderheiten einzelner Länder abdecken und nutzerfreundliche Dienste in der jeweiligen Landessprache anbieten. Der Stellenwert, den die Europäische Kommission und der Europäische Wissenschaftsrat geteilten Daten zusprechen, führt vor Augen, wie wichtig zusätzliche Infrastrukturen in den Mitgliedstaaten sind.[508] Eine Pflicht zur Nutzung der *European Open Science Cloud* erhöht die Interoperabilität[509] mitgliedstaatlicher Datenbanken von Beginn an und erleichtert die Vernetzung der Repositorien untereinander.

Die INSPIRE-Richtlinie hat den Ausbau der Geodaten-Infrastruktur maßgeblich vorangetrieben. Insofern scheint eine Richtlinie zur Schaffung einer Infrastruktur für (Gesundheits- und Umwelt-)Forschungsdaten erwägenswert. Als Kompetenzgrundlage dient Art. 179 Abs. 3 AEUV, der es der Union erlaubt, Maßnahmen zur Verwirklichung des Europäischen Forschungsraums zu treffen. Ergänzend lässt sich Art. 180 AEUV heranziehen, der es der Europäischen Union erlaubt, nützliche Maßnahmen zur Förderung der Koordination zwischen den Mitgliedstaaten zu ergreifen, um deren Forschungs- und Entwicklungsaktivitäten effizienter und effektiver zu gestalten. Eine Forschungsdateninfrastruktur kann auch unter den Aspekt des Binnenmarktes und damit unter Art. 114 AUEV fallen, insbesondere wenn es um den freien Austausch von Forschungsdaten zwischen den Mitgliedstaaten geht. Eine Forschungsdatenrichtline würde die Umsetzung der Gesundheits- und Umweltpolitik der Europäischen Union unterstützen.[510] Insofern ist für Gesundheitsdaten an Art. 168 AEUV zu denken und für den Austausch von Umweltdaten an Art. 191, 192 AEUV als mögliche Kompetenzgrundlage. Eine Richtlinie für das Teilen von Forschungsdaten ist insbesondere angesichts des Ausbaus der *European Open Science Cloud* und den Bemühungen in Richtung mehr verfügbarer Forschungsdaten seitens europäischer Förderorganisationen geboten. Werden in der Folge mehr Daten aus verschiedenen

---

508 Art. 11 Abs. 1 und Erwägungsgrund 14 der INSPIRE-Richtlinie zum schrittweisen Ausbau der Mitgliedstaaten bei Geodatenbanken, siehe D. I.

509 Zur Relevanz der Vernetzung und Interoperabilität der Systeme, Datenbanken und Daten siehe Kapitel 5 A. III.

510 Entsprechende Erwägungen waren für die INSPIRE-Richtlinie maßgeblich, vgl. Art. 1 Abs. 1, Erwägungsgrund 1, 27 der Richtlinie.

Forschungsprojekten in den einzelnen Mitgliedstaaten geteilt, können regionale Besonderheiten herausstechen.

Für Deutschland empfiehlt es sich, den europäischen Entwicklungen[511] vorzugreifen. Nur so kann die Bundesrepublik den Ausbau der Infrastruktur mitgestalten und vorbereitet auf eine Pflicht zum Aufbau einer Forschungsinfrastruktur reagieren. Der Datenraum kann die Bundesrepublik dabei unterstützen, ihren Aufgabenbereich wahrzunehmen.

511 Siehe in Kapitel 2 C. I.

Kapitel 4: Herleitung einer staatlichen Infrastrukturgewährleistungsverantwortung für Forschungsdatenbanken

Im vorangegangenen Abschnitt wurde bestimmt, was Infrastruktur – insbesondere bezogen auf Forschungsdaten – begrifflich umfasst. Dieses Kapitel widmet sich nun einer potenziellen Gewährleistungsverantwortung des Staates für eine Forschungsdateninfrastruktur. Der Wissenschaftsbetrieb funktioniert bisher im Großen und Ganzen auch ohne eine ausdifferenzierte Infrastruktur. Das ist bei einer normativen Begründung der hier untersuchten staatlichen Gewährleistungsverantwortung zu berücksichtigen.

Zunächst wird dargestellt, inwiefern Infrastruktur als Staatsaufgabe[512] zu verstehen ist (A.). Im Anschluss werden die Begriffe „Verantwortung", „Gewährleistungsverantwortung" und „Infrastrukturgewährleistungsverantwortung" bestimmt und hinsichtlich einer Forschungsdateninfrastruktur interpretiert (B.). Dabei wird darauf eingegangen, inwiefern hinsichtlich einer Forschungsdateninfrastruktur von einer Gewährleistungsverantwortung des Staates gesprochen werden kann. Sodann wird untersucht, ob und inwieweit sich eine entsprechende Verantwortung anhand hoheitlicher Vorgaben zum Teilen von Forschungsdaten (C.) und anhand des Grundgesetzes begründen lässt (D.). Dabei soll untersucht werden, ob den Staat eine Verantwortung, wenn nicht gar Pflicht trifft, eine ausreichende Infrastruktur zu gewährleisten. Dies dient als Grundlage für das folgende Kapitel, in dem untersucht wird, was eine Gewährleistungsverantwortung für Forschungsdatenbanken umfassen und wie sie umgesetzt werden kann (Kapitel 5).

---

512 Zur Abgrenzung der Begriffe der Staatsaufgabe und der Verantwortung *Isensee*, in: Isensee/P. Kirchhof (Hrsg.), Hdb. StR, Bd. IV, 2007, § 73, Rn. 35. *Hermes*, Staatliche Infrastrukturverantwortung, S. 158 f., 216, 336 f. dagegen differenziert nicht streng zwischen den beiden Begriffen, auch wenn er der Gewährleistungsverantwortung inhaltlich einen eigenen Platz neben der verfassungsrechtlichen Staatsaufgabenlehre zubilligt. Vgl. auch den Überblick zur kritischen Rezeption des Verantwortungsbegriffs in der Rechtswissenschaft *Ruge*, Die Gewährleistungsverantwortung des Staates und der Regulatory State, S. 169 f. Zur Unterscheidung von Staatszwecken, -zielen, -aufgaben und Verfassungsdirektiven *Link*, VVDStRL, 48 (1990), 7, 17 ff.; *Sommermann*, Staatsziele und Staatszielbestimmungen, S. 364 f.

A. Bereitstellung der Infrastruktur als Staatsaufgabe

Staatsaufgaben sind solche, die dem Gemeinwohl[513] dienen und deren Wahrnehmung der Staat in verfassungsrechtlich zulässiger Weise für sich in Anspruch nimmt.[514] Sie sind in der Regel verfassungsrechtlich verankert, dort allerdings eher allgemein gehalten.[515] Der Staat entscheidet selbst, welche Gemeinwohlmaterien[516] in seinen Aufgabenbereich fallen. Damit bringt der Verfassungsgeber dem Gesetzgeber Vertrauen entgegen, den legislativen Gestaltungsspielraum angemessen auszuüben.[517] Einen Katalog gibt es nicht,[518] doch indizieren bestehende Staatsaufgaben, welche weiteren politischen Agenden sich ebenfalls als solche qualifi-

---

513 Zum Gemeinwohlbezug von Infrastruktur und zum Rechtsbegriff des Gemeinwohls siehe Fn. 417 in Kapitel 3 B.

514 *Isensee*, in: Isensee/P. Kirchhof (Hrsg.), Hdb. StR, Bd. IV, 2007, § 73, Rn. 23 sowie *Löwer*, Energieversorgung zwischen Staat, Gemeinde und Wirtschaft, S. 171, der diesen Aspekt allerdings noch stärker bei den öffentlichen Aufgaben hervorhebt, die nach seiner Definition im Interesse der Allgemeinheit liegen, aber dennoch nicht vom Staat an sich gezogen wurden; vgl. auch *Wahl*, Staatsaufgaben im Verfassungsrecht, in: Ellwein (Hrsg.), Staatswissenschaften, 1990, S. 29, 30. Anders *Ruge*, Die Gewährleistungsverantwortung des Staates und der Regulatory State, S. 145. Zur Abgrenzung von öffentlichen und Staatsaufgaben *H. Bull*, Die Staatsaufgaben nach dem Grundgesetz, S. 43 ff.

515 *H. Bull*, Die Staatsaufgaben nach dem Grundgesetz, S. 3 f.; *Herzog*, in: Isensee/P. Kirchhof (Hrsg.), Hdb. StR, Bd. IV, 2007, § 72, Rn. 29; *Voßkuhle*, Staatsaufgabe Infrastruktur, in: Habersack/K. Huber/Spindler (Hrsg.), Festschrift für Eberhard Stilz zum 65. Geburtstag, 2014, S. 675, 680 f. Im Grundgesetz mangelt es an über „gemeinsame Überzeugungen" des „modernen Staates" hinausgehende Anhaltspunkte wie die Landesverteidigung, die Sicherung des inneren Friedens und die Gesellschaftsgestaltung inklusive Bereiche der Daseinsvorsorge, um Staatsaufgaben weiter zu konkretisieren, *Herzog*, in: Isensee/P. Kirchhof (Hrsg.), Hdb. StR, Bd. IV, 2007, § 72, Rn. 23 ff.

516 Siehe allg. zum Gemeinwohl Fn. 417 in Kapitel 3 B. Zum offenen Gemeinwohlbegriff *Voßkuhle*, Staatsaufgabe Infrastruktur, in: Habersack/K. Huber/Spindler (Hrsg.), Festschrift für Eberhard Stilz zum 65. Geburtstag, 2014, S. 675, 679.

517 Vgl. *Ossenbühl*, Staatliches Fernmeldemonopol als Verfassungsgebot?, FS Lukes, 1989, 525, 543.

518 *Gramm*, Privatisierung und notwendige Staatsaufgaben, S. 21 ff., versuchte sich an einer Theorie notweniger Staatsaufgaben über die Grenzen der Bereitstellung öffentlicher Güter durch Private. *Weiß*, Privatisierung und Staatsaufgaben, S. 53 ff. versuchte dies wiederum über den Schutz der Menschenwürde als Staatszweck und grundrechtliche Gewährleistungspflichten. Grundlegende Vorarbeiten stammen von *H. Bull*, Die Staatsaufgaben nach dem Grundgesetz; *Isensee*, in: Isensee/P. Kirchhof (Hrsg.), Hdb. StR, Bd. IV, 2007, § 73, insb. Rn. 39 ff.

zieren lassen. Staatsstrukturprinzipien und Grundrechte der Verfassung können Aufgaben für den Staat positiv umschreiben.[519] Da es keinen Verfassungsvorbehalt für Staatsaufgaben gibt,[520] muss das Grundgesetz den Zugriff auf eine Materie wie die der Forschungsdateninfrastruktur nicht explizit erlauben. Einfachgesetzliche Konkretisierungen können ergänzend herangezogen werden.[521]

Die Bereitstellung und Sicherung einer flächendeckenden Infrastruktur wird oft als Aufgabe des Staates aufgefasst.[522] „Öffentliche Anlagen und Einrichtungen aufzubauen und zu unterhalten, die, obwohl sie für ein großes Gemeinwesen höchst nützlich sind, ihrer ganzen Natur nach niemals einen Ertrag abwerfen, der hoch genug für eine oder mehrere Privatpersonen sein könnte, um die anfallenden Kosten zu decken, weshalb man von ihnen nicht erwarten kann, dass sie diese Aufgabe übernehmen",[523] wurden teilweise bereits in der klassischen Nationalökonomie als Staatsaufgaben[524] angesehen.

In vielen Bereichen ist der Staat verantwortlich, Infrastruktur bereitzustellen und zu unterhalten, sei es in Form einer öffentlichen Trägerschaft oder Kontrolle.[525] Diese Aufgabe obliegeet ihm als gemeinwohlorientiertes

519 *H. Bull*, Die Staatsaufgaben nach dem Grundgesetz, S. 155 ff.; *Häberle*, AöR, 111 (1986), 595, 603; *Häberle*, VVDStRL, 30 (1972), 43, 103 ff.; *Löwer*, Energieversorgung zwischen Staat, Gemeinde und Wirtschaft, S. 171; dem folgend u.a. *Isensee*, in: Isensee/P. Kirchhof (Hrsg.), Hdb. StR, Bd. IV, 2007, § 73, Rn. 148.

520 Es besteht aber kein Verfassungsvorbehalt für Staatsaufgaben, *Isensee*, in: Isensee/P. Kirchhof (Hrsg.), Hdb. StR, Bd. IV, 2007, § 73, Rn. 44 f.

521 *H. Bull*, Die Staatsaufgaben nach dem Grundgesetz, S. 115; *Schulze-Fielitz*, Staatsaufgabenentwicklung, in: Grimm (Hrsg.), Wachsende Staatsaufgaben – sinkende Steuerungsfähigkeit des Rechts, 1990, S. 11, 29. Weitergehend *Hermes*, Staatliche Infrastrukturverantwortung, S. 93, 159, demzufolge das einfache Recht maßgebend konkrete öff. Aufgaben dem staatlichen Verantwortungsbereich zuordnet.

522 *Buhr*, Infrastructure of the Market Economy, Volkswirtschaftliche Diskussionsbeiträge 132-09, 2009, S. 15; *Hermes*, Staatliche Infrastrukturverantwortung, S. 305, 323.

523 Im Original erschienen bei *A. Smith*, Der Wohlstand der Nationen, S. 612. Er zeigte sich aber nicht immer so pessimistisch, sondern hielt bei vielen Infrastrukturprojekten (z.B. bei Brücken) eine Refinanzierung durch einen Wegezoll in Buch V Part III für sinnvoll und möglich.

524 Zum Zusammenhang zwischen Verantwortung und Staatsaufgaben *Saladin*, Verantwortung als Staatsprinzip, S. 77; *Würtenberger/Fikentscher/Lübbe-Wolf*, Verantwortungssphären, in: Lampe (Hrsg.), Verantwortlichkeit und Recht, 1989, S. 308, 322.

525 *Hirschman*, The Strategy of Economic Development, S. 202 f.; *Hirschman*, Die Strategie der wirtschaftlichen Entwicklung, S. 78; *Tinbergen*, Shaping the World Economy, S. 17, 133 ff. Siehe auch bei *Hösch/Mayer*, Infrastrukturelle Grundausstattung, in: Guthsmuths (Hrsg.), Energieversorgungsprobleme, 1978, 16; *Schatz*, Entwicklung des

Unterfangen spätestens seit Anfang des 19. Jahrhunderts.[526] Infrastruktur und die durch sie angebotenen Dienste dienen in der Regel der Befriedigung struktureller und sozialer gesellschaftlicher Grundbedürfnisse.[527] Gesamtgesellschaftlich besteht ein Interesse an einer umfassenden, gerecht verteilten und langfristigen Infrastrukturversorgung.[528] Der Kollektivgutcharakter von Infrastrukturleistungen erfordert staatliches Einschreiten.[529] *Georg Hermes* spricht hierbei von einer Infrastrukturgewährleistungsverantwortung.[530] Diese kann der Staat hinsichtlich des „Wie" im Rahmen seines weiten Gestaltungsspielraums wahrnehmen.[531]

Eine Forschungsdateninfrastruktur dient dem Gemeinwohl.[532] Ihre Gewährleistung ist damit eine öffentliche Aufgabe.[533] Der Staat kann öffentliche Aufgaben als Staatsaufgaben übernehmen, soweit dem – wie hier – keine verfassungsrechtlichen

---

Begriffs Infrastruktur, in: Berger (Hrsg.), Wettbewerb und Infrastruktur in Post- u. TK-Märkten, 1996, S. 122, 126.

526 Vgl. auch Art. 14 Abs. 3 GG, der Eigentum verfassungsrechtlich an das Gemeinwohl bindet.

527 *Engartner*, Infrastruktur, in: Oberreuter/Haring/Schreyer et al. (Hrsg.), Staatslexikon, 2021, 3.

528 Dazu allg. *Musgrave*, Infrastruktur und öffentliche Güter, in: Arndt/Swatek (Hrsg.), Grundfragen der Infrastrukturplanung, 1971, S. 43, 52. Den öffentlichen Dienstleistungsauftrag des Trägers der Netze betonend *Debène*, Monopole und transeuropäische Netze, in: Monnier (Hrsg.), Perspektive der öffentlichen Wirtschaft in Europa, 1994, S. 145, 146.

529 *Hermes*, Staatliche Infrastrukturverantwortung, S. 310.

530 Grundlegend zum Begriff *Hermes*, Staatliche Infrastrukturverantwortung, S. 128 ff.; siehe auch *O. Dörr*, VVDStRL, 73 (2014), 323, 43 ff.; *Wißmann*, VVDStRL, 73 (2014), 369, 388 ff. Zur Komponente der Gewährleistungsverantwortung sogleich unter B. II.

531 *Fehling*, AöR, 121 (1996), 59, 81.

532 Siehe u.a. in Kapitel 2 I, II. und Kapitel 3 B. III.

533 Den Verkehrsbereich als öffentliche Aufgabe qualifizierend aufgrund seines Gemeinwohlbezugs BVerfGE 16, 147 (172). *Isensee*, in: Isensee/P. Kirchhof (Hrsg.), Hdb. StR, Bd. IV, 2007, § 73, Rn. 12 f., der die Staatsaufgabe als Unterfall der öffentliche Aufgabe qualifiziert. Zur Unterscheidung öffentlicher Aufgaben von Staatsaufgaben *Ruge*, Die Gewährleistungsverantwortung des Staates und der Regulatory State, S. 140 f. Zum Vorliegen eines öffentlichen Interesses als notwendige (aber nicht hinreichende) Voraussetzung für die Einordnung als Staatsaufgabe *Burgi*, Funktionale Privatisierung und Verwaltungshilfe, S. 44; zustimmend *Weiß*, Privatisierung und Staatsaufgaben, S. 25.

Grundsätze entgegenstehen. Er muss dies grundsätzlich[534] aber nicht tun.[535] Aus der Klassifizierung einer Gewährleistungsverantwortung für Forschungsdatenbanken als Staatsaufgabe lässt sich mithin kein Rückschluss auf das Bestehen oder die Reichweite einer staatlichen Pflicht ziehen, die Aufgabe wahrzunehmen.[536]

Der Grundversorgungsauftrag des Staates für die Bereitstellung einer Telekommunikationsinfrastruktur wurde in der Begründung zur 2. Postreform ausdrücklich in Art. 87f Abs. 1 GG kodifiziert.[537] Der Staat hat das Postwesen und die Telekommunikation einschließlich der notwendigen Infrastruktur dauerhaft[538] zu garantieren. Seither steigt die Bedeutung der weiter ausgebauten Informations- und Kommunikationstechnik für den Arbeits- und Wirtschaftsmarkt.[539] Ein Infrastruktur-Sicherstellungsauftrag trifft den Staat auch für die Eisenbahn nach Art. 87e Abs. 4 Satz 1 GG. Dort trifft den Bund trotz der aufgabenprivatisierten Privatwirtschaftlichkeit[540] eine Gewährleistungsverpflichtung, ein den

---

534 Anderes gilt nur für einen eng begrenzten Kreis von Staatsaufgaben, die der Staat aufgrund seines Gewaltmonopols verbindlich selbst zu erfüllen hat: Justiz, Polizei und Militär. Darüber hinaus sollen *Isensee*, in: Isensee/P. Kirchhof (Hrsg.), § 73, Rn. 29, zufolge das einfache Recht und sogar das „herrschende Staatsverständnis" oder die „herrschenden sozialethischen Auffassungen" eine obligatorische Staatsaufgabe begründen können. Siehe auch den Überblick zur Uneinheitlichkeit in der Kategorisierung von Staatsaufgaben bei *Ruge*, Die Gewährleistungsverantwortung des Staates und der Regulatory State, S. 143 ff.

535 Allg., auch zur Kritik *Möllers*, Staat als Argument, S. 317 ff. Kritisch *Voßkuhle*, VVDStRL, 62 (2002), 266, 273, demzufolge der konturlose Begriff der öffentlichen Aufgabe lediglich klarstelle, nicht alle im öffentlichen Interesse liegenden Aufgaben müssen durch den Staat selbst wahrgenommen werden. Zur umstrittenen Abgrenzung von der Staatsaufgabe vgl. allg. *U. Bumke*, Die öffentliche Aufgabe der Landesmedienanstalten, S. 57 ff. m.w.N.; *Isensee*, in: Isensee/P. Kirchhof (Hrsg.), Hdb. StR, Bd. IV, 2007, § 73, Rn. 12 m.w.N.; *R. Schmidt*, Rechtliche Möglichkeiten für Privatisierungen im Bereich der Bundespost, in: Badura (Hrsg.), FS Lerche, 1993, 965, 966.

536 *Lepsius*, in: Fehling/Ruffert (Hrsg.), Regulierungsrecht, 2010, § 4, Rn. 102.

537 Begründung der Regierungsfraktionen zum Gesetzentwurf zur Änderung des GG, BT-Drs. 12/6717, Allg. S. 4. Grundlegend dazu BVerfGE 73, 118 (157 f.); ferner BVerfGE 83, 238, (297 f.); 87, 181 (199, 203).

538 *Möstl*, in: Dürig/Herzog/Scholz (Hrsg.), GG Bd. VI, 96. EL, Nov. 2021, Art. 87e; *Möstl*, in: Dürig/Herzog/Scholz (Hrsg.), GG Bd. VI, 60. EL, Art. 87f, Rn. 75.

539 *Köhler/Wille*, Infrastruktur, in: Köhler (Hrsg.), Infrastruktur, 2007, S. 1, 2.

540 *Möstl*, in: Dürig/Herzog/Scholz (Hrsg.), GG Bd. VI, 96. EL, Nov. 2021, Art. 87e, Rn. 83.

Verkehrsbedürfnissen wie auch dem Allgemeinwohl entsprechendes Angebot durch Erhalt und Ausbau der Schienennetze sicherzustellen.[541]

So wie der Staat für die Bereitstellung und Aufrechterhaltung von grundlegender Telekommunikations- und Eisenbahninfrastruktur verantwortlich ist, kann argumentiert werden, dass er auch eine Verantwortung für die Bereitstellung und Unterstützung einer Forschungsdateninfrastruktur trägt. Das gilt insbesondere, wenn die Infrastruktur als wesentlich für das wissenschaftliche Arbeiten und für den Fortschritt in Forschung und Entwicklung angesehen wird. Angesichts dieses Gemeinwohlbezugs ließe sich argumentieren, der Staat verantworte nicht nur die Sicherstellung einer Telekommunikations- sondern auch einer adäquaten Forschungsdateninfrastruktur. Letztere ist zwar in der Verfassung verankert, das Prinzip der staatlichen Verantwortung lässt sich aber auch für nicht explizit genannte kritische Infrastrukturen entsprechend anwenden.

Zum Teil wird eine Infrastrukturbereitstellungspflicht durch den Staat auch über die Theorie der öffentlichen Güter hergeleitet.[542] Wenngleich Infrastruktur häufig staatlich betrieben und/oder finanziert wird, ist sie jedoch kein rein öffentliches Gut.[543] Insbesondere die materielle Infrastruktur weist Merkmale privater Güter auf.[544] Auf Forschungsdatenbanken trifft das Merkmal der Ausschließbarkeit zu: Es lassen sich Personen(-gruppen) durch Zugangsbedingungen und Nutzungsgebühren von der Nutzung ausschließen.

B. Infrastrukturgewährleistungsverantwortung

Bei der Frage, inwieweit den Staat eine Gewährleistungsverantwortung für eine Forschungsdateninfrastruktur trifft, ist nach dem „Ob“ und dem „Wie“ einer solchen Verantwortung zu differenzieren. Dabei besitzt der Gesetzgeber insbesondere beim „Wie“ eine weite politische Einschätzungsprärogative hinsichtlich des Umfangs und der konkreten Ausformung.[545]

541 *Schmidt-Aßmann/H. Röhl*, DÖV, 47 (1994), 577, 583 ff.

542 *Engartner*, Infrastruktur, in: Oberreuter/Haring/Schreyer et al. (Hrsg.), Staatslexikon, 2021, 1; *Samuelson*, The Review of Economics and Statistics, 36 (1954), 387 ff.

543 Für eine Definition und einen Überblick zu öffentlichen Gütern (public goods) siehe *Andersen/Lindsnaes*, Towards new global strategies, S. 30 ff.

544 Sie kann wettbewerbsorientiert und -fähig, entgeltlich, mit exklusiven Zugangsrechten ausgestaltet sein, zur Unterscheidung privater und öffentlicher Güter *Andersen/Lindsnaes*, Towards new global strategies, S. 35 f.

545 Zu möglichen Ausgestaltungsformen des „Wie“ siehe Kapitel 5.

Der Staat gilt nicht nur in der Marktwirtschaft als Garant für eine infrastrukturelle Grundversorgung,[546] sondern womöglich auch in der Wissenschaft. Zwar gibt es anders als im Bereich der Telekommunikation und der Post (Art. 87f Abs. 1 GG) für eine Forschungsdateninfrastruktur keinen ausdrücklichen Bereitstellungsauftrag im Sinne einer Grundversorgung. Doch drängt sich eine staatliche Regulierung des Sachbereichs der Forschungsdateninfrastruktur auf. Repositorien für Forschungsdaten mit ihren Dienstfunktionen sind ein wichtiges Fundament für funktionierende wissenschaftliche Austauschprozesse.

Angesichts der bestehenden begrifflichen Konfusion soll in diesem Abschnitt geklärt werden, was – insbesondere in Hinblick auf eine Forschungsdateninfrastruktur – unter „Verantwortung" (I.), „Gewährleistungsverantwortung" (II.) und „Infrastrukturgewährleistungsverantwortung" (III.) zu verstehen ist. Ziel der folgenden Ausführungen ist es, eine einheitliche Basis für die weitere rechtliche Untersuchung zu erlangen und damit eine Grundlage für die folgenden Abschnitte zu schaffen.

I. Verantwortung

1. Komponenten der Verantwortung

Verantwortung zielt darauf ab, in ihrer „räumlichen" Dimension, das heißt über geografische Grenzen und Entfernungen hinweg, globale Interaktionszusammenhänge angemessen zu berücksichtigen. Forschungsdatenbanken sollen einen nationalen beziehungsweise europäischen und auf lange Sicht einen internationalen Austausch wissenschaftlicher Informationen fördern. Werden Daten aus verschiedenen Disziplinen und Orten miteinander vernetzt, treten örtliche Zusammenhänge hervor.

Daneben hat Verantwortung eine „interdisziplinäre" und „intergenerationelle" Komponente.[547] Repositorien stärken den interdisziplinären Austausch zwischen verschiedenen Fachrichtungen und über Forschergenerationen hinweg. Die Infrastruktur ermöglicht es, Daten zu speichern und sie anderen Wissenschaftlern bereitzustellen. So können verschiedene Forschergruppen Wirkzusammenhänge von Viren und Krankheiten, von Behandlungsmethoden und Heilungen oder von umweltschädlichen Handlungen und ihren Folgen disziplinübergreifend untersuchen und aufdecken.

---

546 *Osterloh*, VVDStRL, 54 (1995), 204, 208.

547 Diese lässt sich auch in Hinblick auf Wirkzusammenhänge in der Umwelt und im Rentensystem ausmachen.

Schließlich hat Verantwortung eine risikoethische Dimension. Aufgrund des technischen Fortschritts können wir nun über Dinge entscheiden, die früher als unvermeidlich angesehen wurden.[548] Die damit einhergehenden Möglichkeiten werfen ethische Fragen auf: Welche Daten sollen gespeichert werden und für wie lange? Wie sollen die Daten organisiert und kategorisiert werden, um eine effiziente Nutzung zu gewährleisten? Wie sind die gespeicherten Daten zu sichern, um Datenverlust oder -missbrauch zu verhindern? Wie wird mit sensiblen Daten umgegangen? Welche Maßnahmen sind notwendig, um Datensicherheit zu gewährleisten? Sollen bestimmte Forscher, Institutionen oder Länder vom Zugriff auf bestimmte Daten ausgeschlossen werden? Welche ethischen Prinzipien sollten die Sammlung, Verarbeitung und Nutzung von Daten leiten? Wie werden soziale Auswirkungen der Datennutzung bewertet und adressiert? Welcher Umgang mit Risiken empfiehlt sich, die sich aus einer fortschreitenden Datenanalyse und -nutzung ergeben, insbesondere in Hinblick auf Künstliche Intelligenz und automatisierte Entscheidungsfindung? Wie werden internationale Standards und Best Practices in der Datenverwaltung integriert? Welche Rolle spielt die internationale Zusammenarbeit bei der Entwicklung von Richtlinien für den Umgang mit Forschungsdaten?

Der Begriff der Verantwortung ist trotz oder vor allem wegen seines inflationären Einsatzes in (gesellschafts-)politischen, juristischen und (wissenschafts-)ethischen Diskursen interpretationsoffen und kontextbezogen geblieben.[549] Mitunter werden ethische und politische Werte, soziale Normen und traditionelle Vorstellungen sowie praktische Überlegungen als Grundlage für Verantwortungskonzepte herangezogen, um deren Bedeutung im rechtlichen Kontext verbindlich festzulegen.[550] Verantwortung führt als Sammelbegriff sittliche Prinzipien, basierend auf einem – nicht näher bestimmten – ethischen Minimalkonsens,[551]

---

548 *Höffe/Vogt,* Verantwortung, in: Oberreuter/Haring/Schreyer et al. (Hrsg.), Staatslexikon, 2021, II.

549 Vgl. statt vieler den materialreichen Überblick von *H. Dreier,* Verantwortung im demokratischen Verfassungsstaat, in: U. Neumann/Schulz (Hrsg.), Verantwortung in Recht und Moral, ARSP Beiheft 74 (2000), 2000, S. 9, 9 ff.

550 *Lepsius*, Besitz und Sachherrschaft im öffentlichen Recht, S. 399. Vgl. auch *Esser*, Grundsatz und Norm in der richterlichen Fortbildung des Privatrechts, S. 61, der von einem „Verschmelzungsvorgang" von Recht und Moral ausgeht. *Hart*, Der Begriff des Rechts, S. 19, zufolge produzierten alle staatlichen Rechtssysteme, was Moral und Sitte letztlich verlangten.

551 *Kaniowski,* Verantwortung, in: Juchacz/Kozłowski (Hrsg.), Freiheit und Verantwortung, 2002, S. 239, 246; *Wokart,* Verantwortung, in: Wokart (Hrsg.), Ent-Täuschungen, 1991, S. 59, 72 f.

in das positive Recht ein.[552] Aus politischer Sicht zielt Verantwortung darauf ab, gesellschaftliche Probleme angemessen zu lösen.[553] Das ist in der Regel umso erfolgreicher, je konkreter der sich aus dem Gemeinwohl ergebende Verantwortungsgegenstand bestimmt ist.[554] Bei einer Verantwortung für eine Forschungsdateninfrastruktur geht es ebenfalls um mehr als nur rechtliche Aspekte. Wird ein Raum für medizinische und klimabezogene Daten aus öffentlich finanzierten Projekten geschaffen, dient das zumindest mittelbar der Gesellschaft.[555]

Als „interdisziplinärer Verbundbegriff"[556] vereint Verantwortung Erkenntnisse aus rechts-, sozial- und verwaltungswissenschaftlichen Debatten mit tatsächlichen Verfahren.[557] Verantwortung verstanden als Vermögen, aber auch als Pflicht einer juristischen oder natürlichen Person, einen bestimmten Zweck in einem kausalen Kontext zu erreichen, steht am Ende einer Prognose, die auf interdisziplinären Erfahrungssätzen und Diagnosen basiert.[558] Bezüglich Forschungsdatenbanken umfasst Verantwortung sowohl die Fähigkeit als auch die Verpflichtung von Institutionen wie Forschungseinrichtungen, Datenbankbetreibern und Individuen (Forschern, Datenwissenschaftler), Forschungsdaten effektiv zu sammeln, zu verwalten und zugänglich zu machen unter Einhaltung rechtlicher Vorgaben, ethischer Standards und best practices. Entscheidungen über den Aufbau, die Verwaltung und den Zugang zu Forschungsdatenbanken sollten auf einer fundierten Analyse der relevanten rechtlichen, technischen, ethischen und wissenschaftlichen Perspektiven basieren.

Verantwortung transportiert nicht nur ethische Werte und Leitbilder im Sinne des Gemeinwohls in das Recht (hier: Förderung der wissenschaftlichen Integrität, Schutz der Datenquelle, freier Zugang zu Wissen). Sie schreibt auch politische Funktionen zu.[559] Die Verantwortung für Forschungsdatenbanken kann das Ziel der Wissenschaftsförderung und der Innovationsentwicklung unterstützen. Ursprünglich ethische oder politische Gebote bekommen durch die Übernahme

---

552 Vgl. *Waechter*, Der Staat, 38 (1999), 279, 279.

553 *Hoffmann-Riem*, DÖV, 50 (1997), 433, 441.

554 *Voßkuhle*, VVDStRL, 62 (2002), 266, 273, der den Versuch, den Verantwortungsbegriff über das Gemeinwohl oder als Staatsaufgabe zu präzisieren, kritisch sieht.

555 Siehe bereits in Kapitel 2 A. und Kapitel 3 B. III.

556 *Trute*, Verantwortungsteilung, in: Schuppert (Hrsg.), Jenseits von Privatisierung und „schlankem" Staat, 1999, S. 13, 14.

557 *Trute*, Verantwortungsteilung, in: Schuppert (Hrsg.), Jenseits von Privatisierung und „schlankem" Staat, 1999, S. 13, 13.

558 *Klement*, Verantwortung, S. 82.

559 *Klement*, Verantwortung, S. 529.

des Verantwortungsbegriffs etwa in die Grundrechtsdogmatik ein Pflichtenmoment.[560] Das äußert sich bei einer Forschungsdateninfrastruktur in der Einhaltung von Urheberrechtsbestimmungen, datenschutzrechtlichen Vorgaben und anderen relevanten rechtlichen Rahmenbedingungen. Verantwortung will interdisziplinär beantworten, wer ein bestimmtes Ziel (umfassender Austausch von Forschungsdaten) umzusetzen hat.[561] Dabei sollte es möglich bleiben, zwischen rechtlichem Gebot und politisch-moralisch gemeinwohlorientiertem Imperativ zu unterscheiden. Während rechtliche Vorgaben die Mindestanforderungen darstellen, können politisch-moralische Überlegungen dazu beitragen, höhere Standards für den offenen Zugang und die nachhaltige Nutzung von Forschungsdaten zu setzen.

2. *Verantwortung als Rechtsbegriff*

Auch speziell in der rechtlichen Sphäre gelingt es nicht, Verantwortung einheitlich zu definieren.[562] Ihr Klang erinnert ebenso an Bindung wie an Macht und Freiheit. Verantwortung eröffnet ihrem Träger zukunftsgestaltende Handlungsspielräume.[563] Gleichzeitig verschreibt sie ihm einen Gegenstand, setzt bindende Maßstäbe und verpflichtet zum Handeln im Sinne des Verantwortungsgegenstands.[564]

Verantwortung für eine Forschungsdateninfrastruktur verpflichtet die öffentliche Hand einerseits zu ihrer Bereitstellung. Andererseits ermöglicht sie es dem Staat, digitale Plattformen und Netzwerke zu regulieren und kontrollieren, und ihn so zu gestalten, wie er es für effizient und effektiv befindet.

a) Synonyme für Verantwortung

Verantwortung wird oft synonym mit anderen Rechtsbegriffen verwendet. Sie enthält jedoch regelmäßig darüber hinausgehende, sich aus dem Bezug zu ihrer

---

560 Dazu und zur synonymen Verwendung von „Verantwortung" und Pflicht" im juristischen Sprachgebrauch sogleich unter B. I. 2. a) bb).

561 *Klement*, Verantwortung, S. 84.

562 Kritisch zur juristischen Verwendung des Begriffs u.a. *Kämmerer*, Privatisierung, S. 433 ff.; *H. Röhl*, Die Wissenschaft vom Verwaltungsrecht, Beiheft 2 zu „Die Verwaltung" 1999, 33, 33 ff.; *R. Schmidt*, VerwArch, 91 (2000), 149, 157 f.

563 *Klement*, Verantwortung, S. 456, 575.

564 *Bayertz*, Herkunft der Verantwortung, in: Bayertz (Hrsg.), Verantwortung, 1995, S. 3, 33; *Pitschas*, Verwaltungsverantwortung und Verwaltungsverfahren, S. 243; *H. Röhl*, Die Wissenschaft vom Verwaltungsrecht, Beiheft 2 zu „Die Verwaltung" 1999, 33, 36.

konkreten Funktion ergebende Inhalte.[565] Wer dies nicht beachtet, läuft Gefahr, sachliche Unterschiede unter den Tisch zu kehren.[566]

aa) Zuständigkeit und Kompetenz

Zum einen weist Verantwortung im Zusammenhang mit rechtlichen Entscheidungen und Verfahren eine Aufgabe zu. Als Begriff der Aufgabenzuweisung wird der Begriff gleichbedeutend mit „Zuständigkeit" oder „Kompetenz" verwendet.[567] Dogmatisch sind Zuständigkeit und Kompetenz formelle Rechtsmäßigkeitsvoraussetzung staatlichen Handelns. Wie der Zuständigkeitsbegriff verleiht die Verantwortung ihrem Adressaten Handlungsoptionen.[568]

Zuständigkeit oder Kompetenz ordnen – in der Regel[569] nur – einem Subjekt[570] eine Aufgabe zu, die es rechtmäßig wahrnehmen kann, beziehungsweise

---

565 *Klement*, Verantwortung, S. 206, 577.

566 Gegen eine synonyme Verwendung konkret am Beispiel von Zuständigkeit und Verantwortung *Stettner*, Grundfragen einer Kompetenzlehre, S. 276.

567 Vgl. BVerfG, NJW 2004, 750 (756); NJW 2005, 2289 (2291); *Heun*, in: Dreier (Hrsg.), GG Bd. III, 3. Aufl. 2018, Art. 104a, Rn. 11; *Sachs*, DVBl. 1995, 873, 877; *Schachtschneider*, Staatsunternehmen und Privatrecht, S. 266; *Schröder*, in: MKS, GG, Bd. 2, 7. Aufl. 2018, Art. 65, Rn. 33; *Stelkens*, DVBl. 2003, 22, 23; *Weiß*, Privatisierung und Staatsaufgaben, S. 8. Die synonyme Verwendung der Begriffe lässt sich auch bei einem Vergleich der Normen verschiedener Bundesländer ausfindig machen: Während der Bürgermeister u.a. nach § 62 Abs. 1 Satz 2 GO NW, § 53 Abs. 1 GO Sachsen, §§ 63 Abs. 1 Satz 1, 2, 62 Abs. 1 GO Sachs.-Anh., § 50 Abs. 1, 5 GO SH verantwortlich ist, kommen andere Flächenländer bei den Zuständigkeitsregelungen ohne den Verantwortungsbegriff aus: § 70 Abs. 1 Satz 2 HessGO, § 62 Abs. 2 Satz 1 NdsGO. Andererseits wird zum Teil vertreten, die Zuweisung einer Aufgabe begründe eine entsprechende Verantwortung, BVerfGE 110, 226 (270); *Mellinghoff*, DStR, 3, 15. Kritisch gegenüber dieser Entwicklung *Stettner*, Grundfragen einer Kompetenzlehre, S. 267 f.

568 Vgl. Art. 65 Satz 1 GG: Ist der Kanzler verantwortlich, sind die Minister es nicht, gleiches gilt – ausweislich Eingriffe, die noch von der Richtlinienkompetenz gedeckt sind – umgekehrt nach Satz 2; dazu u.a. *Brinktrine*, in: Sachs (Hrsg.), GG, 9. Aufl. 2021, Art. 65, Rn. 14 ff.; *Hermes*, in: Dreier (Hrsg.), GG Bd. II, 3. Aufl. 2015, Art. 65, Rn. 21, 31. Gegen die Beschränkung auf Ausnahmen *Schröder*, in: MKS, GG, Bd. 2, 7. Aufl. 2018, Art. 65, Rn. 16.

569 Beispiele zu mehreren zuständigen Rechtssubjekten bei *Oebbecke*, Mehrfachzuständigkeiten in der Verwaltung als Verfassungsproblem, in: Küper/Welp (Hrsg.), FS Stree u. Wessels, 1993, 1119, 1121 ff.

570 Ist die Zuständigkeit eindeutig und überschneidungsfrei verteilt, sind vorhersehbare Entscheidungen i.S.d. Rechtsstaatsprinzips möglich, *Oebbecke*, Mehrfachzuständig-

muss.[571] Das zuständige Rechtssubjekt kann seine Aufgabe an andere Untereinheiten delegieren.[572] Dadurch wird aus der Kompetenz oder Zuständigkeit eine Erlaubnis oder ein Gebot für die Untereinheit.[573] Kompetenzen können sich auch überschneiden.

Die Verantwortung für eine Aufgabe kann[574] in den Händen mehrerer Rechtssubjekte liegen.[575] So kann der Staat im Falle einer Forschungsdateninfrastruktur Privaten Verantwortung übertragen. Das können die Forscher selbst sein, die mit öffentlichen Mitteln Daten erheben und sich für die Qualität ihrer Forschung zu verantworten haben. Verantwortlich können auch Förderorganisationen und Fachverlage sein, die von ihren Födernehmern respektive Autoren Data Sharing einfordern. Daneben kann Betreiber von Datenbanken eine Verantwortung hinsichtlich der Sicherheit der Daten treffen. Allerdings kann eine vage interne Aufgabenverteilung zu schwammigen Zuständigkeitsgrenzen und weniger Verantwortungsklarheit[576] im Einzelfall führen,[577] nach dem Motto: „Sind alle verantwortlich, ist es keiner".[578] Eine präzise Aufgabenverteilung unter Einbeziehung aller Stakeholder ist unerlässlich.

Verantwortung kann ihren Träger über eine Aufgabenzuweisung hinaus binden. Bei der Richtlinienkompetenz des Bundeskanzlers aus Art. 65 Satz 1 GG

---

keiten in der Verwaltung als Verfassungsproblem, in: Küper/Welp (Hrsg.), FS Stree u. Wessels, 1993, 1119, 1127 ff.; *Stettner*, Grundfragen einer Kompetenzlehre, S. 293 f. Vgl. *Schnapp*, VVDStRL, 43 (1985), 172, 186; *Stober*, Verwaltungsrecht, S. 390.

571 *Heilshorn*, VerwArch, 96 (2005), 88, 92 f.; *Maurer/Waldhoff*, Allgemeines Verwaltungsrecht, § 21, Rn. 44; *Pieroth*, AöR, 114 (1989), 422, 434 f.; *Oebbecke*, Mehrfachzuständigkeiten in der Verwaltung als Verfassungsproblem, in: Küper/Welp (Hrsg.), FS Stree u. Wessels, 1993, 1119, 1127; *Schachtschneider*, Staatsunternehmen und Privatrecht, S. 266; *Schlink*, Die Amtshilfe, S. 143; *Stober*, Verwaltungsrecht, S. 389 ff. Allg. *Sommermann*, Staatsziele und Staatszielbestimmungen, S. 366; *Weiß*, Privatisierung und Staatsaufgaben, S. 4, 89 f. Speziell für die Verwaltung *Stelkens*, DVBl. 2003, 22, 23.

572 *Isensee*, Amt als Medium des Gemeinwohls, in: Schuppert/Neidhardt (Hrsg.), Gemeinwohl, 2002, S. 241, 248.

573 *K.-F. Röhl/H.-C. Röhl*, Allgemeine Rechtslehre, S. 192.

574 Zur unterschiedlichen Verwendung der Termini BVerfGE 109, 190 (234), das von einem „Zuständigkeits- und Verantwortungskreis" des Bundesgesetzgebers spricht.

575 *Klement*, Verantwortung, S. 311 f.

576 Zum Begriff *Burgi*, in: Ehlers/Pünder (Hrsg.), Allgemeines Verwaltungsrecht, 2016, § 8, Rn. 37.

577 Vgl. *Murswiek*, Die staatliche Verantwortung für die Risiken der Technik, S. 50.

578 Vgl. etwa *Ottmann*, Verantowrtung und Vertrauen, in: Gloy (Hrsg.), Demokratie-Theorie, 1992, S. 19, 19.

verstärkt Verantwortung beispielsweise die Zuständigkeitszuweisung.[579] Verantwortung kann auch eine Zuständigkeit oder Kompetenz begründen[580] oder ihre Folge sein.[581]

Im wissenschaftlichen Bereich teilen sich Bund und Länder die konkurrierende Gesetzgebung für Regelungen der Förderung wissenschaftlicher Forschung nach Art. 74 Abs. 1 Nr. 13 Alt. 2, 72 Abs. 1, 2 GG. Diese Zuständigkeitszuweisung beinhaltet aber noch keine Bereitstellung einer wissenschaftlichen Dateninfrastruktur. Eine solche kann sich erst aus weiteren Normen ergeben und dadurch die Zuständigkeit konkretisieren und verstärken. Andersherum kann eine Forschungsdateninfrastrukturverantwortung eine Kompetenz für den Auf- und Ausbau der Datenbanken nach sich ziehen.

bb) Befugnis, Obliegenheit und Pflicht

Verantwortung kann in ihrer Pflichten-Komponente binden[582] und in ihrer Befugnis-Komponente Rechtsmacht begründen und sichern.[583] Eine Befugnis drückt ein rechtliches Dürfen aus,[584] während Verantwortung ein rechtliches Sollen umschreibt. Eine Befugnis ist immer auch eine Aufgabenzuständigkeit, andersherum ist aber nicht jede Zuständigkeit eine Befugnis.[585] Eine Verantwortung weist eine höhere Bindungswirkung aus als eine Befugnis. Einen Befugten treffen weder Beobachtungspflichten noch besondere Handlungsgebote zum Schutz des Bezugsgegenstands seiner Befugnis. Der Staat ist jedenfalls befugt, eine Forschungsdateninfrastruktur aufzubauen und zu unterhalten.[586] Fallen Befugnis und Verantwortung zusammen, verstärkt die Verantwortung die Befugnis.

579 Vgl. *Brinktrine*, in: Sachs (Hrsg.), GG, 9. Aufl. 2021, Art. 65, Rn. 14.

580 *Klement*, Verantwortung, S. 267, 389.

581 *Bethge*, JURA, 25 (2003), 327, 329; *Schnapp*, VVDStRL, 43 (1985), 172, 191.

582 Zur synonymen Verwendung siehe *Bauer*, VVDStRL, 54 (1995), 243, 278; *Di Fabio*, VVDStRL, 56 (1997), 235, 241; *Lepsius*, Besitz und Sachherrschaft im öffentlichen Recht, S. 401 f. Vgl. *H. Dreier*, Verantwortung im demokratischen Verfassungsstaat, in: U. Neumann/Schulz (Hrsg.), Verantwortung in Recht und Moral, ARSP Beiheft 74 (2000), 2000, S. 9, 11; *Frankena*, Analytische Ethik, S. 88. *Merten*, VVDStRL, 55 (1996), 7, 15 geht von einer überschießenden moralischen Innentendenz bei der Verantwortung gegenüber der Pflicht aus.

583 Zur Verantwortung als Sinnbild der Befugnis *Stettner*, Grundfragen einer Kompetenzlehre, S. 43 ff.

584 Vgl. *H. Bull*, Die Staatsaufgaben nach dem Grundgesetz, S. 54.

585 Vgl. etwa die Erlaubnis nach § 4 Abs. 1 WaffG.

586 Ob er darüber hinaus auch dazu verpflichtet ist, soll sogleich unter C. und D. untersucht werden.

Eine Befugnis kann es dem Staat ermöglichen, den Bürger mit Befehl und Zwang zu einem bestimmten Verhalten zu veranlassen.[587] Das ist für den Aufbau einer Forschungsinfrastruktur weder notwendig noch empfehlenswert. Wissenschaftliche Datenbanken sind auf das Wohlwollen der Repositorienbetreiber und der Daten einspeisenden Wissenschaftler angewiesen. Befehl und Zwang sind nicht die Mittel der Wahl, um Wohlwollen zu erzeugen.

b) Staatliche Verantwortung

Staatliche Verantwortung trägt hoheitlichen juristischen Personen auf, die ihnen zugewiesene Aufgabe zu erfüllen, darüber Rechenschaft abzulegen und Antwortpflichten nachzukommen.[588] Trifft den Staat eine Forschungsdateninfrastrukturverantwortung,[589] steht er für den Auf- und Ausbau der Infrastruktur ein[590] und ist gegenüber der wissenschaftlichen Gemeinschaft zu Rechenschaft und Auskunft verpflichtet.

Verantwortung umschreibt den Grad hoheitlicher Verpflichtung, bestimmte Ziele wie den Ausbau und Betrieb einer Forschungsinfrastruktur zu erreichen. Der Umfang des rechtlichen Sollens ergibt sich aus der Verfassung sowie aus gesetzlichen Befugnis- und Aufgabenzuweisungen.[591] Maßgebend bei einer Forschungsinfrastruktur ist die Wissenschaftsfreiheit aus Art. 5 Abs. 3 GG. Das Recht auf informationelle Selbstbestimmung und Urheberschutzrechte können eine Rolle spielen.[592] Der Zurechnungsmaßstab ist durch Auslegung des normativen Kontextes zu ermitteln.[593] In der Regel begründet Verantwortung Pflichten, die in ihrer Intensität gering sind, aber teilweise weitreichende und umfangreiche Auswirkungen

---

587 *Engisch*, Einführung in das juristische Denken, S. 58 ff. Vgl. auch *Kelsen*, Reine Rechtslehre, S. 140. Kritisch *Wehr*, Rechtspflichten im Verfassungsstaat, S. 40 f.

588 *Höffe/Vogt*, Verantwortung, in: Oberreuter/Haring/Schreyer et al. (Hrsg.), Staatslexikon, 2021, I. Siehe zur Rechenschaftsverantwortung Kapitel 4 B. I. 3.

589 Die Herleitung dieser Verantwortung wird sogleich unter C. und D. unternommen.

590 Ausführlich zum Inhalt einer entsprechenden Verantwortung siehe Kapitel 5 A.

591 *Saladin*, Verantwortung als Staatsprinzip, S. 30; *Trute*, Verzahnungen, in: Hoffmann-Riem/Schmidt-Aßmann (Hrsg.), Öffentliches Recht und Privatrecht als wechselseitige Auffangordnungen, 1996, S. 167, 198. So etwa in § 367 Abs. 3 SGB III, § 121 Abs. 1 Nr. 2 OWiG, § 22 Abs. 2 Satz 4 ArbSchG.

592 Zum grundrechtlichen Rahmen eines Zugangsregimes zu einer Forschungsinfrastrukturverantwortung in Kapitel 5 C. I.

593 *H. Röhl*, Die Wissenschaft vom Verwaltungsrecht, Beiheft 2 zu „Die Verwaltung" 1999, 33, 38; *Voßkuhle*, Verantwortungsteilung, in: Schuppert (Hrsg.), Jenseits von Privatisierung und „schlankem" Staat, 1999, S. 47, 54 ff. Dabei können mitunter auch einfachgesetzliche Informationszugangsgesetze eine bestimmte Auslegung indizieren.

nach sich ziehen.[594] Dazu zählen ein kontinuierliches Bemühen, Beobachten und Aktualisieren. Ändern sich tatsächliche Umstände, muss der Verantwortungsträger seine Mittel gegebenenfalls neu justieren.[595] Das gilt bei der Forschungsdateninfrastruktur etwa dann, wenn private Anbieter ausreichend Repositorien bereitstellen und intelligent verknüpfen, wenn weniger Daten von Forschern geteilt werden als geplant oder wenn die Nachfrage hinter den Erwartungen zurückbleibt.

Die Verantwortung eines Rechtssubjekts kann die Verantwortung eines anderen auslösen. So ist der Staat nach Art. 28 Abs. 2 Satz 1 GG verpflichtet, den Gemeinden finanzielle Mittel bereitzustellen, damit sie ihre Selbstverwaltung eigenverantwortlich und gestaltungsfähig ausüben können.[596] Der Gemeinde steht ein subjektiver Anspruch zu, dieses aktive Handeln vom Staat einzufordern. Dieser Gedanke, nicht aber die Norm, lässt sich auf die Wissenschaft übertragen: Trifft einen Forscher seitens Förderorganisationen oder Fachverlagen die Verantwortung oder gar die Pflicht, Daten in einer bestimmten Form zu teilen, kann dies eine Verantwortung des Staates auslösen, eine adäquate Infrastruktur bereitzustellen.[597]

3. *Verantwortungsteilung unter den Verantwortungsträgern*

Die Verantwortungsteilung[598] weist auf einen komplementären privaten Beitrag zur Wahrnehmung einer Verantwortung hin.[599] Für Forschungsdatenbanken kommen mehrere Verantwortungsträger in Betracht: Forscher, die Daten erheben

594 *Klement*, Verantwortung, S. 434.

595 *Klement*, Verantwortung, S. 454.

596 *Schoch/J. Wieland*, Finanzierungsverantwortung für gesetzgeberisch veranlaßte kommunale Aufgaben, S. 179; *Schoch*, Verfassungsrechtlicher Schutz der kommunalen Finanzautonomie, S. 137 f.; *Schwarz*, ZKF 2001, 268, 268.

597 Siehe dazu unter C. I. und II.

598 *Hoffmann-Riem*, Verantwortungsteilung als Schlüsselbegriff moderner Staatlichkeit, in: P. Kirchhof (Hrsg.), FS Vogel, 2000, 47, 47 ff.; *Trute*, Verantwortungsteilung, in: Schuppert (Hrsg.), Jenseits von Privatisierung und „schlankem" Staat, 1999, S. 13, 13 ff. Vgl. auch *Pitschas*, 55 (2002), 221, 226; *Voßkuhle*, Verantwortungsteilung, in: Schuppert (Hrsg.), Jenseits von Privatisierung und „schlankem" Staat, 1999, S. 47, 47 ff.; *Weiß*, Privatisierung und Staatsaufgaben, S. 297 ff.; *Ziekow*, Verankerung verwaltungsrechtlicher Kooperationsverhältnisse (Public Private Partnership) im Verwaltungsverfahrensgesetz, S. 2 ff. Kritisch *Seidel*, Privater Sachverstand und staatliche Garantenstellung im Verwaltungsrecht, S. 15 f. Ebenso *Pitschas*, Verwaltungsverantwortung und Verwaltungsverfahren, S. 276 ff., da gesellschaftliche Verantwortungssphären sich nicht teilen, sondern allenfalls kooperativ ausüben ließen.

599 Vgl. *Trute*, Verantwortungsteilung, in: Schuppert (Hrsg.), Jenseits von Privatisierung und „schlankem" Staat, 1999, S. 13, 20. Hierbei beschränkt sich die staatliche Steu-

und teilen wollen sowie Förderorganisationen, Fachverlage und Forschungseinrichtungen, die Data Sharing verlangen, können als Handlungsverantwortliche angesehen werden. Aufgrund ihres Verhaltens bedarf es einer Infrastruktur zum Austausch von Forschungsdaten.

a) Ursprung der Verantwortungsteilung

Historisch geht der Begriff auf *Eberhard Schmidt-Aßmann* zurück.[600] Mit dem Konzept bezweckte er, das Verwaltungsrecht an Modellen auszurichten, die die Spannbreite möglicher Kooperationen zwischen staatlicher und privater Aufgabenerfüllung in eine rechtliche Struktur einbetten. Dabei unterschied er die Erfüllungs-, Beratungs-, Überwachungs-, Organisations- und Einstandsverantwortung.[601] Dem fügte *Gunnar Folke Schuppert* die Förderungs- und soziale Abfederungsverantwortung hinzu.[602] Letztere, auch als Auffangverantwortung bezeichnet, wird *Gunnar Folke Schuppert* zufolge nur aktiviert, wenn ein gemeinwohlrelevantes Steuerungsdefizit zu bemängeln ist.[603]

Hans-Heinrich Trute sprach von Stufen hoheitlicher Verantwortungsanteile.[604] Er unterschied vier staatliche Verantwortungsbereiche: die Letztverantwortung

---

erung häufig darauf, private Akteure anzuleiten, selbstständig öffentliche Aufgaben zu erfüllen. Kritisch dazu *Rossen*, Vollzug und Verhandlung, S. 280.

600 *Schmidt-Aßmann*, Das allgemeine Verwaltungsrecht als Ordnungsidee, S. 170 ff.

601 *Schmidt-Aßmann*, Reform, in: Hoffmann-Riem/Schmidt-Aßmann/Schuppert (Hrsg.), Reform des allgemeinen Verwaltungsrechts, 1993, S. 11, 43 f.; *Schmidt-Aßmann*, Öffentliches Recht und Privatrecht, in: Hoffmann-Riem/Schmidt-Aßmann (Hrsg.), Öffentliches Recht und Privatrecht als wechselseitige Auffangordnungen, 1996, S. 7, 29; dem folgend u.a. *Schmehl*, Umweltverantwortung, in: K. Lange (Hrsg.), Gesamtverantwortung statt Verantwortungsparzellierung im Umweltrecht, 1997, S. 191, 193.

602 *Schuppert*, Staatswissenschaften und Staatspraxis 1994, 541, 560; *Schuppert*, Erfüllung öffentlicher Aufgaben, in: J. Ipsen (Hrsg.), Privatisierung öffentlicher Aufgaben, 1994, S. 17, 29; *Schuppert*, DÖV, 48 (1995), 761, 768; *Schuppert*, Die Verwaltung, 31 (1998), 415, 415 ff.; *Schuppert*, Verwaltungswissenschaft, S. 407 f., 443 ff., 815; *Schuppert*, Staatsentlastung durch Verantwortungsteilung, in: Gusy (Hrsg.), Privatisierung von Staatsaufgaben, 1998, S. 72, 111 ff.

603 *Schuppert*, Die Verwaltung, 31 (1998), 415, 426 f.; *Schuppert*, Verwaltungswissenschaft, S. 407 f.

604 *Trute*, Verzahnungen, in: Hoffmann-Riem/Schmidt-Aßmann (Hrsg.), Öffentliches Recht und Privatrecht als wechselseitige Auffangordnungen, 1996, S. 167, 198 ff.; *Trute*, Verantwortungsteilung, in: Schuppert (Hrsg.), Jenseits von Privatisierung und „schlankem" Staat, 1999, S. 13 ff. So auch *Hoffmann-Riem*, DÖV, 50 (1997), 433, 441 f.; *Hoffmann-Riem*, Verantwortungsteilung als Schlüsselbegriff moderner Staatlichkeit, in: P. Kirchhof (Hrsg.), FS Vogel, 2000, 47, 52 ff.

für das Kooperationsergebnis, die Gewährleistungsverantwortung[605] bei privater Leistungserbringung, die Regulierungs- und Koordinationsverantwortung im wirtschaftlichen und infrastrukturellen Bereich sowie die Rahmenverantwortung für einen autonomen Interessenausgleich.[606] Mit dem Begriff der Verantwortungsteilung beschrieb und analysierte er die Rollen staatlicher und privater Akteure, wenn sie Aufgaben von öffentlichem Interesse wahrnehmen.[607]

Wolfgang Hoffmann-Riem zufolge ziele die Verantwortungsteilung darauf ab, das Mittel zu finden, bei dem der Staat am wenigsten gefordert ist, um seine Ziele zu erreichen.[608] Er unterteilte die Verantwortungsstufen in die Erfüllungs-, Gewährleistungs- und Auffangverantwortung.[609] *Andreas Voßkuhle* erweiterte diese Kategorien um die Maßstabs-, Vorbereitungs-, Verfahrens-, Implementations-, Kontroll-, Realisations- und Folgenverantwortung.[610]

b) Verantwortungsteilung bei Forschungsdatenbanken

Die Kategorisierung in Erfüllungs-, Beratungs-, Überwachungs-, Organisations- und Einstandsverantwortungsebenen ermöglichen eine differenzierte Betrachtung der Verantwortlichkeiten, die bei der Gestaltung und dem Betrieb einer Forschungsdateninfrastruktur relevant sind.

Für eine besondere Verantwortung des Staates bezüglich einer Forschungsdateninfrastruktur spricht, dass ihm der höchste Grad an Legitimation zukommt, um verbindlich Entscheidungen zu treffen und durchzusetzen.[611] Die Aufgabenverantwortung kann der Staat aufgrund einer herzuleitenden Gewährleistungsverantwortung tragen.[612] Er muss den Prozess zumindest beobachten und koordinieren. Die Rechenschaftsverantwortung trifft diejenigen, die öffentliche

---

605 Zum Begriff sogleich ausführlicher unter B. II.

606 *Trute,* Verzahnungen, in: Hoffmann-Riem/Schmidt-Aßmann (Hrsg.), Öffentliches Recht und Privatrecht als wechselseitige Auffangordnungen, 1996, S. 167, 198 ff., insb. S. 204 ff.

607 *Trute,* Verantwortungsteilung, in: Schuppert (Hrsg.), Jenseits von Privatisierung und „schlankem" Staat, 1999, S. 13, 13.

608 *Hoffmann-Riem,* Verantwortungsteilung als Schlüsselbegriff moderner Staatlichkeit, in: P. Kirchhof (Hrsg.), FS Vogel, 2000, 47, 52; ähnl. *Schuppert,* Verwaltungswissenschaft, S. 402.

609 *Hoffmann-Riem,* Verantwortungsteilung als Schlüsselbegriff moderner Staatlichkeit, in: P. Kirchhof (Hrsg.), FS Vogel, 2000, 47, 52 ff.

610 *Voßkuhle,* Verantwortungsteilung, in: Schuppert (Hrsg.), Jenseits von Privatisierung und „schlankem" Staat, 1999, S. 47, 68 ff.

611 *Voßkuhle,* VVDStRL, 62 (2002), 266, 266, 272.

612 Dazu in C. und D.

Gelder in die Infrastruktur investieren. Die Verantwortung betrifft die Fragen, warum wie viele und welche Ressourcen in den Auf- und Ausbau der Forschungsinfrastruktur fließen. Mit der Haftungsverantwortung können Fälle von Datenleaks und dem Zugriff Unberechtigter aufgedeckt werden. Sie kann die Datenbankbetreiber treffen.

Doch vor allem im wissenschaftlichen Betrieb, wo die Selbstverwaltung großgeschrieben wird, drückt sich Verantwortung in autonomen Organisationsstrukturen wie denen der Deutschen Forschungsgemeinschaft aus.[613] Bei einer Forschungsdateninfrastruktur wird der Staat deshalb weder um ergänzende private Unterstützung umher kommen können noch wollen. Die soeben dargestellten Konzepte der Verantwortungsteilung betonen, wie Staat und Privatsektor zusammenarbeiten, um gemeinsame Ziele zu erreichen. Im Bereich der Forschungsdateninfrastruktur nehmen sowohl öffentliche als auch private Akteure spezifische und ergänzende Rollen bei der Bereitstellung, Verwaltung und Nutzung von Repositorien ein. Der Staat kann Betreiber bestehender Datenbanken einbinden, sie in eine umfassende Infrastruktur integrieren und Aufgaben an sie delegieren.

Bei der Erfüllungsverantwortung nimmt der Verantwortliche alle mit dem Verantwortungsgegenstand zusammenhängenden Aufgaben durch eigene Einrichtungen wahr und produziert entsprechende Güter selbst.[614] Der Staat muss bei einer Erfüllungsverantwortung nicht nur allein für den Auf- und Ausbau der Infrastruktur einstehen, sondern sie auch selbst betreiben und alle dazugehörigen Dienste bereitstellen, die das Speichern, Archivieren und Bereitstellen der Informationen ermöglichen. Das ist angesichts knapper Ressourcen und seiner zum Teil fehlenden Expertise auf diesem Gebiet jedenfalls für die absehbare Zukunft unwahrscheinlich. In der Wissenschaft hat die Stimme der Scientific Community durch ihre hohe Selbstverwaltungsorganisation und ihre Praxisnähe großes Gewicht. Die Annahme einer Erfüllungsverantwortung für eine Forschungsdateninfrastruktur ist damit nicht zu vereinbaren.

---

613 Siehe dazu allg. *Streiter*, Wissenschaftsförderung durch Mittlerorganisationen insb. S. 93 ff.

614 *Buhr*, General Considerations on Infrastructure, in: Feng/Popescu (Hrsg.), Infrastrukturprobleme, 2007, S. 13, 26; *Hoffmann-Riem*, Verantwortungsteilung als Schlüsselbegriff moderner Staatlichkeit, in: P. Kirchhof (Hrsg.), FS Vogel, 2000, 47, 53. Zur Unterscheidung zwischen einer Erfüllungs- und Rahmenverantwortung sowie zwischen alleiniger, primärer und subsidiärer Verantwortung *Hermes*, Staatliche Infrastrukturverantwortung, S. 337.

Bei der Rahmenverantwortung schafft die öffentliche Hand lediglich das Gerüst, in welchem sie andere Akteure Aufgaben wahrnehmen lässt.[615] Hierbei nimmt der Staat eine beobachtende und gegebenenfalls regulierende Rolle ein. Nur im Falle einer unzulänglichen Aufgabenerfüllung privater Betreiber als primär Verantwortliche kommt er subsidiär seiner Gewährleistungs-, Auffang-, beziehungsweise Einstandsverantwortung nach.[616] Bei einer Auffangverantwortung, die schwächer als eine Rahmenverantwortung ist, soll der Staat die gemeinwohlrelevante Leistung dann selbst erbringen, wenn private Akteure nicht hinreichend tätig werden. Dem Staat eine Auffangverantwortung für Datenbanken zuzusprechen, wahrt die beiderseitigen Interessen. Eine Rahmenverantwortung des Staates bei gleichzeitig möglicher privater Beteiligung kann Qualität und Verfügbarkeit einer Forschungsdateninfrastruktur sicherstellen.

Betreiber von Datenbanken trifft eine von ihnen erwartete, wenngleich rechtlich unverbindliche Organisationsverantwortung, sich untereinander zu koordinieren, zu vernetzen und notwendige Strukturen für einen wissenschaftlichen Datenaustausch bereitzustellen. Im Rahmen ihrer Beobachtungsverantwortung sollen sie im Sinne eines zu empfehlenden Verhaltens einen Blick auf den Bedarf nach Speicherkapazität haben und ihre Repositorien danach ausrichten. Für eine bedarfsgerechte Planung können Betreiber optional Förderorganisationen, Forschungseinrichtungen und Verlage zu Rate ziehen. Die Betreiber sind im Rahmen ihrer Überwachungsverantwortung verpflichtet, Maßnahmen zur Sicherstellung der Einhaltung von Standards, Qualitätsanforderungen, der Sicherheit der Daten und Nutzer zu treffen. Dazu können sie eigens dafür ausgebildetes Personal einsetzen und dürfen auf moderne Technologie zurückgreifen.

Forschungseinrichtungen kommt eine Beratungsverantwortung zu, da sie in der Regel den engsten Draht zu den Wissenschaftlern (Datenerzeuger und Nachnutzer) haben. Die Förderorganisationen und Verlage nehmen oftmals ebenfalls beratende Funktionen ein. Zudem trifft sie eine Überwachungsverantwortung, sollten sie bestimmte Formen des Data Sharing vorgeben. Das heißt, sie überprüfen, ob und in welcher Form Forscher ihre Daten in Repositorien einspeisen. Insbesondere müssen sie zumindest stichprobenartig überprüfen, ob geltende Vorschriften eingehalten werden. Das gilt jedenfalls, wenn sie Data Sharing von ihren Autoren beziehungsweise Fördernehmern verbindlich einfordern.

---

615 Zur Rahmenverantwortung *Schuppert,* Staatsentlastung durch Verantwortungsteilung, in: Gusy (Hrsg.), Privatisierung von Staatsaufgaben, 1998, S. 72, 108.

616 Siehe auch unter C. II. 1. b).

Forscher tragen als Erheber eine Kontrollverantwortung hinsichtlich der Qualität ihrer Daten und Metadaten.

II. Die Gewährleistungsverantwortung

1. Gewährleistungsverantwortung allgemein und in Bezug auf Forschungsdatenbanken

Die Gewährleistungsverantwortung kann als verfassungsrechtliche Pflicht ihres hoheitlichen Trägers bezeichnet werden, mit den ihm verfügbaren rechtlich zulässigen Steuerungsinstrumenten eine bestimmte Leistung zu einem bestimmten Zeitpunkt zu garantieren.[617] Diese Leistung kann in einer Infrastruktur für Forschungsdaten liegen, die der Staat dauerhaft bereitstellt und instand hält. Steuerungsinstrumente hierfür sind zum Beispiel finanzielle Anreize zum Auf- und Ausbau für potenzielle Betreiber sowie gesetzliche Vorgaben für Forschungseinrichtungen und Verlage, ein vernetztes Repositorium zu installieren oder ein vorhandenes zu nutzen. Der Gewährleistende kommt seiner Aufgabe nicht bereits nach, indem er lediglich die Infrastruktur errichtet oder errichten lässt.[618] Er muss darüber hinaus sicherstellen, dass die tatsächlichen Voraussetzungen es ermöglichen, den Gewährleistungsgegenstand seiner Bestimmung entsprechend zu nutzen.[619] Vornehmen kann er das je nach der konkret einschlägigen verfassungsrechtlichen beziehungsweise gesetzlichen Ausgestaltung selbst oder durch Inanspruchnahme Privater.

a) Gemeinwohlsicherung

Die Gewährleistungsverantwortung ist ein Konzept, das als Weiterentwicklung von *Ernst Forsthoffs* Daseinsvorsorge[620] verstanden werden kann.[621] Sie wird zum

---

617 Vgl. *Hermes*, Staatliche Infrastrukturverantwortung, S. 336 ff.; *Steinberg*, Daseinsvorsorge als geteilte Gewährleistungsverantwortung, in: Bungenberg/Danz/Heinrich et al. (Hrsg.), Recht und Ökonomik, 2004, S. 189, 192 f.

618 Für das Grundrecht auf Eigentum *Wehr*, Rechtspflichten im Verfassungsstaat, S. 208.

619 So zu Art. 28 Abs. 2 Satz 1 GG *Ehlers*, DVBl. 2000, 1301, 1306.

620 Die Daseinsvorsorge als „Staats- und Verwaltungsaufgabe" zur Sicherstellung des individuellen Daseins wahrnehmend, *Forsthoff*, Rechtsfragen der leistenden Verwaltung, S. 20 f. Siehe zur Weiterentwicklung des Konzepts der Daseinsvorsorge *Knauff*, Der Gewährleistungsstaat, S. 36 ff., dort auch S. 22 ff. zur historischen Einordnung in den staats-, gesellschafts- und rechtstheoretischen Diskurs und S. 48 zur Zuordnung der Daseinsvorsorge zur Leistungsverwaltung.

621 Kritische Aufarbeitung der Diskussion um die Daseinsvorsorge bei *Hermes*, Staatliche Infrastrukturverantwortung, S. 94 ff., 116 ff.; *Storr*, Der Staat als Unternehmer,

Teil als staatliche Pflicht angesehen, einzuschreiten, um das Gemeinwohl zu sichern.[622] Mit der Gewährleistungsverantwortung übernimmt der Staat die Aufgabe, im Rahmen rechtlicher Strukturen gesellschaftliche Probleme zu lösen.[623] Eine Forschungsdateninfrastruktur etwa dient Gemeinwohlaspekten.[624]

Art. 87f Abs. 1 GG ist ein Beispiel für eine gesetzlich normierte Gewährleistungsverantwortung des Bundes. Mit der Einführung der Norm wurde ein Paradigmenwechsel eingeleitet, der zum Teil als Übergang zum Gewährleistungsstaat[625] gedeutet wird.[626] In einem Gewährleistungsstaat erfolgt die sozialstaatlich angestrebte Versorgung mit Leistungen der Daseinsvorsorge anders als bei der Erfüllungsverantwortung nicht zwangsläufig durch die öffentlichen Stellen, die unmittelbar mit der gemeinwohlorientierten Aufgabe zur Daseinsvorsorge betraut sind.[627] Die Aufgabe kann stattdessen auch unter privatwirtschaftlichen Wettbewerbsbedingungen wahrgenommen werden.[628] Fördert der Staat lediglich den Wettbewerb im Rahmen seiner Gewährleistungsverantwortung, kann er bei Bedarf mittels hoheitlicher Instrumente regulierend eingreifen.

S. 109 ff. jeweils m.w.N. Zur Unterscheidung zwischen den Begriffen „service public" und „Daseinsvorsorge" vgl. *Pielow*, Grundstrukturen öffentlicher Versorgung, S. 399 f., der sich auf S. 399 f. ebenfalls für eine Ersetzung des Begriffs der Daseinsvorsorge durch „öffentliche Versorgung" ausspricht.

622 *Britz*, Die Verwaltung, 37 (2004), 145, 148 f.

623 *Hoffmann-Riem*, DÖV, 50 (1997), 433, 441.

624 Siehe bereits Kapitel 2 A. I., II., IX.

625 Allg. zum Gewährleistungsstaat *Hoffmann-Riem*, Modernisierung von Recht und Justiz, S. 24 ff.; *Kämmerer*, Privatisierung, S. 474 ff.; *Schuppert*, Vom produzierenden zum gewährleistenden Staat, in: König/Benz (Hrsg.), Privatisierung und staatliche Regulierung, 1997, S. 539 ff.; *Schuppert*, Der moderne Staat als Gewährleistungsstaat, in: E. Schröter (Hrsg.), FS Wollmann, 2001, 399 ff. Synonym wird z.T. „Steuerungs-" (*Kaufmann*, Staatsaufgaben, in: Grimm (Hrsg.), Staatsaufgaben, 1994, S. 15, 28 ff.) oder „Regulierungsstaat" (*Grande*, Vom produzierenden zum regulierenden Staat, in: König/Benz (Hrsg.), Privatisierung und staatliche Regulierung, 1997, S. 576 ff.) verwendet.

626 *Eifert*, Grundversorgung mit Telekommunikationsleistungen im Gewährleistungsstaat, S. 18 ff.; *Lepsius*, in: Fehling/Ruffert (Hrsg.), Regulierungsrecht, 2010, 1 ff.; *Ruffert*, in: Fehling/Ruffert (Hrsg.), Regulierungsrecht, 2010, 31 f.; kritisch *Vesting*, in: Denninger/Hoffmann-Riem/Schneider/Stein (Hrsg.), AK-GG Bd. 3, 3. Aufl. 2001, Art. 87f, Rn. 19 ff.

627 Gewährleistungsverantwortung und staatliche Leistungserbringung schließen einander nicht aus, so auch *Fehling*, in: Hochhuth (Hrsg.), Rückzug des Staates und Freiheit des Einzelnen, 2012, S. 93, 94.

628 *Möstl*, in: Dürig/Herzog/Scholz (Hrsg.), GG Bd. VI, 60. EL, Art. 87f, Rn. 73.

Auch bei Forschungsdatenbanken lässt sich ein enger Gemeinwohlbezug ausmachen.[629] In der Regel legt die Gewährleistungsverantwortung dem Staat gemeinwohlorientierte Ziele auf, ohne genauer festzulegen, wie er diese erreichen soll.[630] Bei dem Auftrag zur Garantie einer Forschungsdateninfrastruktur ist das Ziel eine umfassend vernetzte, auf bestimmte Weise für bestimmte Personengruppen zugängliche Infrastruktur. Die Vorgehensweise bleibt den Verantwortungsträgern überlassen. In Betracht kommt ein Gesetz, nach dem alle Forschungseinrichtungen mit einem oder mehreren Repositorien zusammenarbeiten oder eigene Datenbanken aufweisen müssen, die in die Nationale Forschungsdateninfrastruktur angegliedert und untereinander interoperabel sind. Auf einer niedrigeren Schwelle kann der Staat den Ausbau der Forschungsinfrastruktur durch Anreize fördern oder selbst die Infrastruktur bereitstellen, wie er dies bereits mit der *Nationalen Forschungsdateninfrastruktur* begonnen hat.

Die öffentliche Hand soll im Rahmen ihres Gewährleistungsauftrags marktwirtschaftliche Nachteile von der Bevölkerung abwenden.[631] Sobald und solange sich ein sozialstaatlich angemessenes Leistungs- und Preisniveau in funktionsfähigen Wettbewerbsstrukturen herauskristallisiert, entwächst keine besondere Handlungspflicht mehr aus der (Dauer-)Verantwortung des Staates.[632] Es handelt sich dann um eine Einstandsverantwortung für die Gewährleistung hinreichender Dienstleistungen.

Bei einer Forschungsinfrastruktur ist ein sozialstaatlich angemessenes Leistungsniveau erreicht, soweit jeder Forscher seine Daten in einem umfassend vernetzten Repositorium speichern und als Nachnutzer grundsätzlich auf geteilte Forschungsdaten zugreifen kann. Die Etablierung eines angemessenen Preisniveaus von Forschungsinfrastrukturdiensten ist ohne staatliche Hilfen unsicher.[633] Chronisch fehlende finanzielle Mittel in der Forschung resultieren in einem niedrigen Zugangspreis, so denn einer erhoben wird.[634] Da Betreiber damit kaum die Fixkosten decken können, bleiben sie auf Subventionen und anderweitige finanzielle Unterstützung angewiesen.

---

629 Siehe in Kapitel 3 B. III.

630 *Weiß*, DVBl., 117 (2002), 1167, 1175.

631 BVerfGE 108, 370 (393 f.); *Klement*, Verantwortung, S. 235.

632 *Möstl*, in: Dürig/Herzog/Scholz (Hrsg.), GG Bd. VI, 60. EL, Art. 87f, Rn. 75.

633 Siehe dazu Kapitel 5 B. IV.

634 Siehe zu Fragen einer wissenschaftsinternen Finanzierung mittels eines individuellen Zugangsentgelts Kapitel 5 B. IV. 2. a). Zu Möglichkeiten der Zugangsausgestaltung siehe Kapitel 5 C. I

Auch funktionsfähige Wettbewerbsstrukturen, dank derer Anbieter bestrebt sind, ihre Dienstleistungen zu verbessern, etablieren sich nicht ohne staatliches Zutun im Bereich der Forschungsdaten. In der Vernetzung der Repositorien untereinander liegt ein besonderer Wert. Insofern kommt es mehr auf ein Miteinander als auf einen vielfältigen Wettbewerb unter den Betreibern an. Das erfordert eine Koordination in Bezug auf technische Standards, gemeinsame Qualitätsstandards, klare und verständliche Nutzungsbedingungen aller Betreiber sowie eine faire Preisgestaltung, falls Gebühren erhoben werden. Unabhängige Überwachungs- und Zertifizierungsstellen sollten die Einhaltung der Qualitätsstandards überprüfen. Der Staat muss in diesem Zusammenhang Kontrollstrukturen und Rahmenbedingungen durch die Festlegung von Mindeststandards schaffen.

b) Subsidiarität gegenüber privatem Handeln

Die Gewährleistungsverantwortung versucht mitunter gegensätzliche Ziele zu vereinen. Zum einen schreibt sie dem Staat vor, welchen Mindeststandard er zu garantieren hat, soweit freie Anbieter dieses Minimum (noch) nicht leisten. Das Rechtssubjekt, das eine Gewährleistungsverantwortung für einen bestimmten Bereich trifft, ist zu aktivem Handeln verpflichtet. Die Gewährleistungsverantwortung erlaubt es dem Staat, seine Aufgaben innerhalb eines bestimmten Rahmens zu erfüllen.[635] Dabei kann der Staat zwar bestimmte Aufgaben delegieren oder übertragen, bleibt aber auch dann innerhalb festgelegter Grenzen und unter Einhaltung von Mindeststandards für ein bestimmtes Datensicherheits- und Qualitätsniveau verantwortlich und sollte entsprechende rechtliche und regulatorische Vorgaben machen. Übernimmt die öffentliche Hand die Gewährleistungsverantwortung für eine wissenschaftliche Infrastruktur, hat sie die Daten vor dem Zugriff Unberechtigter zu schützen, Zugang zu den Datenbaken und ausreichend Speicherplatz sicherzustellen. Zum anderen konkretisiert die Gewährleistungsverantwortung die Subsidiarität staatlichen Handelns gegenüber Privaten im Falle einer Aufgabenübertragung, dereguliert Prozesse und fördert die Privatisierung.[636]

Der Staat ist entgegen *Ernst Forsthoffs* Konzept der Daseinsvorsorge[637] nicht zwingend alleiniges, sondern kann auch mitverantwortliches oder subsidiäres

635 So etwa in der Jugendhilfe nach §§ 79 Abs. 1, 4 Abs. 2 SGB VIII.

636 Das dies jedoch nicht zwingend ist, wird deutlich bei *Fehling*, in: Hochhuth (Hrsg.), Rückzug des Staates und Freiheit des Einzelnen, 2012, S. 93 ff.

637 *Forsthoff*, Die Verwaltung als Leistungsträger, insb. S. 5 ff.; *Forsthoff*, Lehrbuch des Verwaltungsrechts, S. 368 ff.

Steuerungssubjekt sein, das nur für eine minimal invasive Kontrolle verantwortlich ist.[638] Der Staat muss seine Gewährleistungsverantwortung für Forschungsdatenbanken nicht durch eigene Personal- und Sachmittel erfüllen.[639] Stattdessen kann er private Anbieter beauftragen oder mit ihnen zusammenarbeiten, um die benötigte Infrastruktur bereitzustellen und zu betreiben. Sollten private Anbieter oder Kooperationsmodelle versagen, fällt die Verantwortung wieder auf den Staat zurück (Auffangverantwortung). In diesem Fall muss der Staat Kontroll- und Überwachungspflichten wahrnehmen, um sicherzustellen, dass die Forschungsdateninfrastruktur angemessen funktioniert und die gesetzten Standards eingehalten werden.[640] Das entspricht dem Prinzip der Funktions- und Aufgabenprivatisierung im öffentlichen Recht.

Das Konzept nach dem „Leitbild des Gewährleistungsstaates“[641] unterscheidet zwischen dem „Ob“ einer Aufgabenwahrnehmung und ihrem „Wie“.[642] So kann es Versorgungsbereiche geben, die von privater Seite verantwortet werden, bei denen der Staat aber eine sogenannte Reserve-, Einstands- oder Auffangverantwortung behält, um die Erfüllung der Aufgabe sicherzustellen.[643] Oder aber die öffentliche Hand lenkt private Aktivitäten auf das gewünschte Ergebnis und beteiligt Private nach dem Konzept der Verantwortungsteilung an der Erfüllung und Ausgestaltung seiner Aufgaben.[644] Dabei darf sich der Staat ebenfalls privater Personal- und Sachmittel bedienen.

---

638 *Buhr,* General Considerations on Infrastructure, in: Feng/Popescu (Hrsg.), Infrastrukturprobleme, 2007, S. 13, 26.

639 *Hermes*, Staatliche Infrastrukturverantwortung, S. 323 ff.

640 *Klement*, Verantwortung, S. 200. Zu Optionen bei der Aufgabenverteilung zwischen Staat und Privaten siehe Kapitel 5 B. III.

641 *Butzer*, in: Isensee/P. Kirchhof (Hrsg.), Hdb. StR, Bd. IV, 2007, § 74, Rn. 60; *Voßkuhle,* Staatsaufgabe Infrastruktur, in: Habersack/K. Huber/Spindler (Hrsg.), Festschrift für Eberhard Stilz zum 65. Geburtstag, 2014, S. 675, 685. Zur Funktion von Leitbildern allg. *Franzius*, in: Voßkuhle/Eifert/Möllers (Hrsg.), GVwR, Bd. I, 2022, § 4, Rn. 19 ff.

642 *Knauff*, Der Gewährleistungsstaat, S. 66.

643 *Herzog*, in: Isensee/P. Kirchhof (Hrsg.), Hdb. StR, Bd. IV, 2007, § 72, Rn. 32; *Isensee*, in: Isensee/P. Kirchhof (Hrsg.), Hdb. StR, Bd. IV, 2007, § 73, Rn. 36; *G. Kirchhof*, 132 (2007), 215, 251 f.; vgl. auch *Rüfner*, in: Isensee/P. Kirchhof (Hrsg.), Hdb. StR, Bd. IV, 2007, § 96, Rn. 22 ff., 29, der das Daseinsvorsorgekonzept um verschiedene Wahrnehmungsmodalitäten anreichert, die u.a. auch eine bloße staatliche Rahmensetzung für privates Tätigwerden umfassen.

644 *Schuppert,* Daseinsvorsorge, in: Schwintowski (Hrsg.), Die Zukunft der kommunalen EVU im liberalisierten Energiemarkt, 2002, S. 11, 14 ff.; *Trute,* Gemeinwohlsicherung

Die Gewährleistungsverantwortung gebietet es, Voraussetzungen zu schaffen, unter denen Initiativen des freien Marktes entstehen und durch Private vollzogen werden können.[645] Werden private Akteure bereits tätig, trifft den Staat zunächst nur eine Beobachtungspflicht hinsichtlich der Entwicklung und zweckentsprechenden Verwirklichung des Verantwortungsgegenstands.[646]

Im Falle einer Gewährleistungsverantwortung für eine Forschungsdateninfrastruktur muss der Staat zunächst den Status quo beobachten und den bestehenden Zustand der Forschungsdateninfrastruktur analysieren. Diese Verpflichtung ergibt sich aus der hoheitlichen Aufgabe, die Rahmenbedingungen für Forschung und Wissenschaft zu schaffen und zu erhalten. Dabei ermittelt die öffentliche Hand, inwieweit die vorhandenen Strukturen, Dienste und Systeme den Bedürfnissen der Wissenschaftsgemeinschaft entsprechen. Insbesondere achtet sie auf Defizite wie eine unzureichende Vernetzung von Repositorien, die den effizienten Austausch von Forschungsdaten behindern könnten. Falls der Staat Defizite feststellt, liegt es in seinem Ermessen, durch Förderprogramme oder rechtliche Vorgaben Anreize für die Entwicklung und Vernetzung von Forschungsdateninfrastruktur zu setzen. Dies kann durch Förderprogramme, finanzielle Anreize oder die Schaffung von Rahmenbedingungen geschehen, die eine bessere Kooperation und Vernetzung unterstützen. Das Verwaltungsrecht befugt den Staat, durch positive Maßnahmen die Erfüllung öffentlicher Aufgaben zu fördern. Wenn der freie Markt identifizierte Defizite nicht selbstständig behebt, muss der Staat regulierend eingreifen, etwa durch gesetzliche Vorgaben oder die Einführung von Data Sharing-Standards.

Indem sich die Gewährleistungsverantwortung zwischen dem Postulat einer hoheitlichen Handlungspflicht und der Annahme der Subsidiarität staatlichen Handelns positioniert, markiert sie den Rahmen eines erlaubten staatlichen Rückzugs von einer Erfüllungs- zu einer gewährleistenden Einstandsverantwortung.[647] Ihre beiden Elemente ergänzen sich wechselseitig und führen zu einer Beobachtungs- und Kontrollpflicht des Staates. Dem Staat ist es dabei gestattet, mehr als den Mindeststandard bereitzustellen. Bei der Frage des „Wie" der Leistungserbringung muss er im Falle einer Aufgabenübertragung private Akteure eigenen Mitteln vorziehen.[648]

---

im Gewährleistungsstaat, in: Schuppert/Neidhardt (Hrsg.), Gemeinwohl, 2002, S. 329, 330.

645 *Klement*, Verantwortung, S. 239.

646 *Schmidt-Preuß*, VVDStRL, 56 (1997), 160, 172 f.

647 BVerfGE 108, 370 (393 f.); BVerwGE 116, 365 (371 f.); *Di Fabio*, VVDStRL, 56 (1997), 235, 262.

648 *Klement*, Verantwortung, S. 241.

c) Prognoseabhängigkeit

Zu einer bedarfsgerechten Erfüllung einer Gewährleistungsverantwortung bedarf es Prognosen über die Zukunft im Allgemeinen und menschlichen Verhaltens im Besonderen.[649] Empirische Befunde zur Notwendigkeit einer staatlichen Verantwortung für Forschungsdatenbanken sind rar.[650] Schließlich befindet sich die Forschungsdateninfrastruktur noch im Aufbau und Data Sharing ist noch nicht disziplinübergreifend allgemein anerkannte und gelebte gute wissenschaftliche Praxis.

Für die Infrastruktur müssen Prognosen zu potenziellem Nutzen, Risiken, Nachteilen und Kosten getroffen und einander gegenübergestellt werden.[651] Darüber hinaus ist der Bedarf für das Teilen und Nachnutzen von Forschungsdaten zu ergründen. Denn nur weil eine bestehende Infrastruktur den Datenaustausch erleichtert, erhöht sie nicht notwendigerweise das Aufkommen geteilter Daten in der wissenschaftlichen Gemeinschaft. Noch lässt sich nicht vorhersagen, wie hoch die Bereitschaft der Forscher zum Data Sharing sein wird, wie sehr offene Forschungsdaten der Wissenschaft tatsächlich nutzen werden, welche technologischen Möglichkeiten es zur Datenauswertung geben wird und ob die Sicherheit der Daten angesichts einer steigenden Anzahl von Cyberangriffen gewährleistet werden kann.[652] Relevant für die Bedarfsprognose ist zudem, wie lange die Daten durchschnittlich archiviert werden sollen. Viele Antworten werden sich erst im Laufe der Zeit ergeben oder sind (wie etwa die Frage nach der Länge der Archi-

---

649 Hierzu bedarf es einer interdisziplinären Betrachtung, die auch die tatsächlichen Bedingungen und die soziale Wirksamkeit der Rechtsnormen untersucht, *Klement*, Verantwortung, S. 82 f.

650 Zum Umgang mit privaten Unsicherheiten aus rechtsökonomischer Perspektive *Fehling*, Unsicherheit in der ökonomischen Analyse, in: Hill/Schliesky (Hrsg.), Management von Unsicherheit und Nichtwissen, 2016, S. 203 ff.

651 Zu den Vor- und Nachteilen, Risiken und Chancen siehe bereits Kapitel 2.

652 Die sich abzeichnenden Informationsdefizite können als Grund für ein Marktversagen angesehen werden. So *H.-J. Cremer*, in: Fehling/Ruffert (Hrsg.), Regulierungsrecht, 2010, § 5, Rn. 95; *Kühling*, Sektorspezifische Regulierung in den Netzwirtschaften, S. 36; *Ruge*, Die Gewährleistungsverantwortung des Staates und der Regulatory State, S. 36. Nach streitiger Auffassung ist ein eventuelles Marktversagen Grundlage einer staatlichen Gewährleistungsverantwortung. Der positiven Regulierungstheorie zufolge mache ein Versagen des Staates und nicht der Märkte regulierende Maßnahmen notwendig, da die Arbeit staatlicher Einrichtungen durch private Interessen gelenkt werde, vgl. dazu den Überblick bei *Leschke*, in: Fehling/Ruffert (Hrsg.), Regulierungsrecht, 2010, 71 ff.; *Ruge*, Die Gewährleistungsverantwortung des Staates und der Regulatory State, S. 44 ff.

vierung) von der Wissenschaftlichen Gemeinschaft selbst zu beantworten. Die Prognosen müssen regelmäßig aktualisiert und neu evaluiert werden.

2. *Kritik am Begriff der Gewährleistungsverantwortung*

Dem Begriff der Gewährleistungsverantwortung wird zuweilen vorgeworfen, eine Scheinkonkretisierung zu sein, die derart unscharf keinen Erkenntnisgewinn geschweige denn eine normative, operationalisierbare Basis liefere.[653] Stattdessen öffne der Terminus Raum für Missverständnisse.[654] Unsicherheiten berge der Begriff, weil seine Aussage, ob der Staat einen Gegenstand zu garantieren hat, von Prognosen abhängt. Deshalb ist es umso wichtiger, juristisch herauszuarbeiten, wie eine etwaige Gewährleistungsverantwortung für Forschungsdatenbanken normativ herzuleiten und einzubetten ist und was sie konkret umfasst einschließlich konkreter praktischer Umsetzungsmöglichkeiten und eventueller -pflichten.[655]

Kritisch gegenüber dem Konzept der Gewährleistungsverantwortung ist anzumerken, dass sie zum Teil zur Suche nach rechtlichen Geboten anregt, wo es keine gibt.[656] Diese erlauben es der öffentlichen Hand, unter dem Deckmantel der Gewährleistungsverantwortung im Namen des Leistungsstaates in Grundrechte einzugreifen. Die zugrundeliegenden Hypothesen orientieren sich dabei oft eher am Ergebnis als an verfassungsrechtlichen Bezügen.[657] Das ist problematisch, sobald der Begriff der Gewährleistungsverantwortung ohne eine normative Grundlage rechtsdogmatische Konsequenzen im Sinne von Grundrechtseingriffen nach sich zieht.[658] Hier aber geht es um eine Grundrechtserweiterung. Forschern soll

---

653 *H. Röhl*, Die Wissenschaft vom Verwaltungsrecht, Beiheft 2 zu „Die Verwaltung“ 1999, 33, 48. Zum Begriff der Scheinkonkretisierung *Röthel*, Normkonkretisierung im Privatrecht, S. 180. Vgl. *Voßkuhle*, VVDStRL, 62 (2002), 266, 270, Fn. 9: Wer mit Verantwortungstypologien arbeite, definiere „den Begriff der Verantwortung i.d.R. selbst nicht weiter“. Vgl. auch *Schmidt-Aßmann*, in: Dürig/Herzog/Scholz (Hrsg.), GG Bd. III, 92. EL, Aug. 2020, Art. 19 Abs. 4, Rn. 187, demzufolge der Begriff der Gewährleistungsverantwortung nicht zwischen Norm und Fall vermittle.

654 *H. Röhl*, Die Wissenschaft vom Verwaltungsrecht, Beiheft 2 zu „Die Verwaltung“ 1999, 33, 48.

655 Siehe zu der Herleitung in C. und D. sowie zum Umfang einer Gewährleistungsverantwortung für Forschungsdatenbanken in Kapitel 5.

656 *Klement*, Verantwortung, S. 202.

657 Vgl. *Britz*, Die Verwaltung, 37 (2004), 145, 159 ff.

658 Die Erforderlichkeit einer normativen Basis betonend *Schmidt-Aßmann*, Das allgemeine Verwaltungsrecht als Ordnungsidee, S. 170.

eine Möglichkeit geschaffen werden, ihre Daten sicher und langfristig mit einem möglichst geringen individuellen Aufwand in Repositorien einzuspeisen.

Wenngleich einige Kritiker die Gewährleistungsverantwortung als abstrakt, deutungsbedürftig und nicht operationalisierbar wahrnehmen, wird sie hier positiver verstanden: als ein gegenüber neuen Entwicklungen offener Begriff, der der Einschätzungsprärogative des Gesetzgebers Rechnung trägt. Gleichzeitig setzt die Gewährleistungsverantwortung staatlich zu erfüllende Mindeststandards. Das ist insbesondere in sensiblen und regulierungsbedürftigen Bereichen wie dem Zugangsregime zu Forschungsdaten sinnvoll.

III. Die Infrastrukturgewährleistungsverantwortung für Forschungsdatenbanken

Das Leitbild des Gewährleistungsstaates fußt unter anderem auf der wirtschaftlichen und sozialen Bedeutung von Infrastruktur.[659] Die Infrastrukturverantwortung ist eine Art der Gewährleistungsverantwortung.[660] *Georg Hermes* argumentiert, dass die Infrastrukturverantwortung Rechtsfolgen aus der Verfassung ableitet.[661] *Winfried Kluth* zufolge umfasst die Infrastrukturgewährleistungsverantwortung den Einsatz besonderer Steuerungsinstrumente, die den Wettbewerb ermöglichen oder aufrechterhalten und dabei die „Interessen des Verbrauchers gegenüber den durchweg marktmächtigen Unternehmen schützen".[662] Eine klare Aufteilung zwischen staatlichen und privaten Aufgaben und ihrer Wahrnehmung offenbart der Begriff der Infrastrukturverantwortung zwar nicht.[663] Sie enthält aber einen verbindlichen Auftrag, die Versorgung sicherzustellen.[664] Eine Infrastrukturgewährleistung trifft den Staat nach Art. 87f Abs. 1 GG im Bereich des Postwesens und der Telekommunikation sowie nach Art. 87e Abs. 4 Satz 1 GG für das Eisenbahnwesen, Fernverkehrsangebot und die Eisenbahnverkehrsverwaltung.[665]

---

659 *Klement*, Verantwortung, S. 116.

660 So auch *Osterloh*, VVDStRL, 54 (1995), 204, 208. Zur Gewährleistungsverantwortung als Oberbegriff zudem *Hoffmann-Riem,* Verfahrensprivatisierung, in: Hoffmann-Riem/J.-P. Schneider (Hrsg.), Verfahrensprivatisierung im Umweltrecht, 1996, S. 9, 24. Vgl. zum Begriff auch *Eifert*, Grundversorgung mit Telekommunikationsleistungen im Gewährleistungsstaat, S. 177 ff.

661 *Hermes*, Staatliche Infrastrukturverantwortung, S. 159.

662 *Kluth*, Öffentliches Wirtschaftsrecht, § 6, Rn. 14.

663 *Schings*, Der Ausbau öffentlicher Ladeinfrastruktur für Elektrofahrzeuge, S. 81.

664 *O. Dörr*, VVDStRL, 73 (2014), 323, 337 ff.; *Wißmann*, VVDStRL, 73 (2014), 369, 387 ff.

665 Dazu bereits unter A.

Eine staatliche Gewährleistungsverantwortung auf dem Gebiet der Infrastruktur hat in der Regel hohen sozialen Bezug. Infrastruktur geht regelmäßig mit monetären sowie mit struktur-, sozial- und umweltpolitischen externen Effekten einher und bedarf der staatlichen Planung.[666] Forschungsdatenbanken wirken sich unmittelbar nur auf die Arbeit innerhalb der wissenschaftlichen Gemeinschaft aus und wirken damit vor allem wissenschaftsintern. Durch neue Erkenntnisse aus Gesundheits- und Umweltdatenbanken haben sie darüber hinaus mittelbar medizinische-, umwelt- und gesellschaftspolitische Effekte und dadurch einen sozialen Bezug. Der soziale Bezug der Infrastruktur ist stets zu berücksichtigen, wenn etwa die Verhältnismäßigkeit von staatlicher Regulierung und Mitbenutzungsrechten geprüft wird.[667]

Grundsätzlich muss der Staat jedenfalls dann tätig werden, wenn die Infrastruktur rechtlich oder tatsächlich weitgehend monopolisiert bleibt.[668] Das trifft bei einer Forschungsdateninfrastruktur nicht zwingend zu. Das Ziel, die Nutzung anzuregen und zu optimieren, wird ressourcenschonend verfolgt, wenn große Speicherorte an Stelle kleiner zum Einsatz kommen.

Darüber hinaus ist es Aufgabe der öffentlichen Hand, einzuschreiten, wenn private Anbieter nicht die erforderliche Infrastruktur bereitstellen.[669] Der Staat stellt diese dann nicht nur bereit, sondern muss auch den Umgang mit ihr, den Zugang zu ihr, Mitbenutzungsrechte Dritter, Eigentümerpflichten sowie Benutzungsentgelte[670] regeln, wenn es bereits (privat betriebene) Netze gibt.[671] Im Bereich des Rundfunks muss der Staat zum Beispiel einen chancengleichen Zugang zu Übertragungswegen und zum Rundfunkmarkt garantieren.[672] Bei Forschungs-

666 *Jochimsen/Gustafsson*, Infrastruktur, in: Simonis (Hrsg.), Infrastruktur, 1977, S. 38, 41.

667 Vgl. BVerfGE 50, 290 (340 f.).

668 *Fehling*, AöR, 121 (1996), 59, 75.

669 Aus Art. 87 Abs. 1 GG eine Staatspflicht zur finanziellen Unterstützung der Telekom hereitend, falls die Erfüllung des Infrastrukturbereitstellungsauftrags die wirtschaftlichen Möglichkeiten der Telekom überstiege, *Müller-Using*, ArchPT 1995, 46, 46. Zur allg. staatlichen Rahmenverantwortung bei der Energieversorgung *Hoffmann-Riem/J.-P. Schneider*, Wettbewerbs- und umweltorientierte Re-Regulierung, in: Hoffmann-Riem/J.-P. Schneider (Hrsg.), Umweltpolitische Steuerung in einem liberalisierten Strommarkt, 1995, S. 13, 38 ff.

670 *Hoffmann-Riem/J.-P. Schneider*, Wettbewerbs- und umweltorientierte Re-Regulierung, in: Hoffmann-Riem/J.-P. Schneider (Hrsg.), Umweltpolitische Steuerung in einem liberalisierten Strommarkt, 1995, S. 13, 86 f.; zu Fragen der Entgeltfinanzierung *Fehling*, VerwArch, 86 (1995), 600, 606 ff.

671 So etwa bei der Energieversorgung und Telekommunikation, dazu *Fehling*, AöR, 121 (1996), 59, 81, 89, 92.

672 BVerfGE 57, 295 (327); 73, 118 (153 f.); 83, 238 (319).

datenbanken sollen Wissenschaftler nach sachlichen Kriterien Zugang zu Daten erhalten. Nutzungsrechte müssen definiert werden. Die Finanzierung für Wartung und Betrieb der Rechenzentren sowie für eine Instandhaltung der Daten ist sicherzustellen. Erst wenn der Markt selbst die erforderliche Infrastruktur stellt, kann sich der Staat auf eine allgemeine Kontrolle beschränken.[673]

Es kann demnach Aufgabe des Staates sein, eine Forschungsdateninfrastruktur zu gewährleisten, damit Wissenschaftler diese nutzen können.[674] Dazugehörige Repositorien, die die Informationen zugänglich machen, sind insbesondere im Bereich der Gesundheits- und Klimaforschung erfolgversprechend. Es gibt vermehrt Bestrebungen seitens der Politik zugunsten des Bereitstellens von Forschungsdaten.[675] Doch es bedarf auch der erforderlichen Infrastruktur, in der die Daten abgelegt und verbreitet werden können. Dafür eignen sich fachübergreifende Vorhaben wie das der *Nationalen Forschungsdateninfrastruktur*.[676]

Infrastrukturverantwortung ist staatsaufgabentheoretisch die Basis dafür, dass sich der Staat mit einem Versorgungsbereich beschäftigt, wobei sie ihn gleichermaßen zum Handeln legitimiert und verpflichtet.[677] Sie eröffnet dem Staat einen Gestaltungsspielraum, in dem er verschiedene Ausgestaltungsmöglichkeiten ausprobieren und analysieren kann, um daraus rechtspolitische Handlungsaufträge abzuleiten.[678] Insofern ist die Infrastrukturverantwortung eine Form der Steuerungsverantwortung. Sie greift, wenn der Markt ein entsprechend dem modernen Lebensstandard daseinsnotwendiges Allgemeingut nicht oder nur unter unangemessenen Bedingungen bereitstellt. Das ist bei Forschungsdatenbanken der Fall.

Es zeigt sich: Den Staat kann eine Gewährleistungsverantwortung für eine Forschungsdateninfrastruktur treffen, sofern sich eine solche aus dem geltenden Recht herleiten lässt.

C. Herleitung aus hoheitlichen Vorgaben zum Teilen von Forschungsdaten

Ein Ansatz, eine staatliche Gewährleistungsverantwortung für eine wissenschaftliche Dateninfrastruktur herzuleiten, kann in der Analyse hoheitlicher Vorgaben

673 *Fehling*, AöR, 121 (1996), 59, 82.
674 Eine rechtliche Herleitung erfolgt sogleich im nächsten Abschnitt unter C. und D.
675 Hierzu in Kapitel 2 C. II. 2.
676 Siehe hierzu Kapitel 2 C. II. 3.
677 *Hermes*, Die Verwaltung, 53 (2020), 311, 312.
678 *Hermes*, Die Verwaltung, 53 (2020), 311, 312.

liegen, die bereits bestehen oder geplant sind. Wenn der Staat das Teilen von Forschungsdaten vorschreibt, muss er dafür auch die notwendige Infrastruktur schaffen. Ansonsten würde er von den Wissenschaftlern eine ineffiziente, wenn nicht gar unmögliche Form des Datenteilens verlangen. Die Grundsätze des Vertrauensschutzes und einer konsistenten Gesetzgebung hinsichtlich späterer gesetzgeberischer Entscheidungen trotz der Diskontinuität des Parlaments[679] sind bei der Begründung einer Gewährleistungsverantwortung aus parlamentarischen Maßnahmen heranzuziehen.

In einem ersten Schritt werden rechtliche Vorgaben zusammengetragen (I.), sodann wird eine staatliche Gewährleistungsverantwortung für Forschungsdatenbanken aus den vorgestellten rechtlichen Vorgaben auf Basis der Konzepte eines Konsequenzgebots (II.) und einer Garantenstellung hergeleitet (III.). Schließlich erfolgt eine Kompetenzabgrenzung des deutschen zum europäischen Hoheitsträger (IV.).

I. Rechtlicher Vorgaben

1. *De lege lata*

Bisher gibt es auf nationaler Ebene kaum Normen, die wissenschaftliches Datenteilen verbindlich vorschreiben. Stattdessen finden sich unverbindliche Empfehlungen wie in den Leitlinien der Deutschen Forschungsgemeinschaft.[680] Neben dem Bekenntnis zu mehr Open Science und Data Sharing in Förderstrategien des Bundes sowie Vorgaben und Richtlinien öffentlicher Förderorganisationen wird

---

679 Danach kann der neue Gesetzgeber unabhängig von den Entscheidungen des vorherigen handeln, von ihnen oder eigenen Entscheidungen aus der vergangenen Legislaturperiode abweichen und damit die rechtlichen Rahmenbedingungen einer Gewährleistungsverantwortung für Forschungsdateninfrastruktur verändern. Dazu *Schwarz*, Juristische Ausbildung 2013, 683, 687 ff., der zwar ein Mindestmaß an Kontinuität vom Gesetzgeber verlangt, aber zugleich hervorhebt, die Rechtsordnung müsse – abgeleitet vom Demokratieprinzip – angepasst werden können; siehe ausführlich zum Verhältnis des Vertrauensschutzgrundsatzes zum Demokratieprinzip *Schwarz*, Vertrauensschutz als Verfassungsprinzip, S. 48 ff.

680 *DFG*, Leitlinien zur Guten Wissenschaftlichen Praxis, 2019, S. 13, 15, 17, abrufbar unter: https://www.dfg.de/download/pdf/foerderung/rechtliche_rahmenbedingungen/gute_wissenschaftliche_praxis/kodex_gwp.pdf; *DFG*, Guidelines on the Handling of Research Data, 2015, abrufbar unter: https://www.dfg.de/download/pdf/foerderung/grundlagen_dfg_foerderung/forschungsdaten/guidelines_research_data.pdf.

der Aufbau der Nationalen Forschungsdateninfrastruktur finanziell von Bund und Ländern seit 2019 bis 2028 mit bis zu 90 Millionen Euro jährlich gefördert.[681]

Das Bundesministerium für Bildung und Forschung hat eine Reihe von Förderrichtlinien erlassen, die den Fördernehmern zunehmend verbindlich vorschreiben, ihre Daten zu teilen. In der „Richtlinie zur Förderung von Projekten zur Beschleunigung der Transformation zu Open Access" müssen Fördernehmer erhobene Daten spätestens sechs Monate nach Abschluss des Projekts teilen.[682] Zuwendungen nach der „Richtlinie zur Förderung von Projekten zum Thema Aktuelle und historische Dynamiken von Rechtsextremismus und Rassismus" sind ebenfalls an die Bedingung der Bereitschaft zum Zugänglichmachen der Daten geknüpft.[683] Nach der „Förderrichtlinie zur Förderung von Forschungsprojekten zu ethischen, rechtlichen und sozialen Aspekten der Neurowissenschaften" vom 6.10.2021 sollen alle Originaldaten gemäß des dortigen Punkt 4 zugänglich gemacht und langfristig gesichert werden.

In der Europäischen Union gibt es das Forschungsförderprogramm *Horizon Europe* als Nachfolger von *Horizon2020*.[684] Wesentliche Ziele der maßgeblich von der Europäischen Kommission entworfenen Initiative sind es, die Forschung im Bereich des Klimaschutzes voranzutreiben und die Wettbewerbsfähigkeit der Union zu stärken. Die Zuwendungsempfänger müssen gemäß den Förderbedingungen ihre Daten so offen wie möglich und so verschlossen wie nötig teilen.[685]

Art. 187 AEUV bildet eine bedeutsame Rechtsgrundlage für die Errichtung einer wissenschaftlichen Infrastruktur.[686] Dieser Kompetenznorm zufolge kann die Union gemeinsame Strukturen schaffen, die für eine ordnungsgemäße Durchführung gemeinschaftlicher europäischer Forschungsprogramme erforderlich

681 *BMBF, Bundesministerium für Bildung und Forschung*, Nationale Forschungsdateninfrastruktur, 2021, abrufbar unter: https://www.bmbf.de/bmbf/de/forschung/das-wissenschaftssystem/nationale-forschungsdateninfrastruktur/nationale-forschungsdateninfrastruktur_node.html.

682 Bundesanzeiger vom 17.6.2020, Punkt 6.

683 Bundesanzeiger vom 24.6.2021, Punkt 2.

684 Zu Informationen des inzwischen ausgelaufenen Förderprogramms mit einem Fördervolumen von 80 Mrd. € siehe *Europäische Kommission*, Horizon 2020, abrufbar unter: https://research-and-innovation.ec.europa.eu/funding/funding-opportunities/funding-programmes-and-open-calls/horizon-2020_en.

685 *Europäische Kommission*, Horizon Europe, 2021, S. 39, abrufbar unter: https://ec.europa.eu/info/funding-tenders/opportunities/docs/2021-2027/horizon/guidance/programme-guide_horizon_en.pdf.

686 Vgl. auch *Hünnekens*, Rechtsfragen der wirtschaftlichen Infrastruktur, S. 85, der sich jedoch auf die Vorvorgängernorm Art. 130n EGV, später Art. 171 EGV, bezog.

sind. Auf ihrer Grundlage wird derzeit auch die *European Open Science Cloud* geschaffen. Das 2015 gegründete Projekt der Kommission soll europäischen Wissenschaftlern Zugang zu Forschungsdaten, entsprechenden Verarbeitungsplattformen und Diensten verschaffen. Es erleichtert dadurch die Datenverarbeitung und fördert eine offene Wissenschaft.

2. *De lege ferenda*

Es lassen sich künftig weitergehende Vorgaben erahnen. Auf Unionsebene ergibt sich das aus der Entwicklung der Open Science-Bewegung, dem Ausbau der *European Open Science Cloud* und Äußerungen von Vertretern der Europäischen Kommission und des Europäischen Wissenschaftsrats.[687]

In Deutschland zeichnen sich ähnliche Entwicklungen ab. Die *Nationale Forschungsdateninfrastruktur* entsteht.[688] Der Koalitionsvertrag des *Kabinett Scholz* von 2021 sieht vor, dem Austausch von Forschungsdaten Vorschub zu leisten. Ebenso fördern Vorreiter unter den Förderorganisationen (genannt seien namentlich die Deutsche Forschungsgemeinschaft und das Bundesministerium für Bildung und Forschung) zunehmend rechtlich unverbindlich Open Science-Praktiken und steuern ihre Fördernehmer in Richtung Data Sharing.[689] In künftigen Förderbedingungen sind verbindliche Data Sharing-Fördervorgaben und -Leitlinien zu erwarten. Denkbar sind auch entsprechende Direktiven öffentlicher Wissenschaftsorganisationen oder parlamentarische Gesetze, die zu einer Kooperation mit einer Datenbank verpflichten, es sei denn sie verfügen über eine institutseigene adäquate Infrastruktur, die mit der *Nationalen Forschungsdateninfrastruktur* verbunden ist. Es ist zudem abzusehen, dass der Staat den Ausbau der Forschungsinfrastruktur durch Anreize fördern wird.[690]

II. Gewährleistungsverantwortung aus dem Gedanken eines „Konsequenzgebots"

Nun stellt sich die Frage, ob aus hoheitlichen Vorgaben zum Teilen von Forschungsdaten eine Gewährleistungsverantwortung für eine entsprechende Infrastruktur aus dem Konsequenzgebot oder aus einer etwaigen, eher präventiv veranlagten Garantenstellung (aus Ingerenz)[691] hergeleitet werden kann. Beide

687 Siehe zu den Entwicklungen Kapitel 2 C. I.
688 Siehe in Kapitel 2 C. II. 3.
689 Siehe hierzu Kapitel 2 C. II. 2.
690 Siehe Kapitel 3 C. I.
691 Dazu sogleich unter III.

Ansätze lassen sich ergänzen und können gemeinsam zur Begründung einer umfassenden Gewährleistungsverantwortung für eine Forschungsdateninfrastruktur beitragen. Dem liegt ein simpler Gedanke zugrunde: Wenn der Staat etwas fordert, muss er konsequenterweise Bedingungen schaffen, unter denen die Forderung umsetzbar ist. Staatliche Maßnahmen, die die Wissenschaftsfreiheit betreffen, müssen in sich schlüssig und aufeinander abgestimmt sein. Es liegt nahe, aus der politischen Agenda zugunsten eines Mehr an Datenaustausch und einer offenen Wissenschaft eine staatliche Verantwortung abzuleiten, die eingeschlagene Richtung weiter zu verfolgen. Je konkreter der Staat seine politische Agenda umsetzt im Sinne rechtlicher Gebote, umso verbindlicher wird die ihn treffende Verantwortung. Wenn staatliche Stellen Wissenschaftler dazu verpflichten, ihre Daten zu teilen, dann müssen sie die Voraussetzungen schaffen, damit das effizient und effektiv geschehen kann.

1. *Konzept des Konsequenzgebots in Bezug auf die Gewährleistung einer Forschungsdateninfrastruktur*

Das Konsequenzgebot[692] begründet eine (eher ergebnisorientierte) Verantwortung, künftige Entscheidungen im Einklang zu vorangegangenen zu treffen und kann damit als verwandt mit dem Gleichheitssatz angesehen werden. Die Verantwortung trägt der Gesetzgeber hierbei aufgrund seiner früheren Regelungen und deren Auswirkungen, während eine Garantenstellung sich aus einer spezifischen rechtlichen Verpflichtung oder Beziehung ergibt und oft das Ziel verfolgt, Risiken zu vermeiden oder zu mindern.

Nach dem Konsequenzgebot kann eine bestimmte (freiwillig übernommene) staatliche Handlung Pflichten des Staates für künftige Entscheidungen nach sich ziehen.[693] Miteinander in Zusammenhang stehende staatliche Vorgaben und Leistungen sollen sich nicht gegenseitig widersprechen. Wer eine bestimmte Situation oder ein bestimmtes Risiko aktiv schafft oder wesentlich beeinflusst, ist nach dem Prinzip auch für die Konsequenzen verantwortlich. Aus dem Gebot lassen sich zum Teil weitere sektorübergreifende Konsequenzanforderungen ableiten.[694]

---

692 Zum Konsequenzgebot *Gärditz*, Hochschulorganisation und verwaltungsrechtliche Systembildung, S. 361; *Kleindiek*, Wissenschaft und Freiheit in der Risikogesellschaft, S. 247; *Trute*, Die Forschung zwischen grundrechtlicher Freiheit und staatlicher Institutionalisierung, S. 289 ff., insb. S. 292 f.

693 *Isensee*, in: Isensee/P. Kirchhof (Hrsg.), Hdb. StR, Bd. IV, 2007, § 73, Rn. 29, der das Phänomen zwar umschreibt, aber nicht als „Konsequenzgebot“ bezeichnet.

694 *Dietlein*, NVwZ 2017, 1667, 1667.

Auf Unionsebene wird das Konsequenzgebot zum Teil auch als „horizontale [und vertikale] Kohärenz“[695] diskutiert.[696] Das Bundesverfassungsgericht hatte zuvor „horizontale“ Systemvergleiche allerdings ausdrücklich nicht in seine rechtliche Würdigung aufgenommen.[697] Inzwischen hat das Verfassungsgericht bereichsübergreifende Konsequenzanforderungen in seine Rechtsprechung implementiert.[698]

Im Kontext einer Forschungsdateninfrastruktur bedeutet dies für den Staat, der eine solche Infrastruktur initiiert oder wesentlich beeinflusst, dass er auch für ihre sachgerechte Verwaltung und Weiterentwicklung verantwortlich ist. Im Zusammenhang mit der Wissenschaftsfreiheit taucht der Begriff des Konsequenzgebots auf, wenn es um den Pflichten- und Anspruchsumfang von Leistungsrechten aus dem Grundrecht geht.[699] Der Staat hat die Pflicht, die Ausübung der Wissenschaftsfreiheit zu ermöglichen und zu unterstützen, während Wissenschaftler das Recht haben, entsprechende staatliche Leistungen zu fordern, die diese Freiheit gewährleisten. Hinsichtlich der Ausgestaltung dieser Leistungsrechte würde der Staat in Bezug auf eine Forschungsinfrastruktur dem Konsequenzgebot unterliegen, wenn er Datenteilen verbindlich vorschreibt oder zu einer Förderbedingung macht. Hochschulen, die auf Forschungsförderung angewiesen sind, könnten dann vom Staat einfordern, ihnen durch entsprechende Ausstattung freie Forschung und Lehre zu ermöglichen.[700]

Entsprechend diesen Gedanken haben Wissenschaftler, von denen der Staat zur Förderung der freien wissenschaftlichen Betätigung Data Sharing verbindlich verlangt, einen Anspruch auf eine Ausstattung, mit der sie ihre Daten auch tatsächlich teilen können. Das gilt jedenfalls dann, wenn die bereits vorhandene Infrastruktur nicht zum Austausch von Forschungsdaten ausreicht, Sicherheitsanforderungen nicht gerecht wird oder nicht dem technischen Standard entspricht.

---

695 Siehe zum Erfordernis eines kohärenten Vorgehens des Gesetzgebers aus der Rechtsprechung des EuGH u.a. Urt. v. 6.11.2003 – C-243/01 Piergiorgio Gambelli u.a., Rn. 67; Urt. v. 8.9.2010 – C-46/08, Rn. 30.

696 *Dietlein*, NVwZ 2017, 1667, 1668. Vgl. EuGH C-46/08, ECLI:EU:C:2010:505 = NVwZ 2010, 1422 (1425, 1428) – Carmen Media Group; C-316, 358, 359, 360, 409, 410/07, ECLI:EU:C:2010:504 = NVwZ 2010, 1409 (1414 f.) – Stoß.

697 BVerfGE 115, 276 (305); Beschl. v. 20.3.2009 – 1 BvR 2410/08 = NVwZ 2009, 1221 (1223).

698 BVerfG, Beschl. v. 7.3.2017 – 1 BvR 1694/13, 1 BvR 1314/12, 1 BvR 1630/12, 1 BvR 1694/13, 1 BvR 1874/13 = NVwZ 2017, 1111 (1116).

699 Dabei hat der Staat grds. einen großen Entscheidungsspielraum, *Britz*, in: Dreier (Hrsg.), GG Bd. I, 3. Aufl. 2013, Art. 5 III (Wissenschaft), Rn. 82.

700 BVerfGE 35, 79 (117, 123 f.); 54, 363 (389 ff.); 111, 333 (354).

Ein Konsequenzgebot folgt nicht schon dann, wenn der Staat Data Sharing als gute wissenschaftliche Praxis bewirbt, bloße Empfehlungen ausspricht oder unverbindliche Anreize setzt und dadurch zusätzlich zum Teilen von Forschungsdaten motiviert.

Die bisherigen Bemühungen und Empfehlungen zugunsten des Teilens wissenschaftlicher Daten reichen nicht aus, um eine rechtliche Gewährleistungsverantwortung des deutschen Staates nach dem Konsequenzgebot zu begründen. Sie sind nicht rechtlich bindend und üben keinen durchsetzbaren Data Sharing-Zwang auf Wissenschaftler aus, ihre Daten zu teilen. Bisherige Initiativen sind allgemeiner Natur und spezifizieren nicht ausreichend die Anforderungen an eine Forschungsdateninfrastruktur oder Modalitäten des Datenteilens, an die sich eine Gewährleistungsverantwortung nach dem Konsequenzgebot anknüpfen lässt. Je konkreter und rechtlich bindender staatliche Maßnahmen im Bereich des Forschungsdatenaustauschs werden, desto eher lässt sich eine aus dem Konsequenzgebot folgende Gewährleistungsverantwortung begründen. Entwicklungen sollten genau beobachtet werden, lassen sie doch zunehmend strengere Vorgaben erwarten, die eine Forschungsdateninfrastruktur erforderlich machten. Schriebe der Staat den wissenschaftlichen Datenaustausch etwa in Förderbedingungen öffentlicher Forschungsförderer verbindlich vor, verpflichtete ihn das zur Gewährleistung einer angemessenen Datenbankeninfrastruktur nach dem Konsequenzgebot.

2. Verstärkung der Direktivkraft des Konsequenzgebots aufgrund der Grundsätze der Folgerichtigkeit und des Vertrauensschutzes

Wenngleich sich eine Gewährleistungsverantwortung anhand der bestehenden Data Sharing-Vorgaben des Staates noch nicht allein aus dem Konsequenzgebot ergibt, ist zu erwägen, ob das Gebot womöglich durch das Hinzutreten weiterer Grundsätze (namentlich durch das Prinzip der Folgerichtigkeit und des Vertrauensschutzes) im Rahmen einer Gesamtschau aktiviert wird.

Das Prinzip der Folgerichtigkeit[701] verlangt vom Gesetzgeber, seine Entscheidungen innerhalb eines rechtlichen Rahmens in sich konsistent und logisch umzusetzen.[702] Das Bundesverfassungsgericht entwickelte hieraus das „Gebot zur

701 Das Prinzip stammt ursprünglich aus dem Steuerrecht: Wenn der Gesetzgeber beispielsweise eine Steuervergünstigung für eine bestimmte Gruppe einführt, muss er diese Entscheidung auf einer konsistenten und logischen Grundlage treffen, die mit dem Gleichheitsgrundsatz des Art. 3 Abs. 1 GG übereinstimmt.

702 *C. Bumke*, Der Staat, 49 (2010), 77, 88.

folgerichtigen Konzeptverwirklichung".[703] Das Gericht entschied zum Rauchverbot in Gaststätten, der Gesetzgeber müsse „folgerichtig" agieren bei seinem Konzept, den Gesundheitsschutz der Gäste mit den wirtschaftlichen Interessen der Gaststättenbetreiber aus Art. 12 Abs. 1, 14 Abs. 1 GG zu vereinen.[704] Ein Konsistenzgebot[705] – so umstritten und eng sein Anwendungsbereich auch sein mag – erweitert das Prinzip der Folgerichtigkeit dahingehend, dass staatliche Vorgaben und Leistungen in ihrer Gesamtheit nicht widersprüchlich sein dürfen. Es setzt dem gesetzgeberischen Gestaltungsspielraum allerdings lediglich Grenzen hinsichtlich der Verwirklichung von ihm getroffener Entscheidungen.[706] Darüber hinaus verpflichten vergangene Entscheidungen wie die, den Austausch von Forschungsdaten zu fördern, den Staat nicht dazu, etwa eine Forschungsdateninfrastruktur zu gewährleisten. Die Grundsätze der Folgerichtigkeit und konsistenten Gesetzgebung verpflichten den Staat demnach nicht über das Konsequenzgebot hinaus.

Das Konsequenzgebot ist eng mit dem verfassungsrechtlichen Grundsatz des Vertrauensschutzes verbunden. Der Vertrauensschutz ist bei staatlichen Begünstigungen verfassungsrechtlich in der Abwehrfunktion der Grundrechte in Verbindung mit dem Grundsatz der Rechtssicherheit und dem Rechtsstaatsprinzip aus Art. 20 Abs. 3 GG verankert.[707] Wenn der Staat bestimmte Erwartungen oder Zusagen macht, die gegebenenfalls steuernd wirken, muss er auch die Konsequenzen dieser Handlungen tragen und die Erwartungen der Betroffenen in seine weiteren Entscheidungen einbeziehen.[708] Hat der Staat eine besondere Vertrauensgrundlage (implizit) geschaffen,[709] ist das daraus resultierende Vertrauen der Bürger bei

703 *C. Bumke*, Der Staat, 49 (2010), 77, 89.

704 BVerfGE 121, 317 (362 f.). Diese Entscheidung ist allerdings hoch umstritten, beachte insb. die Abweichenden Meinungen der Richter *Byrde* und *Masing*.

705 Kritisch diesbezüglich jedoch *C. Bumke*, Der Staat, 49 (2010), 77, 85 ff. m.w.N.; *Payandeh*, AöR, 136 (2011), 578 ff., insb. S. 612.

706 Die Konsistenz bloß als Teilaspekt bei der Prüfung der Rechtswidrigkeit eines Eingriffs in Freiheitsgrundrechte berücksichtigend, *Payandeh*, AöR, 136 (2011), 578, 603 ff., 612.

707 BVerfGE 13, 261 (271); 23, 12 (32); 88, 384 (403); zu weiteren möglichen Herleitungen *Schwarz*, Vertrauensschutz als Verfassungsprinzip, S. 105, 232, 286 f., 289 m.w.N.; *H.-J. Blanke*, Vertrauensschutz im deutschen und europäischen Verwaltungsrecht, S. 13 ff. zum allg. Meinungsstand, S. 101.

708 *Schings*, Der Ausbau öffentlicher Ladeinfrastruktur für Elektrofahrzeuge, S. 113.

709 *Schulze-Fielitz*, in: Dreier (Hrsg.), GG Bd. II, 3. Aufl. 2015, Art. 20 (Rechtsstaat), Rn. 151 f.

belastenden Neuregelungen zu beachten.[710] Treffen einige der Steuerungssubjekte Dispositionen in dem Glauben, der Staat werde sich weiterhin entsprechend verhalten, schützt das Grundgesetz diese Dispositionen unter Umständen vor künftiger Entwertung.[711]

Die amtierende Bundesregierung ist maßgeblich daran beteiligt, die *Nationale Forschungsdateninfrastruktur* auszubauen und öffentliche Förderorganisationen bewerben zunehmend einen offenen Umgang mit Forschungsdaten. Dennoch lässt sich daraus kein Vertrauensschutz herleiten, aus dem sich in Verbindung mit dem Konsequenzgebot eine Gewährleistungsverantwortung für eine wissenschaftliche Dateninfrastruktur herleiten lässt. Bei der Gewährleistungsverantwortung muss der Staat die Versorgung mit einem bestimmten Gut oder einer Leistung garantieren. Der Vertrauensschutz hingegen fordert lediglich, schutzwürdige Bestandsinteressen betroffener Grundrechtsträger im Falle eines Eingriffs zu beachten und gegebenenfalls finanziell auszugleichen, Übergangsfristen einzuführen oder das Vertrauen anderweitig zu schützen.[712] Die Pflicht, die bestehende Rechtslage zu perpetuieren, folgt aus dem Grundsatz des Vertrauensschutzes nicht.

III. Garantenstellung zur Herleitung einer Gewährleistungsverantwortung

Ein weiterer Ansatz zur Begründung einer Gewährleistungsverantwortung für eine Forschungsdateninfrastruktur aus bestehenden rechtlichen Vorgaben ist die Annahme einer staatlichen Garantenstellung aus vorangegangenem Tun.[713] Die Garantenstellung des Gemeinwesens kann als mögliche Begründung für eine Gewährleistungsverantwortung im Sinne einer spezifischen rechtlichen Verpflichtung herangezogen werden. Sie weist Parallelen zu der strafrechtlichen Garantenstellung und -pflicht aus Ingerenz auf. Dort ist eine Person deshalb zum Handeln verpflichtet, weil sie durch ihr Vorverhalten eine Gefahr für Rechtsgüter Dritter geschaffen hat. Zwar ist dem Staat kein objektiv pflichtwidriges[714] Vorverhalten

710 *Sommermann*, in: MKS, GG, Bd. 3, 7. Aufl. 2018, Art. 20, Rn. 292.

711 Zum Dispositionsschutz als „maßgeblicher" Funktion des Vertrauensschutzprinzips *H.-J. Blanke*, Vertrauensschutz im deutschen und europäischen Verwaltungsrecht, S. 42 ff. Kritisch zum Dispositionsschutz vor dem Hintergrund eines grds. Misstrauens des Bürgers gegenüber dem Staat *Bullinger*, JZ, 54 (1999), 905, 911.

712 Zur begrenzten Reichweite des Vertrauensschutzes bzgl. der Gewaltenteilung *Lepsius*, JZ 2014, 488, 493 ff.

713 *Isensee*, in: Isensee/P. Kirchhof (Hrsg.), Hdb. StR, Bd. IV, 2007, § 73, Rn. 29.

714 So die Anforderung an die strafrechtliche Ingerenz nach der h.M., der zufolge nicht jede Pflichtwidrigkeit zur Begründung einer Garantenstellung und -pflicht ausreicht,

vorzuwerfen. Dem Staat könnte aber aufgrund seiner vorangegangenen Vorgaben zum Teilen von Forschungsdaten im Falle eines engen Zurechnungszusammenhangs eine Verantwortung für das Bereitstellen einer entsprechenden Infrastruktur treffen. Hierbei geht es um eine präventive Verantwortung für ein potenziell geschaffenes Risiko. Unter ein solches Risiko lässt sich zum Beispiel die Gefahr der Sicherheit eingespeister Daten subsumieren.

Hans-Ullrich Gallwas entwickelte maßgeblich das Konzept der Garantenstellung.[715] Er untersuchte, wie der Staat Privaten bestimmte Handlungen überträgt, die sehr eng mit Funktionen der gemeinschaftsbezogenen öffentlichen Verwaltung verbunden und ihr deshalb zuzuordnen sind.[716] Für diese Handlungen sei primär das Gemeinwesen zuständig.[717] Es könne seine Aufgaben übertragen, müsse dabei jedoch die Einhaltung der hinter den Aufgaben stehenden Ziele und Pflichten sicherstellen. Insofern begründe die Übertragung öffentlicher Aufgaben an Private (Auf-, Ausbau und Betrieb von Repositorien, Bereitstellung privater Datenbanken für Forschungsdaten) eine konkrete Garantenstellung und verpflichte den Staat zumindest sekundär.[718] Andernfalls könnte sich der Staat allzu leicht von seinen Grundrechtsbindungen befreien, indem er Private einschaltet.[719]

Unabhängig davon, ob die Bereitstellung der wissenschaftlichen Dateninfrastruktur unter Einsatz Privater oder durch den Staat selbst erfolgen soll,[720] lässt sich der Gedanke einer Garantenstellung auf den hiesigen Fall übertragen. Das die Rechtspflicht möglicherweise auslösende Vorverhalten könnte sich hier aus der staatlichen Förderung von Forschungsdatenbanken und Data Sharing ergeben. Eine lediglich unverbindliche Förderung reicht jedoch nicht aus, um eine Gewährleistungsverantwortung aus einer Garantenstellung hieraus zu begründen. Es bedarf einer spezifischeren rechtlichen Verpflichtung zum Forschungsdatenaustausch oder zumindest einer starken staatlichen Einflussnahme, die über reine Fördermaßnahmen hinausgeht. Den Austausch wissenschaftlicher Daten aus öffentlich geförderten Projekten zu fördern, ist ein am Gemeinwohl orientiertes Unterfangen. Zudem tangiert es die Wissenschaftsfreiheit derjenigen, die ihre

siehe etwa bei *Bosch*, in: Schönke/Schröder (Hrsg.), StGB, 30. Aufl. 2019, § 13, Rn. 35 f. m.w.N.; *Freund*, in: MüKo StGB, Bd. 1, 4. Aufl. 2020, § 13, Rn. 118 f.

715 *Gallwas*, VVDStRL, 29 (1971), 211, 226 ff.

716 *Gallwas*, VVDStRL, 29 (1971), 211, 223.

717 *Gause*, Die öffentliche Indienststellung Privater als Rechtsinstitut der Staatsorganisation, S. 18 ff., 33.

718 *Gallwas*, VVDStRL, 29 (1971), 211, 226 f., 229.

719 BVerfGE 10, 302 (324 ff.).

720 Dazu sogleich in Kapitel 5.

Daten teilen wollen oder sollen und derjenigen, die mit geteilten Daten forschen möchten. Ein Grundrechtsbezug im Sinne einer die Garantenpflicht auslösenden Beziehung besteht.

Indem der Staat durch konkrete Anforderungen die wissenschaftliche Betätigung beeinflusst, erweitert er auch den Umfang seiner Schutzpflicht aus der Wissenschaftsfreiheit.[721] Es wäre nicht angemessen, den staatlichen Leistungsumfang trotz zusätzlicher staatlicher Anforderungen an die Forscher auf dem gleichen Niveau zu belassen. Verlangt die öffentliche Hand verbindlich wissenschaftliche Aktivitäten in Richtung Data Sharing, hat sie dabei die Interessen der Forscher zu beachten. Will der Staat den Austausch von Forschungsdaten verbindlich fördern, muss er auch eine Infrastruktur schaffen, die die neuerdings geforderten Praktiken sicher ausführbar macht. Dazu zählt die Bereitstellung einer Infrastruktur, die den Anforderungen des wissenschaftlichen Datenaustauschs gerecht wird. Das heißt, die Infrastruktur muss in entsprechendem Umfang zugänglich, sicher, effizient und den disziplinspezifischen Anforderungen entsprechend mit einem hinreichenden Speichervolumen verfügbar sein. Sollte der Staat die Aufgabe des Auf- und Ausbaus sowie der Unterhaltung der Infrastruktur auf Private übertragen, bliebe ihm auch dann eine Verantwortung für potenziell geschaffene Risiken.[722]

Die von *Hans-Ullrich Gallwas* umschriebene Garantenstellung begründet Handlungspflichten, deren Inhalt und Intensität sich nach dem Zweck der zugrundeliegenden Rechtsvorschrift bestimmen.[723] Dem Gesetzgeber bleibt dabei innerhalb gewisser Grenzen ein Spielraum.[724] Um die Aufgabenerfüllung sicherzustellen, muss er die Bereitstellung der Infrastruktur kontrollieren, etwaige Defizite ausgleichen oder selbst Alternativen zur vorhandenen Leistung anbieten.[725] Zudem sollte er die Allgemeinheit über die Aufgabenübertragung, ihren Inhalt und zulässige Mittel informieren.[726]

Die Intensität einer Garantenstellung für eine Forschungsdateninfrastruktur kann variieren. Sie verstärkt sich synchron zu dem Maß an Verbindlichkeit der staatlichen Vorgaben zum Datenteilen und der Gefährdung eingespeister Daten. Die Ausgestaltung der Vorgaben bedingt den Inhalt der Garantenstellung. Je konkreter Anforderungen zum Austausch wissenschaftlicher Daten sind und

---

721 Siehe dazu unter D. I.

722 Siehe zur subsidiären Verantwortung B. I. 3. b).

723 *Gallwas*, VVDStRL, 29 (1971), 211, 229.

724 *Gallwas*, VVDStRL, 29 (1971), 211, 229.

725 *Gallwas*, VVDStRL, 29 (1971), 211, 229, 231, 235.

726 *Gallwas*, VVDStRL, 29 (1971), 211, 231.

je mehr der Staat das Teilen auch sensibler Daten in bestimmten Repositorien verlangt, desto weniger frei ist er bei der Frage, wie er seiner Garantenstellung nachkommt. Wenn der Staat das Teilen von Forschungsdaten in öffentlich zugänglichen Repositorien verbindlich einfordert, erhöht sich seine Verpflichtung, eine entsprechende Infrastruktur zu schaffen oder zumindest zu unterstützen. Letztlich kann es dadurch zu einer Pflicht zur Bereitstellung oder Sicherstellung öffentlicher Forschungsdatenbanken kommen. Allerdings genügen jetzige Vorgaben dafür (noch) nicht aus. Bisher verpflichtet der Staat weder Datenbankbetreiber noch Forscher in einem Ausmaß, das die Annahme einer Garantenstellung für die Gewährleistung einer Dateninfrastruktur rechtfertigt. Das kann sich jedoch insbesondere angesichts des eher präventiven Charakters der Garantenstellung schnell ändern.

IV. Fragen der Kompetenzabgrenzung

Bei der Ausweitung eines wissenschaftlichen Datenaustauschs spielt die Musik hinsichtlich europäisch geförderter Forschung vor allem auf Unionsebene. Es stellt sich die Frage, welchen hoheitlichen Akteur unter welchen Voraussetzungen die rechtliche Verantwortung für eine Forschungsdateninfrastruktur trifft. Hierbei ist das föderale Gefüge der Europäischen Union und ihrer Mitgliedstaaten zu beachten. Dem Europäischen Gerichtshof zufolge ist das Unionsrecht bei einem „hinreichenden Zusammenhang" zwischen einer (mitgliedstaatlichen) Maßnahme und einschlägigen Unionsvorschriften anwendbar.[727]

Geben deutsche Hoheitsträger das Datenteilen verbindlich vor, liegt die zu untersuchende Gewährleistungsverantwortung beim deutschen Staat. Das folgt aus dem Grundsatz der Souveränität und der territorialen Zuständigkeit. Eine solche Gewährleistungsverantwortung lässt sich – wie soeben gezeigt – im Falle konkreter, hoheitlicher, rechtlich bindender Data Sharing-Vorgaben aus einem Unterfall der Garantenstellung oder aus dem Konsequenzgebot herleiten. Das gilt auch dann, wenn die nationalen Vorgaben durch europäische inspiriert wurden. Wenn und soweit Deutschland Vorgaben der Union etwa als Förderrichtlinien, Förderbedingungen oder in Form von Gesetzen übernehmen muss, vervollständigt der Mitgliedstaat den Vollzug der europarechtlich intendierten Förderung offener Wissenschaft. Dabei trägt er weiterhin eine Gewährleistungsverantwor-

727 St. Rspr. EuGH, exemplarisch Rs. C-206/13, Rn. 24 f., ECLI:EU:C:2014:126, allerdings mit sehr abstrakten Kriterien zur Bestimmung des Zusammenhangs; *Jarass*, in: Jarass (Hrsg.), GRC, Kommentar, 4. Aufl. 2021, Art. 51, Rn. 20; *Schwerdtfeger*, in: Meyer/Hölscheidt (Hrsg.), GRC, Kommentar, 5. Aufl. 2019, Art. 51, Rn. 46 ff.

tung für die Fördernehmer, ihre Daten in einer entsprechenden Infrastruktur teilen und die Vorschriften dadurch praktisch umsetzen zu können. Das lässt sich auch mit der Sachnähe des Mitgliedstaats gegenüber der normsetzungsgebenden Institution der Union[728] begründen.

Sollte es sich aber um Vorgaben europäischer Institutionen in ihrer Rolle als Forschungsförderer handeln, könnte die Europäische Union selbst als agierende Hoheitsträgerin verantwortlich sein, die notwendige Infrastruktur zu schaffen, damit Wissenschaftler den Vorgaben etwa des Europäischen Wissenschaftsrats oder der Europäischen Kommission entsprechen können. Hierbei würden deutsche Institutionen lediglich Unionsrecht durchführen und umsetzen. In solchen Fällen könnte die Gewährleistungsverantwortung die Union treffen.[729]

Allerdings können sich die Mitgliedstaaten ihrer Gewährleistungsverantwortung nicht gänzlich entziehen bei Vorgaben, die sowohl auf Unions- als auch auf nationaler Ebene relevant sind. In solchen Fällen wird hier von einer subsidiären beziehungsweise Unterstützungsverantwortung des deutschen Staates ausgegangen. Das ist etwa dann der Fall, wenn es sich um in Deutschland durchgeführte, an deutschen Institutionen ansässige, aber von der Europäischen Union geförderte Forschungsprojekte handelt, die an europäische Data Sharing-Vorgaben gebunden sind. In solchen Fällen entsteht im Sinne der besonderen inneren, teilweise als föderal bezeichneten, Struktur der Union[730] eine Verantwortungsteilung. Auf deutscher Seite lässt sich diese mit einer nationalen Bedeutung oder territorialen Umsetzung begründen. Der Staat trägt dann eine Mitverantwortung. Als Kontrollinstanz überprüft er, ob die Union ihrer Gewährleistungsverantwortung ausreichend nachkommt und die Fördernehmer ihre Daten den Vorgaben entsprechend in einer adäquaten Infrastruktur teilen können. Er muss sicherstellen, dass Forscher deutscher Projekte Zugang zu einer geeigneten Infrastruktur haben, innerhalb derer sie ihre Daten den Vorgaben entsprechend teilen oder auch auf vorhandene Daten zugreifen können. Kontrollmaßnahmen können beispielsweise sein, dass der Staat nachprüft, ob bereitgestellte Mittel tatsächlich in Infrastrukturprojekte geflossen sind. Ebenso in Betracht kommt ein stetiger Austausch zwischen der Bundesregierung und Unions-Institutionen zu Herausforderungen und Verbesserungsvorschlägen in Arbeitsgruppen oder Beratungsgremien. Die Rück-

---

728 I.d.R. wird das die Europäische Kommission sein.

729 Eine solche ließe sich womöglich aus der Forschungsfreiheit aus Art. 13 Satz 1 Alt. 2, 51 Abs. 1 Satz 1 GRC oder aus Art. 187 AEUV herleiten, ist allerdings nicht Gegenstand dieser Arbeit, die es sich zur Aufgabe gemacht hat, eine deutsche Forschungsdateninfrastruktur herzuleiten und ihren Inhalt zu bestimmen.

730 *Bieber/Epiney/Haag et al.*, Die Europäische Union, S. 78.

meldungen an zuständige Einheiten der Union zur Zugänglichkeit, Sicherheit und Nutzerfreundlichkeit sollten auf Feedback von Wissenschaftlern und ihren Forschungseinrichtungen basieren, die bei einer dafür zu schaffenden Beschwerdestelle auf Probleme hinweisen. Schließlich bleibt eine Klage vor dem Europäischen Gerichtshof, sollte Deutschland der Ansicht sein, die Union komme ihrer Verantwortung für ausreichend Infrastruktur nicht hinreichend nach. Daneben lebt die deutsche Verantwortung in einem solchen Fall wieder auf.

Hinsichtlich des Verhältnisses zwischen der Verantwortung der Union und ihrer Mitgliedstaaten lässt sich eine Parallele zu dem Verhältnis zwischen den Grundrechten des Unionsrechts und denen des Grundgesetzes ziehen.[731] Besteht bei dem umzusetzenden und zu vollziehenden Unionsrecht kein Gestaltungsspielraum zugunsten der Mitgliedstaaten, trägt primär die Union die Gewährleistungsverantwortung.[732] Soweit die Union die Hauptgewährleistungsverantwortung für die Forschungsinfrastruktur trägt, kontrolliert der deutsche Staat lediglich, ob die Union dieser Aufgabe nachkommt. Maßstab ist hierbei eine unionsrechtlich hergeleitete Verantwortung, solange diese einen vergleichbaren Inhalt mit der entsprechenden deutschen garantiert. Geht die deutsche Gewährleistungsverantwortung in ihren Garantien weiter, ist sie bei Sachverhalten mit deutschem Bezug als Maßstab zusätzlich heranzuziehen. Mit dieser Vorgehensweise kann der Integrationsverantwortung nach Art. 23 Abs. 1 GG ebenso nachgekommen werden wie dem staatlichen Auftrag aus Art. 1 Abs. 3 GG zum Schutz der Grundrechte, auch in ihrer objektiv-rechtlichen Ausprägung. Die Auslegung einer europäischen Gewährleistungsverantwortung für Forschungsdatenbanken steht dabei freilich dem Europäischen Gerichtshof zu. Bei Umsetzungsspielräumen zugunsten der Mitgliedstaaten, in denen das Unionsrecht nicht vollständig harmonisiert ist – wie es in der Forschungslandschaft noch der Fall ist und was sich voraussichtlich auch nicht in absehbarer Zukunft ändern wird – bleibt die deutsche Gewähr-

731 Lässt das Unionsrechts einen Umsetzungsspielraum hinsichtlich der Umsetzung, gelten nationale Grundrechte neben den europäischen, EuGH, Rs. C-617/10, Rn. 29, ECLI:EU:C:2013:105; BVerfGE 152, 152 (168 f.); *Pache*, in: Pechstein/Nowak/Häde (Hrsg.), Frankfurter Kommentar, EUV, GRC und AEUV, Bd. I, 2017, Art. 51 GRC, Rn. 20. Das BVerfG nimmt dabei an, das Schutzniveau der Grundrechte-Charta sei in dem der grundgesetzlichen Grundrechte enthalten und legt diese deshalb im Lichte der Charta aus, BVerfGE 152, 152 (175 ff.).

732 Vgl. bezogen auf das Verhältnis zwischen nationalen und europäischen Grundrechten BVerfG, Beschluss des Ersten Senats vom 6. November 2019 – 1 BvR 276/17, Rn. 33, 41.

leistungsverantwortung neben der europäischen bestehen.[733] Diese Annahme ist europarechtskonform, zumal die Union eine Grundrechtsvielfalt und damit auch eine Vielfalt hinsichtlich des Gewährleistungsumfangs aus nationalen Grundrechten explizit erlaubt.[734] Konkret könnte das bedeuten, dass Deutschland für eine Ergänzung im Falle nicht hinreichend bereitgestellter Infrastruktur und für eine Verbesserung bezüglich der Umsetzung von Qualitäts- und Sicherheitsstandards zuständig ist. Zudem hat Deutschland im Rahmen seiner Mitverantwortung die Umsetzung europäischer Data Sharing-Vorgaben und einer *European Open Science Cloud* durch nationale Initiativen zu fördern.

Bei der Gewährleistung einer Infrastruktur kann und darf es allerdings nicht darum gehen, sich hoheitlich in wissenschaftliche Fragen einzumischen. Eine Kompetenz dafür erhält der die Infrastruktur garantierende öffentliche Akteur nicht. In solchen Fällen kann unter Umständen ein von der Wissenschaftsfreiheit abgeleitetes „Einmischungsverbot" parallel zum Verbot der Einmischungsaufsicht greifen.[735]

V. Zwischenergebnis

Vorhandene hoheitliche Vorgaben können sich grundsätzlich zu einer Gewährleistungsverantwortung verdichten. Der Prozess ist dynamisch. Er wird maßgeblich durch die Intensität der Vorgaben zum Datenteilen des nationalen und europäischen Gesetzgebers beeinflusst. Es ist also zwischen solchen Vorgaben zu differenzieren, bei denen die öffentliche Hand lediglich Anreize für das Teilen setzt und solchen, die es verbindlich vorschreiben. Schreibt der Staat Wissenschaftlern verbindlich vor, ihre Daten zu teilen, entsteht daraus eine staatliche Verantwortung, eine Infrastruktur zum Speichern und Bereitstellen dieser Informationen zu gewährleisten. Je konkreter der Staat dabei vorgibt, wie die Daten zu teilen sind und je verbindlicher er von Repositorien eine Aufnahme und Zugänglichkeit von Daten verlangt, desto mehr verdichten sich diese Vorgaben zu einer staatlichen Gewährleistungsverantwortung.

---

733 Vgl. auch hier bezogen auf das Verhältnis europäischer und nationaler Grundrechte BVerfG, Beschluss des Ersten Senats vom 6. November 2019 – 1 BvR 16/13, Rn. 42.

734 Vgl. Präambel Abs. 3 GRC; Präambel Abs. 3, 6 Vertrag über die Europäische Union (EUV).

735 Zum kommunalaufsichtsrechtlichen Einmischungsverbot *Mehde*, in: Dürig/Herzog/Scholz (Hrsg.), GG Bd. III, Art. 28 Abs. 2, Rn. 108 Bezogen auf das Hochschulrecht *Mehde*, in: Epping (Hrsg.), Niedersächsisches Hochschulgesetz Kommentar, 2016, § 51 NHG, Rn. 40.

Bisherige hoheitliche Vorgaben im Bereich des Forschungsdatenaustauschs vermögen noch keine Gewährleistungsverantwortung für Forschungsdatenbanken zu begründen. Die sich abzeichnende Entwicklung betreffend Data Sharing spricht aber dafür, dass sich das in naher Zukunft ändern könnte. Auf einen solchen Fall gilt es, vorbereitet zu sein und mit dem Auf- und Ausbau der Infrastruktur – zumindest gedanklich – bereits begonnen zu haben. Denn eine Dateninfrastruktur will gut durchdacht sein, um ein möglichst großes Potenzial bei geringen Zusatzbelastungen für die Betroffenen und hohen Sicherheitsstandards zu entfalten.

Festzuhalten bleibt: Die öffentliche Hand kann sich der Gewährleistung einer Forschungsdateninfrastruktur als Staatsaufgabe angesichts bestehender Vorgaben annehmen, muss dies aber jedenfalls noch nicht. Nimmt der Staat sich der Aufgabe an, entstehen daraus Folgepflichten für ihn.[736]

D. Verfassungsrechtliche Herleitung

Um die Notwendigkeit staatlichen Einschreitens zu untersuchen, bedarf es einer verfassungsrechtlich determinierten Gewährleistungsverantwortung. Auf den ersten Blick erscheint es nicht zwingend, dass sich der Staat verstärkt im Bereich des Forschungsdateninfrastrukturausbaus engagiert. Das Grundgesetz beinhaltet diesbezüglich keine ausdrückliche Gewährleistungsverantwortung. Ein Gewährleistungsauftrag könnte sich jedoch aus den Grundrechten als objektiver Wertordnung[737] ergeben. Als solche beeinflussen sie staatliches Handeln und leiten aus abstrakten Werten praktische Handlungsmaxime und staatliche Schutzpflichten ab.[738] Im Rahmen einer verfassungsorientierten Auslegung[739] soll untersucht werden, ob die Grundrechte oder andere Güter von Verfassungsrang eine staatliche Gewährleistungsverantwortung gebieten.

---

736 Siehe dazu in Kapitel 5.

737 BVerfGE 7, 198 (205); *Barczak*, in: Stern/Sodan/Möstl (Hrsg.), Das Staatsrecht der Bundesrepublik Deutschland im europäischen Staatenverbund, 2022, § 4, Rn. 123 ff.; *Wysk*, in: Stern/Sodan/Möstl (Hrsg.), Das Staatsrecht der Bundesrepublik Deutschland im europäischen Staatenverbund, 2022, § 51, Rn. 64. Die Werte über den Grundrechtsteil hinausgehend aus der Verfassung herleitend u.a. *Zippelius*, Recht und Gerechtigkeit in der offenen Gesellschaft, S. 426.

738 *Böckenförde*, Grundrechte als Grundsatznormen, Staat, Verfassung, Demokratie, 1992, S. 159, 168; *Poscher*, Grundrechte als Abwerrechte, S. 97 f. m.w.N.

739 *E. Hofmann*, Abwägung konfligierender Interessen, in: van Aaken (Hrsg.), Beiträge zur ökonomischen Theorie im Öffentlichen Recht, 2003, S. 135, 139.

Damit sich aus dem Grundgesetz ein Gewährleistungsauftrag ergibt, muss die Bevölkerung in der Regel zumindest in einem erheblichen Ausmaß auf das Gut oder die Leistung (hier Forschungsdateninfrastruktur, wissenschaftlicher Datenaustausch) angewiesen sein.[740] Die Grundrechtsausübung Betroffener müsste von der in Rede stehenden Infrastruktur abhängen. Dahinter steckt die Grundidee, dass der Staat jedenfalls in bestimmten Bereichen, die für das Funktionieren der Gesellschaft und das Wohl der Bürger essenziell sind, eine besondere Verantwortung trägt. Anknüpfungspunkte wie der wissenschaftliche und technologische Fortschritt, Aspekte des Umweltschutzes, das Sozialstaatsprinzip und weitere europarechtliche Verknüpfungen sprechen für eine dynamische, zukunftsgewandte Bewertung des Kriteriums der Angewiesenheit, von der eine Forschungsdateninfrastruktur durchaus umfasst sein kann.

I. Verankerung in der Wissenschaftsfreiheit

Eine Infrastrukturgewährleistungsverantwortung für Forschungsdaten könnte sich aus dem Freiheitsrecht der Wissenschaftsfreiheit aus Art. 5 Abs. 3 GG ergeben. Das Grundrecht schützt die Freiheit von Wissenschaft, Forschung und Lehre. Unter Wissenschaft als Oberbegriff für Forschung und Lehre[741] fällt jeder nach Inhalt und Form ernsthafte, planmäßige Versuch, die Wahrheit zu ermitteln und zu verstehen.[742] Forschung bedeutet, „in methodischer, systematischer und nachprüfbarerweise neue Erkenntnisse zu gewinnen".[743]

Die Wissenschaftsfreiheit ist in erster Linie ein Abwehrrecht gegen staatliche Einflussnahme und Eingriffe.[744] Dem Grundrechtsträger sichert Art. 5 Abs. 3 Satz 1 GG die negative Rechtsmacht, seine Wissenschaftsfreiheit nach eigenem Belieben weitgehend unbeeinflusst durch die öffentliche Hand ausüben zu können.[745]

---

740 Vgl. *Schings*, Der Ausbau öffentlicher Ladeinfrastruktur für Elektrofahrzeuge, S. 89.

741 *Britz*, in: Dreier (Hrsg.), GG Bd. I, 3. Aufl. 2013, Art. 5 III (Wissenschaft), Rn. 11; *Wendt*, in: von Münch/Kunig (Begr.), GG, Bd. 1, 7. Aufl. 2021, Art. 5, Rn. 156.

742 *Britz*, in: Dreier (Hrsg.), GG Bd. I, 3. Aufl. 2013, Art. 5 III (Wissenschaft), Rn. 15; *Wendt*, in: von Münch/Kunig (Begr.), GG, Bd. 1, 7. Aufl. 2021, Art. 5, Rn. 156.

743 BVerfGE 35, 79 (113); *Britz*, in: Dreier (Hrsg.), GG Bd. I, 3. Aufl. 2013, Art. 5 III (Wissenschaft), Rn. 19.

744 *Coelln*, in: Friauf (Begr.), Berliner Kommentar GG, Bd. 1, 44, Art. 5, Rn. 49; *Ennuschat*, RdJB 2017, 34, 35; *Gärditz*, WissR, 49 (2016), 349, 349; *Löwer*, in: Merten/Papier (Hrsg.), Hdb. GR, Bd. IV, 2011, § 99, Rn. 23; *Mager*, in: Isensee/P. Kirchhof (Hrsg.), Hdb. StR, Bd. VII, 2009, 22; *Schulte*, VVDStRL, 65 (2006), 110, 119.

745 So erhält ein Wissenschaftler etwa die positive Rechtsmacht, Daten teilen zu können. Benötigt er dafür Repositorien, könnte sich daraus ein Anspruch gegen den Staat oder eine staatliche Gewährleistungsverantwortung ergeben. Dazu sogleich.

Das Grundrecht drückt daneben eine objektive Wertentscheidung für eine freie Wissenschaft aus, aus der weitere Schutzdimensionen wie Förder- und Schutzpflichten folgen.[746] Der Schutz, den ein Grundrecht für seinen Träger offenbart, kann auch den Staat als Adressaten verpflichten. Inwiefern aus dem Freiheitsrecht eine staatliche Gewährleistungsverantwortung für eine Forschungsdateninfrastruktur entspringen kann, wird anhand der unterschiedlichen Dimensionen der Wissenschaftsfreiheit beleuchtet.

Zwei Perspektiven sind dabei einzunehmen. Relevant ist zum einen die Sicht derjenigen, die Zugang zu Daten aus öffentlichen Repositorien erhalten möchten (Nachnutzer). Zum anderen ist die Perspektive derer maßgeblich, die ihre Daten in entsprechende Datenbanken einspeisen wollen oder im Falle einer Pflicht müssen (Dateneinspeiser/-erheber/-erzeuger). Sofern beide Dimensionen einschlägig sind, wird zunächst auf die der potenziellen Nachnutzer eingegangen und sodann auf die Position derjenigen, die ihre Daten bereitstellen wollen.

1. *Subjektiver Anspruch auf eine staatliche Gewährleistung einer Infrastruktur für Forschungsdaten*

Der Staat kann nur aus der subjektiven Komponente der Wissenschaftsfreiheit in Anspruch genommen werden, eine Forschungsdateninfrastruktur zu etablieren, wenn ein entsprechendes Teilhabe- beziehungsweise Leistungsrecht besteht. Diese Rechte werden seit dem *Lüth*-Urteil mit dem Charakter der Grundrechte als wertentscheidende Grundsatznormen begründet.[747] Sie spiegeln die vom Verfassungsgeber erdachte objektive Wertordnung wider, die staatliche Institutionen gemäß Art. 1 Abs. 3 GG in ihrem Handeln bindet.[748] Art. 5 Abs. 3 Satz 1 GG ist als Wertentscheidung für eine freie Wissenschaft konzipiert und verpflichtet

746 Siehe u.a. BVerfGE 35, 79 (114); 85, 360 (384); *Classen*, Wissenschaftsfreiheit außerhalb der Hochschule, S. 126 ff.; zurückhaltend *Bizer*, Forschungsfreiheit und informationelle Selbstbestimmung, S. 75 f. Zur Herleitung von Schutzpflichten BVerfGE 39, 1 (47 ff.); *Calliess*, in: Merten/Papier (Hrsg.), Hdb. GR, Bd. II, 2009, § 44, Rn. 5 ff.

747 Vgl. *H. Bull/Dammann*, DÖV, 35 (1982), 213, 215; bezogen auf den Zugang zu Archiven *Gallwas*, Datenschutz und historische Forschung, in: J. Weber (Hrsg.), Datenschutz und Forschungsfreiheit, 1986, S. 35, 41. Daran ändert es entgegen *Wegener*, Informationsfreiheit und Verfassungsrecht, in: Geis/Umbach (Hrsg.), FS Bartlsperger, 2006, 165, 180, nichts, dass Informationen sich nicht verbrauchen: Eine Leistung muss weder sächlich noch vermögensmindernd wirken. Sie liegt bereits im Akt der Informationsbereitstellung.

748 *Hevers*, Informationszugangsansprüche des forschenden Wissenschaftlers, S. 85.

den Staat zu Förderleistungen zugunsten der Wissenschaft.[749] Daraus erwachsen jedoch – wie sich sogleich zeigen wird – keine nur restriktiv abzuleitenden[750] Teilhabe- oder Leistungsansprüche der Grundrechtsträger an beziehungsweise auf den Ausbau einer Infrastruktur zu Forschungszwecken und Zugang zu dieser.

a) *Infrastruktur-Anspruch aus dem abwehrrechtlichen Gehalt des Grundrechts*

Ein Anspruch auf Bereitstellung und Unterhaltung einer geeigneten Infrastruktur für Forschungsdaten ergibt sich nicht aus einem auf Unterlassung staatlicher Eingriffe gerichteten Abwehranspruch. Für einen solchen Störungsbeseitigungsanspruch bedarf es eines Eingriffs in das Grundrecht, dessen verfassungswidrige Folgen fortbestehen.[751]

Dafür müsste allerdings der Zugang zu Informationen mittels einer eigens geschaffenen Infrastruktur den Normalzustand darstellen (was bereits nicht der Fall ist), der durch staatliches Handeln beeinträchtigt ist.[752] Auch ein entsprechender Eingriff liegt nicht vor. Die Wissenschaftsfreiheit schützt lediglich den Zugang zu Daten aus allgemein zugänglichen Quellen, staatlichen Archiven und Datenbanken sowie ihre Nutzung[753] und das Recht, andere Forschung bewerten zu können.[754] Daraus erwächst weder ein Anspruch auf Herausgabe allgemein unzugänglicher Daten noch darauf, Archive für die Forschungstätigkeit zu öffnen.[755] Das bloße staatliche Unterlassen, eine ausreichende Infrastruktur bereitzustellen,

749 Siehe exemplarisch BVerfGE 35, 79 (114); 43, 242 (267); 85, 360 (384); 111, 333 (353 f.); BVerwGE 52, 339 (342); BVerwG, CR 1986, 835; *H. Bull/Dammann*, DÖV, 35 (1982), 213, 215; *Schmitt Glaeser*, WissR, 7 (1974), 106, 121.

750 Der Verfassungsgeber bezweckte nicht, den Staat mit abwehrrechtlich orientierten Grundrechten zu Leistungen zu verpflichten, *Böckenförde,* Die sozialen Grundrechte im Verfassungsgefüge, in: Böckenförde/Jekewitz/Ramm (Hrsg.), Soziale Grundrechte, 1981, S. 7, 10 ff.; *Mayen*, Der grundrechtliche Informationsanspruch des Forschers gegenüber dem Staat, S. 250.

751 *Manegold*, Archivrecht, S. 104; *Mayen*, Der grundrechtliche Informationsanspruch des Forschers gegenüber dem Staat, S. 115; a.A. *Wollenteit*, Informationsrechte des Forschers im Spannungsfeld von Transparenzforderungen und Datenschutz, S. 58.

752 Vgl. *Mayen*, Der grundrechtliche Informationsanspruch des Forschers gegenüber dem Staat, S. 135 f.

753 *Kempen*, in: Epping/Hillgruber (Hrsg.), BeckOK GG, 51. Ed. 15.5.2022, Art. 5 Abs. 3, Rn. 182.

754 *Starck/Paulus*, in: MKS, GG, Bd. 1, 7. Aufl. 2018, Art. 5, Rn. 488.

755 *Mager*, in: Isensee/P. Kirchhof (Hrsg.), Hdb. StR, Bd. VII, 2009, 17; *Starck/Paulus*, in: MKS, GG, Bd. 1, 7. Aufl. 2018, Art. 5, Rn. 489.

begründet keinen Störungsbeseitigungsanspruch.[756] Ist eine bestimmte staatliche Maßnahme zur effektiven Grundrechtsausübung erforderlich, kann ihr Unterlassen allenfalls ein Teilhabe- oder Leistungsrecht verletzen.[757]

Einem Forscher kann nur ein Anspruch auf eine Forschungsdatenbankeninfrastruktur aus dem abwehrrechtlichen Gehalt des Grundrechts zustehen, wenn der Staat ein Monopol für die Daten innehält,[758] und dem Anfragenden dennoch den Zugang zu nachweisbar zwingend benötigten[759] Informationen mangels entsprechender Infrastruktur verwehrt.[760] Ein solcher Fall bleibt äußerst theoretisch. Letztlich kann ein individueller Anspruch im Einzelfall ohnehin keine staatliche Gewährleistungsverantwortung auslösen.

b) Infrastruktur als originärer Leistungsanspruch des Forschers

Erwägenswert ist ein subjektiver Anspruch auf staatlich garantierte Forschungsdatenbanken, der sich originär aus der Wissenschaftsfreiheit ableitet.[761] Inwieweit aus der objektiv-rechtlichen Schutzdimension des Grundrechts konkrete subjektive Leistungsansprüche folgen, ist nicht abschließend geklärt.[762] In der Regel haben Grundrechtsberechtigte die tatsächlichen Voraussetzungen für ihre

---

756 Ein solcher setzt aktives Tun voraus, *Hevers*, Informationszugangsansprüche des forschenden Wissenschaftlers, S. 80.

757 Andernfalls verwischten die Grenzen zwischen der abwehrrechtlichen Grundrechtsdimension und der teilhabe- oder leistungsrechtlichen Dimension, *Mayen*, Der grundrechtliche Informationsanspruch des Forschers gegenüber dem Staat, S. 129 ff.

758 BVerfGE 33, 303 (316); 35, 79 (115); *Berg*, Zeitschrift für Pädagogik 1983, 399, 402.

759 D.h. der Forscher bedarf der Informationen für seine Forschung und kann sie nicht anderweitig in zumutbarer Weise beschaffen, *Hevers*, Informationszugangsansprüche des forschenden Wissenschaftlers, S. 77. Das ist nur einschlägig, wenn der Datenerheber die begehrten Daten nicht herausgibt und es für die Zwecke des Anfragenden keine anderen verfügbaren Quellen mit ebenso gut geeigneten Daten gibt.

760 *Berg*, Informationelle Selbstbestimmung und Forschungsfreiheit, in: Jehle (Hrsg.), Datenzugang und DSch, 1987, S. 30, 36; wortgleich *Berg*, CR 1988, 234, 236, der den Begriff „angewiesen" nur nebensächlich erwähnt, ohne klarzustellen, ob eine abstrakte oder konkrete Angewiesenheit gemeint ist.

761 Nicht weiter erwähnt werden soll hier, ob sich ein subjektivierter Verfassungsauftrag an den Gesetzgeber konstruieren und davon ein Leistungsanspruch der Forscher auf Herstellung der Infrastruktur als notwendige Bedingungen für eine freie Entfaltung der grundrechtlich geschützten Interessen ableiten ließe. Zum Grundkonzept *Böckenförde*, Die sozialen Grundrechte im Verfassungsgefüge, in: Böckenförde/Jekewitz/Ramm (Hrsg.), Soziale Grundrechte, 1981, S. 7, 14 f.

762 *Mayen*, Der grundrechtliche Informationsanspruch des Forschers gegenüber dem Staat, S. 224.

Grundrechtsausübung eigenverantwortlich zu schaffen.[763] Da eine öffentliche oder private Förderung heutzutage die wissenschaftliche Arbeit regelmäßig erst ermöglicht, ist die Ausübung der Wissenschaftsfreiheit in vielen Fällen jedoch darauf angewiesen, (staatliche) Leistungen zu erhalten. Viele Forscher sind zusätzlich auf organisatorische Maßnahmen seitens ihrer Forschungseinrichtung, Förderorganisationen oder des Staates angewiesen, um ihrer Arbeit ungestört nachgehen zu können.

Im Folgenden wird untersucht, ob sich positive subjektive Leistungsansprüche aus den der Wissenschaftsfreiheit entspringenden objektiv-rechtlichen Garantien und der staatlichen Förderungspflicht ergeben.[764] Einige argumentieren, grundrechtliche Leistungsansprüche wie der auf Zugang zu Forschungsdatenbanken sollten nicht auf ein Minimalmaß beschränkt werden.[765] Das entspräche nicht der Relevanz der Freiheitsrechte und ihrem Schutzgehalt.[766] Es dränge grundrechtliche Leistungsansprüche nahezu in die praktische Bedeutungslosigkeit.[767] Das Grundrecht schütze nicht bloß irgendeine Form der freien Ausübung der Wissenschaft, sondern insgesamt einen freien Wissenschaftsprozess und daraus folgende Erkenntnisgewinne.[768] Damit sichere das Freiheitsrecht den fortschreitenden Wissensstand und das Innovationspotenzial.[769] Für einen originären Leistungsanspruch aus der Wissenschaftsfreiheit, der eine staatliche Gewährleistungspflicht begründen soll, bietet es sich nicht an, nur auf ganz konkrete Forschungsvorhaben abzustellen. Die Wissenschaft als Ganze als Maßstab heranzuziehen bleibt indes zu vage und kann keine subjektiven, auch keine subjektiv-kollateralen Ansprüche begründen. Es gestaltet sich bereits schwierig, die staatliche Förderpflicht allgemein zu einem Anspruch des Individuums auf die für die Grundrechtsausübung

---

763 BVerwGE 79, 154 (158 f.); *Classen*, Wissenschaftsfreiheit außerhalb der Hochschule, S. 126 f.; *Mayen*, Der grundrechtliche Informationsanspruch des Forschers gegenüber dem Staat, S. 265 f.; *Rüfner*, Grundrechtliche Leistungsansprüche, in: Gitter/Thieme/Zacher (Hrsg.), FS Wannagat, 1981, 379, 386.

764 *Starck*, Freiheit und Institutionen, S. 177 ff.

765 Vgl. *Trute*, Die Forschung zwischen grundrechtlicher Freiheit und staatlicher Institutionalisierung, S. 424.

766 Vgl. *Trute*, Die Forschung zwischen grundrechtlicher Freiheit und staatlicher Institutionalisierung, S. 424.

767 *Mayen*, Der grundrechtliche Informationsanspruch des Forschers gegenüber dem Staat, S. 270.

768 Zur Zielrichtung der Wissenschaftsfreiheit *Ruffert*, VVDStRL, 65 (2006), 146, 169 ff.

769 *Britz*, in: Dreier (Hrsg.), GG Bd. I, 3. Aufl. 2013, Art. 5 III (Wissenschaft), Rn. 68; *Ruffert*, VVDStRL, 65 (2006), 146, 170.

notwendigen Mittel und Mindestvoraussetzungen zu konkretisieren.[770] Grundsätzlich steht Forschern kein Anspruch auf eine Grundausstattung nach persönlichem Bedarf zu.[771] Der Anspruch ist auf eine Minimalausstattung gerichtet.[772] Kann es Wissenschaftler in bestimmten Disziplinen geben, die als „ultima ratio zur Sicherung des Grundrechts“[773] einen Leistungsanspruch auf Gewährleistung einer Infrastruktur für Data Sharing haben?

aa) Bestehende originäre Leistungsansprüche aus Grundrechten

Einige leiten aus dem Hochschulurteil des Bundesverfassungsgerichts zu Leistungsansprüchen aus der Wissenschaftsfreiheit[774] weitreichende Ansprüche in und abseits von Hochschulen ab.[775] In diesem Kontext werden Ansprüche auf Mindestausstattung oder eine der Wissenschaftsfreiheit förderliche Hochschul-

---

770 *Hevers*, Informationszugangsansprüche des forschenden Wissenschaftlers, S. 89.

771 BVerwGE 52, 339 (348 ff.); *Hevers*, Informationszugangsansprüche des forschenden Wissenschaftlers, S. 87.

772 BVerwGE 52, 339 (342).

773 *Busse*, in: Institut für Zeitgeschichte (Hrsg.), Wissenschaftsfreiheit und ihre rechtlichen Schranken, 1978, S. 69, 70.

774 BVerfGE 35, 79 (116): „Dem einzelnen Träger des Grundrechts aus Art. 5 Abs. 3 GG erwächst aus der Wertentscheidung ein Recht auf solche staatlichen Maßnahmen auch organisatorischer Art, die zum Schutz seines grundrechtlich gesicherten Freiheitsraums unerläßlich sind, weil sie ihm freie wissenschaftliche Betätigung überhaupt erst ermöglichen.“ Systematisch ist bei dem Hochschulurteil zu beachten, dass sich der Leistungsanspruch wohl auf den durch öffentliche Mittel unterhaltenen Forschungsbetrieb bezieht. In die amtlichen Leitsätze wurde der Passus jedoch ohne eine solche Einschränkung aufgenommen. Da es hier ohnehin um Daten aus öffentlich geförderten Projekten geht, soll das nur am Rande erwähnt sein.

775 *Bayer*, JuS, 29 (1989), 191, 192; *Oldenhage*, Archivrecht, in: Boberach/Booms (Hrsg.), Aus der Arbeit des Bundesarchivs, 1978, S. 187, 195 f.; *Oldenhage*, Nutzungvon Archiven, in: Institut für Zeitgeschichte (Hrsg.), Wissenschaftsfreiheit und ihre rechtlichen Schranken, 1978, S. 27, 29 f. Dagegen BVerwGE 52, 339, 347; *Bizer*, Forschungsfreiheit und informationelle Selbstbestimmung, S. 98 f.; *Bonitz*, Persönlichkeitsrechtsschutz im Stasi-Unterlagen-Gesetz, S. 75; *Busse*, in: Institut für Zeitgeschichte (Hrsg.), Wissenschaftsfreiheit und ihre rechtlichen Schranken, 1978, S. 69, 69; *Freys*, Das Recht der Nutzung und des Unterhalts von Archiven, S. 76 f.; *Heyde*, in: Institut für Zeitgeschichte (Hrsg.), Wissenschaftsfreiheit und ihre rechtlichen Schranken, 1978, S. 63, 64; *Manegold*, Archivrecht, S. 78. Ähnlich auch das BVerwG, das ein originäres Leistungsrecht nicht einmal erwähnt, BVerwG, CR 1986, 835; in diese Richtung, aber offenlassend OVG NRW, CR 1986, 834. Neuere Gerichtsentscheidungen sind diesbezüglich eher zurückhaltend, so z.B. VG Berlin, Beschl. V. 6.8.2015 – 12 L 269.15.

organisation genannt.[776] Das Oberverwaltungsgericht für das Land Nordrhein-Westfalen spricht einem Hochschullehrer das Recht auf Bereitstellung der für seine Forschungsarbeit tatsächlich erforderlichen Voraussetzungen zu.[777] Darunter und unter die der Wissenschaftsfreiheit förderliche Hochschulorganisation ließe sich auch eine Infrastruktur für Forschungsdaten subsummieren.

Anhand der Rechtsprechung zu Leistungsansprüchen aus anderen Freiheitsrechten lassen sich ebenfalls Rückschlüsse für einen potenziellen Anspruch auf eine Dateninfrastruktur ziehen. Den Entscheidungen[778] zu einem Anspruch auf staatliche Gewährleistung eines Existenzminimums aus Art. 1 Abs. 1 Satz 2 i.V.m. Art. 20 Abs. 1 GG zufolge muss der Staat dann tätig werden, wenn es dem Einzelnen andernfalls faktisch nahezu unmöglich ist, seine Grundrechte auszuüben. Ähnliches ergibt sich aus den Urteilen zu Rechten von Vertretern der Presse.[779] Dort wird ein Auskunftsanspruch aus der Pressefreiheit nach Art. 5 Abs. 1 Satz 1 Alt. 2 GG bejaht, wenn andernfalls kaum noch ein Journalist in einem bestimmten Bereich sein Grundrecht ausüben kann.[780]

Ob diese Entscheidungen auf einen Anspruch auf Dateninfrastruktur aus der Wissenschaftsfreiheit übertragbar sind, bleibt jedoch zweifelhaft. Bei der ersten Entscheidung geht es um das Existenzminimum. Der Anspruch darauf wird aus der Menschenwürde (Art. 1 Abs. 1 GG) hergeleitet, die in der Verfassung den höchsten Stellenwert innehat. Im zweiten Urteil geht es um die Presse. Ihr kommt eine fundamentale demokratische Funktion im Grundgesetz „als ständiges Verbindungs- und Kontrollorgan zwischen dem Volk und seinen gewählten Vertretern in Parlament und Regierung“ zu.[781] Die Presse wird zum Teil sogar als „vierte Gewalt“ bezeichnet.[782] Eine vergleichbare Nähe zum Demokratieprinzip aus Art. 20 Abs. 1 GG fehlt bei der Wissenschaftsfreiheit, die staatsfern und zweck-

---

776 *Starck/Paulus*, in: MKS, GG, Bd. 1, 7. Aufl. 2018, Art. 5, Rn. 418.

777 OVG NRW, CR 1986, 834. Mit dem gleichen Ergebnis, aber ohne die Unerlässlichkeit der Information, sondern die Sonderrolle des Staates als Inhaber eines Informationsmonopols für einen bestimmten Bereich hervorhebend, VG Köln, CR 1986, 833.

778 BVerfGE 40, 121 (133); 125, 175 (222 ff.); 152, 68 (101 f.); BVerfG, NVwZ 2012, 1024 (1025 f.).

779 BVerfGE 20, 162 (175 f.); BVerwGE 70, 310 (314 f.); BVerwG, NVwZ 2013, 1006 (1008 f.).

780 Siehe zum Presseanspruch auch BVerwGE 154, 222 (Rn. 13); BVerwG DÖV 2019, 403 ff. Kritisch dazu insb. wegen der Gesetzgebungskompetenz und der fehlenden gesetzlichen Grundlage *Bethge*, in: Sachs (Hrsg.), GG, 9. Aufl. 2021, Art. 5, Rn. 60b; *Cornils*, DÖV, 66 (2013), 657, 657 ff.; *Rhein*, DÖV, 72 (2019), 394, 394 ff.

781 BVerfGE 20, 162 (175).

782 *C. Schröder*, JuS 2022, 122, 124.

befreit auf den Gewinn neuer Erkenntnisse ausgerichtet ist.[783] Ihre Aufgabe ist es grundsätzlich nicht, an der gesellschaftlichen Meinungsbildung mitzuwirken,[784] wenngleich der Einfluss wissenschaftlicher Erkenntnisse auf die Meinungsbildung eine willkommene Folge sein kann.[785]

Letztlich demonstrieren bestehende Ansprüche aus Grundrechten die Offenheit des Grundgesetzes, eine allgemeine staatliche Förderpflicht zu konkreten Ansprüchen zu verdichten. Das gilt zumindest, soweit ein Grundrecht andernfalls kaum mehr ausgeübt werden kann.[786] Insofern erscheint es plausibel, einen Anspruch aus Art. 5 Abs. 3 Satz 1 GG jedenfalls dann zu bejahen, wenn die Funktionen der freien Wissenschaft anders nicht erfüllt werden können.[787] Ein grundrechtlicher Anspruch kommt dementsprechend in Betracht, wenn freie Forschung in einem – wohl schon bereits schwierig zu bestimmenden – Bereich der Wissenschaft mangels staatlich garantierter Datenbanken nicht mehr möglich ist[788] und dieses über den Einzelfall hinausgehende Ausübungsdefizit durch die staatliche Gewährleistung einer Infrastruktur behoben werden kann.[789]

bb) Anspruch aus Sicht der Datennutzer

Wissenschaftler können von vorhandenen Datensätzen profitieren. Repositorien erleichtern die Forschungsarbeit, indem sie Daten für Nachnutzer sichtbar und zugänglich machen. Sie ermöglichen Studien zur Replikation oder Reproduktion. Die Infrastruktur dient mithin der wissenschaftlichen Arbeit. Die zur Durchführung von Studien oder Experimenten notwendige Mindestausstattung kann im digitalen Zeitalter auch Zugang zu – gegebenenfalls noch nicht ausgewerteten – Daten umfassen.

---

783 *Hevers*, Informationszugangsansprüche des forschenden Wissenschaftlers, S. 100.

784 *Hevers*, Informationszugangsansprüche des forschenden Wissenschaftlers, S. 100.

785 Das hat sich in der Sars-CoV-2-Pandemie herausgestellt: Aussagen von Epidemiologen gewinnen an Einfluss auf die öffentliche Meinungsbildung. Zudem erfüllt die Wissenschaftsfreiheit sehr wohl auch demokratische Funktionen und dient – jedenfalls auf lange Sicht – dem Allgemeinwohl.

786 *Breuer*, JURA 1979, 401, 412; *Sendler*, DÖV, 31 (1978), 581, 589; a.A. *Bizer*, Forschungsfreiheit und informationelle Selbstbestimmung, S. 104.

787 Vgl. BVerfGE 35, 79 (116).

788 *Mayen*, Der grundrechtliche Informationsanspruch des Forschers gegenüber dem Staat, S. 269 f.; *Nau*, Verfassungsrechtliche Anforderungen an Archivgesetze des Bundes und der Länder, S. 133 f.

789 Es bedarf einer ganz bestimmten Art staatlichen Handelns, um die andernfalls strukturell bedingt kaum mehr ausübbare grundrechtliche Freiheit zu schützen, *Hevers*, Informationszugangsansprüche des forschenden Wissenschaftlers, S. 95, 101.

Der Staat trägt aufgrund seiner Schutz- und Förderpflicht für die freie Wissenschaft Verantwortung, die Ausübung des Grundrechts zu gewährleisten.[790] Davon umfasst ist mitunter, Wissenschaftlern Zugang zu Daten zu verschaffen und dadurch ihr Vorhaben zu ermöglichen. Das kann durch Repositorien geschehen, mittels derer der Forscher Informationen (schneller und einfacher) erlangt. Zudem könnte eine bestehende Infrastruktur den Austausch von Forschungsdaten ankurbeln. Diejenigen, die die Daten erheben, sind womöglich eher bereit, ihre Daten bereitzustellen, wenn es dafür eine sichere Infrastruktur gibt.

Ein Anspruch auf Zugang zu Datenbanken mitsamt einer entsprechenden staatlichen Garantenpflicht widerspricht jedoch dem Prinzip der Eigenverantwortung, das den Freiheitsgrundrechten innewohnt:[791] Forscher müssen sich benötigte Informationen grundsätzlich selbst beschaffen. Ebenso wenig wie ihnen ein Anspruch auf finanzielle staatliche Förderung zusteht,[792] haben Wissenschaftler einen Anspruch gegen den Staat, ihnen zu ermöglichen, ihre Freiheiten mittels einer staatlich gewährleisteten Infrastruktur ausüben zu können. Solange eine freie Wahl des Forschungsgegenstands und der Forschungsmethode[793] unabhängig von staatlich gewährleisteten Forschungsdatenbanken möglich ist, folgt aus der Wissenschaftsfreiheit kein Anspruch auf eine Forschungsdateninfrastruktur.[794] Obgleich ein solcher Status-quo gesellschaftspolitisch erstrebenswert klingt, ist er verfassungsrechtlich nicht gefordert.[795]

---

790 *Hevers*, Informationszugangsansprüche des forschenden Wissenschaftlers, S. 93.

791 *Classen*, Wissenschaftsfreiheit außerhalb der Hochschule, S. 126 f.; *Mayen*, Der grundrechtliche Informationsanspruch des Forschers gegenüber dem Staat, S. 265 f.; *Nau*, Verfassungsrechtliche Anforderungen an Archivgesetze des Bundes und der Länder, S. 133; *Rüfner*, Grundrechtliche Leistungsansprüche, in: Gitter/Thieme/Zacher (Hrsg.), FS Wannagat, 1981, 379, 386.

792 *Britz*, in: Dreier (Hrsg.), GG Bd. I, 3. Aufl. 2013, Art. 5 III (Wissenschaft), Rn. 58.

793 So aber *Bayer*, JuS, 29 (1989), 191, 192; *Peglau*, NJ 1993, 440, 441; *Haertlein*, ZZP, 114 (2001), 441, 453.

794 Der Schutz der freien Wahl des Forschungsgegenstands und der Forschungsmethode verlangt nicht, dass der Staat Grundrechtsträgern die Realisierung jedes beliebigen Forschungsprojekts ermöglichen muss, *Mayen*, Der grundrechtliche Informationsanspruch des Forschers gegenüber dem Staat, S. 267 f.

795 So auch *Mayen*, Der grundrechtliche Informationsanspruch des Forschers gegenüber dem Staat, S. 265 ff.; vgl. zudem BVerwG, Urt. v. 20.2.2013 – 6 A 2/12 = NVwZ 2013, 1006, 1009.

cc) *Anspruch aus Sicht derer, die ihre Daten einspeisen wollen*

Eine staatlich gewährleistete Infrastruktur erleichtert Forschern, ihre Daten in adäquate Datenbanken einzuspeisen. Die mit der Infrastruktur verbundenen und im nächsten Kapitel noch näher auszuführenden Mindeststandards helfen Wissenschaftlern, ihre Daten im richtigen Format für andere leicht auffindbar zu archivieren. Das wiederum erhöht die Reichweite der eigenen Forschung für diejenigen, die ihre Daten teilen.

Da eine Auswahl an Repositorien besteht, in die Forscher Daten einspeisen können, steht ihnen das notwendige Mindestrepertoir in dieser Hinsicht bereits zu. Das gilt jedenfalls so lange, wie diese Datenbanken geltende Mindeststandards an Sicherheit, Vernetzung und Qualität erfüllen. Allenfalls künftig kann ein Anspruch für Forscher bestehen, sollten sie ihre Daten infolge hoheitlicher Verpflichtungen[796] in öffentliche Repositorien einspeisen müssen. Erst dann kann sich ein derzeit noch zu unbestimmter[797] Anspruch auf Infrastruktur für Forschungsdaten konkretisieren.

c) *Derivativer Teilhabeanspruch an der Infrastruktur*

Der Vollständigkeit halber sei an dieser Stelle noch ein Teilhabeanspruch an einer staatlich gewährleisteten Infrastruktur angesprochen. Grundrechte offerieren ihren Trägern neben einer abwehrrechtlichen regelmäßig auch eine teilhaberechtliche Position. Die Wissenschaftsfreiheit gewährt Wissenschaftlern Teilhabe an staatlichen Ressourcen[798] und an der Organisation des Wissenschaftsbetriebs.[799]

---

796 Letztlich liegt es im Ermessen des Staates, wie und in welchem Ausmaß er eine freie Wissenschaft ggf. auch durch Verpflichtungen fördert, solange er nicht in unverhältnismäßiger Weise in Grundrechte eingreift. Dabei steht dem Staat eine Bandbreite an politischen Möglichkeiten zu, *Bizer*, Forschungsfreiheit und informationelle Selbstbestimmung, S. 78 ff.; *Coelln*, in: Stern/Sodan/Möstl (Hrsg.), Das Staatsrecht der Bundesrepublik Deutschland im europäischen Staatenverbund, 2022, § 124, Rn. 57; *Drohla*, Aufarbeitung versus Allgemeines Persönlichkeitsrecht, S. 217 ff.; *Nau*, Verfassungsrechtliche Anforderungen an Archivgesetze des Bundes und der Länder, S. 132 ff.

797 *Starck/Paulus*, in: MKS, GG, Bd. 1, 7. Aufl. 2018, Art. 5, Rn. 418.

798 Der Hochschullehrer hat beispielsweise ein Recht auf angemessene Berücksichtigung bei der Verteilung staatlicher Mittel aus Art. 5 Abs. 3 Satz 1 und Art. 3 Abs. 1 GG i.V.m. seinem beamtenrechtlichen Status, BVerwGE 52, 339.

799 BVerfGE 111, 333 (354); 127, 87 (115); BVerwGE 149, 194 (Rn. 21); *Fehling*, in: Kahl/Waldhoff/Walter (Hrsg.), BK-GG, 110. EL März 2004, Art. 5 Abs. 3 (Wissenschaftsfreiheit), Rn. 35; *Gärditz*, in: Dürig/Herzog/Scholz (Hrsg.), GG Bd. I, 88. EL, Art. 5 Abs. 3, Rn. 200.

Dazu müssen den Forschern diejenigen Mitwirkungsrechte und Einflussmöglichkeiten gestattet sein, die zur Ausübung freier Wissenschaft erforderlich sind.[800] Konkret geht es hier um die Teilhabe am wissenschaftlichen Betrieb in Form einer Zugriffs- und Dateneinspeisungskompetenz in staatlich gewährleistete Infrastruktur. Ein Anspruch auf Teilhabe kann dem Grundrechtsberechtigten jedoch nur an einer Infrastruktur zustehen, die der Staat bereits geleistet hat.[801] Daraus lässt sich keine Gewährleistungsverantwortung des Staates zur Schaffung einer Forschungsdateninfrastruktur herleiten. Allenfalls besteht ein Anspruch darauf, gleichberechtigt Daten in Repositorien der öffentlichen Hand nutzen, teilen und auf sie zugreifen zu können.

d) Annex zu einem Anspruch auf Informationszugang

Zu denken ist schließlich an einen Anspruch auf Infrastruktur gegen den Staat als Annex zu einem Anspruch auf Zugang zu Informationen. Ein Anspruch kann dann als Annex zu einem anderen entstehen, wenn der Anspruchsberechtigte seinen ursprünglichen Anspruch erst mit dem zweiten sinnvoll ausüben und durchsetzen kann. Das ließe sich auch auf Forscher übertragen, die Daten in einer staatlich gewährleisteten Infrastruktur nutzen wollen. Zu denken ist zunächst an die Wissenschaftsfreiheit, die die Freiheit umfasst, Forschungsdaten zu sammeln und zu nutzen. Daneben kann hier die Informationsfreiheit eine Rolle spielen, die den Zugang zu allgemein zugänglichen Quellen eröffnet, Art. 5 Abs. 1 Satz 1 Alt. 2 GG.

Staatlich gewährleistete Repositorien erleichtern den Zugang zu Daten wesentlich. Zum einen vereinfacht Infrastruktur es, Daten bereitzustellen und zu nutzen. Zum anderen macht ihre bloße Existenz auf das Thema des Datenteilens aufmerksam, sensibilisiert und motiviert Forscher entsprechend. Dadurch können Datenbanken einen größeren Datenaustausch nach sich ziehen. Zunächst bedarf es allerdings eines den Forschern zustehenden Informationszugangsanspruchs, den es zu schützen gilt.

Informationszugangsansprüche lassen sich beispielsweise § 1 Abs. 1 Satz 1 Informationsfreiheitsgesetz, § 3 Abs. 1 Umweltinformationsgesetz, dem Verbraucherinformationsgesetz und dem Archivrecht entnehmen. Bei der Frage, ob

800 BVerfGE 95, 193 (209 f.); 136, 338 (366); 139, 148 (182 f.); *Coelln*, in: Friauf (Begr.), Berliner Kommentar GG, Bd. 1, 44, Art. 5, Rn. 78; *Jarass*, in: Jarass/Pieroth (Begr.), GG, 17. Aufl. 2022, Art. 5, Rn. 145.

801 BVerfGE 33, 303 (331 f., 338); 43, 291 (326); BVerwGE 52, 339 (348 ff.); grundlegend *Martens*, VVDStRL, 30 (1972), 7, 21 ff.

Informationszugang gewährt werden soll, ist der Anspruch im Lichte der Wissenschaftsfreiheit auszulegen.[802] Das Bundesverfassungsgericht betont, die Behörde, die über einen Antrag auf Akteneinsicht zu Forschungszwecken entscheidet, müsse den besonderen Stellenwert der Wissenschaftsfreiheit im Grundgesetz berücksichtigen.[803] Damit kann die Wissenschaftsfreiheit einen Informationszugangsanspruch erweitern. Ein allgemeiner Anspruch auf Informationszugang für Forscher unmittelbar aus der Wissenschaftsfreiheit auch auf nicht allgemein zugängliche Quellen wird allerdings bislang abgelehnt.[804] Argumentiert wird dabei, die Forschungsfreiheit bezwecke nicht, dem individuellen Wissenschaftler mehr Informationen zu beschaffen als ihm allgemein bereitstehen.[805] Er sei zwar grundsätzlich frei, jede beliebige Information zu beschaffen oder sich zumindest darum zu bemühen.[806] Doch darf derjenige, der im Besitz der begehrten Daten ist, die Anfrage ablehnen. Informationszugangsrechte gegen Individuen bestehen auch dann nicht gegen Wissenschaftler, wenn sie Beamte sind. Das ist die natürliche Konsequenz der negativen Publikationsfreiheit von Wissenschaftlern.

Allerdings kann sich die in dem Grundrecht angelegte Förderpflicht zumindest im Einzelfall zu einem Anspruch auf Datenzugang verdichten.[807] Das gilt zum Beispiel, wenn ein Forscher für sein Projekt in einem Fach, das strukturell von Informationsbeständen abhängig ist, auf den Zugang zu bestimmten Informationen angewiesen ist. Weiter darf der Forscher die Daten nicht aus anderen Quellen als den staatlich gewährleisteten Datenbanken[808] erlangen können. Und schließlich

---

802 *Gärditz*, in: Dürig/Herzog/Scholz (Hrsg.), GG Bd. I, 88. EL, Art. 5 Abs. 3, Rn. 266. Vgl. für das Archivrecht *Schoch/Kloepfer/Garstka*, Archivgesetz (ArchG-ProfE), § 16, Rn. 12, 14.

803 BVerfG, Beschl. v. 30.1.1986 – 1 BvR 1352 85 = BeckRS 9998, 99803.

804 BVerfG, Beschl. vom 30.1.1986 – 1BvR 1352/85 = NJW 1986, 1243; BVerwGE 121, 115 (130) = NJW 2004, 2466; BVerwG, Beschl. vom 9.10.1985 – 7 B 188/85 = NJW 1277, 1278; *Bizer*, Forschungsfreiheit und informationelle Selbstbestimmung, S. 70 ff.; *Gurlit*, DVBl. 2003, 1119, 1122; offen gelassen *Schoch*, in: Schoch (Hrsg.), IFG, 2. Aufl. 2016, Einl., Rn. 71; *Wendt*, in: von Münch/Kunig (Begr.), GG, Bd. 1, 7. Aufl. 2021, Art. 5, Rn. 105.

805 BVerfGE 121, 115 (130); *Gärditz*, in: Dürig/Herzog/Scholz (Hrsg.), GG Bd. I, 88. EL, Art. 5 Abs. 3, Rn. 267. Kritisch bereits *Bayer*, JuS, 29 (1989), 191, 193; *Berg*, CR 1988, 234, 237 ff.

806 *Hevers*, Informationszugangsansprüche des forschenden Wissenschaftlers, S. 78.

807 *Gärditz*, in: Dürig/Herzog/Scholz (Hrsg.), GG Bd. I, 88. EL, Art. 5 Abs. 3, Rn. 267; *Schoch*, in: Schoch (Hrsg.), IFG, 2. Aufl. 2016, Einl., Rn. 71.

808 *Hevers*, Informationszugangsansprüche des forschenden Wissenschaftlers, S. 117.

dürfen keine legitimen Gründe ersichtlich sein, warum dem Wissenschaftler der Zugang verweigert werden sollte.[809]

Doch selbst wenn man einen Anspruch auf Zugang zu Daten im Einzelfall bejaht, folgt daraus kein einklagbares subjektives Recht gegen den Staat, eine Forschungsdateninfrastruktur zu gewährleisten. Subjektive Informationszugangsansprüche können zwar einen Zugang zu einem bestimmten Datensatz im Einzelfall nach sich ziehen, aber – insbesondere, wenn sie von derart vielen Faktoren abhängen – keine allgemeine staatliche Handlungspflicht zur Schaffung und Unterhaltung einer umfassenden Forschungsdateninfrastruktur begründen.

e) Zusammenfassung

Aus subjektiven Ansprüchen der Wissenschaftsfreiheit ergibt sich keine staatliche Handlungspflicht bezüglich des Bereitstellens von Forschungsdatenbanken. Leistungsrechte, die unmittelbar von Grundrechten abgeleitet werden, erfordern angesichts ihres Ausnahmecharakters ein – allenfalls in Ausnahmekonstellationen denkbares – gewisses Angewiesensein auf eine Forschungsdateninfrastruktur zur Ausübung der Wissenschaftsfreiheit.[810] Bei der Bereitstellung und Unterhaltung von Forschungsdatenbanken geht es aber gerade nicht darum, Daten für einen konkreten Fall bereitzustellen. Es geht darum, allgemein eine Infrastruktur bereitzustellen, die den Austausch vereinfacht. Hierauf ergibt sich aus der Wissenschaftsfreiheit indes kein Anspruch.

2. Objektiv-rechtliche Dimension der Wissenschaftsfreiheit zur Begründung einer Gewährleistungsverantwortung

Eine staatliche Infrastrukturgewährleistungsverantwortung für Forschungsdaten ergibt sich aber womöglich aus dem objektiv-rechtlichen Gehalt[811] der Wissenschaftsfreiheit. Die Grundrechte prägen als „wertentscheidende Grundsatznormen"[812] die gesamte Rechtsordnung.[813] Sie sind auch in den Bereichen zu beachten, in denen sie keine direkten individuellen Ansprüche vermitteln.[814] Die Wissenschaftsfreiheit beinhaltet neben der individuell-ab-

809 *Hevers*, Informationszugangsansprüche des forschenden Wissenschaftlers, S. 117.

810 *Hevers*, Informationszugangsansprüche des forschenden Wissenschaftlers, S. 78, 85 ff.

811 Zum Begriff der objektiv-rechtlichen Dimension der Grundrechte *Alexy*, Der Staat, 29 (1990), 49, 51 ff.

812 BVerfGE 111, 333 (353).

813 BVerfGE 7, 198 (205); 73, 261 (269) m.w.N.; 129, 78 (102); 142, 74 (101).

814 *Riechelmann*, Struktur des verfassungsrechtlichen Bestandsschutzes, S. 103.

wehrrechtlichen eine objektiv-rechtliche Gewährleistungsfunktion[815] und einen Gestaltungsauftrag für eine „positive Ordnung der Wissenschaft".[816] Die objektivrechtliche Komponente ergibt sich bereits aus dem Wortlaut und der Systematik des Grundrechts.[817] Es garantiert einen freien, unabhängigen, funktionsfähigen Wissenschaftsbetrieb.[818]

Während die wissenschaftliche Tätigkeit bereits durch die Gewährleistung der Forschung und Lehre geschützt ist,[819] kann die Garantie freier Wissenschaft nicht allein tätigkeitsbezogen zu interpretieren sein. Andernfalls verbliebe der Wissenschaft kein eigener Regelungsgehalt.[820] Dafür streitet auch die objektivierende Formulierung, die anders als bei der Forschung und Lehre nicht auf einen Handelnden verweist.[821] Insofern ist der Staat gefordert, die Eigengesetzlichkeit der Wissenschaft zu sichern, indem er wissenschaftsadäquate Organisationsstruktu-

815 BVerfGE 35, 79 (114); 111, 333 (353); vgl. auch BVerfGE 130, 263 (299); *Zwirner*, AöR, 98 (1973), 313, 338. In neuerer Rspr. BVerfG, Beschl. v. 3.9.2014 – 1 BvR 3353/13 = NVwZ 2014, 1571, 1572. Zu den historischen Kontexten des ersten Hochschulurteils *Meinel*, WissR, 50 (2017), 3 ff. So auch bereits in der WRV, dazu *Anschütz*, Die Verfassung des Deutschen Reichs, Art. 142, Anm. 4, S. 662.

816 *Gärditz*, in: Dürig/Herzog/Scholz (Hrsg.), GG Bd. I, 88. EL, Art. 5 Abs. 3, Rn. 197.

817 BVerfGE 35, 79 (112); 90, 1 (11 f.).

818 BVerfGE 35, 79 (115 f., 120); 111, 333 (353); 130, 263 (299); 136, 338 (362); 139, 148 (182 f.); BVerfG, Beschl. v. 3.9.2014 – 1 BvR 3353/13 = NVwZ 2014, 1571, 1572; *Britz*, in: Dreier (Hrsg.), GG Bd. I, 3. Aufl. 2013, Art. 5 III (Wissenschaft), Rn. 15, 68; *Kempen*, in: Epping/Hillgruber (Hrsg.), BeckOK GG, 51. Ed. 15.5.2022, Art. 5 Abs. 3, Rn. 186, 189.

819 A.A. *Trute*, Die Forschung zwischen grundrechtlicher Freiheit und staatlicher Institutionalisierung, S. 111 ff., nach dessen Ansicht Publikationstätigkeit und ähnliches nur schwer unter das Tatbestandsmerkmal der Forschung zu fassen seien. Dies ist jedoch im Lichte seiner vergleichsweise restriktiven Norminterpretation zu lesen.

820 *Mager*, in: Isensee/P. Kirchhof (Hrsg.), Hdb. StR, Bd. VII, 2009, 7, 12; *Trute*, Die Forschung zwischen grundrechtlicher Freiheit und staatlicher Institutionalisierung, S. 110 ff.

821 *Britz*, in: Dreier (Hrsg.), GG Bd. I, 3. Aufl. 2013, Art. 5 III (Wissenschaft), Rn. 70; *Classen*, Wissenschaftsfreiheit außerhalb der Hochschule, S. 129 f.; *Mager*, in: Isensee/P. Kirchhof (Hrsg.), Hdb. StR, Bd. VII, 2009, 7; *Trute*, Die Forschung zwischen grundrechtlicher Freiheit und staatlicher Institutionalisierung, S. 263. Vgl. demgegenüber etwa die verhaltensbezogene Formulierung im älteren Art. 10 Hessische Verfassung: „Niemand darf in seinem wissenschaftlichen (…) Schaffen (…) gehindert werden."

ren einrichtet[822] und Institutionen[823] etabliert, die für einen freien Wissenschaftsbetrieb unerlässlich[824] sind.[825] Dazu muss die öffentliche Hand Einrichtungen garantieren, die unabhängige Forschung und Lehre ermöglichen.[826]

Das Bundesverfassungsgericht leitet aus der Wissenschaftsfreiheit eine objektiv-rechtliche Förderpflicht ab, in deren Rahmen der Staat eine geeignete Wissenschaftsinfrastruktur bereitstellen und mitfinanzieren soll.[827] Demnach umfasst die Garantie freier Wissenschaft auch die Schaffung einer Infrastruktur, die es Forschern ermöglicht, ihr Grundrecht effektiv und ungestört auszuüben.[828] Der Infrastrukturauftrag trifft insbesondere den Gesetzgeber, daneben aber auch – die akademische Selbstverwaltung hochhaltend – den Satzungsgeber und die vollzie-

---

822 *C. Bumke*, VVDStRL, 69 (2010), 407, 444; *Fehling*, Die Verwaltung, 34 (2001), 25, 28 ff.

823 *Gärditz*, in: Dürig/Herzog/Scholz (Hrsg.), GG Bd. I, 88. EL, Art. 5 Abs. 3, Rn. 30. Schon die Forschungsfreiheit aus Art. 142 Abs. 1 Weimarer Reichsverfassung wurde – in Abgrenzung zur individualrechtlichen Meinungsfreiheit – institutionell verstanden, *Anschütz*, Die Verfassung des Deutschen Reichs, Art. 142, Anm. 4, S. 662. Dieses Verständnis blieb auch in der Nachkriegszeit verbreitet, *Kimminich*, DVBl. 1968, 679, 683; *Reinhardt*, WissR, 1 (1968), 1, 10; *Rüfner*, AöR, 89 (1964), 261, 299; *Thieme*, Berufungszusagen und Hochschulreform, S. 71, 74; *W. Weber*, Die Rechtstellung des deutschen Hochschullehrers, S. 27 f.

824 „Unerlässlich" bedeutete in dem Urteil des Bundesverfassungsgerichts, die staatlichen Maßnahmen ermöglichten überhaupt erst eine freie wissenschaftliche Betätigung, BVerfGE 35, 79 (116); kritisch *Sendler*, DÖV, 31 (1978), 581, 587; *Starck*, Freiheit und Institutionen, S. 202 f.; BVerwGE 52, 339 (345 ff.).

825 BVerfGE 35, 79 (115); BVerwGE 135, 286 (Rn. 41); *Denninger*, in: Denninger/Hoffmann-Riem/Schneider/Stein (Hrsg.), AK-GG Bd. 1, 3. Aufl. 2001, Art. 5 Abs. 3 I, Rn. 22; *Jarass*, in: Jarass/Pieroth (Begr.), GG, 17. Aufl. 2022, Art. 5, Rn. 144; *Kempen*, in: Epping/Hillgruber (Hrsg.), BeckOK GG, 51. Ed. 15.5.2022, Art. 5 Abs. 3, Rn. 186; *Starck/Paulus*, in: MKS, GG, Bd. 1, 7. Aufl. 2018, Art. 5, Rn. 418.

826 Vgl. *Kleindiek*, Wissenschaft und Freiheit in der Risikogesellschaft, S. 240; *Trute*, Die Forschung zwischen grundrechtlicher Freiheit und staatlicher Institutionalisierung, S. 422 ff.; insb. auf die Lehre eingehend *Kaufhold*, NJW, 63 (2010), 3276, 3277.

827 BVerfGE 35, 79 (114 ff.); 111, 33 (353).

828 Die in der Wissenschaftsfreiheit enthaltene staatliche Institutionsgarantie soll es Forschern ermöglichen, ihre Freiheit effektiv auszuüben. Vgl. BVerfGE 111, 333 (351 ff.); allg. *Bethge*, Das Selbstverwaltungsrecht im Spannungsfeld zwischen institutioneller Garanttie und grundrechtlicher Freiheit, in: Mutius (Hrsg.), FS Unruh, 1983, 149, 163; *Bethge*, in: Sachs (Hrsg.), GG, 9. Aufl. 2021, Art. 5, Rn. 202a; *Jarass*, in: Jarass/Pieroth (Begr.), GG, 17. Aufl. 2022, Art. 5, Rn. 133.

henden Hochschulorgane.[829] Die objektiv-rechtliche Gewährleistungsdimension der Wissenschaftsfreiheit soll die Infrastruktur freier Forschung schützen, damit der wissenschaftliche Betrieb verlässlich und glaubwürdig vonstattengeht.[830]

Datenbanken eignen sich hierfür in besonderem Maße. Sie gestalten Forschung transparenter,[831] fördern einen kommunikativen Austausch und bieten einen Rahmen zum sicheren Aufbewahren von Daten. Teil eines verlässlichen Forschungsbetriebs ist auch der Zugang zu und die Verfügbarkeit von Forschungsdaten. Um zu untersuchen, ob sich aus der objektiv-rechtlichen Komponente der Wissenschaftsfreiheit ein Gewährleistungsauftrag des Staates[832] zur Bereitstellung einer geeigneten Infrastruktur für Daten herleiten lässt, sind die Komponenten der Wissenschaftsfreiheit näher zu beleuchten[833] und die Entwicklungen in der wissenschaftlichen Gemeinschaft zu berücksichtigen.

a) Kommunikativer Aspekt der Wissenschaftsfreiheit

Bei der Wissenschaftsfreiheit handelt es sich systematisch betrachtet um ein Kommunikationsgrundrecht.[834] Das Wesen der Forschung ist das Streben nach Wissen in einem offenen, pluralistischen Kommunikationsprozess.[835] Im Kern schützt sie

---

829 *Gärditz*, in: Dürig/Herzog/Scholz (Hrsg.), GG Bd. I, 88. EL, Art. 5 Abs. 3, Rn. 197; *Karpen*, VerwArch, 73 (1982), 405, 406.

830 *Löwer*, WissR, 47 (2014), 3, 6 f.

831 Der Transparenzgedanke ist in Art. 15 AEUV und Art. 42 GRC für das Handeln staatlicher Stellen primärrechtlich verankert, siehe etwa *Haug*, in: Bergmann (Hrsg.), Handlexikon EU, 6. Aufl. 2022, Transparenz/Offenheit; *Wegener*, in: Callies/Ruffert (Hrsg.), EUV/AEUV, 6. Aufl. 2022, Art. 15 AEUV, Rn. 6. Bisher reicht es zwar noch nicht so weit, aber es ist denkbar, diesen Grundsatz der Offenheit und das Recht auf Zugang zu den Informationen auf Daten auszuweiten, die im Rahmen einer europäischen Förderung erhoben wurden.

832 Auch semi-staatliche Forschungsförderer und vollziehende Hochschulorgane können Adressaten eines solchen Auftrags sein, Bedingungen zu schaffen, in denen sich Forschung und Lehre frei entfalten können, siehe dazu auch *Mager*, in: Isensee/P. Kirchhof (Hrsg.), Hdb. StR, Bd. VII, 2009, 40.

833 Siehe dazu in a) bis c).

834 So auch *Gärditz*, in: Dürig/Herzog/Scholz (Hrsg.), GG Bd. I, 88. EL, Art. 5 Abs. 3, Rn. 29.

835 *Häberle*, AöR, 110 (1985), 329, 356; *Kempen*, in: Epping/Hillgruber (Hrsg.), BeckOK GG, 51. Ed. 15.5.2022, Art. 5 Abs. 3, Rn. 180 m.w.N. auf Sondervotum Simon/Rupp-v. Brünneck in BVerfGE 35, 79 = NJW 1973, 1185 (1187); *Ossenbühl*, in: Merten/Papier (Hrsg.), Hdb. GR, Bd. I, 2004, § 15, Rn. 51.

„wissenschaftliche Methoden der Erkenntnis und Erkenntnis*vermittlung*".[836] Das Grundrecht gehört nicht nur in seiner Ausprägung als Lehrfreiheit, sondern auch im Sinne des Wissensaustauschs mit der (Fach-)Öffentlichkeit zu den Kommunikationsgrundrechten.[837]

Die Publikationsfreiheit als Teil der Forschungsfreiheit will einen offenen, freiheitlichen Erkenntnisprozess sicherstellen, der sich „an den Grenzen des evolutiv fortgeschriebenen Wissens"[838] orientiert.[839] Wissen soll gespeichert, weitergegeben und bei künftigen Erkenntnisprozessen genutzt werden können. Dazu eignet sich das Sammeln und Teilen von Forschungsdaten in einer eigens dafür bestehenden Infrastruktur. Data Sharing erleichtert den Austausch verschiedener Forschungsteams und fördert die wissenschaftliche Kommunikation.

Im Unterschied zu den nach Art. 5 Abs. 1 GG geschützten Meinungskundgaben sind wissenschaftliche Aussagen ihrem Wesen nach fachlich-rational begründbar.[840] Eine fachlich-rationale Begründung ist insbesondere dann möglich, wenn die zugrunde gelegten Daten zugänglich sind und sie dadurch Erkenntnisse veranschaulichen sowie Reproduktion oder Replikation ermöglichen. Hierfür ist eine Forschungsdateninfrastruktur hilfreich, die den Austausch wissenschaftlicher Informationen beflügelt. Die Gewährleistung von Repositorien deckt sich mithin mit der kommunikativen Komponente der Forschungsfreiheit.

b) Gemeinwohlbezug und gesellschaftliche Bedeutung des Grundrechts

Der Wissenschaftsfreiheit ist ein verfassungsrechtlich intendierter[841] Gemeinwohlbezug inhärent.[842] Die Freiheit bezweckt den gesellschaftlichen Nutzen freier Forschung.[843] Das Bundesverfassungsgericht spricht dem Grundrecht eine Schlüsselrolle für die gesamtgesellschaftliche Entwicklung zu.[844] Die durch

---

836 *Gärditz*, in: Dürig/Herzog/Scholz (Hrsg.), GG Bd. I, 88. EL, Art. 5 Abs. 3, Rn. 56. Hervorhebung von der Verfasserin.

837 *Seckelmann*, Evaluation und Recht, S. 260.

838 *Gärditz*, in: Dürig/Herzog/Scholz (Hrsg.), GG Bd. I, 88. EL, Art. 5 Abs. 3, Rn. 123.

839 *Gärditz*, in: Dürig/Herzog/Scholz (Hrsg.), GG Bd. I, 88. EL, Art. 5 Abs. 3, Rn. 123.

840 *Gärditz*, in: Dürig/Herzog/Scholz (Hrsg.), GG Bd. I, 88. EL, Art. 5 Abs. 3, Rn. 31.

841 BVerfGE 35, 79 (115 f.); 47, 327 (270); 111, 333 (353 f.); *Britz*, in: Dreier (Hrsg.), GG Bd. I, 3. Aufl. 2013, Art. 5 III (Wissenschaft), Rn. 14, 17; *G. Hesse*, Staatsaufgaben, S. 174.

842 *Wendt*, in: von Münch/Kunig (Begr.), GG, Bd. 1, 7. Aufl. 2021, Art. 5, Rn. 113.

843 *Britz*, in: Dreier (Hrsg.), GG Bd. I, 3. Aufl. 2013, Art. 5 III (Wissenschaft), Rn. 11.

844 BVerfGE 35, 79, 114. Zustimmend *Wendt*, in: von Münch/Kunig (Begr.), GG, Bd. 1, 7. Aufl. 2021, Art. 5, Rn. 3.

sie gewonnenen rationalen Erkenntnisse prägen einen offenen, korrigierbaren gesellschaftspolitischen Diskurs,[845] der ein wesentliches Fundament unserer Demokratie darstellt.[846] Dabei wird Wissenschaft als institutionalisierter, funktionsspezifischer[847] Sozialbereich[848] begriffen.[849] In diesem soll der Staat soziale, wirtschaftliche sowie rechtliche Bedingungen schaffen und aufrechterhalten, die erforderlich sind, damit sich wissenschaftliche Prozesse im Sinne des Allgemeinwohls entfalten können.[850]

Je mehr Daten über Repositorien zugänglich sind, desto höher ist das Maß an Gemeinwohlbezogenheit der Forschung. Dies entspricht auch vorangegangenen Erwägungen zum Gemeinwohlbezug von Infrastruktur im Allgemeinen und der für Forschungsdaten im Besonderen.[851] Dennoch geht ein Gemeinwohlbezug nicht zwingend mit einem Auftrag zu dessen Maximierung einher.

c) *Schutzpflicht für eine Forschungsdateninfrastruktur?*

Zu erwägen ist, ob sich eine Gewährleistungsverantwortung aus den dem Grundrecht entspringenden Schutzpflichten herleiten lässt. Die Wissenschaftsfreiheit

---

845 *Gärditz*, in: Dürig/Herzog/Scholz (Hrsg.), GG Bd. I, 88. EL, Art. 5 Abs. 3, Rn. 20, 27.

846 *C. Bumke*, VVDStRL, 69 (2010), 407, insb. S. 432 f.; *Kelsen*, Wissenschaft und Demokratie, wiederabgedruckt in: Jestaedt/Lepsius (Hrsg.), Verteidigung der Demokratie, 2006, S. 238, 241; *Rupp*, VVDStRL, 27 (1969), 113, 123.

847 Das Freiheitsrecht wird zum Teil als Funktionsgrundrecht bezeichnet, *Rupp*, WissR 1984, 1, § 31, Rn. 32; *Trute*, Die Forschung zwischen grundrechtlicher Freiheit und staatlicher Institutionalisierung, S. 191 ff. Vgl. auch *Hailbronner*, Die Freiheit der Forschung und Lehre als Funktionsgrundrecht.

848 Vgl. zur Bereichsmetapher etwa *Classen*, Wissenschaftsfreiheit außerhalb der Hochschule, 129; *Gärditz*, Hochschulorganisation und verwaltungsrechtliche Systembildung, S. 320 ff., insb. S. 331; *K. Hesse*, Grundzüge des Verfassungsrechts der Bundesrepublik Deutschland, S. 174; *Meusel/Blum*, Außeruniversitäre Forschung im Wissenschaftsrecht, S. 142.

849 *Mager*, in: Isensee/P. Kirchhof (Hrsg.), Hdb. StR, Bd. VII, 2009, 16; *Trute*, Die Forschung zwischen grundrechtlicher Freiheit und staatlicher Institutionalisierung, S. 80 ff. So ähnlich auch *Schmidt-Aßmann*, Die Wissenschaftsfreiheit als Organisationsgrundrecht, in: Becker/H. Bull/Seewald (Hrsg.), Festschrift für Werner Thieme zum 70. Geburtstag, 1993, S. 697, 702. Kritisch *Dickert*, Naturwissenschaften und Forschungsfreiheit, S. 155.

850 *Trute*, Die Forschung zwischen grundrechtlicher Freiheit und staatlicher Institutionalisierung, S. 263.

851 Siehe Kapitel 3 B. III.

verfolgt überindividuelle Schutzzwecke.[852] Sie ist Grundlage staatlicher Schutzpflichten und Handlungsaufträge.[853] Das Bundesverfassungsgericht spricht im Rahmen der objektiven Komponente von einem Schutzpflichtkonzept.[854] Dieses geht über allgemeine Schutzpflichten[855] hinaus, die dem Gesetzgeber in der Regel einen weiten Spielraum hinsichtlich der Ausgestaltung seiner Pflichten lassen.[856] Zwar soll die Wissenschaft grundsätzlich nach eigenen Normen ablaufen. Doch kann staatliche Hilfe erforderlich sein, um diese Normen durchzusetzen, sie mit Inhalt zu füllen oder sie zu generieren. Diese Dimension impliziert, dass die Wissenschaftsfreiheit nicht nur individuelle Rechte schützt, sondern auch eine institutionelle Komponente hat, die auf die Gestaltung des Wissenschaftsbetriebs insgesamt abzielt.

Der Staat muss rechtliche Rahmenbedingungen schaffen, die sicherstellen, dass Forscher wissenschaftliche Aktivitäten entsprechend akzeptierten wissenschaftlichen und ethischen Standards durchführen. Daneben kann die öffentliche Hand auch eine Rolle bei der Entwicklung neuer wissenschaftlicher Normen und Standards spielen, etwa wenn es um Richtlinien zum Datenaustausch geht. Sie kann die Normen durch Angebote wie Data Sharing-Workshops oder gesonderte Forschungsförderung für das Teilen von Daten mit Inhalt füllen.

---

852 Ausführlicher *Dickert*, Naturwissenschaften und Forschungsfreiheit, S. 262 f.; *Trute*, Die Forschung zwischen grundrechtlicher Freiheit und staatlicher Institutionalisierung, S. 180 ff. Zur Angewiesenheit des Staates auf Wissenschaft *P. Huber*, Staat und Wissenschaft, S. 31 ff.

853 *Bethge*, in: Sachs (Hrsg.), GG, 9. Aufl. 2021, Art. 5, Rn. 201.

854 Siehe BVerfGE 39, 1 (32, 36 ff.); 46, 160 (164 f.); 49, 89 (142); 53, 30 (57); 77, 170 (229); 79, 174 (201 f.); 88, 203 (251 ff.). Vgl. zudem in der Lit. u.a. *Gillich*, WissR, 50 (2017), 234, 247; *Schiedermair*, WissR, 21 (1988), 1, 13; *Sieweke*, Managementstrukturen und outputorientierte Finanzierung im Hochschulbereich, S. 166 ff.; *Szczekalla*, Die sogenannten grundrechtlichen Schutzpflichten im deutschen und europäischen Recht, S. 105 f., 126 f.

855 Außerhalb der Wissenschaftsfreiheit ziehen Schutzpflichten v.a. im Umweltrecht praktisch relevante Folgen nach sich, BVerfGE 49, 89 (141 ff.); 79, 174 (201 f.); BVerfG, Beschl. v. 24.1.2007 – 1 BvR 382/05 = BVerG-K 10, 208 (211); Beschl. v. 21.11.2008 – 1 BvR 2456/06 = BVerfG-K 14, 402 (406 ff.); BVerfG, Beschl. v. 10.11.2009 – 1 BvR 1178/07 = BVerfG-K 16, 370 (374 f.); BVerfG, Beschl. v. 29.7.2009 – 1 BvR 1606/08 = NVwZ 2009, 1494 f.; BVerfG, Beschl. v. 18.2.2010 – 2 BvR 2502/08 = NVwZ 2010, 702 (704); *Voßkuhle*, NVwZ 2013, 1 ff.

856 BVerfGE 96, 56 (64); 117, 202 (227); 133, 59 (75 f.). Zur korrespondierenden Evidenzkontrolle BVerfG, Beschl. v. 17.2.2017 – 1 BvR 781/15 = BVerfG-K, NJW 2017, 1593 (1594).

aa) Untermaßverbot

Grundrechtliche Schutzpflichten sind verletzt, wenn das Untermaßverbot[857] unterschritten wird. Der Staat muss einen gewissen Mindestschutzstandard sicherstellen. Diesbezüglich kommt ihm eine weite Einschätzungsprärogative zugute.[858] Unterschritten ist das Untermaßverbot, wenn der Staat keine oder offensichtlich unzureichende Maßnahmen ergreift, um das Grundrecht effektiv zu schützen.[859] Die Schutzpflicht greift jedenfalls dann, wenn die Voraussetzungen zur Grundrechtsausübung strukturell bedingt aus objektiv-generellen Gründen ohne staatliche Leistung nicht verfügbar sind.[860]

Sind Wissenschaftler zur Ausübung ihrer in Art. 5 Abs. 3 Satz 1 GG garantierten Freiheiten elementar auf eine Forschungsdateninfrastruktur angewiesen, kann das Untermaßverbot dem Gesetzgeber konkrete Handlungspflichten auferlegen. Gibt es kein ausreichendes, privates Angebot an Repositorien, läuft die den Schutzpflichten entspringende Gewährleistungsverantwortung[861] auf eine staatliche Bereitstellungspflicht hinaus.[862] Davon umfasst ist die Bereitstellung einer organisatorischen Infrastruktur.[863] Da es jedoch bereits Repositorien für Forschungsdaten gibt und der Staat den Aufbau der *Nationalen Forschungsdateninfrastruktur* fördert, ist das eine Gewährleistungsverantwortung begründende Untermaßverbot noch nicht erreicht. Zudem ermöglicht Infrastruktur zwar Anschluss- und Reproduktionsstudien in effizienter und effektiver Weise. Der

857 Zum Untermaßverbot siehe BVerfGE 88, 203 (254), daneben auch BVerfGE 49, 89 (142); 77, 170 (214 f.); *O. Klein*, JuS, 46 (2006), 960 ff.; *Grzeszick*, in: Dürig/Herzog/Scholz (Hrsg.), GG Bd. III, 102. EL, Art. 20, Rn. 128.

858 *Calliess*, in: Merten/Papier (Hrsg.), Hdb. GR, Bd. II, 2009, § 44, Rn. 6.

859 BVerfG, Beschl. v. 24.3.2021 – 1 BvR 2656/18, 78/20, 96/20, 288/20, Rn. 152.

860 *Classen*, Wissenschaftsfreiheit außerhalb der Hochschule, S. 126 f. Ähnlich *Trute*, Die Forschung zwischen grundrechtlicher Freiheit und staatlicher Institutionalisierung, S. 158, 424 ff.

861 *Fehling*, in: Kahl/Waldhoff/Walter (Hrsg.), BK-GG, 110. EL März 2004, Art. 5 Abs. 3 (Wissenschaftsfreiheit), Rn. 38; vgl. bereits *Zwirner*, AöR, 98 (1973), 313, 338.

862 Eine solche wurde vom Bundesverfassungsgericht sinngemäß bereits im Hochschulurteil begründet, BVerfGE 35, 79 (114 f.); dazu *C. Bumke*, VVDStRL, 69 (2010), 407, 443 m.w.N. Vgl. auch *Trute*, Die Forschung zwischen grundrechtlicher Freiheit und staatlicher Institutionalisierung, S. 190 („Ausübungssicherungsverantwortung" durch personelle, finanzielle und organisatorische Mittel).

863 *Rupp*, VVDStRL, 27 (1969), 113, 120, im Anschluss an die Ausformung der institutionellen Garantie der Wissenschaftsfreiheit von *Köttgen*, Das Grundrecht der deutschen Universität, S. 51. Dieser Aspekt kommt in der Formel des Hochschulurteils zum Ausdruck, BVerfGE 35, 79 (114 f.).

Austausch von Daten ist dennoch zumindest noch nicht unerlässlich für die freie Ausübung des Grundrechts. Ein ausbleibender Ausbau der Forschungsinfrastruktur verletzte das Untermaßverbot mithin nicht.

bb) Schutzpflichten jenseits des Untermaßverbots

Schutzpflichten auf diesem Minimalmaß zu belassen, führte jedoch dazu, dass sie praktisch kaum eine Rolle spielten.[864] Das entspräche nicht der Bedeutung und dem Schutzgehalt der Wissenschaftsfreiheit. Das Grundrecht schützt in seiner objektiv-rechtlichen Komponente einen freien Wissenschaftsprozess. Es will einen fortschreitenden Erkenntnisgewinn und das wissenschaftliche Innovationspotenzial sichern.[865] Die staatliche Schutzpflicht kann also über das bloße Verhindern einer Untermaßunterschreitung hinausgehen. Das gilt insbesondere in solchen Bereichen, in denen zu erwarten ist, dass künftig die Grundrechtsträger auf ihr Vorhandensein angewiesen sein werden.

Nach einem zeitgemäßen Begriffsverständnis könnten staatliche Schutz- und Organisationspflichten das Bereitstellen einer vernetzten und kompatiblen Forschungsdateninfrastruktur erfassen. Zum einen werden Daten immer bedeutender für die Forschung. Zum anderen stellen vernetzte Repositorien als Teil der materiellen Ausstattung und institutionellen Struktur einen Gewinn für die wissenschaftliche Arbeit dar, der über das Potenzial vereinzelter Speicherorte hinausgeht.

Der Maßstab dafür, was der Staat zur Erfüllung seiner Schutzpflicht zu tun hat, orientiert sich nicht daran, was der Forscher eines konkreten Projekts benötigt. Stattdessen muss sie sich, um praktikabel zu bleiben, an dem orientieren, was ein allgemeiner Durchschnittsforscher bedarf.[866] Den Wesensgehaltsschutz berücksichtigend,[867] hat der Staat zu gewährleisten, dass die Grundrechtsberech-

---

864 *Mayen*, Der grundrechtliche Informationsanspruch des Forschers gegenüber dem Staat, S. 270.

865 *Britz*, in: Dreier (Hrsg.), GG Bd. I, 3. Aufl. 2013, Art. 5 III (Wissenschaft), Rn. 68. Zur Zielrichtung der Wissenschaftsfreiheit *Ruffert*, VVDStRL, 65 (2006), 146, 169 ff.

866 Vgl. *Schmitt Glaeser*, Freiheit der Forschung, in: Eser/Schumann (Hrsg.), Forschung im Konflikt mit Recht und Ethik, 1976, S. 77, 90.

867 Dieser ist auch für die aus der objektiv-rechtlichen Grundrechtsdimension erwachsenden staatlichen Schutzpflichten zu beachten, *Drews*, Die Wesensgehaltsgarantie des Art. 19 II GG, S. 57, 297; *Schaks*, DÖV 2015, 817, 823 f.

tigten Freiheitsrechte ihrem Wesenskern[868] entsprechend frei ausüben können.[869] Die objektive Wertentscheidung, den Wissenschaftsbetrieb zu fördern und faktischen Ausübungshindernissen vorzubeugen,[870] kann sich zu einer Pflicht zur Gewährleistung einer Infrastruktur verdichten. Wenn aus objektiv-generellen Gründen eine angemessene Forschungsdateninfrastruktur fehlt und dadurch Wissenschaftlern die Ausübung ihres Grundrechts zwar nicht nahezu unmöglich ist, sie aber strukturell beeinträchtigt wird, greift die staatliche Schutzpflicht. Sind Forscher demnach auf eine adäquate Dateninfrastruktur angewiesen, muss der Staat sie selbst[871] oder durch Einschaltung Privater[872] bereitstellen und unterhalten. Um das zu beurteilen, kommt es maßgeblich darauf an, welche Potenziale eine adäquate Infrastruktur für den wissenschaftlichen Erkenntnisgewinn mit sich bringt. Ob Forscher für ihre wissenschaftliche Betätigung auf Datenbanken angewiesen sind, ist für jedes Fach gesondert zu prüfen.[873]

Wenngleich Wissenschaftler noch nicht auf Forschungsdatenbanken angewiesen sind, um ihre Arbeit sinnvoll auszuüben, könnten vernetzte Repositorien jedenfalls künftig als für einen freien und effektiven Wissenschaftsbetrieb unerlässliche (digitale) Infrastrukturkomponenten anzusehen sein. Hier wird davon ausgegangen, dass der Bedarf an Infrastruktur disziplinübergreifend steigt aufgrund eines kulturellen Wandels und zunehmenden Data Sharing-Empfehlungen und -Vorgaben.

Bis dahin ist die Gewährleistung einer Forschungsdateninfrastruktur nicht Teil zwingender aus der Wissenschaftsfreiheit erwachsender Schutzpflichten. Der

868 Ob Art. 19 Abs. 2 GG jedem einzelnen Grundrechtsträger den Wesensgehalt jedes Grundrechts garantiert oder nur der Gesamtheit aller Grundrechtsträger jeweils eines Grundrechts (vgl. zum Meinungsstand etwa *Denninger*, in: Denninger/Hoffmann-Riem/Schneider/Stein (Hrsg.), AK-GG Bd. 2, 3. Aufl. 2001, Art. 19 Abs. 2, Rn. 4 ff.; *Middendorf*, JURA, 25 (2003), 232, 232 ff.), bezieht sich auf den abwehrrechtlichen Schutz, nicht hingegen auf Leistungs- und Schutzrechte, die eine überindividuelle Notlage für das Grundrecht erfordern, *Hevers*, Informationszugangsansprüche des forschenden Wissenschaftlers, S. 102.

869 Das Untermaßverbot ist dogmatische Folge der Geltung des Art. 19 Abs. 2 GG für die objektiv-rechtlichen Gewährleistungsgehalte der Grundrechte, BVerfGE 88, 203 (254 f.); *Isensee*, in: Isensee/P. Kirchhof (Hrsg.), Hdb. StR, Bd. IX, 303 ff.; *O. Klein*, JuS, 46 (2006), 960, 960.

870 *Hevers*, Informationszugangsansprüche des forschenden Wissenschaftlers, S. 121.

871 *Britz*, in: Dreier (Hrsg.), GG Bd. I, 3. Aufl. 2013, Art. 5 III (Wissenschaft), Rn. 15.

872 Siehe dazu bereits in B. I. 3. b) und sogleich in Kapitel 5 B. III.

873 So für einen Leistungsanspruch auf Informationszugang aus der Wissenschaftsfreiheit *Hevers*, Informationszugangsansprüche des forschenden Wissenschaftlers, S. 114.

Staat kann sich dieser Aufgabe aber dennoch annehmen im Sinne einer vorausschauenden Antizipation künftiger Entwicklungen. Offene Wissenschaft ist auf einen funktionierenden Datenaustausch und damit zumindest mittel- und langfristig auf weitgehend miteinander verknüpfte Repositorien angewiesen.

cc) Begünstigte von potenziellen Schutzpflicht-Maßnahmen

Für Datennutzer kommt der Staat einer solchen Schutzpflicht für die ungestörte Ausübung der Wissenschaftsfreiheit nach, indem er Daten für Zweitnutzer und Anschlussforscher zumindest mittelbar durch von ihm gewährleistete Repositorien bereitstellt. Die Wissenschaftsfreiheit schützt die Zusammenarbeit von Forschern untereinander[874] sowie den Zugang zu Daten aus allgemein zugänglichen Quellen, staatlichen Archiven und Datenbanken einschließlich deren Nutzung.[875] Die moderne Forschungsarbeit ist zunehmend auf verfügbare Ressourcen angewiesen.[876] Es gehört zum Schutzbereich der Forschungsfreiheit, die Ergebnisse anderer Wissenschaftler überprüfen zu können, um die vorhandenen Informationen zu verifizieren oder damit Anschlussforschung zu betreiben.[877] Das ist jedoch nur möglich, wenn die Datenerheber ihre Daten mit Zweitnutzern und Anschlussforschern teilen. Besonders wissenschaftsfreundlich kann das über Datenbanken geschehen, deren Betreiber die eingespeisten Informationen archivieren, verwalten und Anfragenden bereitstellen.

Für Forscher, die ihre Daten perspektivisch hoheitlichen Vorgaben entsprechend in Repositorien teilen müssen, wird den Staat ebenfalls eine Schutzpflicht treffen. Aber auch für eine freiwillige Weitergabe, die von der Wissenschaftsfreiheit umfasst ist,[878] kann den Staat eine Schutzpflicht treffen, sofern keine adäquate Infrastruktur vorhanden ist. Wissenschaftler, die ihre Daten teilen, können sich

874 *Starck/Paulus*, in: MKS, GG, Bd. 1, 7. Aufl. 2018, Art. 5, Rn. 488.

875 *Britz*, in: Dreier (Hrsg.), GG Bd. I, 3. Aufl. 2013, Art. 5 III (Wissenschaft), Rn. 25. Die Forschungsfreiheit ist im Rahmen wissenschaftlicher Betätigung insofern lex specialis gegenüber der Informationsfreiheit. Das gilt jedoch nicht bei der Einsichtnahme in Behördenakten zu Forschungszwecken, auf die kein unmittelbarer Anspruch aus Art. 5 Abs. 3 Satz 1 GG besteht, vgl. BVerfG, Beschl. v. 30.1.1986 – 1 BvR 1352/85 = NJW 1986, 1243; BVerwG, Beschl. v. 9.10.1985 – 7 B 188/85 = NJW 1986, 1277 f. Dieses Problem hat sich jedoch durch die einfachgesetzlichen Informationszugangsansprüche im Informationsfreiheitsgesetz, Umweltinformationsgesetz und in entsprechenden landesrechtlichen Regelungen relativiert.

876 *Britz*, in: Dreier (Hrsg.), GG Bd. I, 3. Aufl. 2013, Art. 5 III (Wissenschaft), Rn. 35.

877 *Coelln*, in: Friauf (Begr.), Berliner Kommentar GG, Bd. 1, 44, Art. 5, Rn. 29.

878 BVerfGE 35, 79 (112 f.); 47, 327 (367); 90, 1 (11 f.); 127, 87 (115).

auf ihre Publikationsfreiheit[879] berufen. Nach der Publikationsfreiheit als Ausprägung der Wissenschaftsfreiheit können Forscher selbst entscheiden, ob sie welche Daten in welchem Format wem wann zugänglich machen.[880] Dabei wird auch die Wahl des Mediums geschützt.[881] Gleiches gilt für die Form des Teilens und den Publikationsort.[882] So mag die Wahl auf das Teilen der eigenen Daten in einer staatlich gewährleisteten, kompatiblen Infrastruktur fallen, in der bestimmte Sicherheits-, Qualitäts- und Formatierungsstandards gelten.

Den Staat kann auch eine Schutzpflicht für andere Akteure (Studenten, Doktoranden und Forschungseinrichtungen) treffen, die im Rahmen ihrer Wissenschaftsfreiheit Informationen als Vorarbeit[883] oder als wissenschaftliche Methode zur Erkenntniserlangung[884] sammeln.[885] Der Staat kann einer unter Umständen bestehenden Schutzpflicht nachkommen, indem er eine adäquate Infrastruktur dafür gewährleistet. Personen, die wissenschaftliche Ergebnisse, Daten und Methoden sammeln und vermitteln, werden ebenfalls von der Wissenschaftsfreiheit geschützt.[886] Dazu gehören Verleger, Zeitschriftenherausgeber[887] und Datenbankenbetreiber. Im Rahmen einer potenziellen Schutzpflicht für letztere muss der Staat Rahmenbedingungen schaffen, innerhalb derer Datenbanken betrieben und miteinander vernetzt werden können. Darunter kann eine finanzielle Unterstüt-

---

879 BGHZ 173, 356 (360); *Bäuerle*, Open Access, in: Britz (Hrsg.), Forschung, 2012, S. 1, 13; *Classen*, Wissenschaftsfreiheit außerhalb der Hochschule, S. 86 f.; *Dähne*, Forschung zwischen Wissenschaftsfreiheit und Wirtschaftsfreiheit, S. 232; *Haug*, OdW 2019, 89, 92 f.; *Rieble*, in: Reuss/Rieble (Hrsg.), Autorschaft als Werkherrschaft in digitaler Zeit, 2009, S. 29, 52.

880 *Britz*, in: Dreier (Hrsg.), GG Bd. I, 3. Aufl. 2013, Art. 5 III (Wissenschaft), Rn. 25 f.; *Fehling*, in: Kahl/Waldhoff/Walter (Hrsg.), BK-GG, 110. EL März 2004, Art. 5 Abs. 3 (Wissenschaftsfreiheit), Rn. 74; *Jarass*, in: Jarass/Pieroth (Begr.), GG, 17. Aufl. 2022, Art. 5, Rn. 138.

881 *Gärditz*, in: Dürig/Herzog/Scholz (Hrsg.), GG Bd. I, 88. EL, Art. 5 Abs. 3, Rn. 113.

882 *Rieble*, Forschung & Lehre 2009, 648, 650.

883 So *Nau*, Verfassungsrechtliche Anforderungen an Archivgesetze des Bundes und der Länder, S. 107; *Starck/Paulus*, in: MKS, GG, Bd. 1, 7. Aufl. 2018, Art. 5, Rn. 488.

884 So auch *Manegold*, Archivrecht, S. 91 f. für die Archivbenutzung durch historische Forscher.

885 Ausführlicher *Manegold*, Archivrecht, S. 87 ff.; ausdrücklich auch *Mayen*, Der grundrechtliche Informationsanspruch des Forschers gegenüber dem Staat, S. 109; *Nau*, Verfassungsrechtliche Anforderungen an Archivgesetze des Bundes und der Länder, S. 107.

886 *Starck/Paulus*, in: MKS, GG, Bd. 1, 7. Aufl. 2018, Art. 5, Rn. 413.

887 *Frank*, NJW 1983, 1172, 1173.

zung ebenso fallen wie die Vorgabe einheitlicher technischer und qualitativer Standards, um Interoperabilität und Kompatibilität sicherzustellen.[888]

Hinsichtlich wissenschaftlicher Institutionen als Grundrechtsträger der Wissenschaftsfreiheit kann den Staat ebenfalls eine Schutzpflicht treffen. Art. 5 Abs. 3 Satz 1 GG schützt in seiner institutionellen Dimension insbesondere die Autonomie und akademische Selbstverwaltung der Einrichtungen.[889] Ebenso geschützt werden staatliche und quasi-staatliche Fördereinrichtungen wie die Deutsche Forschungsgemeinschaft in den Bereichen, in denen sie nicht erheblich staatlich beeinflusst sind, sondern autonom operieren und als „verlängerter Arm" der Forscher anzusehen sind.[890] Die Förderorganisationen bezwecken mitunter, dass sich die Eigengesetzlichkeit von Forschung in neutralisierendem Abstand zum Staat entfalten kann.[891] Unabhängige Wissenschaft ist allerdings auf staatliche Unterstützung angewiesen.[892] Maßgeblich dazu gehören neben der finanziellen Förderung staatliche Institutionalisierungen und Bereitstellungen im Forschungsbetrieb.[893] Der Staat hat die objektive Eigengesetzlichkeit der Wissenschaft in den Institutionen zu sichern.[894] Wenn sich nun diese Förderorganisationen und Forschungseinrichtungen, wie es sich abzeichnet, vermehrt für das Teilen von Daten einsetzen und Data Sharing ihren Wissenschaftlern ans Herz legen beziehungsweise schrittweise vorschreiben, sind sie dafür auf eine Forschungsdateninfrastruktur angewiesen, die die eigenen Repositorien übersteigt. Wenn

---

888 Hierzu ausführlicher in Kapitel 5 A. III. 4.

889 BVerfGE 111, 333 (354); 136, 338 (373); *Coelln*, in: Friauf (Begr.), Berliner Kommentar GG, Bd. 1, 44, Art. 5, Rn. 88; *Fehling*, in: Kahl/Waldhoff/Walter (Hrsg.), BK-GG, 110. EL März 2004, Art. 5 Abs. 3 (Wissenschaftsfreiheit), Rn. 26; *Kempen*, in: Epping/Hillgruber (Hrsg.), BeckOK GG, 51. Ed. 15.5.2022, Art. 5 Abs. 3, Rn. 192.

890 *Fehling*, in: Kahl/Waldhoff/Walter (Hrsg.), BK-GG, 110. EL März 2004, Art. 5 Abs. 3 (Wissenschaftsfreiheit), Rn. 141; *Jarass*, in: Jarass/Pieroth (Begr.), GG, 17. Aufl. 2022, Art. 5, Rn. 141; eher ablehnend mit Ausnahme *Gärditz*, in: Dürig/Herzog/Scholz (Hrsg.), GG Bd. I, 88. EL, Art. 5 Abs. 3, Rn. 138 f.

891 Vgl. *Trute*, Die Forschung zwischen grundrechtlicher Freiheit und staatlicher Institutionalisierung, S. 691 f. So im Ergebnis auch *Meusel/Blum*, Außeruniversitäre Forschung im Wissenschaftsrecht, S. 151 f.; *Groß/Karaalp*, DVBl. 2010, 1135, 1140.

892 Insbesondere zur finanziellen Unterstützung *Britz*, in: Dreier (Hrsg.), GG Bd. I, 3. Aufl. 2013, Art. 5 III (Wissenschaft), Rn. 75; siehe auch *Fehling*, in: Kahl/Waldhoff/Walter (Hrsg.), BK-GG, 110. EL März 2004, Art. 5 Abs. 3 (Wissenschaftsfreiheit), Rn. 225.

893 Zu diesem Spannungsverhältnis vgl. *Kleindiek*, Wissenschaft und Freiheit in der Risikogesellschaft, S. 241 f.

894 *Britz*, in: Dreier (Hrsg.), GG Bd. I, 3. Aufl. 2013, Art. 5 III (Wissenschaft), Rn. 75.

Förder- und Forschungsinstitutionen die Praxis des wissenschaftlichen Datenaustauschs fördern, insbesondere wenn sie dabei hoheitliche Vorgaben umsetzen, müsste eine staatliche Schutzpflicht abgeleitet aus der institutionellen Dimension der Wissenschaftsfreiheit den Auf- und Ausbau einer Forschungsdateninfrastruktur umfassen.

dd) Gestaltungsspielraum des Staates

Letztlich bleibt es dem Gesetzgeber überlassen, wie er seinen Schutzpflichten für einen funktionsfähigen Wissenschaftsbetrieb[895] nachkommt.[896] Er kann ihn durch die Gewährleistung einer Infrastruktur stärken.[897] Der aus der Grundfreiheit erwachsende Schutzauftrag, ihr gesellschaftlicher Bezug und ihre kommunikative Komponente sprechen jedenfalls für eine Förderung des Forschungsdatenaustausch durch Gewährleistung entsprechender Infrastruktur. Zwingend ist diese Schlussfolgerung aber nicht.

Damit der Staat beurteilen kann, wie er seine Schutzpflichten möglichst effektiv und effizient[898] wahren kann, hilft die Einnahme der Steuerungsperspektive. Einzusetzen ist in der Regel das Steuerungsmittel, welches das Steuerungsziel besonders schnell und nachhaltig erreicht. Zu berücksichtigen ist bei der Bewertung auch die zu erwartende Auslastung von Datenbanken, die maßgeblich von dem zu erwartenden künftigen Verbreitungsgrad des wissenschaftlichen Datenaustauschs durch Datenerheber und Folgenutzer abhängt. Angesichts der wachsenden Open Science-Bewegung ist davon auszugehen, dass die Infrastruktur zum Teilen und Überprüfen von Daten sowie zu ihrer Anschlussnutzung künftig höher frequentiert wird als bisher. In Anbetracht der bestehenden Wissensdefizite und

895 Konkrete zwingende Schutzpflichten sind zurückhaltend anzunehmen, vgl. auch *Voßkuhle*, VVDStRL, 62 (2002), 266, 297

896 Bei der Frage, welche Maßnahmen die öffentliche Hand ergreift, unterliegt sie im Rahmen ihres Entscheidungsspielraums einem „abwägungsabhängigen Optimierungsgebot", *Gärditz*, in: Dürig/Herzog/Scholz (Hrsg.), GG Bd. I, 88. EL, Art. 5 Abs. 3, Rn. 212.

897 Zur geringen Direktionskraft der Schutzpflichten *Burgi*, Funktionale Privatisierung und Verwaltungshilfe, S. 201 ff.; *Seidel*, Privater Sachverstand und staatliche Garantenstellung im Verwaltungsrecht, S. 83 ff.; *Möstl*, Die staatliche Garantie für die öffentliche Sicherheit und Ordnung, S. 84 ff.; *Nitz*, Private und öffentliche Sicherheit, S. 334 ff.

898 Diese außerrechtlichen Steuerungsmaßstäbe sind zwar kein scharf konturiertes Rechtsprinzip, können aber einen Handlungsauftrag nach sich ziehen, *Schings*, Der Ausbau öffentlicher Ladeinfrastruktur für Elektrofahrzeuge, S. 115.

Unsicherheiten bezüglich des Verhaltens der Wissenschaftler und ihrer Nutzung einer Forschungsdateninfrastruktur bedarf es einer regelmäßigen Re-Evaluation.

Bei seiner Entscheidung, ob der Staat sich der Aufgabe annimmt, Forschungsdateninfrastruktur zu gewährleisten, spielen auch finanzielle Fragen angesichts der hohen Anfangsinvestitionen[899] eine Rolle. Allerdings sind diese um so vernachlässigbarer, je wichtiger der Aufbau einer entsprechenden Infrastruktur für einen funktionierenden Wissenschaftsbetrieb ist. Rein ergänzend[900] kann der Staat als Entscheidungshilfe folgenorientiert seine Handlungsoptionen bewerten: Ist eine Forschungsdateninfrastruktur zweckdienlich für eine freie wissenschaftliche Praxis, spricht das für ihre Gewährleistung.[901] Ob dem so ist, wofür gute Gründe sprechen,[902] muss empirisch näher untersucht werden.

Die objektiv-rechtliche Komponente der Wissenschaftsfreiheit verpflichtet den Staat derzeit nicht zur Gewährleistung einer Forschungsdateninfrastruktur, steht einer solchen aber auch nicht im Wege. Sollte sich der Staat dazu entschließen, eine entsprechende Infrastruktur zu garantieren, treffen ihn ergänzende Schutzpflichten.

---

899 Eine staatliche Anschubinvestition ist wohl unumgänglich. Der Vorbehalt des Möglichen kann u.U. auch Schutzpflichten – wenngleich nicht in gleichem Maße wie grundrechtliche Leistungspflichten (siehe dazu BVerwGE 33, 303 (333); 43, 291 (314)) – einschränken, *Hevers*, Informationszugangsansprüche des forschenden Wissenschaftlers, S. 115. Eine umfassende Dateninfrastruktur bindet finanzielle, personelle Ressourcen und geht mit einem erheblichen Verwaltungsaufwand für Bereitstellung, Instandhaltung und Betrieb der dazugehörigen Datenspeicher und Rechenzentren einher. Vgl. zum Verwaltungsaufwand für die Informationszugangsverschaffung *Angelov*, Grundlagen und Grenzen eines staatsbürgerlichen Informationszugangsanspruchs, S. 87; *Bizer*, Forschungsfreiheit und informationelle Selbstbestimmung, S. 96. Der Gesetzgeber kann nicht unbegrenzt Haushaltsmittel einsetzen, ihm steht aber die Kompetenz zu, finanzielle Prioritäten zu setzen, *Ossenbühl*, NJW, 29 (1976), 2100, 2105; *Sendler*, DÖV, 31 (1978), 581, 586, 588.

900 Dabei ist allerdings Vorsicht geboten. Eine staatliche Gewährleistungsverantwortung sollte nicht allein vom Ergebnis her konstruiert werden. Die ausschlaggebenden Argumente sind weiterhin in der Rechtsordnung selbst zu finden. So auch *Klement*, S. 186 ff. Kritisch bzgl. der Verwendung hochabstrakter Leitideen in der Folgenorientierung; *Voßkuhle*, Der Staat, 40 (2001), 495, 498.

901 Vgl. *Alexy*, Theorie der juristischen Argumentation, S. 296; *Alexy*, Theorie der Grundrechte, S. 510, 513.

902 Siehe dazu in Kapitel 2 A.

d) *Gewährleistungsverantwortung aus einer Vorsorgepflicht*

Zu erwägen ist aber, ob den Staat bereits heute eine Gewährleistungsverantwortung zum Auf- und Ausbau einer Forschungsdateninfrastruktur im Sinne einer Vorsorgepflicht trifft, wenn und weil absehbar ist, dass immer mehr Wissenschaftsbereiche künftig auf eine solche angewiesen sind. Eine solche würde auf dem objektiv-rechtlichen Gehalt der Wissenschaftsfreiheit in Verbindung mit dem Prinzip der Vorsorge[903] und der Antizipation zukünftiger Entwicklungen in der Wissenschaft basieren. Wollte man eine solche Vorsorgepflicht annehmen, sind die Grundsätze der Verhältnismäßigkeit, der Effektivität und der Nachhaltigkeit ebenso zu berücksichtigen wie das Prinzip begrenzter staatlicher Ressourcen. Es besteht ein Spannungsfeld zwischen der Notwendigkeit, wissenschaftliche Entwicklungen zu fördern und der Verantwortung, staatliche Mittel effizient und zielgerichtet einzusetzen.

Wie bereits dargestellt, begründet Art. 5 Abs. 3 GG staatliche Schutz- und Förderpflichten. Solche treffen den Staat auch dann, wenn sich die Rahmenbedingungen der Forschung ändern und die wissenschaftliche Gemeinschaft auf diese Änderungen nicht angemessen mit eigenen Mitteln antworten kann. Die zunehmende Bedeutung von Data Sharing stellt eine solche Änderung dar. Interpretiert man das Grundrecht dynamisch, ließe sich argumentieren, dass der Staat nicht bloß reaktiv (auf bestehende Bedürfnisse der wissenschaftlichen Gemeinschaft reagierend), sondern auch proaktiv (vorausschauend und vorsorgend) handeln muss. Dies wäre insbesondere dann relevant, wenn absehbar ist, dass bestimmte wissenschaftliche Entwicklungen wie Data Sharing ohne eine entsprechende Infrastruktur nicht möglich wären.

Bei einer Vorsorgepflicht stellt sich das „Henne-Ei-Problem". Muss der Staat künftige Entwicklungen antizipierend Infrastrukturen schaffen, bevor der Bedarf vollständig erkennbar ist, um wissenschaftliche Entwicklungen nicht zu behindern? Oder sollte er warten, bis sich ein konkreter Bedarf herauskristallisiert hat, was jedoch zu Verzögerungen und möglicherweise zu Nachteilen im internationalen Wissenschaftsbetrieb führen könnte? Ein proaktives Handeln birgt das Risiko, dass Ressourcen in Infrastrukturen investiert werden, deren Notwendigkeit sich später als weniger dringlich herausstellt. Dies könnte zu einer Fehlallokation öffentlicher Mittel führen. Der Gesetzgeber kann nicht

---

903 Zum Vorsorgeprinzip im Umweltrecht *Kloepfer*, Umweltrecht, § 4. Siehe zur staatlichen Gewährleistungsverantwortung zur Gasversorgung als Krisenvorsorge *Merk*, NJW 2022, 2664 ff. Kritisch gegenüber einer generellen Zukunftsvorsorge *Barczak*, DÖV 2023, 925, 928.

unbegrenzt Haushaltsmittel einsetzen.[904] Die Summe der abrufbaren Mittel wird auch von der Verfassung und der in ihr verankerten Schuldenbremse aus Art. 109 Abs. 3 Satz 1 GG bestimmt.[905]

Eine ausgewogene Lösung erfordert eine sorgfältige Abwägung dieser Aspekte und eine flexible, anpassungsfähige Herangehensweise in der Planung und Umsetzung staatlicher Infrastrukturmaßnahmen. Ein ausgewogener Ansatz könnte darin bestehen, dass der Staat nur in Bereiche investiert, in denen ein klarer Trend zu erkennen ist. Beispiele dafür sind die zunehmende Bedeutung von Big Data in Forschungsbereichen, Data Sharing-Verpflichtungen in Forschungsförderbedingungen oder entsprechende Richtlinien der Europäischen Union. Diese Trends gilt es genau zu analysieren. Stellt sich bei der Analyse heraus, dass der hier bereits mehrfach angedeutete und erwartete Trend in Richtung eines zunehmenden Datenaustauschs in der Forschung tatsächlich besteht, würde den Staat im Rahmen seiner Vorsorgepflicht die Aufgabe treffen, eine entsprechende Infrastruktur zu gewährleisten. Dabei sollte er flexible, skalierbare und anpassbare Strukturen schaffen, damit die Infrastruktur bei neuen technologischen Entwicklungen nicht bereits überholt und deshalb obsolet wird.

II. Verfassungsrechtliche Herleitung mithilfe des Grundrechts auf Informationsfreiheit

Womöglich lässt sich eine Infrastrukturgewährleistungsverantwortung für Forschungsdaten mithilfe der Informationsfreiheit herleiten. Zunächst wird erläutert, was das Grundrecht klassisch umfasst. Sodann wird die Informationsfreiheit effektivitätsorientiert ausgelegt und ihr Verhältnis zur Wissenschaftsfreiheit beleuchtet. Behandelt wird schließlich, inwiefern aus diesen Überlegungen eine Gewährleistungsverantwortung des Staates für eine Forschungsdateninfrastruktur folgen kann.

---

904 Dagegen die Kompetenz des Gesetzgebers betonend, finanzielle Prioritäten zu setzen *Ossenbühl*, NJW, 29 (1976), 2100, 2105; *Sendler*, DÖV, 31 (1978), 581, 586, 588.

905 Um finanzielle Leistungsansprüche der Höhe nach bestimmen zu können, wenn sich diese nicht aus dem Grundgesetz herleiten lassen, verpflichtet BVerfGE 125, 175 (225 f.); BVerfG, Urt. V. 18.7.2012 – 1 BvL 10/10, 1 BvL 2/11 = NVwZ 2012, 1024 (1026 f.), den Gesetzgeber, die Höhe in einem „transparenten und sachgerechten Verfahren“ zu ermitteln, dessen Ergebnis einer Evidenzkontrolle unterliegt.

1. *Der klassische Schutzgehalt der Informationsfreiheit*

Die Informationsfreiheit schützt, sich ungehindert[906] aus allgemein zugänglichen Quellen[907] zu unterrichten.[908] Ihre Träger erhalten das Recht, alle Informationsträger[909] unter Einschluss notwendiger (technischer) Hilfsmittel empfangen und wahrnehmen zu können.[910] Geschützt wird das aktive Beschaffen von Informationen und ihre passive Entgegennahme.[911] Die Wahl[912] und Nutzung des Bezugswegs werden ebenso geschützt[913] wie die Aufbereitung und Speicherung der Informationen.[914] Das Freiheitsrecht dient zum einen der individuellen Entfaltung,[915] zum anderen dem Demokratieprinzip aus Art. 20 Abs. 1 GG.[916]

---

906 *Wendt*, in: von Münch/Kunig (Begr.), GG, Bd. 1, 7. Aufl. 2021, Art. 5, Rn. 56.

907 BVerfGE 103, 44 (60); 145, 365 (372); *Coelln*, Zur Medienöffentlichkeit der Dritten Gewalt, S. 142 ff.

908 BVerfGE 20, 162 (174); 27, 71 (81 f.); *Bethge*, in: Sachs (Hrsg.), GG, 9. Aufl. 2021, Art. 5, Rn. 51, 53; *Schemmer*, in: Epping/Hillgruber (Hrsg.), BeckOK GG, 51. Ed., Mai 2022, Art. 5 Abs. 1, 2, 23.

909 BVerfGE 103, 44 (60); *Degenhart*, in: Kahl/Waldhoff/Walter (Hrsg.), BK-GG, 185. EL Juli 2017, Art. 5 Abs. 1 und 2, Rn. 161; *D. Dörr*, in: Merten/Papier (Hrsg.), Hdb. GR, Bd. IV, 2011, § 103, Rn. 26; *Schulze-Fielitz*, in: Dreier (Hrsg.), GG Bd. I, 3. Aufl. 2013, Art. 5 I, II, Rn. 77; *Wendt*, in: von Münch/Kunig (Begr.), GG, Bd. 1, 7. Aufl. 2021, Art. 5, Rn. 49.

910 *Grabenwarter*, in: Dürig/Herzog/Scholz (Hrsg.), GG Bd. I, 102. EL, Art. 5 Abs. 1, Abs. 2, Rn. 996, 1014; *Schmidt-Jortzig*, in: Isensee/P. Kirchhof (Hrsg.), Hdb. StR, Bd. VII, 2009, 40 f.; *Starck/Paulus*, in: MKS, GG, Bd. 1, 7. Aufl. 2018, Art. 5, Rn. 118.

911 *Jarass*, in: Jarass/Pieroth (Begr.), GG, 17. Aufl. 2022, Art. 5, Rn. 25; *Schemmer*, in: Epping/Hillgruber (Hrsg.), BeckOK GG, 51. Ed., Mai 2022, Art. 5 Abs. 1, 2, 29; *Schulze-Fielitz*, in: Dreier (Hrsg.), GG Bd. I, 3. Aufl. 2013, Art. 5 I, II, Rn. 83; *Wendt*, in: von Münch/Kunig (Begr.), GG, Bd. 1, 7. Aufl. 2021, Art. 5, Rn. 54.

912 BVerfGE 34, 384 (402).

913 BVerfGE 90, 27 (32); *D. Dörr*, in: Merten/Papier (Hrsg.), Hdb. GR, Bd. IV, 2011, § 103, Rn. 57; *Schulze-Fielitz*, in: Dreier (Hrsg.), GG Bd. I, 3. Aufl. 2013, Art. 5 I, II, Rn. 83.

914 *Degenhart*, in: Kahl/Waldhoff/Walter (Hrsg.), BK-GG, 185. EL Juli 2017, Art. 5 Abs. 1 und 2, Rn. 171; *D. Dörr*, in: Merten/Papier (Hrsg.), Hdb. GR, Bd. IV, 2011, § 103, Rn. 58; *Hoffmann-Riem*, in: Denninger/Hoffmann-Riem/Schneider/Stein (Hrsg.), AK-GG Bd. 1, 3. Aufl. 2001, Art. 5 Abs. 1, 2, Rn. 108; *Grabenwarter*, in: Dürig/Herzog/Scholz (Hrsg.), GG Bd. I, 102. EL, Art. 5 Abs. 1, Abs. 2, Rn. 1017; *Jarass*, in: Jarass/Pieroth (Begr.), GG, 17. Aufl. 2022, Art. 5, Rn. 25; *Schulze-Fielitz*, in: Dreier (Hrsg.), GG Bd. I, 3. Aufl. 2013, Art. 5 I, II, Rn. 83; *Wendt*, in: von Münch/Kunig (Begr.), GG, Bd. 1, 7. Aufl. 2021, Art. 5, Rn. 54.

915 *Starck/Paulus*, in: MKS, GG, Bd. 1, 7. Aufl. 2018, Art. 5, Rn. 103.

916 Vgl. BVerfGE 7, 198 (208); 27, 71 (81 f.); *F. Fechner/Popp*, AfP 2006, 213 ff.; *Gröschner*, VVDStRL, 63 (2004), 344, 365 ff.; *Schmidt-Jortzig*, in: Isensee/P. Kirchhof (Hrsg.),

Eine Informationsquelle[917] ist dann allgemein zugänglich, wenn sie technisch geeignet und bestimmt ist, einem nicht näher bestimmbaren Personenkreis[918] Informationen zu verschaffen.[919] Dazu zählen unter anderem die gesamte Auflage wissenschaftlicher Fachzeitschriften [920] und das Internet[921] einschließlich auffindbarer Inhalte über Suchmaschinen.[922] Urheberrechte stehen der allgemeinen Zugänglichkeit nicht entgegen.[923] Gleiches gilt für Regelungen zu Modalitäten des Zugangs. Über sie entscheidet der Verfügungsberechtigte,[924] etwa durch Entgeltforderungen, zeitliche Schranken oder anderweitige Nutzungsbeschränkungen.[925] Auch öffentlich-rechtliche Einrichtungen, die Archive betreiben, können

Hdb. StR, Bd. VII, 2009, 34; *Schulze-Fielitz*, in: Dreier (Hrsg.), GG Bd. I, 3. Aufl. 2013, Art. 5 I, II, Rn. 76; eher zurückhaltend u.a. *Beater*, Medienrecht, Rn. 971 ff.

917 Auch Sachverständige sind beispielsweise Quellen i.S.d. Grundrechts, ausführlicher bei *Jarass*, in: Jarass/Pieroth (Begr.), GG, 17. Aufl. 2022, Art. 5, Rn. 22.

918 Werden die Informationen an eine Vielzahl von Personen übermittelt, ist das solange unschädlich wie die Empfänger nach allg. Kriterien bestimmbar bleiben, *Degenhart*, in: Kahl/Waldhoff/Walter (Hrsg.), BK-GG, 185. EL Juli 2017, Art. 5 Abs. 1 und 2, Rn. 166; *Kube*, in: Isensee/P. Kirchhof (Hrsg.), Hdb. StR, Bd. IV, 2007, 12; *Wendt*, in: von Münch/Kunig (Begr.), GG, Bd. 1, 7. Aufl. 2021, Art. 5, Rn. 50.

919 BVerfGE 27, 71 (83); 33, 52 (65); 90, 27 (32); 103, 44 (60); 145, 365 (372); BVerwGE 47, 247 (252); *Schmidt-Jortzig*, in: Isensee/P. Kirchhof (Hrsg.), Hdb. StR, Bd. VII, 2009, 38; ausführlich zur Definition des BVerfG *D. Dörr*, in: Merten/Papier (Hrsg.), Hdb. GR, Bd. IV, 2011, § 103, Rn. 27 ff.; dazu und mit einem Überblick über verschiedene Definitionsversuche in der Literatur *Hoffmann-Riem*, in: Denninger/Hoffmann-Riem/Schneider/Stein (Hrsg.), AK-GG Bd. 1, 3. Aufl. 2001, Art. 5 Abs. 1, 2, Rn. 100; ausführlich zum Terminus der Allgemeinheit *Brand*, Rundfunk im Sinne des Artikel 5 Abs. 1 Satz 2 GG, S. 129 ff.

920 *Schemmer*, in: Epping/Hillgruber (Hrsg.), BeckOK GG, 51. Ed., Mai 2022, Art. 5 Abs. 1, 2, Rn. 26.

921 *Holznagel*, AfP, 34 (2011), 532, 534; *Jarass*, in: Jarass/Pieroth (Begr.), GG, 17. Aufl. 2022, Art. 5, Rn. 23; *Schemmer*, in: Epping/Hillgruber (Hrsg.), BeckOK GG, 51. Ed., Mai 2022, Art. 5 Abs. 1, 2, 26; *Wendt*, in: von Münch/Kunig (Begr.), GG, Bd. 1, 7. Aufl. 2021, Art. 5, Rn. 50.

922 *Grabenwarter*, in: Dürig/Herzog/Scholz (Hrsg.), GG Bd. I, 102. EL, Art. 5 Abs. 1, Abs. 2, Rn. 1008.

923 *Jarass*, in: Jarass/Pieroth (Begr.), GG, 17. Aufl. 2022, Art. 5, Rn. 23a; *Starck/Paulus*, in: MKS, GG, Bd. 1, 7. Aufl. 2018, Art. 5, Rn. 126.

924 BVerfGE 103, 44 (60); *Schemmer*, in: Epping/Hillgruber (Hrsg.), BeckOK GG, 51. Ed., Mai 2022, Art. 5 Abs. 1, 2, Rn. 26.1 f.

925 *Degenhart*, in: Kahl/Waldhoff/Walter (Hrsg.), BK-GG, 185. EL Juli 2017, Art. 5 Abs. 1 und 2, Rn. 176 f.; *Grabenwarter*, in: Dürig/Herzog/Scholz (Hrsg.), GG Bd. I, 102. EL, Art. 5 Abs. 1, Abs. 2, Rn. 1008, 1015, 1029; *Schulze-Fielitz*, in: Dreier (Hrsg.), GG

als Verfügungsberechtigte die Art des Zugangs festlegen.[926] Verschließt der Verfügungsberechtigte einer Quelle diese gegenüber der Allgemeinheit, ist sie nicht (mehr) allgemein zugänglich.[927]

2. *Effektivitätsorientierte Auslegung der Informationsfreiheit*

Eine effektivitätsorientierte Auslegung[928] von Grundrechten folgt dem Ansatz, Grundrechte seien nicht nur abstrakte Verfassungsprinzipien, sondern konkretes und effektives, dem einzelnen Bürger Schutz bietendes Recht. Deshalb seien sie derart auszulegen und anzuwenden, dass ihre Wirksamkeit und der Schutz der Grundrechtsträger auch unter sich verändernden Bedingungen maximiert werden.

Im Sinne einer effektivitätsorientierten Auslegung ist zu erwägen, ob das Grundrecht ein gewisses Maß an Zugänglichkeit zu Informationen und damit auch eine Infrastruktur für Forschungsdaten voraussetzt.[929] Ein solches Erfordernis ließe sich einer in ihrer Existenz umstrittenen objektiv-rechtlichen Dimension der Informationsfreiheit (zur Erfüllung eines etwaigen Informationszugangsanspruch zu anderen Forschungsdaten) entnehmen. Aus ihr könnte sich eine Gewährleistungsverantwortung des Staates ergeben, eine Infrastruktur für Forscher zu garantieren, die an bereits erarbeiteten Informationen ihrer Kollegen partizipieren wollen.

Gegen eine staatliche Gewährleistungsverantwortung aus der objektiv-rechtlichen Dimension der Informationsfreiheit spricht, dass das Grundrecht als traditionelles Abwehrrecht eine starke individuelle Prägung aufweist. Sein Schwerpunkt ist der Schutz des Individuums. Eine Überdehnung des Grundrechts könnte zu Rechtsunsicherheit führen. Zudem wäre der Staat im Falle einer objektiv-rechtlichen Dimension verpflichtet, Informationsquellen aktiv bereitzustellen und zu

Bd. I, 3. Aufl. 2013, Art. 5 I, II, Rn. 80; *Starck/Paulus*, in: MKS, GG, Bd. 1, 7. Aufl. 2018, Art. 5, Rn. 109, 120.

926 *Grabenwarter*, in: Dürig/Herzog/Scholz (Hrsg.), GG Bd. I, 102. EL, Art. 5 Abs. 1, Abs. 2, Rn. 1008.

927 Mit Beispielen *Wendt*, in: von Münch/Kunig (Begr.), GG, Bd. 1, 7. Aufl. 2021, Art. 5, Rn. 53.

928 Die „effet utile"-Auslegung des EuGH (vgl. nur C 41/74; 51/76; 31/87; 190/87) stellt auf die praktische Wirksamkeit des auszulegenden Bezugsgegenstands ab und will dessen verfolgten Zielen möglichst effektiv zur Geltung verhelfen, *Wegener*, in: Callies/Ruffert (Hrsg.), EUV/AEUV, 6. Aufl. 2022, Art. 19 EUV, Rn. 32.

929 In diese Richtung *Rossi*, Informationszugangsfreiheit und Verfassungsrecht, S. 21, 326.

unterhalten, was er aber nicht ist.[930] Das würde staatliche Ressourcen beanspruchen und könnte in Konflikt mit anderen hoheitlichen Interessen und Pflichten etwa im Bereich der Datensicherheit geraten.

Es gibt aber auch Stimmen in der Literatur, sie sich offen zeigen für eine Öffnung des Schutzbereichs oder sie zum Teil sogar einfordern unter Verweis auf eine überwundene Arkantradition.[931] Einige berufen sich dabei auf eine proaktive Transparenz,[932] andere auf eine reaktive Informationsfreiheit.[933] Nach ständiger Rechtsprechung des Bundesverfassungsgerichts sind die Grundrechte nicht nur als individuelle Abwehrrechte gegen den Staat zu verstehen, sondern auch als Ausdruck einer objektiven Wertordnung, die alle Bereiche des Rechts durchdringt. Die Informationsfreiheit ist für das Funktionieren einer demokratischen Gesellschaft elementar. Sie ermöglicht es Bürgern (und Wissenschaftlern), Informationen zu erhalten, zu verarbeiten und zu verbreiten. Das ist nicht nur für die Meinungsbildung, politische Partizipation und demokratische Willensbildung essenziell, sondern auch für die Forschungstätigkeit. Daraus folgt, dass die Informationsfreiheit nach hier vertretener Auffassung nicht nur individuelle Rechte gewährleistet, sondern auch in ihrer objektiv-rechtlichen Komponente Prinzipien und Pflichten für die staatliche Ordnung begründet.

a) Vorüberlegung: Das Verhältnis von Daten zu Informationen und der Wissenschaftsfreiheit zur Informationsfreiheit

Zunächst ist begrifflich zwischen Daten und Informationen zu unterscheiden.[934] Im Gegensatz zu Informationen sind Daten unkörperliche Gegenstände, die sich gerade durch ihre Nicht-Rivalität, Nicht-Exklusivität und Nicht-Abnutzbarkeit auszeichnen. Daten können gespeichert, wiedergeben, interpretiert und repro-

930 *Grabenwarter*, in: Dürig/Herzog/Scholz (Hrsg.), GG Bd. I, 102. EL, Art. 5 Abs. 1, Abs. 2, Rn. 1021.

931 *Wegener*, Der geheime Staat, S. 480 ff.

932 *Caspar*, ZD 2012, 445 f.

933 *Grabenwarter*, in: Dürig/Herzog/Scholz (Hrsg.), GG Bd. I, 102. EL, Art. 5 Abs. 1, Abs. 2, Rn. 1011; *Kühling*, in: Gersdorf/Paal (Hrsg.), BeckOK Informations- u. MedienR, 42. EL 1.8.2023, Art. 5 GG, Rn. 42.

934 Dabei gilt es, begriffliche Unschärfen zu beseitigen, von denen diese Arbeit selbst nicht ganz frei ist. Im Recht wie in der Alltagssprache wird oft nicht trennscharf zwischen den Begriffen differenziert, *Grabenwarter*, in: Dürig/Herzog/Scholz (Hrsg.), GG Bd. I, 102. EL, Art. 5 Abs. 1, Abs. 2, Rn. 1000; siehe die Beispiele jeweils m.w.N. bei *Ingold*, Desinformationsrecht, S. 22; *Schoch*, VVDStRL, 57 (1998), 158, 167; *Spiecker gen. Döhmann*, RW 2010, 247, 251 ff.; vgl. auch BVerfGE 130, 151.

duziert werden.[935] Informationen lassen sich in Daten codieren und aus ihnen ableiten.[936] Dafür muss Wissen generiert werden, das auch dann fortbesteht, wenn die zugrundeliegenden Daten gelöscht oder anderweitig nicht mehr reproduzierbar sind.[937]

Informationen sind wie Daten inzwischen ein eigenständiges Produkt.[938] Das liegt an Innovationen im Bereich der Informationstechnologie und ihrer zunehmenden Bedeutung als Wirtschaftsfaktor.[939] Auch im Recht lässt sich der Wandel von einer Industrie- zu einer Informationsgesellschaft erkennen.[940] In der Wissensgesellschaft ist der Besitz von Informationen zentral für die soziale Stellung des Einzelnen.[941] Im wissenschaftlichen Betrieb wird das besonders deutlich: Anschlussforschung, Reproduktions- und Replikationsstudien sind auf den Zugang zu Daten angewiesen.

Hinsichtlich des Verhältnisses zwischen der Wissenschafts- und der Informationsfreiheit gibt es verschiedene Ansichten. Die Informationsfreiheit wird hier als korrespondierendes Recht zur Wissenschaftsfreiheit verstanden.[942] Ebenso wie für Träger klassischer Kommunikationsfreiheiten[943] ist die Informationsfreiheit

---

935 *Grabenwarter*, in: Dürig/Herzog/Scholz (Hrsg.), GG Bd. I, 102. EL, Art. 5 Abs. 1, Abs. 2, Rn. 1000. Der Begriff der Daten wird durch den derzeit für die Informationstechnik geltenden technischen Standard ISO/IEC 2382:2015 als „reinterpretable representation of information in a formalized manner, suitable for communication, interpretation, or processing" definiert.

936 *Grabenwarter*, in: Dürig/Herzog/Scholz (Hrsg.), GG Bd. I, 102. EL, Art. 5 Abs. 1, Abs. 2, Rn. 1000.

937 *Grabenwarter*, in: Dürig/Herzog/Scholz (Hrsg.), GG Bd. I, 102. EL, Art. 5 Abs. 1, Abs. 2, Rn. 1001.

938 *Rossi*, NVwZ 2013, 1263 ff.; *Schoch*, VVDStRL, 57 (1998), 158, 166, 179 m.w.N.; *Spiecker gen. Döhmann*, RW 2010, 247, 257. Zu den theoretischen Grundlegungen und der Rezeption des Konzepts der Informationsgesellschaft v. a. in Deutschland vgl. z. B. *Deutsch*, Von der Industrie- zur Informationsgesellschaft, 1980; *Stehr*, Die Zerbrechlichkeit moderner Gesellschaften, S. 74 ff., 100 ff.

939 Den Wandel zur Informationsgesellschaft aus der Perspektive des öffentlichen Rechts erläuternd *Schoch*, VVDStRL, 57 (1998), 158, 169 ff. m.w.N.

940 Eingehend aus rechtswissenschaftlichem Blickwinkel mit dem Phänomen der Informationsgesellschaft befassten sich bereits früh *Schoch*, VVDStRL, 57 (1998), 158 ff. und *Sieber*, NJW 1989, 2569 ff.

941 *Bethge*, in: Sachs (Hrsg.), GG, 9. Aufl. 2021, Art. 5, Rn. 51.

942 So auch *Schulze-Fielitz*, in: Dreier (Hrsg.), GG Bd. I, 3. Aufl. 2013, Art. 5 I, II, Rn. 76 hinsichtlich der Kommunikationsgrundrechte des Art. 5 Abs. 1 GG. In dem Sinne ebenfalls *Bethge*, in: Sachs (Hrsg.), GG, 9. Aufl. 2021, Art. 5, Rn. 62.

943 *Bethge*, in: Sachs (Hrsg.), GG, 9. Aufl. 2021, Art. 5, Rn. 62.

für Wissenschaftler zentrale Voraussetzung, sich eine wissenschaftliche Position überhaupt zu erarbeiten[944] und diese im öffentlichen, demokratischen Diskurs zu begründen.[945] Es besteht ein stabilisierendes Interdependenzverhältnis zwischen Wissenschafts- und Informationsfreiheit. Bei der Frage der Zugangsgewährung zu Informationen für wissenschaftliche Zwecke ist die Forschungsfreiheit zu berücksichtigen.

Dementgegen wird teilweise vertreten, die Wissenschaftsfreiheit sei bei wissenschaftlichen Informationen lex specialis gegenüber der Informationsfreiheit.[946] Selbst wenn man ein Spezialitätsverhältnis der Wissenschafts- gegenüber der Informationsfreiheit annehmen wollte, sind die folgenden Erwägungen zu der objektiv-rechtlichen Dimension der Informationsfreiheit *erst recht* auf die Wissenschaftsfreiheit übertragbar. Denn wenn den Staat eine Gewährleistungsverantwortung für das Bereitstellen von Informationen treffen kann, dann ist das erst recht bei speziell wissenschaftlichen Forschungsdatenbanken angesichts des besonderen Schutzes freier Wissenschaft und ihres Stellenwertes für die Gesellschaf der Fall. Andernfalls wäre der Schutz der wissenschaftlichen Gemeinschaft hinsichtlich der Möglichkeit, auf Informationen zuzugreifen, niedriger als der Schutz anderer Träger der Informationsfreiheit. Das ist angesichts des hohen Gemeinnutzens zugänglicher Forschungsdaten gerade im medizinischen Bereich wenig befriedigend.

b) *Internationaler und europäischer Einfluss auf die Auslegung der Informationsfreiheit*

Auf internationaler Ebene wird die Informationsfreiheit ebenfalls gewährleistet.[947] Daneben verpflichten Art. 4, 5 Abs. 2, 3 der Aarhus-Konvention im Bereich der Umweltinformationen die Vertragsparteien, allgemeinen und effektiven Zugang zu Umweltdaten transparent und möglichst digital zu gewähren sowie einen Anspruch darauf anzuerkennen. Die Konvention könnte Vorbildfunktion für den Wissenschaftsbereich haben. Transparenz ist ebenso wie für Umweltdaten auch

944 *Schulze-Fielitz*, in: Dreier (Hrsg.), GG Bd. I, 3. Aufl. 2013, Art. 5 I, II, Rn. 83.

945 BVerfGE 90, 27 (31 f.); *Schulze-Fielitz*, in: Dreier (Hrsg.), GG Bd. I, 3. Aufl. 2013, Art. 5 I, II, Rn. 76, 83.

946 *Bizer*, Forschungsfreiheit und informationelle Selbstbestimmung, S. 107; *Mayen*, Der grundrechtliche Informationsanspruch des Forschers gegenüber dem Staat, S. 105 ff.

947 Art. 19 der Allgemeinen Erklärung der Menschenrechte, Resolution 217 A (III) Allgemeine Erklärung der Menschenrechte, verkündet und genehmigt von der Generalversammlung der Vereinten Nationen am 10.12.1948; Art. 19 Abs. 2 des Internationalen Pakts über bürgerliche und politische Rechte vom 19.12.1966, BGBl. II 1973, 1533.

in einer Forschungsdateninfrastruktur wichtig. Wissenschaftler sollten wissen können, welche Daten verfügbar sind, wie und unter welchen Bedingungen sie sie nutzen können. Die Konvention betont die Bedeutung eines effektiven Zugangs zu Informationen. Auf Forschungsdaten übertragen sollten diese zwar nicht wie Umweltdaten allgemein zugänglich sein, ein effektiver Zugang ist aber auch hier wichtig. Daten sollten digital über leicht zugängliche Plattformen verfügbar sein, damit Forscher sie teilen oder weiterverarbeiten können. Schließlich ist die Idee eines Anspruchs auf Zugang zu Forschungsdaten perspektivisch interessant, wenn Data Sharing in der wissenschaftlichen Gemeinschaft zunehmend eingefordert wird und Forschungsprojekte besonders gefördert werden, die auf vorhandenen Daten aufbauen oder diese überprüfen. Zweifel an einer unmittelbaren Übertragbarkeit des Zugangsanspruchs kommen aber auf, weil Umweltinformationen in der Regel weniger strikten Vertraulichkeitsanforderungen und anderen Rahmenbedingungen als Forschungsdaten unterliegen. Zudem können sich Erheber von Umweltinformationen meist nicht auf die Wissenschaftsfreiheit berufen.

Der Schutzstandard der grundgesetzlichen Informationsfreiheit wird auf europäischer Ebene durch Art. 10 Abs. 1 Satz 2 der Europäischen Menschenrechtskonvention (EMRK) gewährleistet.[948] Das Freiheitsrecht schützt explizit den Empfang von Ideen,[949] den Gebrauch von Übertragungs- und Empfangsmitteln[950] sowie das Beschaffen und Sammeln von Informationen.[951] Datenbanken sind eben solche Vernetzungsstellen, die den Zugang zu wissenschaftlichen Informationen erleichtern. Der Europäische Gerichtshof für Menschenrechte plädiert in seiner neueren Rechtsprechung für eine breitere Auslegung der Informationsfreiheit und zeigte sich offen gegenüber – in ihrer konkreten Ausgestaltung freilich noch sehr unspezifischen – Zugangsansprüchen aus dem Freiheitsrecht.

Im Fall Társaság a Szabadságjogokért v. Ungarn entschied der Europäische Gerichtshof für Menschenrechte 2010, die Informationsfreiheit einer Nichtregierungsorganisation umfasse auch das Recht, Zugang zu Informationen öffentlicher Behörden zu erhalten. Dabei erkannte der Gerichtshof an, der Zugang zu Informationen stelle eine wesentliche Voraussetzung für die Ausübung der Mei-

948 *Bethge*, in: Sachs (Hrsg.), GG, 9. Aufl. 2021, Art. 5, Rn. 64.
949 Zum Schutzumfang *H.-J. Blanke*, in: Merten/Papier (Hrsg.), Hdb. GR, Bd. II, 2010, 27.
950 EGMR, Nr. 15/1989/175/231 – Autronic AG/Schweiz EuGRZ 1990, 261 = NJW 1991, 620, 621.
951 Vgl. *E. Klein*, AfP, 25 (1994), 9, 16; *Marauhn*, in: Ehlers/Germelmann (Hrsg.), Europäische Grundrechte und Grundfreiheiten, 2023, § 4, Rn. 12.

nungsfreiheit dar.[952] Die Entscheidung kann als Präzedenzfall für einen breiteren Zugang zu staatlich gehaltenen Informationen einschließlich Forschungsdaten in staatlicher Hand interpretiert werden.

2013 stellte der Europäische Gerichtshof für Menschenrechte in der Entscheidung Österreichische Vereinigung zur Erhaltung, Stärkung und Schaffung eines wirtschaftlich gesunden land- und forstwirtschaftlichen Grundbesitzes v. Österreich fest, das Recht auf Informationszugang bestehe jedenfalls dann, wenn Gründe des öffentlichen Interesses an den Informationen vorliegen.[953] Wenn also der Zugang zu Daten in einer Forschungsdateninfrastruktur im öffentlichen Interesse liegt, kann daraus folgen, dass Forschungsdaten nur dann nicht zugänglich gemacht werden, wenn dem ein öffentliches Interesse entgegensteht.

Aus den Urteilen lässt sich herauslesen, dass ein breiter Zugang zu Informationen, einschließlich wissenschaftlicher Daten, ein wichtiger Bestandteil der Informationsfreiheit ist.[954] Die Urteile legen nahe, dass der Staat aktiv Rahmenbedingungen für den Zugang zu Informationen schaffen sollte. Das kann etwa durch das Gewährleisten von Forschungsdatenbanken geschehen.

In der Europäischen Union ist Transparenz ein leitender Grundsatz, der nicht zuletzt zur Schaffung des Informationsfreiheitsgesetzes in Deutschland führte.[955] In der Union gewährleistet Art. 11 Abs. 1 Satz 2 GRC die Informationsfreiheit.[956] Die Entwicklungen auf europäischer Ebene bezüglich der Informationsfreiheit sind bislang wenig konkret. Sie scheinen einer erweiternden Auslegung des Grundrechts aber jedenfalls nicht entgegenzustehen, solange diese Freiheit im Einklang mit anderen legitimen Rechten und Interessen ausgelegt wird. Der Europäische Gerichtshof betonte im Fall Access Info Europe v. Rat der Europäischen Union die Bedeutung von Transparenz und Offenheit als fundamentale Prinzipien der Union im Zusammenhang mit dem Zugang zu Dokumenten von Organen

---

952 EGMR, Entscheidung der Zweiten Sektion Nr. 37374/05 v. 14.4.2009 – Társaság a Szabadságjogokért v. Hungary, Rn. 27 f., 36.

953 EGMR, Entscheidung der Ersten Sektion Nr. 39534/07 v. 28.11.2013 – Österreichische Vereinigung zur Erhaltung, Stärkung und Schaffung eines wirtschaftlich gesunden land- und forstwirtschaftlichen Grundbesitzes v. Austria, Rn. 33, 46.

954 EGMR, Entscheidung der Zweiten Sektion Nr. 37374/05 v. 14.4.2009 – Társaság a Szabadságjogokért v. Hungary, Rn. 27 f., 36; Entscheidung der Ersten Sektion Nr. 39534/07 v. 28.11.2013 – Österreichische Vereinigung zur Erhaltung, Stärkung und Schaffung eines wirtschaftlich gesunden land- und forstwirtschaftlichen Grundbesitzes v. Austria, Rn. 33 f., 41.

955 *Wendt*, in: von Münch/Kunig (Begr.), GG, Bd. 1, 7. Aufl. 2021, Art. 5, Rn. 53.

956 Dazu *Jarass*, in: Jarass (Hrsg.), GRC, Kommentar, 4. Aufl. 2021, Art. 11, Rn. 10 ff., 15.

des Staatenverbunds, erkannte aber auch legitime Gründe für Zugangsbeschränkungen an.[957] In einem anderen Fall bestätigte der Gerichtshof, der Zugang zu Umweltinformationen sei von öffentlichem Interesse.[958] Das lässt sich für viele Forschungsprojekte auch für den Zugang von Wissenschaftlern auf Forschungsdaten argumentieren und eröffnet die Möglichkeit, das Recht auf Informationsfreiheit im Kontext der modernen Informationsgesellschaft auszulegen und gegebenenfalls perspektivisch weiterzuentwickeln.

c) Gewährleistungsverantwortung für einen Informationszugangsanspruch

Erwägenswert ist, ob sich ein Anspruch auf Auskunft und Zugang zu behördlichen Informationen und allgemein zugänglichen Forschungsdaten zugunsten von Wissenschaftlern direkt aus der Informationsfreiheit ergibt und den Staat für dessen Erfüllung eine Gewährleistungsverantwortung trifft. Damit Forscher einen potenziell bestehenden Informationszugangsanspruch ausüben können, wäre eine Forschungsdateninfrastruktur eine notwendige Grundvoraussetzung. Es läge in der Verantwortung des Staates, eine Infrastruktur zu gewährleisten, die die Ausübung des Anspruchs sicherstellt. Das Bundesverfassungsgericht schließt ein verfassungsunmittelbares Informationszugangsrecht jedenfalls nicht aus.[959] Auch das Bundesverwaltungsgericht ließ bisher offen, ob in Ausnahmefällen gegebenenfalls ein Anspruch direkt aus der Informationsfreiheit abgeleitet werden kann.[960]

Die Informationsfreiheit begründet keinen Anspruch darauf, Zugang zu verschlossenen Informationen oder Quellen zu erhalten.[961] Etwas anderes kann gelten, wenn der Staat Verfügungsberechtigter ist. Das ist bei Forschungsdaten in

957 EuGH, C-280/11 P Access Info Europe v. Rat der Europäischen Union, Rn. 37 ff.

958 EuGH, C-204/09 (Flachglas Torgau GmbH gegen Bundesrepublik Deutschland), Rn. 30 f., 39.

959 BVerfGE 145, 365 (372 f.); *Grabenwarter*, in: Dürig/Herzog/Scholz (Hrsg.), GG Bd. I, 102. EL, Art. 5 Abs. 1, Abs. 2, Rn. 1011, 1021.

960 BVerwG, Beschl. v. 26.4.1978 – 7 B 74/78 = DÖV 1979, 102; *Wendt*, in: von Münch/Kunig (Begr.), GG, Bd. 1, 7. Aufl. 2021, Art. 5, Rn. 56.

961 Grds. entscheidet der Verfügungsberechtigte darüber, wer auf seine Quelle zugreifen kann. Siehe dazu u.a. BVerfGE 103, 44 (59 f.); *Antoni*, in: Wolff/Hömig (Hrsg.), GG-HK, 13. Aufl. 2022, Art. 5, Rn. 10; *Degenhart*, in: Kahl/Waldhoff/Walter (Hrsg.), BK-GG, 185. EL Juli 2017, Art. 5 Abs. 1 und 2, Rn. 178; *Grabenwarter*, in: Dürig/Herzog/Scholz (Hrsg.), GG Bd. I, 102. EL, Art. 5 Abs. 1, Abs. 2, Rn. 1011, 1021, 1023; *Schemmer*, in: Epping/Hillgruber (Hrsg.), BeckOK GG, 51. Ed., Mai 2022, Art. 5 Abs. 1, 2, 32; *Schmidt-Jortzig*, in: Isensee/P. Kirchhof (Hrsg.), Hdb. StR, Bd. VII, 2009, Rn. 37. Anders *Kühling*, in: Gersdorf/Paal (Hrsg.), BeckOK Informations- u. MedienR, 42. EL

der Regel aber selbst dann nicht der Fall, wenn sie im Rahmen eines öffentlich geförderten Projekts erhoben wurden.

Wären Forschungsdaten aus öffentlich geförderten Projekten staatliche Informationen,[962] bestünde auf sie grundsätzlich ein Informationszugangsanspruch. Dafür spricht zwar, dass diese Daten dank öffentlicher Finanzierung und damit dank Steuereinnahmen überhaupt erst erhoben werden konnten. Insofern scheint es geboten, mit den gewonnenen Daten einen größtmöglichen gesellschaftlichen Nutzen zu bezwecken und sie dazu umfassend bereitzustellen. Dennoch ist die Einordnung aller Forschungsdaten als öffentliche Informationen im Ergebnis abzulehnen. Sie widerspräche dem Schutzgutcharakter der Wissenschaftsfreiheit. Danach kann primär der Wissenschaftler selbst entscheiden, wie er mit ihnen verfährt und wem er Zugang zu ihnen gewährt. Im Rahmen seiner negativen Publikationsfreiheit kann er die Daten vollständig unter Verschluss halten. Die Einordnung der gewonnenen Daten als staatliche Informationen verringerte die Attraktivität der öffentlichen Forschungsförderung. Dies könnte zu einem Abwandern „kluger Köpfe" in die Industrieforschung führen, die sich mitunter weniger dem Gemeinwohl und mehr dem Profit des Unternehmens verpflichtet sehen. Mithin besteht kein Informationszugangsanspruch zu Daten aus öffentlich geförderten Forschungsprojekten.

Es kann aber genuin staatliche Daten geben, die für Forscher relevant sind und auf die sie für ihre Arbeit zugreifen wollen oder gar müssen. Ihrem Zugangsbegehren muss die öffentliche Hand jedenfalls dann nachkommen, wenn rechtliche

---

1.8.2023, Art. 5 GG, Rn. 41, der aber weitergehende Ansprüche aus „anderweitige(n) Verfassungswerten" in Betracht zieht. Diese Erweiterung ist so jedoch zu unbestimmt.

962 In diese Richtung etwa *Bouter*, J Clinical Epidemiology, 70 (2016), 256, 256. Ähnliche Diskussionen gibt es zu der Frage, ob Forschungsdaten aus öffentlich finanzierten Projekten als öffentliches Gut einzustufen sind, wobei wiederum zwischen geborenen und gekorenen öffentlichen Gütern zu differenzieren ist und nur letztere auf Forschungsdaten zutreffen dürften. Zwar ist die Voraussetzung der Nichtrivalität im Konsum (jeder kann das Gut nutzen, ohne die Nutzung anderer zu beeinträchtigen) zu bejahen, doch versagt das Ausschlussprinzip bei Forschungsdatenbanken nicht, da hierbei ein Zulassungssystem, das bestimmten Personengruppen den Zugang zu den Daten verwehrt, vorgesehen ist. U.U. sind aufgrund der Wissenschaftsfreiheit ggü. best. Gruppen Ausschlussmöglichkeiten nicht einschlägig, was für die Einstufung als gekorenes öff. Gut, Klub- oder Mischgut sprechen mag, *Fehling*, AöR, 121 (1996), 59, 86. Vgl. zu den Kriterien öffentlicher Güter *Fehling*, AöR, 121 (1996), 59, 86; *Hermes*, Staatliche Infrastrukturverantwortung, S. 313.

Vorgaben bestehen, die die öffentliche Zugänglichkeit vorgeben.[963] Ist das nicht der Fall, ist zu prüfen, ob der Staat den Zugang zu seinen hoheitlichen Daten aufgrund legitimer Geheimhaltungsinteressen beschränken kann.

Stuft der Staat Informationen als nichtöffentlich ein,[964] entscheidet er dadurch, ob Informationen dem Schutzbereich der Informationsfreiheit fallen.[965] Damit die öffentliche Hand den Grundrechtsschutz nicht beliebig einschränken kann, fordern einige, eine Informationsquelle immer als allgemein zugänglich einzustufen, „wenn und weil sie sich in der Hand des Staates befindet".[966] Jede Zugangsbeschränkung zu staatlichen Informationen seitens der öffentlichen Hand stellte dann einen rechtfertigungsbedürftigen Eingriff in die Informationsfreiheit dar.[967] Für dieses Verständnis sprechen §§ 1 Abs. 1, 2, 3 des Informationsfreiheitsgesetzes. Sie deklarieren die Ablehnung eines Zugangsanspruchs bezüglich amtlicher Informationen[968] zur rechtfertigungsbedürftigen Ausnahme. Dieser Rückschluss vom einfachen auf das Verfassungsrecht kann als solcher jedoch nur als ein mit Vorsicht zu genießendes Indiz herangezogen werden. Im Sinne des Rechtsstaatsgebots bedarf es zumindest eines berechtigten Interesses an der Geheimhaltung, damit eine Information als nichtöffentlich anzuerkennen ist. Insoweit kann sich aus der Informationsfreiheit ein Anspruch auf Zugang zu nicht geheimhaltungsbedürftigen staatlichen Informationen ergeben.[969] Um diesen Anspruch erfüllen zu können, bedarf es vorgelagert der Schaffung und Unterhaltung einer geeigneten Infrastruktur. Diese ist zwar nicht auf Forschungsdaten fokussiert, kann Wissenschaftlern aber zugutekommen. Etabliert der Staat erst einmal eine um-

963 BVerfGE 103, 44 (60); 145, 365 (373); *Degenhart*, in: Kahl/Waldhoff/Walter (Hrsg.), BK-GG, 185. EL Juli 2017, Art. 5 Abs. 1 und 2, Rn. 168; a. A. *Starck/Paulus*, in: MKS, GG, Bd. 1, 7. Aufl. 2018, Art. 5, Rn. 117.

964 BVerfGE 103, 44 (62); *Jarass*, in: Jarass/Pieroth (Begr.), GG, 17. Aufl. 2022, Art. 5, Rn. 24.

965 BVerfGE 103, 44 (60 f.); *Schemmer*, in: Epping/Hillgruber (Hrsg.), BeckOK GG, 51. Ed., Mai 2022, Art. 5 Abs. 1, 2, Rn. 26.1.

966 *Bethge*, in: Sachs (Hrsg.), GG, 9. Aufl. 2021, Art. 5, Rn. 56a.

967 *Rossi*, Informationszugangsfreiheit und Verfassungsrecht; a.A., der zufolge es sich dabei um eine Ausgestaltung handelt, BVerfGE 103, 44 (61); *Jarass*, in: Jarass/Pieroth (Begr.), GG, 17. Aufl. 2022, Art. 5, Rn. 24.

968 Eine „amtliche Information" ist jede Aufzeichnung, die unabhängig von der Art ihrer Speicherung staatlichen Zwecken dient. Einem amtlichen Zweck dient die Aufzeichnung regelmäßig dann, wenn die Stelle die Information im Rahmen ihrer Aufgabenerfüllung erlangt hat, vgl. § 2 Nr. 1 Informationsfreiheitsgesetz.

969 *Grabenwarter*, in: Dürig/Herzog/Scholz (Hrsg.), GG Bd. I, 102. EL, Art. 5 Abs. 1, Abs. 2, Rn. 1023; *Jarass*, in: Jarass/Pieroth (Begr.), GG, 17. Aufl. 2022, Art. 5, Rn. 28.

fassende Dateninfrastruktur für die von ihm verwalteten Daten, ließe sie sich mit Forschungsdatenbanken vernetzen. Zudem könnten auf ihr aufbauend weitere Infrastrukturen geschaffen werden, in denen Forscher freiwillig ihre Daten ebenfalls einspeisen können.

d) Gewährleistungsverantwortung aus der objektiv-rechtlichen Komponente

Die objektiv-rechtliche Dimension der Informationsfreiheit[970] verpflichtet den Staat, aktiv die Voraussetzungen für einen freien Informationsfluss zu schaffen und aufrechtzuerhalten. Das kann die Bereitstellung staatlicher Informationen in Datenbanken, die Unterstützung der Zugänglichkeit anderer öffentlich zugänglicher Informationen mittels verknüpfter Repositorien wie auch die Unterstützung von Informationsplattformen und -infrastrukturen umfassen. Dabei ist es wichtig, die Informationsfreiheit im Kontext der sich wandelnden modernen Informationsgesellschaft auszulegen, in der digitale Zugänge zu Informationen sowie kompatible und interoperable Informationssysteme unabdingbar sind.

Aus der objektiv-rechtlichen Komponente der Informationsfreiheit lassen sich ebenfalls staatliche Schutzpflichten ableiten.[971] Angesichts des Stellenwertes der Informationsfreiheit für die Kommunikationsfreiheiten des Art. 5 GG, einschließlich der Wissenschaftsfreiheit, hat der Staat dem objektiv-rechtlichen Gehalt des Grundrechts zufolge für die Freiheit des Kommunikationsprozesses einzustehen.[972] Das umfasst einen offenen Informationsfluss, Informationsmöglichkeiten der Grundrechtsträger und eine freie Informationsaufnahme.[973] Die objektiv-institutionelle Komponente der Informationsfreiheit gebietet es dem Staat, im Zweifel korrigierend einzugreifen, wenn das stabilisierende Interdependenzverhältnis zwischen der Informations- und der Wissenschaftsfreiheit gestört ist.[974] Darüber hinaus wird teilweise vertreten, den Staat treffe eine Pflicht zur Informationsvorsorge, die allgemeinen (technischen) Voraussetzungen für einen freien Austausch an Informationen zu schaffen.[975] All das lässt sich mit einer Dateninfrastruktur umsetzen.

Unter das grundrechtlich geschützte Sich-Unterrichten nach Art. 5 Abs. 1 Satz 1 Alt. 2 GG fallen das Speichern von Informationen in Archiven und elektronischen

---

970 Zur Umstrittenheit ihrer Anerkennung siehe unter D. II. 2.

971 *Grabenwarter*, in: Dürig/Herzog/Scholz (Hrsg.), GG Bd. I, 102. EL, Art. 5 Abs. 1, Abs. 2, Rn. 1025.

972 Vgl. *Bethge*, in: Sachs (Hrsg.), GG, 9. Aufl. 2021, Art. 5, Rn. 58.

973 *Wendt*, in: von Münch/Kunig (Begr.), GG, Bd. 1, 7. Aufl. 2021, Art. 5, Rn. 56.

974 *Bethge*, Zur Problematik von Grundrechtskollisionen, S. 324 ff.

975 *Bethge*, in: Sachs (Hrsg.), GG, 9. Aufl. 2021, Art. 5, Rn. 58.

Datenspeichern sowie das Halten eines Informationsvorrats in einer Bibliothek.[976] Damit diese Rechte wirksam ausgeübt werden können, bedarf es entsprechender Infrastrukturen, in denen der Grundrechtsträger die Informationen einspeisen und aufbewahren kann. Sollte eine solche Infrastruktur nicht vorhanden sein, liegt es am Staat, sie zu gewährleisten. Die objektiv-rechtliche Direktivkraft der Informationsfreiheit fordert insofern ein Mindestmaß an Zugänglichkeit zu adäquaten Infrastrukturen zugunsten derjenigen, die Daten einspeisen wollen.[977] Den Staat trifft die Pflicht, eine bedarfsgerechte Daseinsvorsorge im Sinne einer Infrastruktur zu technisch angemessenen Informationsspeichermöglichkeiten zu gewährleisten.[978]

Ein wesentlicher Aspekt der Informationsfreiheit ist die Auswahl der Informationen. Forschern ist es häufig zeitlich nicht möglich, eine Vielzahl von Informationen zu durchforsten.[979] Eine Infrastruktur, die Daten systematisiert, ordnet und je nach Anfrage die besten Treffer aufzeigt, verhilft der Informationsfreiheit diesbezüglich zu ihrer größtmöglichen Umsetzung. Allerdings garantiert die Verfassung keine größtmögliche Umsetzung von Grundrechten, so dass nicht bereits aufgrund der Effektivität eines solchen Vorhabens ein Anspruch darauf besteht.

Die Informationsaufnahme an einer Quelle wird von der Informationsfreiheit geschützt.[980] Darunter fällt die Recherche und das Aufsuchen öffentlicher Archive.[981] Der wissenschaftliche Wert von Daten hängt zudem maßgeblich davon ab, ob der Empfänger sie verwerten kann.[982] Das wiederum wird ermöglicht, wenn die Daten in einem kompatiblen Format zur Verfügung gestellt werden.[983] Eine staatlich gewährleistete Forschungsdateninfrastruktur könnte solche Vernetzungen sicherstellen.

---

976 *Starck/Paulus*, in: MKS, GG, Bd. 1, 7. Aufl. 2018, Art. 5, Rn. 118.

977 *Hoffmann-Riem*, in: Denninger/Hoffmann-Riem/Schneider/Stein (Hrsg.), AK-GG Bd. 1, 3. Aufl. 2001, Art. 5 Abs. 1, 2, Rn. 112; hier das Demokratieprinzip für einschlägig haltend *Jarass*, in: Jarass/Pieroth (Begr.), GG, 17. Aufl. 2022, Art. 5, Rn. 24. Dem kritisch gegenüber *Wendt*, in: von Münch/Kunig (Begr.), GG, Bd. 1, 7. Aufl. 2021, Art. 5, Rn. 56, der in einem solchen Postulat praktische Schwierigkeiten sieht.

978 Vgl. bezogen auf die Telekommunikationsinfrastruktur *Degenhart*, in: Kahl/Waldhoff/Walter (Hrsg.), BK-GG, 185. EL Juli 2017, Art. 5 Abs. 1 und 2, Rn. 180.

979 *Starck/Paulus*, in: MKS, GG, Bd. 1, 7. Aufl. 2018, Art. 5, Rn. 103.

980 BVerfGE 103, 44 (60); *Wendt*, AfP, 27 (2004), 181, 184.

981 *D. Dörr*, in: Merten/Papier (Hrsg.), Hdb. GR, Bd. IV, 2011, § 103, Rn. 57.

982 So auf den wirtschaftlichen Wert bezogen *Grabenwarter*, in: Dürig/Herzog/Scholz (Hrsg.), GG Bd. I, 102. EL, Art. 5 Abs. 1, Abs. 2, Rn. 1003.

983 *Grabenwarter*, in: Dürig/Herzog/Scholz (Hrsg.), GG Bd. I, 102. EL, Art. 5 Abs. 1, Abs. 2, Rn. 1003.

Im Rahmen seiner Schutzpflichten aus Art. 5 Abs. 1 Satz 2 und Art. 3 Abs. 1 GG gilt es für den Staat, Wissenschaftler vor einer Diskriminierung beim Zugang zu privat betriebenen Archiven und Repositorien zu schützen.[984] Es könnte zu den Schutz- und Gewährleistungsaufgaben des Staates gehören, eine diskriminierungsfreie Infrastruktur für Forschungsdaten zu schaffen und zu sichern, so wie ihn die Schutzpflicht im Rahmen seiner Informationsvorsorge trifft, einen diskriminierungsfreien Zugang zur Internet-Telekommunikationsinfrastruktur[985] zu schaffen und sicherzustellen.[986] Versagen Selbstregulierungskräfte in den neuen Medien, trägt der Staat eine Schutzpflicht, dass bestimmte Inhalte nicht abrufbar sind.[987] Diese Überlegung könnte auf eine Forschungsdateninfrastruktur übertragen werden: Primär sind diejenigen, die ihre Daten einspeisen, und Datenbankbetreiber für die Inhalte und die Einhaltung geltender Standards verantwortlich. Sekundär bleibt aber eine Verantwortung beim Staat, etwa für Qualität und Sicherheit der Daten einzustehen, wenn das den primär Verantwortlichen nicht gelingt.

Der objektiv-rechtliche Gehalt der Informationsfreiheit verlangt, dass jedenfalls ein Mindestmaß an Informationen durch adäquate Infrastruktur zugänglich ist.[988] Im wissenschaftlichen Bereich kann der Staat dieser Aufgabe durch die Gewährleistung von Forschungsdatenbanken nachkommen, muss es aber nicht.

---

984 Die grundrechtlichen Schutzpflichten können sich auch in Beziehungen zwischen Privaten im Falle der Drittwirkung äußern, *Degenhart*, in: Kahl/Waldhoff/Walter (Hrsg.), BK-GG, 185. EL Juli 2017, Art. 5 Abs. 1 und 2, Rn. 184; *Grabenwarter*, in: Dürig/Herzog/Scholz (Hrsg.), GG Bd. I, 102. EL, Art. 5 Abs. 1, Abs. 2, Rn. 1028.

985 *Degenhart*, in: Kahl/Waldhoff/Walter (Hrsg.), BK-GG, 185. EL Juli 2017, Art. 5 Abs. 1 und 2, Rn. 180; *Grabenwarter*, in: Dürig/Herzog/Scholz (Hrsg.), GG Bd. I, 102. EL, Art. 5 Abs. 1, Abs. 2, Rn. 1024.

986 *Degenhart*, in: Kahl/Waldhoff/Walter (Hrsg.), BK-GG, 185. EL Juli 2017, Art. 5 Abs. 1 und 2, Rn. 180; *Grabenwarter*, in: Dürig/Herzog/Scholz (Hrsg.), GG Bd. I, 102. EL, Art. 5 Abs. 1, Abs. 2, Rn. 1028; *Jarass*, in: Jarass/Pieroth (Begr.), GG, 17. Aufl. 2022, Art. 5, Rn. 112; *Wendt*, in: von Münch/Kunig (Begr.), GG, Bd. 1, 7. Aufl. 2021, Art. 5, Rn. 56. Das Internet trotz praktischer Schwierigkeiten bei der Durchsetzung für völkerrechtlich regulierungsbedürftig ansehend *Gets*, Meinungsäußerungs- und Informationsfreiheit im Internet aus der Sicht des Völkerrechts, S. 154 ff.

987 *Grabenwarter*, in: Dürig/Herzog/Scholz (Hrsg.), GG Bd. I, 102. EL, Art. 5 Abs. 1, Abs. 2, Rn. 1028; vgl. *Hain*, AfP, 35 (2012), 313, 323 f.

988 *Degenhart*, in: Kahl/Waldhoff/Walter (Hrsg.), BK-GG, 185. EL Juli 2017, Art. 5 Abs. 1 und 2, Rn. 178; *Grabenwarter*, in: Dürig/Herzog/Scholz (Hrsg.), GG Bd. I, 102. EL, Art. 5 Abs. 1, Abs. 2, Rn. 1022, der dies jedenfalls in Extremfällen wie etwa bei demokratiegefährdender Struktur- und Konzentrationseffekte auf dem Medienmarkt annimmt.

Der öffentlichen Hand verbleiben eine Einschätzungsprärogative und Entscheidungsspielräume.

III. Handlungspflicht aus kumulativer Verstärkung verfassungsrechtlich geschützter Interessen

Neben die Wissenschafts- und Informationsfreiheit treten weitere Grundrechte, verfassungsrechtliche Prinzipien[989] und Grundsätze. Die Prinzipien und Grundsätze stellen Optimierungsgebote dar.[990] Als solche sind sie auf ein ideales Sollen im Rahmen des Gebotenen und Verhältnismäßigen gerichtet.[991] Sie sprechen ebenfalls dafür, die Infrastruktur für Forschungsdaten auszubauen. Wenngleich sie vorliegend keine eigene Gewährleistungsverantwortung begründen, können sie die Schutzpflichtdimension der analysierten Grundrechte verstärken.[992]

1. *Schutzpflicht des Staates für Leben und Gesundheit*

Die Verantwortung, eine Forschungsdateninfrastruktur bereitzustellen, lässt sich jedenfalls in einigen Wissenschaftsdisziplinen an den Schutz von Leben und Gesundheit aus Art. 2 Abs. 2 Satz 1 GG anknüpfen. Die Erforschung von Krankheiten, Medikamenten und Präventionsmöglichkeiten etwa klimawandelbedingter Pandemien oder Extremwetterlagen[993] dienen der Volksgesundheit. Gewährleistet die öffentliche Hand Repositorien, lässt darin Daten aus dem Bereich der Gesundheits- und Umweltforschung speichern und stellt sie der Forschung bereit, kann der Staat damit seiner Schutzpflicht aus Art. 2 Abs. 2 Satz 1 GG nachkommen. Der

989 Hierbei handelt es sich um mehr als bloße Werte, sondern um konkret aus verfassungsrechtlichen Normen herleitbare Grundsätze und legitime gesetzgeberische Interessen, *Riechelmann*, ZRPh 2021, 97, 104.

990 *Alexy*, Theorie der Grundrechte, S. 75 f.; *Alexy*, Recht, Vernunft, Diskurs, S. 268 f.

991 *Alexy*, Recht, Vernunft, Diskurs, S. 204 f.

992 Zahlreichen Stimmen der Literatur zufolge seien die Schutzpflichten allein nicht stark genug, um eine gemeinwohlverträgliche Wahrnehmung zu gewährleisten, grundlegend dazu *Trute*, DVBl., 111 (1996), 950, 956; siehe auch *Burgi*, Funktionale Privatisierung und Verwaltungshilfe, S. 381 ff.; *Butzer*, in: Isensee/P. Kirchhof (Hrsg.), Hdb. StR, Bd. IV, 2007, § 74, Rn. 43; *Franzius*, Der Staat, 42 (2003), 493, 497, 501, 507 ff.

993 Die Forschung im Umweltbereich kann Leben retten, etwa wenn dadurch Gefahren von Hitzewellen, Überschwemmungen oder Wirbelstürmen verhindert oder das Steigen des Meeresspiegels verlangsamt werden können. Siehe etwa *Staud/N. Reimer*, Deutschland 2050.

Ausbau einer Forschungsdateninfrastruktur ist dafür allerdings nur eine unter vielen Möglichkeiten und keineswegs zwingend.[994]

2. *Klima- und Tierschutz als verfassungsrechtliche Maßstäbe*

Mit einer Infrastruktur für Klimadaten wird der Staatszielbestimmung Umweltschutz aus Art. 20a GG entsprochen. Die Norm verpflichtet den Staat, die natürliche Lebensgrundlage[995] zu schützen. Geschützte Güter sind etwa die Luftqualität, das Weltklima[996] und Bodenschätze sowie lebende Organismen und Wälder.[997] Das Optimierungsgebot des Art. 20a GG stuft Umwelt, Klima und Tierwohl als Schutzgüter ein, die im Falle eines Konflikts mit weiteren Verfassungsgütern in eine die praktische Konkordanz anstrebende Abwägung einfließen.[998] Dem Gesetzgeber verbleibt hinsichtlich der Entscheidung, ob und wie er tätig wird, ein weiter Gestaltungsspielraum.[999] Inwieweit den deutschen Staat eine Schutzpflicht für Menschen anderer Nationen trifft, ließ das Verfassungsgericht bislang offen.[1000]

---

994 Zum weiten gesetzgeberischen Gestaltungsspielraum hinsichtlich des „Wie“ *Gärditz*, in: Landmann/Rohmer (Begr.), Umweltrecht Bd. 1, 68. EL, Februar 2013, Art. 20a GG, Rn. 40; *Voßkuhle*, NVwZ 2013, 1, 6.

995 Der Begriff ist offen für Konkretisierungen des Gesetzgebers, *Scholz*, in: Dürig/Herzog/Scholz (Hrsg.), GG Bd. III, 40. EL, Juni 2002, Art. 20a, S. 36; *Voßkuhle*, NVwZ 2013, 1, 4.

996 BVerfGE 137, 350 (369); BVerfG, Beschl. v. 24.3.2021 – 1 BvR 2656/18, 78/20, 96/20, 288/20, Rn. 197 ff.; *W. Cremer*, ZUR 2019, 278, 280; *Huster/Rux*, in: Epping/Hillgruber (Hrsg.), BeckOK GG, 52. Ed. 15.8.2022, Art. 20a, Rn. 13; *Overkamp*, Ökonomische Instrumente und Ordnungsrecht, S. 38 f.; a.A. *Murswiek*, in: Sachs (Hrsg.), GG, 9. Aufl. 2021, Art. 20a, Rn. 31a, demzufolge die außerterritoriale natürliche Lebensgrundlage nur soweit geschützt wird, wie sie durch der deutschen Jurisdiktion unterfallende Verhaltensweisen beeinträchtigt werden oder soweit ihre Existenz für das Leben in Deutschland bedeutend ist.

997 *Huster/Rux*, in: Epping/Hillgruber (Hrsg.), BeckOK GG, 52. Ed. 15.8.2022, Art. 20a, Rn. 12.

998 *Scholz*, in: Dürig/Herzog/Scholz (Hrsg.), GG Bd. III, 40. EL, Juni 2002, Art. 20a, Rn. 41 ff.

999 BVerfG, Beschl. v. 24.3.2021 – 1 BvR 2656/18, 78/20, 96/20, 288/20, Rn. 207; BVerfGE 118, 79 (101, 110). Konkretisierungen lassen sich aus den umweltrechtlichen Vorsorge-, Vorbeugung-, Vorrang-, Verursacherprinzip des Art. 191 Abs. 2 Satz 2 AEUV ableiten, *Schwerdtfeger*, in: Meyer/Hölscheidt (Hrsg.), GRC, Kommentar, 5. Aufl. 2019, Art. 37, Rn. 24.

1000 BVerfG, Beschl. v. 24.3.2021 – 1 BvR 2656/18, 78/20, 96/20, 288/20, Rn. 174 ff.

Je bedrohter das Klima ist, desto mehr Gewicht hat die Staatszielbestimmung in der Abwägung.[1001]

Das Pariser Übereinkommen verstärkt die Bedeutung des Art. 20a GG. Es ist nach dem Gebot der völkerrechtsfreundlichen Auslegung[1002] und aufgrund sekundär- sowie einfachrechtlicher Konkretisierungen zu beachten. Justiziabler Maßstab sind die Klimaziele seit dem Erlass des Bundes-Klimaschutzgesetzes.[1003] Zuletzt hat der Klima-Beschluss des Bundesverfassungsgerichts[1004] den Umweltschutz aufgewertet. In dem Beschluss mahnten die Richter den Gesetzgeber zum Handeln an und wiesen auf intertemporale Effekte[1005] heutigen Tätigwerdens für die Zukunft hin. Daneben stellte das Bundesverfassungsgericht fest, der Staat habe seine Schutzpflichten angesichts des weiten gesetzgeberischen Spielraumes nicht verletzt.[1006] Nichtsdestotrotz begründete der Beschluss eine bis dato nicht etablierte „Vorwirkung auf künftige Freiheit", die nachkommende Generationen vor unzureichenden gegenwärtigen Maßnahmen in puncto Klimaschutz schützt.[1007] Doch auch in Verbindung mit völkerrechtlichen Pflichten zum Schutz der Umwelt konkretisiert sich der Spielraum des deutschen Gesetzgebers nicht auf bestimmte Maßnahmen.[1008]

1001 BVerfG, Beschl. v. 24.3.2021 – 1 BvR 2656/18, 78/20, 96/20, 288/20, Rn. 120, 198.

1002 Werden Europäische Verträge und das Grundgesetz ausgelegt, ist dabei verbindlichen völkerrechtlichen Vorschriften zu größtmöglicher Wirksamkeit zu verhelfen. Es gibt jedoch keine Pflicht, die völkerrechtlichen Normen zu befolgen. Zum Begriff der Völkerrechtsfreundlichkeit *Schriewer*, Zur Theorie der internationalen Offenheit und der Völkerrechtsfreundlichkeit einer Rechtsordnung und ihrer Erprobung am Beispiel der EU-Rechtsordnung, S. 17; vgl. auch *Abend*, Grenzen der Völkerrechtsfreundlichkeit, S. 186.

1003 Obwohl unklar ist, ob das Zwei Grad-Ziel ausreicht, hat der Gesetzgeber seinen diesbezüglichen Konkretisierungsspielraum nicht überschritten, BVerfG, Beschl. v. 24.3.2021 – 1 BvR 2656/18, 78/20, 96/20, 288/20, Rn. 168. Die Pariser Klimaziele bereits verfassungsrechtlich verbindlich in Art. 20a GG hineingelesen *Overkamp*, Ökonomische Instrumente und Ordnungsrecht, S. 33.

1004 BVerfG, Beschl. v. 24.3.2021 – 1 BvR 2656/18, 78/20, 96/20, 288/20.

1005 BVerfG, Beschl. v. 24.3.2021 – 1 BvR 2656/18, 78/20, 96/20, 288/20, Leitsatz 4, Rn. 182 ff.

1006 BVerfG, Beschl. v. 24.3.2021 – 1 BvR 2656/18, 78/20, 96/20, 288/20, Rn. 165, 168, 172.

1007 BVerfG, Beschl. v. 24.3.2021 – 1 BvR 2656/18, 78/20, 96/20, 288/20, Rn. 116 f., 186.

1008 So auch *W. Cremer*, ZUR 2019, 278, 281 f., der angesichts des verbindlichen Zwei Grad-Ziels dem Art. 20a GG Direktionskraft hinsichtlich der Effektivität staatlichen Handeln zuspricht.

Da die Grundrechte aus Art. 2 Abs. 1, Abs. 2 Satz 1 GG real und absehbar durch den Klimawandel gefährdet sind, ist der Staat zum Handeln verpflichtet. Ihn trifft eine Verantwortung für zukünftige Generationen. Das Gebot des Art. 20a GG impliziert eine Verantwortung des Staates, effektive Maßnahmen zum Schutz der Umwelt und des Klimas zu ergreifen. Dabei geht es nur um das „Ob“ des Tätigwerdens. Das „Wie“ bleibt dem Staat im Rahmen seines Gestaltungsspielraums überlassen. Diesen kann er etwa dahingehend ausüben, eine Infrastruktur zu gewährleisten, die Daten im Bereich Klima und Umwelt speichert und für Forschungszwecke bereitstellt. Es lässt sich indes keine Pflicht zur Gewährleistung einer Forschungsdateninfrastruktur aus der Staatszielbestimmung ableiten. Dennoch sei darauf hingewiesen, dass eine Forschungsdateninfrastruktur, so sie samt den erforderlichen Rechenzentren klimaneutral mit Ökostrom betrieben wird, dem wissenschaftlichen Fortschritt im Bereich der Umweltforschung dient. Die Dateninfrastruktur kann Forscher dabei unterstützen, Erkenntnisse zu gewinnen, die für fundierte Entscheidungen bezüglich Umwelt- und Klimaschutzmaßnahmen sowie für Langzeitstudien hilfreich sind. Insofern kann die Bereitstellung einer solchen Infrastruktur auch der Erfüllung internationaler Verpflichtungen wie dem Pariser Übereinkommen und nationaler Gesetze wie dem Bundes-Klimaschutzgesetz dienen.

Ebenso wie politische Maßnahmen sind Wissenschaft und Forschung selbst stark zukunftsorientiert. Sie wollen gegenwärtige und künftig absehbare Probleme für die Zukunft händelbar machen und tragen zu Lösungen bei. Zudem mahnten die Verfassungsrichter in ihrem Beschluss, mit natürlichen Ressourcen sei zum Schutz der Lebensgrundlage und aufgrund der Verantwortung gegenüber künftigen Generationen sorgsam umzugehen.[1009] Dieser Gedanke lässt sich auch auf knappe Ressourcen in der Forschung übertragen. Zum einen trägt der Staat eine Verantwortung, Forschungsbedingungen so zu gestalten, dass zukünftige Generationen ebenfalls die Möglichkeit haben, wissenschaftliche Erkenntnisse zu erlangen und zu nutzen. Damit Forscher auf bestehende Daten zugreifen können, bedarf es der Bereitstellung einer adäquaten Infrastruktur, die Forschungsgrundlagen langfristig sichert. Zum anderen erwächst dem Staat aus seiner Schutzpflicht für die Wissenschaftsfreiheit die Aufgabe, sorgsam mit Forschungsfördermitteln umzugehen, um sie gerecht verteilt einer möglichst großen Zahl an Wissenschaftlern zur Verfügung zu stellen. Realisieren kann der Staat das durch effiziente Nutzung und Vernetzung bestehender Ressourcen abermals mittels einer Dateninfrastruktur.

1009 BVerfG, Beschl. v. 24.3.2021 – 1 BvR 2656/18, 78/20, 96/20, 288/20, Rn. 193.

Der Austausch von Forschungsdaten trägt neben der Staatszielbestimmung Umweltschutz auch der des Tierschutzes Rechnung. Je mehr Forscher auf vorhandene Daten aus Tierversuchen[1010] zurückgreifen können, desto weniger neue Experimente mit Tieren müsse sie durchführen. Ferner verbessern neue Erkenntnisse im Bereich des Umwelt- und Gesundheitsschutzes unter Umständen auch das Wohlbefinden von Tieren. Dieser Ansatzpunkt reicht für sich genommen zwar nicht aus, um eine hier in Rede stehende Gewährleistungsverantwortung herzuleiten, kann aber andere Herleitungsansätze argumentativ unterstützen.

3. *Rechtsstaats-, Demokratie- und Sozialstaatsprinzip*

Datenbanken können der Transparenz als Gut von Verfassungsrang[1011] Vorschub leisten. Die wenig konkretisierte Transparenz lässt sich im Rechtsstaatsprinzip des Art. 20 Abs. 3 GG verorten.[1012] Es gibt ferner Verfassungsbestimmungen mit eigenen Transparenzpflichten, Entscheidungen des Bundesverfassungsgerichts sowie Informationsfreiheitsgesetze der Länder, nach denen sich die transparente Aufbewahrung von Forschungsdaten dem verfassungsrechtlichen Demokratieprinzip des Art. 20 Abs. 1 GG zuordnen lässt.[1013] Aus dem Demokratieprinzip kann sich eine staatliche „Strukturschaffungspflicht“ entwickeln.[1014]

Das Sozialstaatsprinzip aus Art. 20 Abs. 1, 28 Abs. 1 Satz 1 GG kann den Staat zu sozialer Aktivität verpflichten.[1015] Es verfolgt eine gerechte Sozialordnung, lässt dabei aber einen weiten Spielraum.[1016] Wie diese zu erreichen ist, bleibt innerhalb weiter politischer Spielräume offen.[1017] Es zeichnet sich aber eine immer weiterge-

---

1010 Zum Verhältnis von Tierversuchsbeschränkungen nach §§ 7 ff. TierschutzG und der Forschungsfreiheit *Kloepfer*, JZ 1986, 205, 205 ff.; *R. Lange*, KritV, 87 (2004), 171, 171 ff.; *Lindner*, NordÖR 2009, 329, 329 ff.; *Wendt*, in: von Münch/Kunig (Begr.), GG, Bd. 1, 7. Aufl. 2021, Art. 5, Rn. 113a.

1011 Diese Stellung jedenfalls sprechen Teile der Literatur der Transparenz zu, siehe u.a. *Bröhmer*, Transparenz als Verfassungsprinzip, insb. S. 33 ff.

1012 *Antoni*, in: Wolff/Hömig (Hrsg.), GG-HK, 13. Aufl. 2022, Art. 20, Rn. 13.

1013 Zur möglichen Herleitung eines Sicherstellungsauftrags des Staates von Informationen aus dem Demokratieprinzip *Butzer*, in: Isensee/P. Kirchhof (Hrsg.), Hdb. StR, Bd. IV, 2007, § 74, Rn. 43 m.w.N.

1014 Ausdruck bei *Burgi*, Funktionale Privatisierung und Verwaltungshilfe, S. 378 ff.; vgl. auch *Burgi*, Die Verwaltung, 33 (2000), 183, 200 ff.; ähnlich *Schmidt-Aßmann*, Das allgemeine Verwaltungsrecht als Ordnungsidee, S. 166 f., 273.

1015 Vgl. dazu, dass der Gesetzgeber verfassungsrechtlich allg. zu sozialer Aktivität und der Herstellung erträglicher Lebensverhältnisse verpflichtet ist, BVerfGE 1, 97 (105).

1016 *Hünnekens*, Rechtsfragen der wirtschaftlichen Infrastruktur, S. 123.

1017 BVerfGE 22, 180 (204).

hende staatliche Intervention, Lenkung und planende Gestaltung hinsichtlich der Grundversorgung der Bürger ab.[1018] Vor diesem Hintergrund ist zu erwägen, ob sich aus dem Sozialstaatsprinzip eine Gewährleistungsverantwortung zum Auf- und Ausbau einer Forschungsdateninfrastruktur ableiten lässt. Eine solche ließe sich gegebenenfalls normativ an das „Leitbild des Gewährleistungsstaates"[1019] als sozialstaatliche Ausprägung anknüpfen.[1020] Die Kulturstaatlichkeit ist als konstitutive Staatszielbestimmung jedoch allenfalls schwach ausgeprägt.[1021] Sie kann keine Einstandspflicht des Staates für Forschungsdatenbanken begründen.

Vielversprechender erscheint der Ansatz über die Daseinsvorsorge, die ebenfalls beim Sozialstaatsprinzip angesiedelt ist.[1022] Unter die Daseinsvorsorge fallen Unternehmungen der Verwaltung, die bezwecken, dass die Allgemeinheit oder ein objektiv bestimmbarer Personenkreis existenzielle Leistungen vom Staat erbracht bekommen.[1023] Das Konzept liefert allerdings keinen eindeutigen Maßstab, welche Versorgungsbereiche Teil der Daseinsvorsorge sind. Unter „für alle Bürger existenznotwendige Güter und Leistungen"[1024] lassen sich Forschungsdatenbanken nicht subsumieren. Die Daseinsvorsorge wurde von ihrem Begründer *Ernst Forsthoff* auf allgemein zugängliche Güter und Leistungen erweitert, die für ein wirtschaftliches, soziales und kulturelles Leben notwendig sind.[1025] Dem ließe sich nach einem fortschrittlichen und innovationsfördernden Verständnis der wissenschaftliche Betrieb hinzufügen. Nichtsdestotrotz bleibt die Definition der Daseinsvorsorge zu abstrakt, als dass sich konkrete Rechtsfolgen an sie anknüpfen ließen.[1026] Sie lässt keine Kriterien erkennen, wonach bestimmte Aufgaben der

1018 *G. Hesse*, Staatsaufgaben, S. 93.

1019 Ausführlicher zur Gewährleistungsverantwortung in Kapitel 4 B. II. 1.

1020 BVerfGE 35, 79 (114).

1021 Näher dazu *Trute*, Die Forschung zwischen grundrechtlicher Freiheit und staatlicher Institutionalisierung, S. 182 ff.

1022 Zu dem Konzept und ihrem Begründer siehe bereits Kapitel 4 B. II. 1. a).

1023 *Forsthoff*, Lehrbuch des Verwaltungsrechts, S. 370.

1024 So die Daseinsvorsorge definierend *Forsthoff*, Die Verwaltung als Leistungsträger, S. 12.

1025 *Forsthoff*, Rechtsfragen der leistenden Verwaltung, S. 12. Zu einem erweiterten Daseinsvorsorgebegriff, der die entsprechenden Leistungen nicht mehr notwendig der Leistungsverwaltung zuordnet, *Rüfner*, in: Isensee/P. Kirchhof (Hrsg.), Hdb. StR, Bd. IV, 2007, 22 ff.; *Schiller*, Staatliche Gewährleistungsverantwortung und die Sicherstellung von Anschluss und Versorgung im Bereich der Energiewirtschaft, S. 77.

1026 *Hünnekens*, Rechtsfragen der wirtschaftlichen Infrastruktur, S. 118.

Leistungsverwaltung zugeordnet werden können[1027] oder wie sich die staatliche von der gesellschaftlichen von keiner Verantwortung abgrenzen lässt.[1028]

4. Kompetenznormen

Schließlich könnte sich die Gewährleistungsverantwortung aus einer entsprechenden Kompetenz für die Schaffung einer Forschungsdateninfrastruktur ergeben. Der normative Gehalt der Kompetenzvorschriften trifft nicht nur Aussagen über die Zuständigkeit. Er kann auch materiell eine fakultative Staatsaufgabe begründen.[1029]

In Betracht kommt einzig die geteilte Gesetzgebungskompetenz aus Art. 74 Abs. 1 Nr. 13, 72 Abs. 2 GG (Förderung der wissenschaftlichen Forschung). Eine konkrete Infrastrukturverantwortung als Staatsaufgabe lässt sich daraus nur schwer herleiten. Zudem handelt es sich bei der Vorschrift um eine Bedarfskompetenz.[1030] Bei einer solchen ist der Bund nach Art. 72 Abs. 2 GG nur zuständig, wenn eine einheitliche Bundesregelung zur Herstellung gleichwertiger Lebensverhältnisse im Bundesgebiet oder zur Wahrung der Rechts- oder Wirtschaftseinheit im gesamtstaatlichen Interesse erforderlich ist. Die Voraussetzung der Var. 2 der Vorschrift ist – im Sinne einer umfassend vernetzten Infrastruktur im Bereich der Forschungsdatenbanken – durchaus zu erwägen. National einheitliche Regeln für die Forschungsdatenbanken hinsichtlich geltender Standards und Zugangsausgestaltungen erhöhen den Mehrwert einer vernetzten Infrastruktur. Doch wird die Erforderlichkeit zur Wahrung der Rechtseinheit restriktiv gehandhabt und erfordert in der Regel eine drohende Rechtszersplitterung.[1031]

Bei den Verwaltungskompetenznormen der Art. 83 ff. GG wird es mitunter konkreter als bei den Gesetzgebungskompetenzen hinsichtlich des hinter der

1027 Vertieft zur Kritik am Daseinsvorsorgekonzept m.wN. *Hermes*, Staatliche Infrastrukturverantwortung, S. 116 ff.; *Knauff*, Der Gewährleistungsstaat, S. 43 ff.; *Ruge*, Die Gewährleistungsverantwortung des Staates und der Regulatory State, S. 158 ff.

1028 Vertieft zur Kritik am Daseinsvorsorgekonzept m.wN. *Hermes*, Staatliche Infrastrukturverantwortung, S. 116 ff.; *Knauff*, Der Gewährleistungsstaat, S. 43 ff.; *Ruge*, Die Gewährleistungsverantwortung des Staates und der Regulatory State, S. 158 ff.

1029 *H. Bull*, Die Staatsaufgaben nach dem Grundgesetz, S. 52, 152 ff.; *Ossenbühl*, Staatliches Fernmeldemonopol als Verfassungsgebot?, FS Lukes, 1989, 525, 530 f.; *Stettner*, Grundfragen einer Kompetenzlehre, S. 40, 159 ff.

1030 *Wittreck*, in: Dreier (Hrsg.), GG Bd. II, 3. Aufl. 2015, Art. 72 (Konkurrierende Gesetzgebung des Bundes), Rn. 53.

1031 *Voßkuhle*, JuS 2020, 315, 316.

Kompetenz stehenden Aufgabengehalts.[1032] Dem einschlägigen Art. 91b Abs. 1 Satz 1 GG zufolge können Bund und Länder auf Grund von Vereinbarungen in Fällen überregionaler Bedeutung bei der Förderung von Wissenschaft, Forschung und Lehre zusammenwirken. Anders als die Art. 87 ff. GG bleibt Art. 91b GG hinsichtlich des „Wie" der Aufgabenerfüllung minimalistisch. Die Vorschrift deklariert lediglich, die Förderung von Wissenschaft und Forschung obliege Bund und Ländern. Daraus lassen sich noch keine Schlüsse auf einen grundgesetzlich intendierten Wahrnehmungsmodus hinsichtlich der Förderung von Wissenschaft und Forschung ziehen.

Zu bedenken ist, dass die Idee einer Forschungsdateninfrastruktur noch relativ neu ist und dem pouvoir constituant naturgemäß so nicht bekannt war. Interessant ist die letzte Änderung des Art. 91b GG[1033] im Vergleich zu seiner Vorfassung vom 1.9.2006. In der neuen Fassung ist die Norm deutlich allgemeiner und umfasst damit mehr potenzielle Anwendungsfälle wie etwa den Ausbau einer Forschungsdateninfrastruktur. Eine notwendige Staatsaufgabe lässt sich indes auch unter Berücksichtigung dieses Aspekts nicht aus der Kompetenznorm ableiten.

E. Ergebnis

Eine Pflicht zur Gewährleistung einer Forschungsdateninfrastruktur ist dem Grundgesetz[1034] und bestehenden hoheitlichen Vorgaben bezüglich Data Sharing nicht explizit zu entnehmen. Daraus wird hier geschlossen, dass die Gewährleistung für den Auf- und Ausbau von Forschungsdatenbanken derzeit verfassungsrechtlich nicht zwingend geboten ist. Eine Versorgungspflicht in Verbindung mit der objektiv-rechtlichen Komponente der Wissenschaftsfreiheit ist allenfalls anzunehmen, wenn infolge einer umfassenden Analyse eine überwiegende Wahrscheinlichkeit dafür besteht, dass Forscher in absehbarer Zukunft auf das Vorhandensein einer Infrastruktur angewiesen sein werden. Für die aktuelle Situation bedeutet das: Der Staat kann tätig werden, muss es aber nicht. Weder besteht eine

---

1032 Verwaltungskompetenzen implizieren in der Regel zwingend eine Wahrnehmungsaufgabe, ansonsten wäre die Verwaltungskompetenz eine funktionsleere Zuständigkeitshülle, *Ossenbühl*, Staatliches Fernmeldemonopol als Verfassungsgebot?, FS Lukes, 1989, 525, 534 m.w.N.

1033 Bundesgesetzblatt 2014 Teil I Nr. 64, 31.12.2014, in Kraft getreten am 1.1.2015.

1034 Die deutsche Verfassung ist bewusst offen formuliert und zurückhaltend bezüglich konkreter Handlungsaufträge, *Schwarz*, in: Stern/Sodan/Möstl (Hrsg.), Das Staatsrecht der Bundesrepublik Deutschland im europäischen Staatenverbund, 2022, § 20, Rn. 4, 19.

verfassungsrechtliche Pflicht noch steht das Grundgesetz der Bereitstellung einer Infrastruktur entgegen.[1035]

Obwohl das geltende (Verfassungs-)Recht sowie bisher verabschiedete und zu erwartende hoheitliche Vorgaben im Bereich der Forschungsförderung keine unmittelbare Handlungspflicht für den Staat konkret zum Aufbau einer Forschungsdateninfrastruktur vorschreiben, bergen sie gute Argumente, warum sich der Staat einer solchen Gewährleistungsverantwortung jetzt schon annehmen sollte. Der Auf- und Ausbau einer Forschungsdateninfrastruktur kann angesichts zunehmender Data Sharing-Praktiken und -Förderungen durchaus in absehbarer Zukunft unter eine künftige staatliche Verantwortung und Schutzpflichten fallen, wenn und weil die wissenschaftliche Forschung zunehmend auf eine Dateninfrastruktur angewiesen ist. Ihr Aufbau ist mit einem nicht zu unterschätzenden Kosten-,[1036] aber vor allem auch Zeitaufwand verbunden. Ein vorausschauendes Agieren wappnet Deutschland für die Open Science und Open Research Data-Bewegung, wie sie die Europäischen Union bereits eingeleitet hat.

Sollte sich der Staat entscheiden, den Aufbau einer Forschungsdateninfrastruktur zu fördern, muss er beim „Wie" einige Anforderungen zwingend beachten, ihm verbleibt aber weiter ein Gestaltungsspielraum. Das folgende Kapitel zeigt, wie der Staat seiner Infrastrukturverantwortung im Bereich der Forschungsdaten nachkommen kann, sofern er sich ihrer annimmt.

1035 Das Fehlen einer expliziten Anordnung wie in Art. 87e, 87f GG ist dabei unschädlich, weil das Grundgesetz den Staat naturgemäß als verantwortlich erachtet, die Entfaltung grundrechtlicher Freiheiten zu garantieren, *Hermes*, Staatliche Infrastrukturverantwortung, S. 353. Zur geringen Direktionskraft des Grundgesetzes bezüglich Art und Ausmaßes der staatlichen Verantwortung *Voßkuhle*, VVDStRL, 62 (2002), 266, 292.

1036 Nur weil der Markt eine zur Grundrechtsverwirklichung notwendige Leistung nicht in ausreichendem Maß anbietet, kann sich der Staat nicht aus Kostengründen einer Verantwortung entziehen, die ihm verfassungsrechtlich zugewiesen ist, *Butzer*, in: Isensee/P. Kirchhof (Hrsg.), Hdb. StR, Bd. IV, 2007, § 74, Rn. 17.

Kapitel 5: Ausgestaltung der Forschungsdateninfrastruktur

Anhand des Vorangegangen lässt sich festhalten, dass der Staat sich einer Infrastrukturgewährleistungsverantwortung annehmen kann, es aber jedenfalls noch nicht muss. Sollte er sich für den Auf- und Ausbau von Repositorien entscheiden, obliegt es der ausübenden Staatsgewalt im Rahmen ihres Gestaltungsspielraums, wie genau sie die Infrastruktur umsetzt. Eine Gewährleistungsverantwortung kann unterschiedlich weit reichen und verschiedene Aufgabenbereiche umfassen.

Im Folgenden wird dargelegt, wie der Staat eine Gewährleistungsverantwortung für eine Forschungsdateninfrastruktur wahrnehmen und diese langfristig und nachhaltig erhalten kann. Es wird gezeigt, was die Gewährleistungsverantwortung mindestens umfassen würde und was sie daneben beinhalten kann. Gestaltungsoptionen werden vorgestellt, die helfen, das Potenzial eines wissenschaftlichen Datenaustauschs auszuschöpfen. An geeigneter Stelle werden Handlungsempfehlungen hinsichtlich des „Wie" der Gewährleistungsverantwortung ausgesprochen. Dabei handelt es sich nicht um allgemeingültige Lösungen, sondern um rechtlich mögliche, kombinierbare Wege.

Im Zuge der Gewährleistungsverantwortung kann der Staat Maßnahmen treffen oder beeinflussen, die gegenwärtig und künftig eine funktionierende, leistungs- und wettbewerbsfähige wissenschaftliche Tätigkeit gewährleisten, indem sie etwa entsprechende Institutionen schaffen, unterhalten oder an den technischen Fortschritt angepasst weiterentwickeln.[1037] Darunter fallen Maßnahmen, die die Chancengleichheit sowie einen diskriminierungsfreien Nutzungszugang zu integrierten Dienstleistungen sicherstellen.[1038] Während das Recht zwar Beschränkungen für den Zugang zu Forschungsdaten vorsieht, bildet es gleichzeitig aber auch die Basis für ihre Zugänglichkeit und Offenlegung.

Zunächst wird herausgearbeitet, was eine Gewährleistungsverantwortung für Forschungsdaten mindestens umfasst. Von dort soll sich zu weiteren Elementen vorgetastet werden, die den Inhalt der Gewährleistungsverantwortung bilden (können) und mit denen der Staat Datenbanken zu einem kohärenten, effekti-

---

1037 *Hermes*, Staatliche Infrastrukturverantwortung, S. 171; ausführlich *Hünnekens*, Rechtsfragen der wirtschaftlichen Infrastruktur; *Stober*, Handbuch des Wirtschaftsverwaltungs- und Umweltrechts, § 47.

1038 *Hermes*, Staatliche Infrastrukturverantwortung, S. 185. Vgl. § 2 Abs. 2 TKG.

ven[1039] und effizienten[1040] System ausbaut. Aus einer Infrastrukturverantwortung folgen weitere – mehr oder weniger abdingbare – Aufgaben.[1041] Die Sicherung von Qualitätsstandards[1042] bildet einen wichtigen Aspekt.[1043] Sodann geht es darum, wie die Aufgaben und die Finanzierungslast zwischen Privaten und Staat aufzuteilen sind (B.). Abschließend folgen Erwägungen zu Zugangsmodellen zu den Daten (C.)

A. Inhalt und Umfang der Gewährleistungsverantwortung

I. Errichtung und Betrieb der Infrastruktur

Grundlegend umfasst eine Gewährleistungsverantwortung für Forschungsdatenbanken, wenn sich der Staat ihrer annehmen sollte, die Errichtung und den Betrieb einer physischen Infrastruktur.[1044] Dazu zählen die Maßnahmen, die die Forschungsdateninfrastruktur als System betreffen, zum Beispiel die Gesamtplanung und der Auf- und Ausbau der Infrastruktur.

1039 Die Effektivität ist gängiger Maßstab aus Sicht der Steuerungsperspektive, um zu bestimmen, wie wirksam eine Maßnahme und wie hoch der Grad der Verwirklichung des dahinterstehenden normativen Programms (den gesetzgeberischen Zielvorgaben und den sozioökonomischen Rahmenbedingungen für die Zielerreichung) ist, *Augsberg*, in: Voßkuhle/Eifert/Möllers (Hrsg.), GVwR, Bd. I, 2022, § 8, Rn. 47 ff.; *Hoffmann-Riem*, Effizienz, in: Hoffmann-Riem/Schmidt-Aßmann (Hrsg.), Effizienz, 1998, S. 11, 17 ff.

1040 Die Effizienz entstammt der Ökonomie und misst, wie wirtschaftlich ein Unterfangen ist, *Kloepfer*, Umweltrecht, § 5, Rn. 48; vgl. auch *Sacksofsky*, in: Voßkuhle/Eifert/Möllers (Hrsg.), GVwR, Bd. II, 2022, § 39, Rn. 107 ff. Zum Qualitätsmaßstab für eine akzeptanzsteigernde Förderung im Bereich der Elektromobilität *Tieben*, Förderungsstrategien für Elektromobilität, S. 92 ff.

1041 *Hünnekens*, Rechtsfragen der wirtschaftlichen Infrastruktur, S. 55.

1042 Siehe dazu in A. II., III.

1043 *Fehling*, Von der kommerziellen Verlagsproduktion zum Open Access, in: Hoffmann-Riem (Hrsg.), Innovationen im Recht, 2016, S. 337, 357; *Peukert*, in: Grünberger/Leible (Hrsg.), Die Kollision von Urheberrecht und Nutzerverhalten, 2014, S. 145, S. 23 f., 26.

1044 *Hermes*, Staatliche Infrastrukturverantwortung, S. 305.

II. Gewährleistung der Sicherheit der eingespeisten Daten und der Nutzerdaten

1. Forschungs- und Nutzerdaten als vulnerables Schutzgut

Zwingender Inhalt der Gewährleistungsverantwortung sind Vorkehrungen, damit Daten sicher gespeichert und zugänglich[1045] gemacht werden können. Ebenso ist die Sicherheit der Nutzerdaten zu gewährleisten. Insbesondere bedarf es Schutzvorkehrungen hinsichtlich der Netztechnik, die einer Überspannung und Überbelastung vorbeugen.[1046] Das wirkt einer möglichen Beschädigung der gespeicherten Informationen entgegen. Der Schutz vor unautorisiertem Zugriff, Beschädigung oder Diebstahl ist zentral, um die Integrität der Forschung und das Vertrauen in wissenschaftliche Ergebnisse zu wahren. Andererseits können zu strikte Regelungen die Forschungsfreiheit einschränken und wissenschaftliches Arbeiten durch technische Vorgaben und Bürokratie belasten. Insofern ist es Teil der Gewährleistungsverantwortung, augenscheinlich fachkundige Akteure gemeinsam mit Vertretern der wissenschaftlichen Gemeinschaft mit der Aufgabe zu betrauen. Auf diese Weise lassen sich Fachkenntnisse derart kombinieren, dass die Sicherheit der Daten und Nutzer gewährleistet ist, ohne die Forschungstätigkeit unverhältnismäßig einzuschränken.

Forschungsdaten können ein attraktives Ziel für Hacker-Angriffe darstellen und sind – nicht nur, wenn es sich um sensible Informationen handelt – besonders zu schützen. Es bedarf effektiver Mechanismen, die ungewollte Wissenschaftsspionage verhindern. In diesem Zuge sollten alle Datenbanken einen näher zu bestimmenden Mindestsicherheitsstandard einhalten. Dieser Standard muss dynamisch auf neue Technologien eingehen können. Vertreter der wissenschaftlichen Gemeinschaft und IT-Experten sollten den Standard gemeinsam erarbeiten. So wird der Autonomie der Wissenschaft Rechnung getragen.

Elektronische Informationen sind leichter manipulierbar als solche, die in einer Publikation abgedruckt sind. Das birgt Missbrauchspotenziale. Besondere Sicherheitsvorkehrungen sind erforderlich, die Datenmissbrauch und -manipulation abwenden. Hierbei kann der Einsatz von Blockchains helfen.[1047] Mit der Techno-

---

1045 Zu Ausgestaltungsmöglichkeiten hinsichtlich des Zugangs siehe unter C.

1046 *Schings*, Der Ausbau öffentlicher Ladeinfrastruktur für Elektrofahrzeuge, S. 72.

1047 Die Anwendung der Blockchain-Technologie macht wissenschaftliches Data Sharing sicherer, einfacher und effizienter, siehe dazu etwa *Albalwy/McDermott/Newman et al.*, Pharmacogenomics Journal 2022, 1 ff.; *Attaran*, International Journal of Healthcare Management, 15 (2022), 70 ff.; *Cyran*, Blockchain in Healthcare Today 2018, 1

logie lässt sich verifizieren, von wem die Daten stammen. Sie bietet ein hohes Maß an Transparenz und Sicherheit. Es gibt Blockchain-Systeme, die nachverfolgen, ob Daten nach ihrer Einspeisung in die Datenbank geändert wurden.[1048] Jede Änderung wird gespeichert und ist langfristig einsehbar. Daneben gibt es Blockchains, bei denen die Community dezentralisiert entscheidet, ob ein bestimmter Vorschlag zur Änderung eines Datums oder mehrerer Daten angenommen wird.[1049] Auch diese Änderung kann dauerhaft nachverfolgt werden. Hier wäre es dann die wissenschaftliche Gemeinschaft als solche, die die Entscheidung treffen würde. Da Deutschland grundsätzlich technologieneutral ist und weil jedenfalls für hier nicht thematisierte personenbezogene Daten datenschutzrechtliche Aspekte gesondert zu prüfen sind bei Blockchains[1050], sollten die Infrastrukturen offen für verschiedene Technologien bleiben. Das empfiehlt sich auch angesichts knapper Haushaltsmittel, denn die Implementierung von Blockchain-Technologie ist kostspielig und komplex.

Neben den gespeicherten Inhalten müssen die Daten der Nutzer geschützt werden. Beim Einsatz intelligenter Nutzererfassungssysteme, die das Verhalten der User nachverfolgen, bedarf es besonderer Sicherheitsvorkehrungen.[1051] Nutzerdaten sind entsprechend den rechtlichen Vorgaben zu schützen. Für das Internet bestehende Gebote zum Schutz vor Erstellung von Nutzerprofilen sowie vor einer systematischen Auswertung des „Surf"-Verhaltens durch sogenannte Coo-

---

ff.; *Dubovitskaya/Novotny/Xu et al.*, Oncology, 98 (2020), 403 ff.; *Dubovitskaya/Xu/Ryu et al.*, AMIA Annu Symp Proc, 2017 (2018), 650 ff.; *Shen/Guo/Y. Yang*, Applied Sciences, 9 (2019), 1207 ff.; *Shrestha/Vassileva,* Blockchain-Based Research Data Sharing Framework, in: Chen/H. Wang/Zhang (Hrsg.), Blockchain – ICBC 2018, 2018, S. 259 ff.

1048 Das funktioniert beispielsweise über das Peer-to-Peer-Dateisystem „InterPlanetary File Systems", mehr Informationen zu IPFS-Netzwerken abrufbar unter: https://docs.ipfs.tech/concepts/what-is-ipfs/#decentralization.

1049 So geschieht es etwa bei dezentralisierten autonomen Organisationen (Decentralized Autonomous Organizations, siehe Beispiele unter: https://defiprime.com/dao) wie Snapshot (https://snapshot.org/#/) oder Tally (https://www.tally.xyz/).

1050 Permanende Datenänderungshistorien stehen bei personenbezogenen Daten beispielsweise nicht im Einklang mit dem Recht auf Vergessenwerden, EuGH, C 131/12 (Google v. Spain); 460/20.

1051 Für die Elektromobilität gibt es Branchenleitfäden zum DS-GVO-konformen Laden, vgl. *Nationale Plattform Zukunft Mobilität*, Kundenfreundliches Laden – Fokus öffentliche Ladeinfrastruktur, 2020, S. 18. §§ 19 ff. Messstellenbetriebsgesetz legen für intelligente Messsysteme technische Vorgaben zur Gewährleistung von Datenschutz und Datensicherheit fest.

kies und Ähnliches[1052] sind auch im Zusammenhang mit der Nutzung von Forschungsdatenrepositorien geboten. Wird das Verhalten der Nutzer nachverfolgt, systematisch erfasst und analysiert, kann darunter die Freiheit der selbstbestimmten Auswahl von Forschungsthemen leiden. Eine Sorge um die Wahrung der eigenen Privatsphäre oder die Angst vor Überwachung und Ausspähung könnte Wissenschaftler davon abhalten, nach bestimmten Daten zu suchen. Dies könnte zu einer Einschränkung der wissenschaftlichen Freiheit führen, da die Forscher möglicherweise nicht mehr unabhängig und ohne äußere Einflüsse entscheiden, welche Themen sie erforschen möchten.[1053] Tracking erleichtert zudem Wissenschaftsspionage. Der Schutz von Nutzerdaten ist essenziell, um das Vertrauen in Forschungsdatenrepositorien zu erhalten und die Freiheit der Wissenschaft zu gewährleisten.

2. *Mögliche Kontrollmechanismen*

Effektive Sicherheitsvorkehrungen benötigen Kontrollstrukturen. Dazu kann ein unabhängiges, sachverständiges Gremium einberufen werden, das kontrolliert, ob die Forschungsinstitutionen und ihre Forscher sowie die Datenbankbetreiber geltende Sicherheitsstandards einhalten. Das Gremium sollte sich einerseits aus Vertretern der wissenschaftlichen Gemeinschaft und andererseits aus Mitgliedern zusammensetzen, die über Fachwissen in den Bereichen Datenschutz, IT-Sicherheit, Forschungsmanagement und Ethik verfügen. Es sollte mindestens einen geben, der aus der in Frage stehenden Wissenschaftsdisziplin kommt. Das könnte womöglich ein nicht-ständiges Mitglied sein. Forschern, die sich dieses Ehrenamts annehmen, könnten neben einer Aufwandsentschädigung besondere Informationszugangsrechte zugestanden werden.[1054] Diese müssen allerdings im Einklang mit dem allgemeinen Gleichheitssatz ausgestaltet sein und dürften keine

---

1052 *Grabenwarter*, in: Dürig/Herzog/Scholz (Hrsg.), GG Bd. I, 102. EL, Art. 5 Abs. 1, Abs. 2, Rn. 1028; *Schulze-Fielitz*, in: Dreier (Hrsg.), GG Bd. I, 3. Aufl. 2013, Art. 5 I, II, Rn. 222.

1053 *Grabenwarter*, in: Dürig/Herzog/Scholz (Hrsg.), GG Bd. I, 102. EL, Art. 5 Abs. 1, Abs. 2, Rn. 1028; *Hoffmann-Riem*, in: Denninger/Hoffmann-Riem/Schneider/Stein (Hrsg.), AK-GG Bd. 1, 3. Aufl. 2001, Art. 5 Abs. 1, 2, Rn. 102.

1054 Vgl. Art. 16 Abs. 1 RL 2001/95/EG des Europäischen Parlaments und des Rates v. 3.12.2001 über die allg. Produktsicherheit, ABl. EG L 11/4 v. 15.1.2002. Vgl. auch Art. 10 Abs. 2 Richtlinie 2002/22/EG des Europäischen Parlaments und des Rates v. 7.3.2002 über den Universaldienst und Nutzerrechte bei elektronischen Kommunikationsnetzen und -diensten, der Universaldienstunternehmen zu technischen Überwachungsdiensten verpflichtet.

Beeinträchtigung der Forschungsfreiheit ihrer Kollegen nach sich ziehen. Wissenschaftliche Forschungseinrichtungen, Vereinigungen und Universitäten, sollten ein Vorschlagsrecht haben, wer Mitglied in den Kontrollgremien ist. Nach einem transparenten und nachvollziehbaren Auswahlprozess sollten sowohl Mitglieder aus (semi-)staatlichen Förderorganisationen, aus Datenschutzbehörden, aus dem wissenschaftlichen Beirat und aus Forschungsinstitutionen das Gremium wählen.

Eine wissenschaftsinterne Aufsicht[1055] könnte das Infrastrukturvorhaben dahingehend überprüfen, ob ein Datensicherheitskonzept,[1056] Beiräte[1057] oder andere Kontrollinstanzen zur Einhaltung wissenschaftlicher Standards bestehen und bei Verstößen Sanktionen verhängen. Eine solche Aufsicht ist besonders sachnah und mit den Community Standards vertraut.

Zudem können Kontrollen bei den Datenbankbetreibern ansetzen. So ist eine Vorgabe zum Abschluss einer privaten Haftpflichtversicherung sinnvoll, die die Datenbankbetreiber im Schadensfall zugunsten der Datenerheber versichert.[1058] Den Datenbankbetreibern können daneben Dokumentations- und Berichtspflichten[1059] auferlegt werden. Darunter können einerseits detaillierte Aufzeichnungspflichten von Datensicherheitsmaßnahmen, Protokolle über Datenzugriffe und -nutzung und Korrekturmaßnahmen fallen und andererseits regelmäßige Rückmeldungen an das Kontrollgremium zu Sicherheitsstandards, die Bereitstellung von Transparenzberichten über die Datenverarbeitungspraktiken und die Reaktion auf Sicherheitsvorfälle.

III. Fragen der Vernetzung und einheitlicher Standards

Infrastruktur soll Informationen nicht bloß zugänglich, sondern auch auffindbar speichern und intelligent vernetzen. Derzeit erschwert mangelnde Vernetzung es Nachnutzern, benötigte Informationen aufzufinden.[1060] Nachnutzer, die an Studi-

---

1055 Zur Aufsicht als Mittel der Regulierung *Gramlich*, VerwArch, 88 (1997), 598, 636 ff. m.w.N.; *Voßkuhle*, VVDStRL, 62 (2002), 266, 322.

1056 Allg. zu Konzeptpflichten *Schmidt-Aßmann*, Öffentliches Recht und Privatrecht, in: Hoffmann-Riem/Schmidt-Aßmann (Hrsg.), Öffentliches Recht und Privatrecht als wechselseitige Auffangordnungen, 1996, S. 7, 39 f.; *Ritter*, in: Schmidt-Aßmann (Hrsg.), Verwaltungsorganisationsrecht als Steuerungsressource, 1997, S. 207, 233 f.

1057 So etwa für Angelegenheiten der Bundesnetzagentur, § 194 TKG, dazu *Ruffert*, AöR, 124 (1999), 237, 278 zur a.F. des TKG. Vgl. auch für den Umweltgutachterausschuss §§ 21 ff. Umweltauditgesetz, dazu *Ewer*, Der Umweltgutachterausschuß.

1058 Vgl. *Voßkuhle*, VVDStRL, 62 (2002), 266, 324.

1059 Vgl. z.B. §§ 4, 6 TKG.

1060 Dazu bereits in Kapitel 2 B. I., C. und Kapitel 3 A. I.

en anknüpfen oder sie replizieren wollen, fehlt oft nicht nur der Zugang zu den Daten, sie wissen nicht einmal, wo sie nach ihm suchen sollen. Vereinzelte, nicht vernetzte Repositorien führen zu Effizienzeinbußen und zu höheren Fixkosten.[1061]

Standards vereinfachen es, Datenbanken zu vernetzen und Inhalte von einem Server zu einem anderen zu senden. Sie erleichtern die Nutzung der Datenbanken.[1062] Damit die Datenbanken untereinander kompatibel und interoperabel vernetzt sind, empfehlen sich einheitliche Standards, Services und Funktionen[1063] wie Such-, Abgabe-, Authentifizierungs-, Autorisierungs-, Synchronisations-, Mapping- und Konvertierungsdienste.[1064] Standards sparen Wissenschaftlern Zeit, die sie investieren müssten, um das System der jeweils genutzten Infrastruktur zu verstehen.[1065] Sinken die Opportunitätskosten, werden Daten perspektivisch bereitwilliger genutzt, unter Umständen auch eher geteilt.[1066] Je komfortabler, reibungsloser und routinierter die Nutzung der Datenbanken für die Forscher ist, desto mehr bedienen Wissenschaftler sich ihrer.[1067]

1. Überregionale und fachübergreifende Vernetzung

Für den Aufbau der vernetzten Infrastruktur stellt sich die Frage, wie das System ausgestaltet werden soll. Repositorien können regional und/oder fachspezifisch beziehungsweise regional- und/oder fachübergreifend Informationen speichern und bereitstellen. Nicht alle Datenbanken müssen das innerhalb der eigenen Strukturen gleich regeln, sollten aber mit den anderen Datenbanken nach außen

---

1061 Siehe Kapitel 3 C. I.

1062 *Schings*, Der Ausbau öffentlicher Ladeinfrastruktur für Elektrofahrzeuge, S. 69.

1063 Wie bei der Geodateninfrastruktur garantieren einheitliche Dienste Interoperabilität, siehe Kapitel 3 D.

1064 *Woolley/Kirby/Leslie et al.*, Genomic Medicine, 17 (2018), 1, 5. Die Data Documentation Initiative setzt sich für einen internationalen Standard zur einheitlichen Beschreibung und Dokumentation von Daten zwischen Institutionen ein, *Gregory/Hodson/Wackerow*, The Role of DDI-CDI in EOSC: Possible Uses and Applications, 2021, S. 4. Für den Telekommunikationssektor bereits Rat der EG, ABl. C 27 6.2.1990, S. 8; *Hünnekens*, Rechtsfragen der wirtschaftlichen Infrastruktur, S. 52.

1065 Die Unterstützung und Zeitersparnis wiederum sind entlastende Faktoren, sollte es zu verbindlichen Data Sharing-Vorgaben seitens (semi-)staatlicher Förderorganisationen und damit zu einem Eingriff in die negative Publikationsfreiheit der Forscher kommen, dazu ausführlicher Datablic – Final Recommendations (im Erscheinen).

1066 *Hildebrandt*, Bereitstellung von Ladeinfrastruktur für Elektrofahrzeuge unter Berücksichtigung idealtypischer Ladebedarfe, 2016, S. 133.

1067 *Nationale Plattform Zukunft Mobilität*, Kundenfreundliches Laden – Fokus öffentliche Ladeinfrastruktur, 2020, S. 5.

vernetzt bleiben. Verschiedene Ausgestaltungen empfehlen sich besonders in der Anfangsphase, um auszutesten, welches Modell gut funktioniert.

Werden Daten fach- oder disziplinspezifisch gespeichert, entstehen spezialisierte Repositorien.[1068] Solche können disziplinspezifischen Standards Rechnung tragen, da sie sich nur mit den Standards ihrer Disziplin auseinandersetzen müssen. Allerdings sind Daten leichter auffindbar und zugänglich, wenn sie teilweise disziplinübergreifend und nicht nur disziplinspezifisch gesammelt werden. In disziplinübergreifenden Strukturen lassen sich Daten gut mit solchen anderer Fachrichtungen verknüpfen. Das entspricht dem Bedürfnis nach interdisziplinärer Forschung.[1069] Der wissenschaftliche Austausch findet zwischen oft verwandten, teilweise aber auch weiter voneinander entfernten Fachrichtungen statt. Gleichzeitig muss es möglich bleiben, die spezifischen Bedürfnisse und Standards der einzelnen Fachrichtungen zu berücksichtigen. Deshalb könnte eine universelle Datenbank für alle Disziplinen aufgrund der Vielfalt und Spezifität der Datenformate und -standards überwältigend und praktisch kaum händelbar sein. Vor diesem Hintergrund sollten Betreiber nur thematisch oder methodisch verbundene Disziplinen in gemeinsamen Repositorien organisieren. Welche Disziplinen in einem Repositorium gemeinsam aufbewahrt werden sollten und welche nur mittelbar über die Vernetzung mit anderen Datenbanken verbunden sind, ist am besten aus der Wissenschaftsgemeinschaft heraus zu beurteilen. Da die Abgrenzung dynamisch ist und von aktuellen Forschungsbedürfnissen abhängt, ist eine Vernetzung der einzelnen Repositorien untereinander umso wichtiger. So können Betreiber disziplinspezifischen Standards gerecht werden und Synergien innerhalb, aber auch zwischen verschiedenen Fachrichtungen nutzen beziehungsweise ermöglichen. Die Auffindbarkeit kann durch geeignete Suchdienste[1070] sichergestellt werden, die repositorienübergreifend funktionieren.

Abschließend lässt sich festhalten: Wissenschaftler, Forschungseinrichtungen, Fachexperten und Datenbankbetreiber sollten idealerweise entscheiden, wie breit gefächert die Repositorien inhaltlich aufgestellt sind. Auch Förderorganisationen können hierzu aufgrund ihrer Sachnähe beraten. Akteure aus der wissenschaftlichen Gemeinschaft können einschätzen, ob fachinterne oder fachübergreifende Repositorien effizienter sind. Das hängt auch von der jeweiligen Disziplin ab. Eine allgemeingültige Aussage lässt sich nicht treffen. Hinsichtlich der Reichweite

---

1068 Parallele Erwägungen finden sich bei der Überlegung, ob etwa eine Energieinfrastruktur sektorspezifisch oder -übergreifend ausgestaltet sein sollte.

1069 *Benavidez/Mandelbaum/Fisk*, Public Health Rep, 136 (2021), 391, 391.

1070 Als Vorbild können die Dienste der Geodateninfrastruktur herangezogen werden, siehe zu den mit der Infrastruktur einhergehenden Diensten Kapitel 3 B. II. 1., III. 1.

fällt es in den Aufgabenbereich der öffentlichen Hand, gemeinsam mit Förderorganisationen und Initiativen wie der Nationalen Forschungsdateninfrastruktur und ihren Konsortien auf eine möglichst einfache, zumindest deutschland- und europaweite Vernetzung hinzuwirken, ohne dass dem Staat dabei zu viel Entscheidungs- und Kontrollmacht zukommen sollte.

Der Aufbau der Nationalen Forschungsdateninfrastruktur mit ihren Konsortien ist ein gutes Beispiel, wie im Lichte der Wissenschaftsfreiheit fachübergreifend das Potenzial von Forschungsdaten genutzt werden kann unter Berücksichtigung der Besonderheiten einzelner wissenschaftlicher Communities.[1071] Die Konsortien bestehen aus Gruppen von Forschungseinrichtungen, Bibliotheken, Archiven und anderen Organisationen, die gemeinsam an der Entwicklung und dem Betrieb ihrer Infrastruktur arbeiten. Jedes Konsortium konzentriert sich auf spezifische Fachbereiche oder disziplinübergreifende Themen und trägt so zur Gesamtstruktur bei.

2. *Internationale Vernetzung*

Eine globale oder zumindest transatlantische Vernetzung der wissenschaftlichen Repositorien scheint erstrebenswert. Sie erhöht die Reichweite der Daten. Zu der Gewährleistungsverantwortung gehört die Aufgabe, auf eine internationale (Teil-) Vernetzung hinzuwirken. Deutschland trägt eine Verantwortung, sich auf internationaler Bühne für Mindeststandards einzusetzen, die – in enger Abstimmung mit Mitgliedern der wissenschaftlichen Gemeinschaft entwickelt – den Datenaustausch vereinfachen beziehungsweise ihn erst ermöglichen. Bei europäischen oder internationalen Verhandlungen sollte Deutschland, gegebenenfalls neben der Europäischen Union, einen vermehrten Austausch von Daten zwischen den beteiligten Staaten und die Nutzung dieser Daten vorantreiben.

Doch bergen Repositorien Gefahren, sollten die in ihnen enthaltenen Daten weltweit zugänglich sein. Rechtsstaatlichkeit, Forschungsfreiheit, ethische Standards und Datenschutz werden global sehr unterschiedlich gelebt und garantiert. Bei einer globalen Vernetzung könnten sensible Daten in Länder gelangen, in denen die Sicherheit der Daten nicht ausreichend garantiert ist. Dies könnte die Integrität der Forschungsdaten gefährden. Es ist schwierig zu überprüfen, zu welchen Zwecken Forscher anderer Länder Daten nutzen, insbesondere wenn sie eigene Forschungsdaten nur sehr selektiv zugänglich machen oder potenziell im eigenen Staatsinteresse verfälschen lassen. Autoritäre Regime könnten Forschungsdaten für politische Zwecke missbrauchen. Besondere Vorsicht sollte bei

1071 *Hartl/Wössner/Sure-Vetter*, Informatik Spektrum, 44 (2021), 370, 370.

politisch brisanten Daten walten. Wichtig ist, dass die Anonymität der Datennutzer gewahrt bleibt, um sie vor einer Verfolgung durch autoritäre Regime zu bewahren. Angemessenheitsbeschlüsse der Europäischen Kommission könnten Richtung geben. Datennutzungsabkommen mit Ländern außerhalb der Europäischen Union sind unentbehrlich, in denen unabdingbare Standardvertragsklauseln zum Tragen kommen.

Der Abschluss dieser Abkommen gehört zum erforderlichen Pflichtenkreis des Bundes. Es ist eine rein hoheitliche Aufgabe, die der Bund mit und im Rahmen der Europäischen Union wahrnimmt. Es stellt sich die Frage, welche Pflichten deutsche Staatsorgane im Verhältnis zu europäischen Institutionen treffen, um auf eine internationale Teilvernetzung hinzuwirken. Art. 4 AEUV legt die geteilten Zuständigkeiten zwischen der Europäischen Union und ihren Mitgliedstaaten fest. Nach Abs. 3 der Norm haben die Union und ihre Mitgliedstaaten im Bereich der Forschung eine gemeinsame Kompetenz inne. Art. 179 Abs. 1 AEUV regelt, dass die Union einen europäischen Raum schafft, in dem wissenschaftliche Erkenntnisse frei zwischen Forschern ausgetauscht werden können.[1072] Gemäß Art. 180 lit. b) AEUV trifft die Union Maßnahmen zur Erreichung des Ziels eines europäischen Forschungsraums auch durch Zusammenarbeit mit dritten Ländern und internationalen Organisationen auf dem Gebiet der Forschung der Union.[1073] Hierzu zählen Datennutzungsabkommen über Daten, die in der European Open Science Cloud oder anderen europäischen Datenbanken im Rahmen des Forschungs- und Innovationsprogramms *Horizont Europa* gespeichert werden ebenso wie Abkommen mit Drittländern.[1074]

Die Mitgliedstaaten haben ihre Souveränität im Bereich der Forschung zwar nicht abgegeben, doch treibt die Europäische Kommission ihre Politik und damit die europäische Souveränität auch im Bereich der Wissenschaft und der Digitalisierung voran.[1075] Sind die Daten in nationalen Infrastrukturen gespeichert,

---

1072 *Ruffert*, in: Callies/Ruffert (Hrsg.), EUV/AEUV, 6. Aufl. 2022, Art. 179 AEUV, Rn. 8.

1073 *Ruffert*, in: Callies/Ruffert (Hrsg.), EUV/AEUV, 6. Aufl. 2022, Art. 180 AEUV, Rn. 2 f., 5.

1074 Vgl. zu letzterem Aspekt *Nettesheim*, in: Streinz (Hrsg.), EUV/AEUV, 3. Aufl. 2018, Art. 180 AEUV, Rn. 6.

1075 *Godt*, in: Dauses/Ludwigs (Hrsg.), Handbuch des EU-Wirtschaftsrechts, 2023, Abschnitt N, Rn. 2; *Ruffert*, in: Callies/Ruffert (Hrsg.), EUV/AEUV, 6. Aufl. 2022, Art. 180 AEUV, Rn. 2. Beispiele dafür sind die Verordnung (EU) 2023/?? des europäischen Parlaments und des Rates vom 15. November 2023 über harmonisierte Vorschriften für einen fairen Datenzugang und eine faire Datennutzung sowie zur Änderung der Verordnung (EU) 2017/2394 und der Richtlinie (EU) 2020/1828 (Da-

sollten die Mitgliedstaaten federführende Vertragspartei der Datennutzungsabkommen sein. Geht es um Daten aus europäischen Forschungsprojekten und europäischer Förderung, wird die Union nach Art. 186 Abs. 1 AEUV Vertragspartei.[1076] Irrelevant ist hingegen, aus welchem Land die Forscher der einzelnen Projekte stammen.

Vor einer europäischen Vernetzung empfiehlt sich der Ausbau einer nationalen Infrastruktur.[1077] Eine schrittweise Umsetzung zunächst auf mitgliedstaatlicher Ebene, wie sie in Art. 11 Abs. 1 und Erwägungsgrund 14 der INSPIRE-Richtlinie angeregt wird,[1078] kann hierbei als Vorbild dienen.[1079] Der schrittweise Ausbau der Dateninfrastruktur auf nationaler Ebene sollte allerdings internationale Entwicklungen im Blick behalten. Der Ausbau der deutschen Infrastruktur geht idealerweise in enger Zusammenarbeit mit der europäischen *European Open Science Cloud* und den Infrastrukturen anderer (EU-)Staaten einher. Dafür sollten die Mitgliedstaaten die Infrastrukturen, europäische Best Practices und gemeinsame Standards parallel und im stetigen Austausch miteinander entwickeln. Das stellt von Beginn an eine größtmögliche Kompatibilität sicher. Hierzu eignen sich Arbeitsgruppen.

Durch Pilotprojekte in bestimmten Forschungsbereichen, Evaluierung und Anpassung kann sich herauskristallisieren, in welchen Bereichen der Forschung der höchste Mehrwert aus einer Infrastruktur gezogen werden kann. Begonnen werden sollte mit Daten aus der Gesundheits- und Umweltforschung.[1080] Das zeigt sich auch anhand der Entwicklung der Nationalen Forschungsdateninfrastruktur, deren auf biomedizinische Daten spezialisierte NFDI4Health-Datenbank sich schon in einem besonders weit fortgeschrittenen Stadium befindet.[1081]

---

tenverordnung); Verordnung (EU) 2022/2065 des europäischen Parlaments und des Rates vom 19. Oktober 2022 über einen Binnenmarkt für digitale Dienste und zur Änderung der Richtlinie 2000/31/EG (Gesetz über digitale Dienste), die Europäische Datenstrategie und die Strategie der Union für den digitalen Binnenmarkt. Siehe hierzu auch bei *J. Bernhardt/Steininger*, ifo Schnelldienst, 74 (2021), 66, 70.

1076 *Ruffert*, in: Callies/Ruffert (Hrsg.), EUV/AEUV, 6. Aufl. 2022, Art. 186, Rn. 1; Art. 180, Rn. 3.

1077 Siehe dazu das Vorhaben der *Nationalen Forschungsdateninfrastruktur* in Kapitel 2 C. II. 3.

1078 Siehe dazu in Kapitel 3 D. III. 1.

1079 So auch der *Rat für Informationsinfrastrukturen*, Leistung aus Vielfalt, 2016, S. 41, abrufbar unter: https://rfii.de/download/rfii-empfehlungen-2016/.

1080 Vgl. bereits Kapitel 2 A. II.

1081 *Hartl/Wössner/Sure-Vetter*, Informatik Spektrum, 44 (2021), 370, 371.

3. *Einheitliche technische Standards*

Sowohl für Daten als auch für Metadaten[1082] empfehlen sich einheitliche technische Standardformate, soweit disziplinspezifische Bedürfnisse dies zulassen.[1083] Die Standardisierung könnte beispielsweise nach dem Vorbild der ISO-Normen für Daten oder den DIN-Formaten erfolgen. Schreibt der Staat die Standards vor, kann er dadurch den Normierungsprozess beschleunigen und harmonisieren.[1084] Allerdings sollte er Vertreter aus der Scientific Community einbeziehen, um der Forschung keine Vorgaben „über ihren Kopf hinweg" aufzuerlegen.

Das Setzen einheitlicher Standards erleichtert Vernetzungsfragen weltweit. Eine Forschungsdateninfrastruktur ist umso vielversprechender, je größer ihre Reichweite in der wissenschaftlichen Gemeinschaft ist. Nationale und europäische Datenbanken sollten im Lichte der Art. 179, 180 lit. b) AEUV miteinander verknüpft werden. Einheitliche Standards gilt es von Beginn an zu etablieren. Arbeitsgruppen spielen dabei eine entscheidende Rolle. Sie sollten aus Experten verschiedener wissenschaftlicher Disziplinen und Vertretern des IT-Sektors zusammengesetzt sein, um technische und fachspezifische Aspekte kompetent zu bewältigen. Vertreter aus der Europäischen Kommission und aus verschiedenen Staaten sollten beteiligt sein.[1085] Sie können länderspezifische Perspektiven und Anforderungen in die Erwägungen einführen und so eine internationale Kompatibilität sichern.

Zweckmäßig ist es, Datenbanken zunächst auf nationaler und dann auf europäischer Ebene zu vernetzen. Schließlich lernt ein Kind nicht laufen, bevor es krabbeln kann. Die Mitgliedstaaten sollten jedoch von Beginn an im Hinterkopf eine umfassende Vernetzung anstreben und sich dementsprechend so früh wie möglich bezüglich einheitlicher Standards absprechen.[1086] Die Union hat gemäß

1082 § 12 Abs. 1 E-Government-Gesetz verlangt ebenfalls das Zugänglichmachen der Metadaten.

1083 So auch für Zeitschriften und Bibliotheken gefordert von *Peer/Arguillas/Honeyman et al.*, Challenges of Curating for Reproducible and FAIR Research Output, 2021, S. 10 f.; *Gregory/Hodson/Wackerow*, The Role of DDI-CDI in EOSC: Possible Uses and Applications, 2021, S. 4.

1084 *Hünnekens*, Rechtsfragen der wirtschaftlichen Infrastruktur, S. 51 f.; *Woolley/Kirby/Leslie et al.*, Genomic Medicine, 17 (2018), 1, 3.

1085 *Godt*, in: Dauses/Ludwigs (Hrsg.), Handbuch des EU-Wirtschaftsrechts, 2023, Abschnitt N, Rn. 79 ff.

1086 Für eine Standardisierung bei anderen Infrastruktur-Großprojekten, die auf europäische Interoperabilität angewiesen sind, siehe etwa *Nationale Plattform Zukunft Mobilität*, Kundenfreundliches Laden – Fokus öffentliche Ladeinfrastruktur, 2020,

Art. 179 Abs. 2 AEUV Forschungszentren und Hochschulen dabei zu unterstützen, sich in der Wissenschaft um eine Zusammenarbeit zu bemühen[1087] und Daten untereinander auszutauschen. Dazu zählt eine finanzielle Unterstützung durch Fonds und Förderprogramme zur Finanzierung von Infrastrukturen und Forschungsprojekten, die auf die Entwicklung und Nutzung gemeinsamer Dateninfrastrukturen abzielen.[1088] Umfasst ist auch eine Förderung von Kooperationen und Netzwerken für einen vereinfachten Austausch und eine bessere Zusammenarbeit zwischen Datenbankbetreibern, Forschungseinrichtungen und anderen relevanten Akteuren auf europäischer Ebene.[1089] Hierzu gehören Schulungen und Workshops im Bereich Datenmanagement und Dateninfrastruktur. Zudem stellt die Union Datenaustausch-Plattformen wie die *European Open Science Cloud* bereit und schafft den rechtlichen Rahmen für einen europäischen Datenaustausch.[1090]

Es gehört zum Aufgabenkreis einer Gewährleistungsverantwortung für Datenbanken, die Qualität der technischen Ausstattung,[1091] ebenso wie die der zugehörigen Dienste, durch Mindestvorkehrungen zu gewährleisten. Formate müssen auf einem aktuellen technischen Stand gehalten werden, um die Kompatibilität der Daten langfristig zu garantieren.[1092] Software-Programme können den damit verbundenen Aufwand verringern, weshalb sie angeschafft oder in Auftrag gegeben werden sollten. Systeme sind regelmäßig zu warten. Die Infrastruktur als solche sollte angesichts ihrer Pionierfunktion für den wissenschaftlichen Fortschritt und ihrer Kopplung an technische Innovationen flexibel und entwicklungsoffen Raum für Auf- und Nachrüstungen lassen.[1093]

S. 8 zu einheitlichen (technischen) Standards, Authentifizierungs- und Abrechnungssystemen in der Elektromobilität.

1087 *Britz*, in: Dreier (Hrsg.), GG Bd. I, 3. Aufl. 2013, Art. 5 III (Wissenschaft), Rn. 7.

1088 Vgl. *Ruffert*, in: Callies/Ruffert (Hrsg.), EUV/AEUV, 6. Aufl. 2022, Art. 179 AEUV, Rn. 15.

1089 Zur EU-Förderung von Forschungskooperationen *Ruffert*, in: Calliess/Ruffert (Hrsg.), EUV/AEUV, 6. Aufl. 2022, Art. 179 AEUV, Rn. 20.

1090 Für die Gesundheitsforschung *P. Roos/Maddaloni*, Recht Digital 2023, 225, 225 f.

1091 Die Ausstattung der Infrastruktur gilt als wichtiger harter Standortfaktor, *Hünnekens*, Rechtsfragen der wirtschaftlichen Infrastruktur, S. 39.

1092 *Borghi/Van Gulick*, PLoS ONE, 16/5 (2021), 1, 2.

1093 *Hünnekens*, Rechtsfragen der wirtschaftlichen Infrastruktur, S. 150. Allg. zur Offenheit und Verantwortung des Rechts für Innovationen *Augsberg*, in: Voßkuhle/Eifert/Möllers (Hrsg.), GVwR, Bd. I, 2022, 62 f.; *Hoffmann-Riem*, AöR, 131 (2006), 255, 265 ff.

Nicht zu unterschätzen ist die Gefahr von Pfadabhängigkeiten[1094] bei der Wahl bestimmter technischer Lösungen.[1095] Pfadabhängigkeit bezieht sich in diesem Kontext auf die Tendenz, dass einmal getroffene Entscheidungen bezüglich der technischen Ausrichtung und Struktur einer Datenbank zukünftige Entwicklungen und Optionen stark beeinflussen oder sogar einschränken können. Entscheidungen für bestimmte Standards, Formate oder Dienste können langfristig bindend wirken, selbst wenn bessere Alternativen verfügbar sind. Wenn eine Datenbank auf einer Technologie basiert, die weder breit unterstützt noch standardisiert ist, schränkt das ihre Kompatibilität und Interoperabilität mit anderen Datenbanken ein. Aufgaben wie das Umformatieren aller Daten in einem Repositorium sind mit einem hohen Aufwand verbunden, solange es keine Programme gibt, die diese Aufgaben automatisiert und gleichzeitig zuverlässig übernehmen. Einmal getätigte Investitionen in spezifische Dienste binden bereits rein wirtschaftlich betrachtet, da der Wechsel zu anderen Systemen zusätzliche Kosten verursacht und investierte Ressourcen mitunter entwertet. Die Wahl bestimmter technischer Lösungen führt auch dazu, dass in dem Bereich zuständige Personen sich hierauf zugeschnitten Fachwissen und Kompetenzen aneignen. Eine Umschulung kostet Zeit und Geld. Um Pfadabhängigkeiten zu vermeiden, ist es wichtig, bei der Entwicklung von Forschungsdateninfrastrukturen auf Offenheit, Flexibilität und Standardisierung zu achten.

4. Standards guter wissenschaftlicher Praxis

Neben technischen Standards sind Standards guter wissenschaftlicher Praxis wichtig. Sie erleichtern den Zugang zu und die Verwendung von Daten über Disziplinen und nationale Grenzen hinaus, verbessern Qualität und Verlässlichkeit und fördern die Reproduzierbarkeit wissenschaftlicher Ergebnisse. Die Standards müssen die Forschungsfreiheit respektieren und dürfen sie nicht unangemessen einschränken. Insofern ist es abermals erforderlich, dass sie aus der Scientific Community selbst kommen und eine Überregulierung beziehungsweise Überbürokratisierung vermieden wird.

a) Qualität der Daten

Die Qualität von Daten ist elementar für ihre weitere Verwendung. Daten, die in eine Infrastruktur eingespeist und von dort weiterverwendet werden, sollten ein gewisses qualitatives Minimum erfüllen. Es bedarf Mindestanforderungen hin-

---

1094 Umfassend zu dem Thema *N. Schröter*, Pfadabhängigkeit und Recht.

1095 *Schings*, Der Ausbau öffentlicher Ladeinfrastruktur für Elektrofahrzeuge, S. 125.

sichtlich der notwendigen Dokumentation, der zu speichernden Metadaten und Kontrollen der Daten selbst. Fachspezifische Gremien sollten disziplinspezifische Mindeststandards entwickeln und festlegen. Zudem sollte es disziplinübergreifende Gremien mit Vertretern aus den verschiedenen fachspezifischen Gremien geben, die gemeinsame Forschungsdatenstandards entwickeln. Dabei sollten sie auf internationale Richtlinien und Best Practices beispielsweise von großen internationalen Förderorganisationen reagieren, sie übernehmen oder kritisieren. Die Orientierung an internationalen Richtlinien ebnet den Weg für globale Kompatibilität und erhöht die Sichtbarkeit und Relevanz deutscher Forschung im internationalen Kontext. Übergeordnete wissenschaftliche Organisationen wie die Deutsche Forschungsgemeinschaft eignen sich dafür, solche Komitees zu organisieren. Sie sind gut vernetzt, verfügen über die notwendige Expertise und nehmen die Interessen verschiedener Fachrichtungen in ihre Perspektive auf. Hierbei ist allerdings eine Schlichtungsstelle wichtig für den Fall auftretender Interessenkonflikte. In den Gremien sollten Forscher, die erhobene Daten einspeisen und/oder nutzen wollen, ebenso vertreten sein wie Datenkuratoren, die sich um das Management und die Instandhaltung von Datenbanken kümmern.

Um die Weitergabe fehlerhaft erhobener oder „geschönter“[1096] Daten zu verhindern, bedarf es klarer Richtlinien sowie Schulungen zu Fragen des wissenschaftlichen Umgangs mit Daten. Vor der Einspeisung in eine Infrastruktur sollten Qualitätskontrollen stattfinden. Das könnte durch automatisierte Validierungstools erfolgen. Manuelle Überprüfungen durch Fachexperten sollten spätestens dann zum Zug kommen, wenn ein in das Validierungstool integriertes Reporting-System Auffälligkeiten oder Bedenken bezüglich der Datenqualität meldet. Forscher sollten verpflichtet werden, umfangreiche Metadaten und Dokumentationen zu ihren Daten bereitzustellen. Das umfasst Angaben zu Methodik, Erhebungsbedingungen, Bearbeitungsschritten und möglichen Einschränkungen der Daten. Nachnutzer sollten geteilte Daten möglichst leicht nachvollziehen, überprüfen und weiterverwerten können.[1097] Dazu helfen dokumentierte Metadaten ebenfalls. Nach dem Beispiel des Art. 8 Abs. 1 der Umweltinformationsrichtlinie[1098] kann vorgeschrieben werden, dass die Informationen „exakt und vergleichbar“ sein müssen. Für den Fall wissentlich falscher oder manipulierter

---

1096 Zum Problem geschönter Forschung siehe bereits Kapitel 2 A. V.

1097 *Perrier/Blondal/MacDonald*, PLoS ONE, 2/15 (2020), 1, 12.

1098 Richtlinie 2003/4/EG des Europäischen Parlaments und des Rates vom 28.1.2003 über den Zugang der Öffentlichkeit zu Umweltinformationen und zur Aufhebung der Richtlinie 90/313/EWG des Rates (ABl. L 41/26 vom 14.2.2003).

Daten lassen sich im Interesse einer verbesserten Durchsetzbarkeit rechtliche Konsequenzen androhen.

b) Umfang der Datenspeicherung

Es ist zu erwägen, die Informationsverbreitung zu begrenzen[1099] und nur Forschungsdaten mit einer gewissen Relevanz in Repositorien teilen zu lassen und zugänglich zu machen. Speichermedien erreichen andernfalls irgendwann ihre Kapazitätsgrenzen. Es bedarf zudem einer hohen Rechenleistung, um elektronische Informationen zu speichern und zur Verfügung zu stellen. Der hohe Energieverbrauch ist nur schwer mit Umweltschutz-Erwägungen zu vereinbaren. Das ist in Zeiten einer Klimakrise wenig zukunftsorientiert. Verstärkt wird das Problem durch die zunehmende Gas- und Stromknappheit als nur eine der vielen negativen Folgen des seit Mitte März 2022 andauernden Krieges in der Ukraine und daraus resultierenden wirtschaftlichen Sanktionen gegen Russland. Gegen einen Austausch möglichst aller Daten spricht ferner, dass Daten mit zunehmender Masse an Übersichtlichkeit verlieren.

Gegen letzteren Aspekt hilft allerdings der Einsatz moderner Suchmaschinen und Suchtechnologien mit erweiterten Suchfunktionen, dank derer Nutzer Daten anhand verschiedener Kriterien ausfindig machen können. Sortieroptionen filtern die Ergebnisse nach Relevanz, Datum, Häufigkeit der Nutzung oder anderen Parametern. Metadaten und Tagging-Systemen helfen, die Auffindbarkeit von Daten zu verbessern. Suchmaschinen sollten so konzipiert sein, dass sie sich nahtlos in bestehende Forschungs-Workflows und -Tools integrieren lassen, um die Nutzung zu erleichtern und die Effizienz zu steigern.

Zudem ist eine Einschränkung des Speicherumfangs nach Relevanz der Daten nur schwer mit der Grundannahme von Big Data zu vereinbaren, jedes Datum sei potenziell relevant. Theoretisch kann nahezu jede Information eines Tages relevant für ein Forschungsprojekt sein.[1100] Welche Daten zu speichern sind und welche nicht, ist eine äußerst komplexe und fachspezifisch unterschiedlich zu beantwortende[1101] Frage. Will man den Wert eines Datums im Sinne seiner Speicherwürdigkeit bestimmen, sofern das überhaupt möglich ist, schwingt immer auch eine Prognose-Unsicherheit mit. Es ist schlicht nicht vollends vorhersagbar,

---

1099 *Hevers*, Informationszugangsansprüche des forschenden Wissenschaftlers, S. 51 m.w.N.

1100 *Berg*, Informationelle Selbstbestimmung und Forschungsfreiheit, in: Jehle (Hrsg.), Datenzugang und DSch, 1987, S. 30, 36; *Berg*, CR 1988, 234, 235 f.

1101 *Fehling*, OdW 2014, 179, 181.

welche Informationen künftig für wen relevant sein können, um neue Erkenntnisse aus ihnen abzuleiten.[1102] Es ist schwierig, auszutarieren, anhand welcher Kriterien die Vorselektion stattfindet.

Einleuchtend scheint, doppelte Archivierungen zu vermeiden. Doch kann es schon bei diesem Punkt vor allem im Bereich überprüfender Studien zu Abgrenzungsschwierigkeiten kommen, etwa wenn die Ergebnisse einer Replikationsstudie nur minimal von den ursprünglichen Daten abweichen. Selbst in nahezu identischen Ergebnissen kann ein Erkenntnisgewinn liegen: Das überprüfte Experiment ist replizierbar. Das erhöht die Aussagekraft der Ergebnisse des Ausgangsversuchs. Gegebenenfalls können geringe Abweichungen auch „den kleinen, aber feinen Unterschied" aufzeigen, aus dem sich weitere Erkenntnisse ableiten lassen. Metadaten von Replikationsstudien hingegen müssen nur dann erneut gespeichert werden, wenn sie vom Ausgangsexperiment abweichen. Reproduktionsstudien, die Daten vorhandener Studien verifizieren, sollten bei Abweichungen in einem Repositorium dokumentiert und ihre neuen Daten ebenso wie die alten gespeichert werden. Interessant sein kann aber auch eine Verifizierung vorhandener Daten trotz anderer Rahmenbedingungen. Anstatt die überprüften Daten erneut zu speichern, ließe sich aber auch bloß die Erkenntnis speichern, dass die Daten erfolgreich überprüft werden konnten.

Zudem ist die Frage, wer entscheiden sollte, welche Daten relevant und damit speicherungswürdig sind, nicht leicht zu beantworten. In Frage kommen Wissenschaftler aus dem Forschungsfeld, da sie über hinreichend Expertise verfügen. Interdisziplinäre Entscheidungsgremien haben den Vorteil, auch eine potenzielle Relevanz für andere Forschungsbereiche ausfindig machen zu können. Repositorienbetreiber und Datenkuratoren, die in der Verwaltung von Datenbanken erfahren sind, sollten bei der Bewertung der langfristigen Nützlichkeit von Daten ebenso eine Rolle spielen wie Ethikkommissionen. Das gilt auch für Förderinstitutionen, die Forschungsprojekte finanzieren. Sie alle können gemeinsam transparente Kriterien für die Datenrelevanz festlegen, die einer regelmäßigen Überprüfung unterliegen. Die Kriterien sollten sie nachvollziehbar in allgemeinen und fachspezifischen Leitlinien dokumentieren. Moderne Technologien und Algorithmen können dabei helfen, große Datenmengen auf die Kriterien zu analysieren und die Relevanz von Daten objektiv zu bewerten. Im Lichte der Forschungsfreiheit sollte die Entscheidung über die „Speicherwürdigkeit" letztlich

1102 *Grabenwarter*, in: Dürig/Herzog/Scholz (Hrsg.), GG Bd. I, 102. EL, Art. 5 Abs. 1, Abs. 2, Rn. 1003. Zum Ganzen instruktiv m. w. N. *Spiecker gen. Döhmann*, RW 2010, 247, 246 ff.

dem Datenerheber selbst überlassen bleiben. Ob Daten den Leitlinien zufolge als relevant eingestuft werden, sollte deshalb lediglich wegweisend und nicht zwingend für den Datenerheber sein. So behält er das Recht, auch nach diesen Kriterien als nicht relevant erachtete Daten einzuspeisen und andersherum im Sinne seiner negativen Publikationsfreiheit[1103].

Ist die öffentliche Hand (mittelbar) an der Vorauswahl der Daten beteiligt, muss jegliche staatliche Zensur und bereits der Anschein einer solchen vermieden werden. Dazu eignen sich objektive Kriterien, die deutlich vorschreiben, welche Daten geteilt werden sollten und welche weniger. Abweichungen sollten nur mit dem Willen des Datenerhebers erfolgen. Das Auswahlverfahren ist transparent zu protokollieren. Eine systematische Beschränkung gewisser Informationen wäre mit der Informationsfreiheit unvereinbar.[1104]

c) *Kontrolle der Einhaltung*

Ob die Standards guter wissenschaftlicher Praxis bei der Erhebung und Weitergabe der Daten an Repositorien eingehalten wurden, sollte kontrolliert werden. Diese Kontrolle ist, so wichtig sie auch ist, keinesfalls leicht zu bewerkstelligen. Es ist umstritten, was überhaupt Bestandteil der „guten wissenschaftlichen Praxis" ist.[1105] Die Frage, in welchem Umfang die Qualität der Daten überprüft wird, ist Teil der institutionellen Infrastruktur und hängt maßgeblich von personellen Kapazitäten und technischen Umsetzungsmöglichkeiten ab.[1106] Um die bürokratischen Hürden gering zu halten, kann eine Kontrolle der gängigen Standards genügen. Diese umfassen die Interoperabilität und Qualität[1107] der Daten, ihr (im Idealfall offenes) maschinenlesbares Format und das präzise Teilen zugehöriger Metadaten.[1108] Wie die Kontrolle der Einhaltung von Standards guter

---

1103 Dazu ausführlicher *Fehling/Tormin*, WissR 2021, 281, 288 ff.

1104 Eine Ausstrahlungswirkung des Zensurverbots des Art. 5 Abs. 1 Satz GG auf die Informationsfreiheit annehmend *Degenhart*, in: Kahl/Waldhoff/Walter (Hrsg.), BK-GG, 185. EL Juli 2017, Art. 5 Abs. 1 und 2, Rn. 554; *Grabenwarter*, in: Dürig/Herzog/Scholz (Hrsg.), GG Bd. I, 102. EL, Art. 5 Abs. 1, Abs. 2, Rn. 1035.

1105 Das soll hier nicht näher ausdiskutiert werden, siehe dazu etwa *Fehling/Tormin*, WissR 2021, 281, 303 ff.

1106 Siehe sogleich unter B. III., wie die Kontrolle der Einhaltung guter wissenschaftlicher Praxis auf die Schultern der beteiligten Akteure verteilt werden kann.

1107 Qualität bedeutet in diesem Zusammenhang u.a., dass die Datensätze vollständig sind, anerkannten Standards entsprechen, dank zugehäriger Metadaten nachvollziehbar sind und dem letzten Stand des Forschungsprojekts entsprechen

1108 Diese Punkte zur Erleichterung der Weiterverwendung der Daten waren auch für die Richtlinie (EU) 2019/1024 des Europäischen Parlaments und des Rates vom

wissenschaftlicher Praxis bei den eingespeisten Daten auf die Schultern der beteiligten Akteure verteilt werden kann, ist Gegenstand des nächsten Abschnitts.

B. Verhältnis zwischen Staat und Privaten bei der Aufgabenwahrnehmung

Eine übernommene Verantwortung der öffentlichen Hand in einem bestimmten Regelungsbereich (Gewährleistung einer Forschungsdateninfrastruktur) trifft noch keine Aussage über die Aufgabenverteilung zwischen Staat und der freien Wirtschaft.[1109] Zur Aufgabenwahrnehmung kann der Staat selbst die Infrastruktur bereitstellen oder autonome Wissenschaftseinrichtungen, juristische oder natürliche Personen des Privatrechts übernehmen die Aufgabe.[1110] Auch die technischen und inhaltlichen Vorgaben der Datenbanken sollte wie soeben gezeigt nicht der Staat selbst im Einzelnen festlegen. Dem Staat verbleibt dann lediglich die Aufgabe der Förderung und/oder Überwachung.[1111] Er trägt keine Erfüllungsverantwortung, aber eine Gewährleistungsverantwortung[1112] und steht weiterhin für die Interessen Betroffenen ein.[1113]

20.6.2019 über offene Daten und die Weiterverwendung von Informationen des öffentlichen Sektors (Neufassung) (im Folgenden: Open Data-RL) maßgeblich, die in Erwägungsgrund 34 auf die Grundsätze für Kompatibilitäts- und Verwendbarkeitsanforderungen aus der INSPIRE-Richtlinie verweist.

1109 *Hermes*, Staatliche Infrastrukturverantwortung, S. 337.

1110 Zur Verantwortungsteilung und möglichen Ausformungen siehe *Voßkuhle,* Verantwortungsteilung, in: Schuppert (Hrsg.), Jenseits von Privatisierung und „schlankem" Staat, 1999, S. 47, 49 ff. m.w.N. sowie Kapitel 4 B. I. 3.

1111 *Burgi*, in: Isensee/P. Kirchhof (Hrsg.), Hdb. StR, Bd. IV, 2007, § 75, Rn. 9.

1112 *Burgi*, in: Isensee/P. Kirchhof (Hrsg.), Hdb. StR, Bd. IV, 2007, § 75, Rn. 3.

1113 Andernfalls wären Betroffene durch die Aufgabenübertragung schlechter gestellt als im Falle hoheitlichen Tätigwerdens. Siehe u.a. *Forsthoff*, Lehrbuch des Verwaltungsrechts, S. 548. Dieser Ansatz findet sich auch zum Problem des Haftungsausschlusses des Staates für Tätigkeiten des Notars, hierzu *Stober*, Verwaltungsrecht, S. 588; *Michaelis*, Der Beliehene, S. 204 ff.; zum öffentlich-rechtlichen Immissionsschutz *Schmidt-Räntsch/Keukenschrijver*, in: Ring/Grziwotz/Schmidt-Räntsch (Hrsg.), Nomos BGB, 5. Aufl. 2022, § 1004, Rn. 9; und zur gemeindlichen Pflicht zur Beteiligung am Erschließungsaufwand nach § 129 Abs. 1, 123 Abs. 3 BauGB siehe *Reidt*, in: Battis/Krautzberger/Löhr (Begr.), BauGB, 15. Aufl. 2022, § 123, Rn. 4; *Reidt*, in: Battis/Krautzberger/Löhr (Begr.), BauGB, 15. Aufl. 2022, § 129, Rn. 7. Vgl. zudem § 10 Abs. 5 Satz 2 Bundessozialhilfegesetz.

I. Formen der Beteiligung Privater

Es gibt eine Vielzahl möglicher Formen, Private an der Wahrnehmung der Gewährleistungsverantwortung zu beteiligen und dadurch den Staat zu entlasten.[1114] Eine Beteiligung zwischen Staat und Privaten kann kooperativ ausgestaltet sein.[1115] Informelle[1116] Kooperationen eignen sich besonders gut zwischen staatlichen und privaten Datenbankbetreibern sowie zwischen staatlichen und privaten Forschungsförderorganisationen, etwa um Best Practice-Empfehlungen gemeinsam zu entwickeln. Die öffentliche Hand kann (finanzielle) Anreize setzen, die Private, idealerweise aus der Wissenschaftlichen Gemeinschaft, zum Auf- und Ausbau von Repositorien motivieren. Hierbei besteht allerdings die Gefahr, dass Private staatliche Ziele und Standards nicht vollständig umsetzen. Doch kann durch eine Aufgabenprivatisierung – jedenfalls dann, wenn die Betreiber der Repositorien zur Scientific Community gehören – der wissenschaftlichen Selbstverwaltung stärker Rechnung getragen werden. Der Staat kann Private auch für den Auf- und Ausbau der Datenbanken, ihre Unterhaltung, Wartung und Instandsetzung beauftragen, beleihen,[1117] einschalten oder sie indirekt zur eigenen Vornahme veranlassen.[1118] Dieser Ansatz ermöglicht dem Staat eine höhere Kontrolle und Koordination. Das ist sinnvoll aufgrund der empfehlenswerten umfassenden Vernetzung innerhalb der Europäischen Union.[1119] Solche informellen Kooperationen sind besonders flexibel und ermöglichen einen direkten Austausch. Sie sind im Gegenzug weniger verbindlich und deshalb langfristig weniger zuverlässig als

---

1114 *Voßkuhle*, VVDStRL, 62 (2002), 266, 268.

1115 Kritisch gegenüber dem Kooperationsparadigma *Murswiek*, ZUR, 12 (2001), 7, 11 ff.; *Rossen*, Vollzug und Verhandlung, 303, 312; *Voßkuhle*, ZUR, 12 (2001), 23, 23 ff.

1116 *Hill*, BayVBl. 2002, 321, 321 ff.

1117 Das Handeln Beliehener wird dem Staat als eigenes zugerechnet, *Voßkuhle*, VVDStRL, 62 (2002), 266, 299. Nach der herrschenden Rechtstellungstheorie teils gepaart mit der Aufgabentheorie handelt es sich um eine Beleihung, wenn dem Privaten zur Erfüllung von Verwaltungsaufgaben spezielle hoheitliche Befugnisse durch einen anderen Hoheitsträger übertragen wurden, vgl. BVerwGE 106, 272 (274); BVerwG, NJW 1999, 882 (883).

1118 Mittel der indirekten Steuerung sind etwa finanzielle Anreize wie Subventionen, bestimmte Gesetze in Aussicht stellen, um zu normvermeidenden Absprachen und Selbstverpflichtungen in der Wissenschaft i.S.e. Selbstregulierung anzuregen, *Voßkuhle*, VVDStRL, 62 (2002), 266, 277 f. Vgl. zur indirekten Steuerung ferner *Franzius*, Die Herausbildung der Instrumente indirekter Verhaltenssteuerung im Umweltrecht der Bundesrepublik Deutschland. Zu den Handlungsmöglichkeiten des Staates im Überblick *Hermes*, Staatliche Infrastrukturverantwortung, S. 305, 336 f.

1119 Siehe dazu bereits unter A. III. 2.

formelle Kooperationen. Enge, formelle Handlungsoptionen sind eine Zusammenarbeit auf Grundlage eines Verwaltungsvertrages[1120] oder im Rahmen eines gemischt-wirtschaftlichen Unternehmenszusammenschlusses.[1121] Sie eignen sich für langfristige Projekte wie das einer Forschungsdateninfrastruktur, erfordern aber auch ein hohes Maß an Abstimmung. Der Staat könnte Private auch dazu zwingen, bestimmte Aufgaben im öffentlichen Interesse wahrzunehmen.[1122] Das scheint für die Verwirklichung der Datenbanken jedoch wenig zweckdienlich.

Bei der Einbeziehung Privater in hoheitliche Aufgaben wird oft von Public-Private-Partnerships[1123] gesprochen. Der Begriff wird zum Teil für jedwede kooperative Zusammenarbeit von Staat und privaten Unternehmern verwendet.[1124] Andere verlangen weitere Merkmale: Sie sprechen nur von einer öffentlich-privaten-Partnerschaft, wenn die Parteien komplementäre Ziele verfolgen oder es einen Vertrag über das Zusammenwirken gibt, der bestimmte formale Anforderungen erfüllt.[1125] Andere gehen nur von einer Public-Private-Partnership aus, wenn ein privates Unternehmen die Infrastruktur plant, finanziert, baut, betreibt und das

1120 Eine Übersicht zu klassischen Referenzgebieten der Verwaltungsverträge findet sich bei *Schlette*, Die Verwaltung als Vertragspartner, S. 158 ff., 266 ff., 305 f., 312, 317 f.

1121 Zu gemischt-wirtschaftlichen Unternehmen v.a. in der kommunalen Daseinsvorsorge *Bös/F. Schneider*, ZGR 1996, 519, 519 ff.

1122 Etwa durch eine Indienstnahme Privater, *Voßkuhle*, VVDStRL, 62 (2002), 266, 277; siehe auch *Zuck*, NJW 2002, 1397, 1397 f. Bei der Indienstnahme werden dem Privaten öffentliche Pflichten (im öffentlichen Interesse mit Gemeinwohlbezug) auferlegt, ohne ihm Kompetenzen zu übertragen, um zu sichern, dass die öffentlichen Aufgaben erfüllt werden, *H. Dreier*, Hierarchische Verwaltung im demokratischen Staat, S. 248; *Zuck*, NJW 2002, 1397 f. Das Konzept der Indienstnahme stammt von *H. Ipsen*, in: FG E. Kaufmann (Hrsg.), Um Recht und Gerechtigkeit, 1950, S. 141 ff.

1123 Verschiedene Definitionsansätze finden sich bei *Ziekow*, Verankerung verwaltungsrechtlicher Kooperationsverhältnisse (Public Private Partnership) im Verwaltungsverfahrensgesetz, Wiss. Gutachten im Auftrag des BMI, Juni 2001, S. 76 ff. m.w.N. Kritisch zum rechtswissenschaftlichen Gebrauch des Terminus *Burgi*, Funktionale Privatisierung und Verwaltungshilfe, S. 98 f.; *Dreher*, NZBau 2002, 245, 247; *Kämmerer*, Privatisierung, S. 58; *Mayen*, DÖV, 54 (2001), 110, 111; *Schoch*, Public Private Partnership, in: Erichsen (Hrsg.), Kommunale Verwaltung im Wandel, 1999, S. 101, 103.

1124 *Sack*, Öffentlich-Private Partnerschaften, in: B. Blanke/Nullmeier/Reichard et al. (Hrsg.), Hdb. Verwaltungsreform, 2011, S. 161 ff.; *Tettinger*, DÖV, 49 (1996), 764 ff.

1125 *Budäus/Grüning*, Public Private Partnership, in: Budäus/Eichhorn (Hrsg.), PPP, 1997, S. 25, 46 ff.

Projekt sowie die Investitionen verwaltet.[1126] Mit dieser Form der Partnerschaft lassen sich private Ressourcen und Expertise effizient nutzen für den Ausbau wissenschaftlicher Repositorien. Sie erfordern aber klare vertragliche Vereinbarungen und eine sorgfältige Überwachung.

Das Regulierungsrecht bietet dem Staat verschiedene Instrumente, die ihm dabei helfen, ein faires Angebot an Forschungsdateninfrastruktur sicherzustellen und gleichzeitig Haushaltsinteressen, die wissenschaftliche Autonomie sowie ökologische und soziale Gemeinwohlbelange zu berücksichtigen.[1127] Vorzugswürdig erscheint eine anfängliche Phase der informellen Kooperation und Netzwerkbildung, um Bedürfnisse der Scientific Community einschätzen zu können. Daran sollte eine Phase staatlich gesetzter Anreize anschließen, ohne die der Aufbau der Infrastrukturen finanziell wohl nicht zu meistern wäre. Dem sollte eine stärkere staatliche Beteiligung in Form öffentlich-privater Partnerschaften folgen, spätestens sobald es um eine internationale Vernetzung geht. In alle Phasen sollte die wissenschaftliche Gemeinschaft einbezogen werden, damit die Infrastruktur Anforderungen von Forschern entspricht und den wissenschaftlichen Fortschritt tatsächlich unterstützt.

Letztlich ist es dem Gestaltungsspielraum des Staates überlassen, wie er Private in den Infrastrukturaufbau, -ausbau und -betrieb einbezieht.[1128] Ihn trifft allerdings stets eine Kontrollverantwortung bezüglich der Aufgabenwahrnehmung und im Falle der Nichterfüllung durch Private muss der Staat seiner Reserve- oder Nachsteuerungsverantwortung nachkommen.[1129]

II. Beteiligte Akteure

Es kommen verschiedene Akteure in Betracht, mit deren Hilfe der Staat seiner Gewährleistungsverantwortung nachkommen kann. Zunächst ist an Forschungseinrichtungen und Fachverlage mit eigenen Datenbanken zu denken. Daneben sind Forschungsorganisationen mit externen Repositorien und Bibliotheken[1130] relevant. Der Staat sollte mit ihnen kooperieren, um Zugang zu diesen Datenbanken zu erleichtern und sie in eine umfassend vernetzte Datenbank-Plattformstruktur

---

1126 *Buhr,* General Considerations on Infrastructure, in: Feng/Popescu (Hrsg.), Infrastrukturprobleme, 2007, S. 13, 30.

1127 In Bezug auf die Digitalökonomie *Paal*, ZfDR 2021, 97, 129.

1128 *Burgi*, in: Isensee/P. Kirchhof (Hrsg.), Hdb. StR, Bd. IV, 2007, § 75, Rn. 9.

1129 Siehe dazu Kapitel 4 B. II. 1. b).

1130 *Peer/Arguillas/Honeyman et al.*, Challenges of Curating for Reproducible and FAIR Research Output, 2021, S. 11.

einzubinden. Die *Nationale Forschungsdateninfrastruktur*,[1131] die *European Open Science Cloud*[1132] und das *European Data Portal* demonstrieren bereits eine enge Zusammenarbeit zwischen staatlichen und privaten Akteuren auf nationaler und europäischer Ebene. Sie dienen als Modelle für die Entwicklung und den Betrieb einer effektiven Forschungsdateninfrastruktur.

Eine Zusammenarbeit mit Forschungseinrichtungen, Datenerhebern und Nachnutzern bietet wertvolle Einblicke in die tatsächlichen Bedürfnisse und Herausforderungen für die Nutzer. Ebenfalls helfen kann, mit Initiativen zusammenzuarbeiten wie dem *Open Research Data Pilot*[1133] von *Horizon2020* oder der *Schwerpunktinitiative Digitale Information* der *Allianz der Wissenschaftsorganisation*[1134], die eine offene Verfügbarkeit von Forschungsdaten fördern. Für eine engere Zusammenarbeit ist das Gremium *Rat für Informationsinfrastrukturen*[1135] von Bedeutung. Dieser Rat ist eine Institution, die sich mit der Entwicklung und Verbesserung der nationalen Informationsinfrastruktur befasst, insbesondere hinsichtlich der Anforderungen der Wissenschaft und Forschung. Der Rat ist insofern auch mit der Entwicklung der *Nationalen Forschungsdateninfrastruktur* und auf europäischer Ebene der *European Open Science Cloud* betraut. Das Gremium berät bei strategischen Fragen der Informationsinfrastruktur in der Wissenschaft unter anderem Bundes- und Landesregierungen, Forschungseinrichtungen, wissenschaftliche Bibliotheken und Datenzentren. Der Rat fördert den Austausch und die Zusammenarbeit zwischen verschiedenen Einrichtungen und Akteuren, die an der Schaffung, Pflege und Nutzung von Informationsinfrastrukturen beteiligt sind, darunter Universitäten, Forschungsinstitute, Bibliotheken und Rechenzentren. So hilft er bei der Entwicklung von Standards und Richtlinien, um die Interoperabilität und Qualität von Forschungsdaten und -diensten zu verbessern.

1131 Der NFDI e.V. wurde vom BMBF beauftragt und steht in engem Kontakt mit der DFG.

1132 Hierzu gehört das *EOSC Association Executive Board*, das sich aus EU Stakeholder-Organisationen und Experten aus den Mitgliedstaaten zusammensetzt. Ebenso gibt es zahlreiche EOSC-Arbeitsgruppen, Stakeholder Foren und ein Governance Board.

1133 *Europäische Kommission*, H2020 Programme, 2017, abrufbar unter: https://ec.europa.eu/research/participants/data/ref/h2020/grants_manual/hi/oa_pilot/h2020-hi-oa-pilot-guide_en.pdf.

1134 *Allianz der Wissenschaftsorganisation*, Schwerpunktinitiative "Digital Information", 2017, abrufbar unter: https://gfzpublic.gfz-potsdam.de/pubman/faces/ViewItemOverviewPage.jsp?itemId=item_2829902.

1135 Für mehr Informationen siehe die offizielle Webseite: https://rfii.de/de/start/.

III. Aufgabenteilung

1. Aufbau, Ausbau und Betrieb der Infrastruktur

Zunächst muss die Infrastruktur auf- und ausgebaut werden. Das sind die unabdingbaren „Primärpflichten" im Zusammenhang mit einer Gewährleistungsverantwortung für Datenbanken. Dabei ist der Staat eine mögliche, aber – abgesehen vom Fall kompletten Versagens privater Anbieter[1136] – nicht die einzige Einheit, um eine Infrastruktur zugunsten erleichterter Reproduktions- und Anschlussforschung zu schaffen.[1137] Die öffentliche Hand ist im Bereich der Wissenschaft nur subsidiär für Maßnahmen zuständig, die die Gesamtplanung, den Auf- und Ausbau der Infrastruktur betreffen.[1138] Private Initiativen verfügen in der Regel über das notwendige Fachwissen und die erforderlichen Ressourcen.

Zum Aufbau gehört eine an die Bedürfnisse der wissenschaftlichen Gemeinschaft angepasste Konzeptentwicklung, die Errichtung von Plattformen und Systemen, die eingespeiste Daten speichern und verwalten sowie der Aufbau der Netzwerkinfrastruktur, Hard- und Software. Teil des Ausbaus ist eine Erweiterung der Bandbreite, Speicher- und Rechenkapazitäten, um mit wachsenden Datenmengen umgehen zu können. Ebenso bedarf es einer Implementierung von Nutzeroberflächen, Suchfunktionen und anderen Tools, die den Zugriff auf und die Nutzung von Daten erleichtern. Zum Ausbau gehören auch Schulungen und die Bereitstellung eines technischen Supports für die Nutzer. Das ist zwar aufwendig, aber unabdingbar für ein funktionierendes System.

Die Datenbanken der *Nationalen Forschungsdateninfrastruktur* werden zu einem Großteil staatlich finanziert. Die Entscheidungen zum Ausbau und Betrieb liegen aber in Händen privater Akteure aus der wissenschaftlichen Gemeinschaft in den jeweiligen Konsortien. Die Konsortien bestehen aus Vertretern von Forschungseinrichtungen und Universitäten, Bibliotheken und Archivierungseinrichtungen, Fachverbänden, öffentlichen und privaten Forschungsförderern sowie IT-Experten, internationalen und Industriepartnern. Forschungseinrichtungen, Bibliotheken und Betreiber anderer bereits bestehender Repositorien stellen die materielle Infrastruktur bereit.

Der öffentlichen Hand kommt eine Kontrollverantwortung zu, ob eine adäquate Infrastruktur tatsächlich vorhanden ist. Zudem trifft den Staat die

---

1136 *Schatz*, Entwicklung des Begriffs Infrastruktur, in: Berger (Hrsg.), Wettbewerb und Infrastruktur in Post- u. TK-Märkten, 1996, S. 122, 136.

1137 *Buhr*, What is infrastructure?, S. 3.

1138 Siehe Kapitel 4 B. II. 1. b).

Aufgabe der (Bedarfs-)Planung.[1139] Der Staat sollte vermehrt gegen die unzureichende Investitionsbereitschaft Privater steuern. Das kann im Rahmen einer Ordnungsplanung[1140], einer materiellen Verwirklichungsplanung[1141] oder einer Lenkungsplanung im Sinne einer eher politischen als rechtlich verbindlichen Programmplanung[1142] geschehen.[1143] Letzteres liegt bereits in Form der „Datenstrategie" der Bundesregierung vor, die den politischen Wunsch nach mehr Datenaustausch in der Wissenschaft zum Ausdruck bringt. Im Rahmen der Raumplanung muss ein geeigneter Standort für die Server ausgewählt werden.[1144] Kriterien sind hierfür ein geringes Risiko für Naturkatastrophen, idealerweise Glasfaseranbindung, eine Energieversorgung durch erneuerbare Energien, Sicherheit und die Möglichkeit, die Abwärme des Rechenzentrums weiterzuverwenden. Nähe zu wissenschaftlichen Einrichtungen kann Synergien verstärken. Eine Verteilung von Servern und Datenzentren über verschiedene miteinander vernetzte Standorte minimiert Risiken und erhöht die Resilienz der Infrastruktur. Die detaillierte Bedarfsplanung erfolgt dann – staatliche Wissensdefizite umgehend – durch Stakeholder aus der wissenschaftlichen Gemeinschaft. Der aktuelle und künftige Speicher- und Verarbeitungsbedarf von Forschungsdaten kann mithilfe von Umfragen, regelmäßigen Konsultationen der wissenschaftlichen Gemeinschaft und Bedarfsanalysen zu Beginn ermittelt werden. Aufgrund des hohen damit verbundenen Aufwands muss die Bedarfsanalyse nicht in regelmäßigen, zeitnahen Abständen stattfinden. Ein Beratungsgremium mit Fachvertretern sollte den Aufbau und Betrieb der Infrastruktur beratend begleiten. Skalierbare und modulare Speichersysteme können an sich ändernde Bedürfnisse der Forscher angepasst werden. Die Raum- und Bedarfsplanung sollte insgesamt flexibel und zukunftsorientiert sein.

1139 Zur staatlichen Planung als „Instrument sozialstaatlicher Aufgabenerledigung" *Erbguth*, DVBl. 1981, 557, 561; *Köck*, in: Voßkuhle/Eifert/Möllers (Hrsg.), GVwR, Bd. II, 2022, § 36, Rn. 9, vgl. auch Rn. 2, 4.

1140 Die Ordnungsplanung koordiniert die Nutzung des Raumes und macht ausfindig, wie hoch der Bedarf an Datenbanken und Rechenzentren ist, wo es bereits eine Infrastruktur gibt und wie diese angebunden werden kann.

1141 Die Verwirklichungsplanung hat Steuerungswirkung für konkrete Investitionsvorhaben, *Köck*, in: Voßkuhle/Eifert/Möllers (Hrsg.), GVwR, Bd. II, 2022, § 36, Rn. 53.

1142 *Köck*, in: Voßkuhle/Eifert/Möllers (Hrsg.), GVwR, Bd. II, 2022, § 36, Rn. 52, 93 ff.

1143 *Köck*, in: Voßkuhle/Eifert/Möllers (Hrsg.), GVwR, Bd. II, 2022, § 36, Rn. 53.

1144 Zum Raumbedarf als Charakteristikum von Infrastrukturnetzen siehe bereits Kapitel 3 A. II.

Die Dienste, die Infrastrukturbetreiber ihren Nutzern zum Gebrauch anbieten, benötigen ebenfalls Betreiber, die die Infrastruktur Dritten anbieten.[1145] Der Betreiber der Dienste kann personenidentisch mit dem der Datenbank sein. Wer im Einzelfall die Infrastruktur bereitstellt und Dienstleistungen erbringt, hängt von einer Kosten-Nutzen-Analyse ab.[1146] Bei den klassischen Infrastruktursektoren Bahn, Energieversorgung und Telekommunikation wird der Netzbetrieb von der Bundesnetzagentur reguliert.[1147] Auch bei Forschungsdatenbanken scheint es sinnvoll, ihren Betrieb nicht gänzlich den Kräften des Marktes zu überlassen. Der Staat sollte ein hinreichend breites und zugängliches Angebot an praxisrelevanten Diensten sicherstellen.

Ähnlich wie im Sektor der Energieversorgung[1148] ließe sich die Infrastruktur als solche staatlich regulieren, während privatwirtschaftliche Kräfte des Marktes das operative Geschäft betreiben.[1149] Eine Vergleichbarkeit ist hier jedoch eher fernliegend. Bei Forschungsdatenbanken gilt es aber die Selbstverwaltungsautonomie zu achten. Zudem sind in diesem Bereich Zugangsregime, also gerade das operative Geschäft, regulierungsbedürftig. Wer welche Daten speichern darf und wer Zugang zu welchen Daten erhält, ist zentral für die Funktionsfähigkeit und den Nutzen einer Forschungsdateninfrastruktur, die Achtung der Wissenschaftsfreiheit sowie die Integrität und Qualität der eingespeisten Daten. Es ist wichtig, einen fairen und gemessen an Art. 3 Abs. 1 GG gleichberechtigten Zugang zu gewähren. Forscher sollten grundsätzlich unabhängig von ihrer institutionellen Anbindung und finanziellen Ressourcen die Möglichkeit des Zugangs zu den Daten haben. Die Datenerheber selbst müssen diejenigen bleiben, die abstrakt bestimmen, wer welche Mitbenutzungsrechte an ihren Daten erhält.

Forscher und andere Vertreter der wissenschaftlichen Gemeinschaft sind mit ihrem besonderen Fachwissen, ihrer Praxisnähe und ihrer Kenntnisse der Bedürfnisse des wissenschaftlichen Betriebs in Entscheidungsprozesse einzubeziehen. Im institutionellen Rahmen ist es die wissenschaftliche Gemeinschaft selbst, die die Regeln schafft und durch ihr Verhalten etabliert. Art. 5 Abs. 3 Satz 1 GG schützt ihre Mitgestaltungsrechte bei der Formung der institutionellen Infrastruktur. Hierzu eignen sich Beratungsgremien, die sich aus Vertretern der verschiede-

---

1145 *Bobzin*, Principles of Network Economics, S. VII.

1146 *Buhr*, What is infrastructure?, S. 3; *Tinbergen*, Shaping the World Economy, S. 132 f.

1147 *Säcker*, EnWZ 2015, 531, 532.

1148 Zur Bezeichnung der Energieversorgung als „staatliche infrastrukturelle Pflichtaufgabe“ u.a. *Schwark*, in: FS Fabricius 1989, S. 203, 206.

1149 Ein solches Vorgehen für die Bahn, Energieversorgung und Telekommunikation beschreibend *Fehling*, AöR, 121 (1996), 59, 61 ff.

nen wissenschaftlichen Disziplinen zusammensetzen. Die Gremien können dann technische Standards, Zugangsregelungen, Sicherheits- und Qualitätskriterien empfehlen sowie Feedback zur Funktionalität und Benutzerfreundlichkeit bestehender Infrastrukturen geben. Die Vertreter der wissenschaftlichen Gemeinschaft sind bereits beim Auf- und Ausbau zu Rate zu ziehen und an Entscheidungsprozessen zu beteiligen. Dafür sind Expertenrunden und Beiräte mit Mitentscheidungsrechten sinnvoll. Zudem empfehlen sich Online-Plattformen, damit Nutzer niedrigschwellig Feedback geben können. Wenngleich dies mit einem hohen Aufwand verbunden ist, sind die Prozesse sinnvoll, um die Infrastruktur im Sinne der Scientific Community auszugestalten. Schließlich sind es ihre Mitglieder, die die Datenbanken nutzen sollen.

2. *Sicherheit, Vernetzung und Standardsetzung*

Aus der Infrastrukturverantwortung folgen weitere „Primärpflichten". Das betrifft namentlich die Vernetzung der Repositorien untereinander, die technische Entwicklung und Sicherheit der Systeme sowie die Sicherstellung der Einhaltung wissenschaftlicher Standards.[1150] Der Staat muss auch bei einer Kooperation mit Privaten auf die Einhaltung der Rechte der Betroffenen hinwirken.[1151]

a) Gewährleistung der Sicherheit der Daten und der Nutzer

In einer staatlich gewährleisteten Infrastruktur für Forschungsdaten hat die öffentliche Hand für die Sicherheit der Nutzer und der dort gespeicherten Inhalte zu sorgen. Diesbezüglich trifft den Staat zumindest eine Auswahl-, Kontroll- und Reserveverantwortung. Betraut die öffentliche Hand etwa Dritte mit dem Schutz der eingespeisten Daten und dem Schutz personenbezogener Nutzerdaten, hat sie ihren Sorgfaltspflichten bei der Auswahl der Betrauten nachzukommen. Darüber hinaus muss der Staat zumindest stichprobenartig kontrollieren, ob die Datenbanken Mindestsicherheitsstandards einhalten, damit die Vorgaben nicht zu zahnlosen Tigern werden.

Um einen bestmöglichen Schutz vor Hacker-Angriffen zu erzielen, ist idealerweise der Bund für die Sicherheit der geteilten Daten in einer öffentlichen, bundesweiten Forschungsdateninfrastruktur zuständig.[1152] Im Koalitionsvertrag

---

1150 *Hünnekens*, Rechtsfragen der wirtschaftlichen Infrastruktur, S. 55.

1151 *Voßkuhle*, VVDStRL, 62 (2002), 266, 318.

1152 Eine ähnliche Debatte ist derzeit im Gange hinsichtlich der Zuständigkeit für Cybersicherheit, die nun von den Ländern auf den Bund übertragen werden soll, *Bundesministerium des Inneren, für Bau und Heimat*, Nationaler Pakt Cybersicherheit,

wurde bereits vereinbart, die Cybersicherheit auf bundesstaatlicher Ebene zu garantieren.[1153] Art. 73 Abs. 1 Nr. 1 GG regelt die ausschließliche Kompetenz des Bundes im Bereich der Verteidigung inklusive des Schutzes der Zivilbevölkerung; jedoch nur bei Kriegsbezug.[1154] Nationale Forschungsdatenbanken fallen grundsätzlich nicht unter diese Regelung. Etwas anderes kann nur ausnahmsweise gelten bei einer von staatlicher Seite ausgehenden digitalen Kriegsführung auf eine deutsche Forschungsdateninfrastruktur. Zivile Hackerangriffe reichen dafür nicht aus.[1155] Andernfalls bleibt es bei der Zuständigkeit der Länder für die Gefahrenabwehr. Zwecks Vereinheitlichung sollten sich die Länder bei dieser Aufgabe absprechen und eng zusammenarbeiten. Im Idealfall setzen sie dieselbe Sicherheitssoftware und Firewall ein.

Den Staat trifft eine Verantwortung, Kontrollstrukturen zu implementieren.[1156] Dieser kann er beispielsweise nachkommen, indem er Betreiber von Repositorien oder Forscher verpflichtet, eine Diensthaftpflichtversicherung abzuschließen oder indem er ihnen Dokumentationspflichten auferlegt[1157]. Kontrollgremien, Beiräte und auch eine Regulierungsaufsicht setzen sich möglichst aus fachkundigen Vertretern verschiedener Disziplinen der wissenschaftlichen Gemeinschaft, IT-Sicherheitsexperten, juristischen Beratern und Vertretern aus der Politik und

S. 32 ff., abrufbar unter: https://www.bmi.bund.de/SharedDocs/downloads/DE/veroeffentlichungen/themen/it-digitalpolitik/online-kompendium-nationaler-pakt-cybersicherheit.pdf?__blob=publicationFile&v=8.

1153 *SPD/DIE GRÜNEN/FDP*, Mehr Fortschritt wagen. Bündnis für Freiheit, Gerechtigkeit und Nachhaltigkeit, S. 22.

1154 *Heintzen*, in: MKS, GG, Bd. 3, 7. Aufl. 2018, Art. 73, Rn. 19.

1155 Siehe aber zu einer möglichen Zurechnung von zivilen Hacker-Angriffen zu einem Staat *Rodenhäuser/Vignati*, 8 rules for "civilian hackers" during war, and 4 obligations for states to restrain them, 2023, abrufbar unter: https://blogs.icrc.org/law-and-policy/2023/10/04/8-rules-civilian-hackers-war-4-obligations-states-restrain-them/, wobei festzuhalten ist, dass der Blogbeitrag zwar von Mitgliedern des IKRK veröffentlicht wurde, allerdings nicht als offizielle Meinung des IKRK.

1156 *Pitschas*, DÖV 1998, 907, 910; *Schulze-Fielitz*, in: Schmidt-Aßmann/Hoffmann-Riem (Hrsg.), Verwaltungskontrolle, 2001, S. 291, 317.

1157 Vgl. *Voßkuhle*, VVDStRL, 62 (2002), 266, 324. Die Versicherungsgesellschaften versichern die Unternehmen i.d.R. nur nach sorgfältiger Risikoprüfung. Um eine Erhöhung des Versicherungsbeitrags zu vermeiden, wird das Unternehmen einen Haftungsfall zu vermeiden suchen, vgl. zu diesem aus dem Umweltrecht bekannten ökonomisch begründeten Kontrollkonzept z.B. *Bohne*, DVBl. 1994, 195, 200 ff.; *Döring*, Haftung und Haftpflichtversicherung als Instrument einer präventiven Umweltpolitik; *C. Herbst*, Risikoregulierung durch Umwelthaftung und Versicherung, S. 135 ff.

von Förderorganisationen zusammen. Wichtig sind transparente Verfahren für den Auswahlprozess der Mitglieder und später im operativen Geschäft für die Entscheidungsfindung. Die Aufgaben der Kontrollinstanzen erstrecken sich von der Vorgabe klarer Sicherheitsstandards und Richtlinien für die Speicherung, Verarbeitung und Übertragung der Daten orientiert an nationalen und internationalen Best Practices, über regelmäßige Überprüfungen der Sicherheitsprotokolle und -maßnahmen, Berichte und Schulungen, hin zu Feedback-Mechanismen für Nutzer, dank derer sie mögliche Sicherheitslücken melden können. Zudem ist ein Datenschutzbeauftragter für Fragen rund um Nutzerdaten eine wichtige Anlaufstelle.

b) Vernetzung

Der Staat sollte gemeinsam mit den Betreibern der Repositorien auf eine umfassende Vernetzung hinarbeiten. Die öffentliche Hand kann disziplinspezifische und -übergreifende Repositorien empfehlen, die mehr oder weniger eng miteinander verzahnt sind. Hat sich nach einer anfänglichen Testphase ein besonders praxistaugliches Modell herauskristallisiert, kann der Staat dieses besonders fördern, um so eine möglichst umfassende Vernetzung und damit eine große Reichweite der einzelnen Datenbanken sicherzustellen.

Bezüglich einer internationalen Vernetzung ist der deutsche Staat gemeinsam mit der Europäischen Kommission verantwortlich, vgl. Art. 180 lit. b) AEUV. Das verbietet es weiteren privaten Akteuren selbstredend nicht, sich auf nationaler oder globaler Bühne für eine internationale Vernetzung stark zu machen und sich auf Fachkonferenzen mit anderen Initiativen und Organisationen auszutauschen.

c) Standardsetzung

Für die gespeicherten (Meta-)Daten und deren Nutzung sind einheitliche Qualitätsstandards festzulegen. Die gespeicherten Informationsträger müssen technischen, zeitgemäßen, nutzbaren Mindestanforderungen entsprechen. Die Systeme sind entsprechend zu warten.

Der Staat muss nicht selbst Hand anlegen, doch trifft ihn eine Kontrollverantwortung. Er muss überprüfen, ob die Betreiber der Datenbanken Maßnahmen bezüglich der genannten Anforderungen vornehmen. Hinsichtlich der Standards guter wissenschaftlicher Praxis beim Austausch von Forschungsdaten sollte der Staat kontrollieren, ob Forschungseinrichtungen, Förderorganisationen oder Datenbankbetreiber adäquate Mindestanforderungen gegenüber Forschern vorgeben, die ihre Daten teilen, und gegenüber denjenigen, die geteilte Daten nutzen. Zu diesen Mindestanforderungen gehört Datenintegrität (das heißt, die Daten müssen vollständig und unverändert sein) und dazugehörige Metadaten müssen detailliert Ursprung, Kontext, Format, Zeitpunkt und Methodik der Erhebung und Verarbeitung der Daten dokumentieren.

Ob die Standards im Einzelfall eingehalten werden, vermag der Staat mit den ihm verfügbaren Ressourcen und seinem Fachwissen nicht adäquat zu kontrollieren. Er kann und sollte aber einen Rahmen vorgeben. Dieser Rahmen ist die Basis möglichst einheitlicher Standards der zu speichernden Informationen in (zunächst) deutschen Datenbanken. Angaben zur Datenauswahl und -priorisierung[1158] der zu speichernden Daten können erforderlich sein. Kriterien hierfür sind unter anderem wissenschaftliche Bedeutung, Potenzial für zukünftige Forschung und Bedarf an Langzeitarchivierung. Erfüllen die handelnden Akteure ihre Aufgabe nicht oder nur unzureichend, lebt unter Umständen die Erfüllungsverantwortung des Staates wieder auf[1159] im Sinne einer finanziellen, technischen und/oder organisatorischen Unterstützung der Repositorien. Hinzu kommen verstärkte regulatorische Maßnahmen, die Einrichtung staatlich betriebener Datenbanken, die Übernahme des Betriebs wie auch die Entwicklung und Durchsetzung von Standards, um die Qualität und Verfügbarkeit der Forschungsdaten zu gewährleisten.

Zur Kontrolle der Einhaltung können der Staat und/oder die wissenschaftliche Gemeinschaft Kontrollmechanismen etablieren. Denkbar ist eine (vorgeschriebene) Routineprüfung, die untersucht, ob die Daten in den gewollten Formaten, mit ausreichend Metadaten und entsprechend weiteren qualitativen Anforderungen gespeichert sind. Hierbei sollte der damit verbundene Aufwand mit dem erhofften Nutzen abgewogen werden.

Die Kontrolle obliegt den direkt beteiligten Akteuren. Das schließt zuvorderst die Wissenschaftler ein, die eingespeiste Daten selbst erhoben haben. Sie verfügen über die notwendigen Fach- und Hintergrundinformationen. Der Austausch von Forschungsdaten dient vordergründig ihrem Interesse. Aus Gründen der Reichweite und perspektivisch der Reputation lohnt es sich grundsätzlich für sie, wenn ihre Daten möglichst aktuell, in einem kompatiblen und interoperablen Format gespeichert werden. Ihre Institutionen sollten sie mit der Aufgabe der Kontrolle unterstützen, damit die Datenerheber den Großteil ihrer Zeit weiterhin der Forschung widmen können.

Eine wichtige und im Idealfall unabhängige Kontrollinstanz sind Fachkollegen aus der wissenschaftlichen Gemeinschaft. Sie können mittels Peer Review-

1158 Zu hiermit verbundenen Schwierigkeiten siehe bereits A. III. 4. b).
1159 Siehe bereits in Kapitel 4 B. I. 3. b).

Verfahren sicherstellen, dass die eingespeisten Daten wissenschaftlich verlässlich gespeichert und zugänglich gemacht werden. Die „Peer Reviewer" befassen sich idealerweise nicht nur mit der Plausibilität der Daten, sondern auch damit, ob weitere Standards guter wissenschaftlicher Praxis bei der Erhebung, Dokumentation und Bereitstellung der Daten eingehalten werden. Allerdings geht die Überprüfung durch Fachkollegen mit einem sehr zeitintensiven Prozess einher. Wissenschaftler haben in der Regel bereits ein hohes Arbeitspensum, das sich aus eigenen Forschungsprojekten, Lehraufgaben, Verwaltungstätigkeiten und anderen beruflichen Verpflichtungen zusammensetzt. Belastete man sie zusätzlich mit der Kontrolle von Daten anderer Forscher, könnte sich das negativ auf ihre Haupttätigkeiten auswirken. Negative Auswirkungen auf die Haupttätigkeit sind durch Anreize auszugleichen. Das gegenwärtige akademische System honoriert vorwiegend Publikationen und eigene Forschungsergebnisse, nicht aber die Zeit, die ein Forscher in die Überprüfung von Arbeiten anderer investiert. Es bedarf angemessener Anreize und Anerkennung, um Wissenschaftler zu regelmäßigen und gründlichen Kontrollen von „Fremddaten" zu motivieren. Problematisch kann es sein, qualifizierte Fachkollegen zu finden, die über ein für die Kontrolle der Qualität von Daten gerade aus spezialisierten und interdisziplinären Forschungsprojekten hinreichendes Fachwissen verfügen. Persönliche Beziehungen, Konkurrenzdenken oder Befangenheit aufgrund eigener Forschungen erschweren die erforderliche Objektivität kontrollierender Fachkollegen.

Aufgrund dieser Herausforderungen einer Peer Review sollten Betreiber von Datenbanken und Mitglieder von Förderorganisationen zumindest auch in die Kontrolle einbezogen werden. Betreiber können in ihren Nutzungsbedingungen und die Förderer in ihren Data Sharing-Policies zentrale Punkte zu Standards wie die Dokumentation von Metadaten vorschreiben. Kontrollgremien sollten die Einhaltung der Nutzungsbedingungen stichprobenartig kontrollieren. Die Durchsetzung kann durch Anreize wie eine höhere Sichtbarkeit der eigenen Daten im Repositorium und zusätzliche Fördermittel erfolgen. Auch Sanktionen wie ein temporärer Ausschluss von der Datenbanknutzung oder Kürzungen von Fördermitteln sind möglich, solange sie nicht ungerechtfertigt in die Wissenschaftsfreiheit eingreifen.

Betreiber und Förderorganisationen sollten eigenständig durch regelmäßige interne Audits und Bewertungen überprüfen, ob die Daten auch den von ihnen festgehaltenen Standards guter wissenschaftlicher Praxis entsprechen. Das kann unter Einsatz moderner Technologie geschehen. Spezielle Software-Tools überprüfen automatisiert, ob die eingespeisten Daten und ihre Metadaten konsistent sind und in ihrer Qualität und Integrität den Vorgaben entsprechen. Blockchain-

Technologie kann zum Einsatz kommen, um Herkunft und Veränderungen der Daten nachvollziehbar und transparent aufzuschlüsseln. Es bedarf einer Kombination aus klar definierten Richtlinien, regelmäßiger Überprüfung und dem Einsatz moderner Technologien, um die Qualität und Integrität der Forschungsdaten zu gewährleisten.

Sollte der Staat positive Kenntnis von Defiziten bei der Standardsetzung erlangen, treffen ihn im Rahmen seiner Reserveverantwortung zusätzliche Nachforschungspflichten. Der Staat hat weiterhin eine Letzt- und Ergebnisverantwortung inne, sofern er sich des Gewährleistungsauftrags annimmt.[1160]

IV. Verteilung der Finanzierungslast

Auf der sekundären Ebene stellt sich die Frage, wer die entstehenden Kosten trägt. Indem der Staat den Ausbau der Forschungsdateninfrastruktur fördert und dabei Gemeinwohlbelange verfolgt, trifft ihn im Rahmen einer angenommenen Gewährleistungsverantwortung eine Finanzierungsverantwortung.[1161] Diese erfordert keine alleinige Finanzierung des Aufbaus und Betriebs der wissenschaftlichen Dateninfrastruktur seitens des Staates. Es besteht ein großer Gestaltungsspielraum. Die Haushaltskompetenz steht der demokratisch und politisch verantwortlichen Legislative zu. Sie kann entscheiden, in welchem Maß (finanzielle) Mittel in die Forschungsinfrastruktur fließen sollen.[1162] Es wird untersucht, inwieweit der Staat Private an der Finanzierung beteiligen darf und wie die Kosten gerecht,[1163] effektiv und effizient verteilt werden können.

1160 *Voßkuhle*, VVDStRL, 62 (2002), 266, 311. Siehe dazu auch Kapitel 4 B. I. 3. a).

1161 Bei Gemeinwohlgütern wie einer Forschungsinfrastruktur besteht ein besonderer Bedarf an staatlicher Finanzierung, *Schatz*, Entwicklung des Begriffs Infrastruktur, in: Berger (Hrsg.), Wettbewerb und Infrastruktur in Post- u. TK-Märkten, 1996, S. 122, 136.

1162 *Bizer*, Forschungsfreiheit und informationelle Selbstbestimmung, S. 95 f.; *Starck*, Staatliche Organisation und staatliche Finanzierung als Hilfe zu Grundrechtsverwirklichungen?, in: Starck (Hrsg.), FS BVerfG, Bd. 2, 1976, 480, 518 f.; *Fehling*, in: Kahl/Waldhoff/Walter (Hrsg.), BK-GG, 110. EL März 2004, Art. 5 Abs. 3 (Wissenschaftsfreiheit), Rn. 41.

1163 Gerecht sollte die Verteilung der Finanzierungslast schon deshalb sein, weil die Infrastruktur eine zumindest grundrechtserweiternde Funktion innehat und deshalb möglichst jeder Forscher diskriminierungsfrei Zugang zu den Datenbanken erhalten sollte.

1. *Wissenschaftsexterne Finanzierung*

Zum einen kann die öffentliche Hand die Infrastruktur wissenschaftsextern aus dem allgemeinen Staatshaushalt[1164] finanzieren. Bei dieser Option greifen die Haushaltsgrundsätze der Wirtschaftlichkeit und Sparsamkeit,[1165] der allgemeine Gleichheitssatz aufgrund des Grundsatzes der Selbstbindung der Verwaltung und das Beihilfenrecht. Letzteres regelt staatliche Beihilfen innerhalb der Europäischen Union und bezweckt, Wettbewerbsverzerrungen im Binnenmarkt zu verhindern, die durch staatliche Subventionen entstehen können, vgl. Art. 107 Abs. 1 AEUV. Die Förderung vernetzter Forschungsdatenbanken ist nach Art. 107 Abs. 3 lit. b) AUEV als mit dem Binnenmarkt vereinbar anzusehen, weil sie das Vorhaben einer gemeinsamen europäischen Dateninfrastruktur fördert.[1166]

Der Staat berechnet eine angemessene Zuschusshöhe, um einen ineffizienten Betrieb seitens der Infrastrukturbetreiber als Zuschussempfänger zu verhindern.[1167] Er sollte Betreibern, denen er einen Zuschuss gewährt, bereits erarbeitete Erwägungen mitteilen, damit sie das Infrastrukturvorhaben möglichst bedarfsgerecht und kostenschonend umsetzten können.

Kommt der Staat gänzlich für die Kosten auf, können die Forscher und ihre Institutionen die Datenbanken unentgeltlich nutzen.[1168] Der Staat finanzierte die Infrastrukturausgaben, Instandhaltungskosten und Kosten für die Dienste des Speicherns und Zugänglichmachens dann aus Steuergeldern.

Eine wissenschaftsexterne Finanzierung der Datenbanken durch private Investoren ist höchst unwahrscheinlich. Sowohl der Bau als auch der Betrieb der Infrastruktur sind defizitär und werden es vorerst wohl bleiben. Abschreckend wirkt zudem die Komplexität des Vorhabens. Das gilt unter anderem für Vernetzungsfragen und die Aufgabe, Daten in kompatiblen Formaten auf einem technisch aktuellen Stand zu halten. Bei sensiblen Daten bedarf es besonderer Schutzvorkehrungen, die ebenfalls mit einem erhöhten Aufwand einhergehen. Sollte der Staat lediglich privates Kapital einbeziehen, ohne den Finanzierern inhaltliche

1164 *Hermes*, Staatliche Infrastrukturverantwortung, S. 305; *Ostrom*, Adam Smith und öffentliche Güter, S. 135, 141.

1165 Siehe § 6 Abs. 1 HGrG, § 7 Abs. 1 BHO; dazu *Kube*, in: Dürig/Herzog/Scholz (Hrsg.), GG Bd. VII, 70. EL, Art. 110, Rn. 152.

1166 *Nowak*, in: Pechstein/Nowak/Häde (Hrsg.), Frankfurter Kommentar, EUV, GRC und AEUV, Bd. III, 2017, Art. 107 AEUV, Rn. 61.

1167 Zu Risiken bei der marktexternen Finanzierung hinsichtlich der Effizienz *Franke*, Die Finanzierung des Netzausbaus zwischen Markt und Staat, S. 72 ff.

1168 Die Nutzung von Geodatenbanken erfolgt i.d.R. entgeltfrei, sieht Kapitel 3 D. II.

Mitgestaltungsrechte am Infrastrukturausbau einzuräumen,[1169] ist das aufgrund der autonomen Selbstverwaltungsgarantie kaum möglich. Investoren „vom Fach“ sollten inhaltlich mitgestaltungsbefugt sein, was angesichts ihrer Fachkenntnisse aber ohnehin empfehlenswert ist. Der Staat kann Infrastrukturinvestitionen durch steuerliche Finanzierungserleichterungen und andere finanzielle Maßnahmen ankurbeln.[1170] Eine rein private Finanzierung einer Forschungsdateninfrastruktur bleibt indes auch dann unwahrscheinlich.

2. *Wissenschaftsinterne Finanzierung*

Der Staat kann seiner Finanzierungsverantwortung auch durch eine wissenschaftsinterne Finanzierung nachkommen. Bei dieser tragen die Stakeholder die Kosten und das Risiko der Refinanzierung ihrer Ausgaben.[1171] Mit Stakeholdern sind hier Forscher, die die Infrastruktur nutzen, um Daten zu teilen oder abzurufen, Forschungsinstitutionen, Förderorganisationen und die wissenschaftliche Gemeinschaft als Ganze gemeint. Die Kosten werden individualisiert oder kollektiviert.[1172] Beide Modelle sind auf die Zahlungsfähigkeit und -bereitschaft der Nutzer angewiesen[1173] und eröffnen Ausgestaltungsoptionen.

a) Kostenindividualisierend

Bei einem kostenindividualisierenden Modell muss jeder Betreiber einer Datenbank die Kosten für Aufbau, Instandhaltung und Dienste selbst tragen. Die Finanzierung erfolgt über lokale Einnahmequellen.[1174] Refinanzieren können sich die Betreiber über Nutzungsentgelte oder -gebühren,[1175] die sie bei Forschungseinrichtungen, Förderorganisationen oder individuellen Nutzern, die ihre Daten speichern und teilen wollen, für jede Transaktion einzeln erheben. Eine Möglichkeit liegt darin, dass für jede Datenspeicherung und jeden Datentransfer eine Gebühr anfällt. Das Entgelt für den Zugang kann entsprechend zum oder unabhängig vom Umfang der zu speichernden Datensätze, des Datenzugangs oder

1169 Zu dieser grds. bestehenden Möglichkeit *Voßkuhle*, VVDStRL, 62 (2002), 266, 278.
1170 *Hünnekens*, Rechtsfragen der wirtschaftlichen Infrastruktur, S. 51.
1171 *Schings*, Der Ausbau öffentlicher Ladeinfrastruktur für Elektrofahrzeuge, S. 128.
1172 Zur Unterscheidung der Modelle *Franke*, Die Finanzierung des Netzausbaus zwischen Markt und Staat, S. 54.
1173 *Schings*, Der Ausbau öffentlicher Ladeinfrastruktur für Elektrofahrzeuge, S. 129.
1174 *Hermes*, Staatliche Infrastrukturverantwortung, S. 305; *Ostrom*, Adam Smith und öffentliche Güter, S. 135, 141.
1175 *Hermes*, Staatliche Infrastrukturverantwortung, S. 305; *Ostrom*, Adam Smith und öffentliche Güter, S. 135, 141.

der Qualität der Dienstleistung und dem Arbeitsaufwand der Datenbeschaffung und -bereitstellung erhoben werden.[1176] Die ursprünglichen Datenerzeuger beziehungsweise ihre Institutionen zahlten dann für das notwendige Aufbereiten ihrer Daten, damit diese geltenden Standards entsprechend gespeichert oder instandgehalten werden. Die damit verbundene finanzielle Belastung wirkt abschreckend und kann in der Regel beispielsweise von Forschern an staatlichen Universitäten nicht aus ihrem Lehrstuhlbudget gestemmt werden. Deshalb bedürfte es einer zusätzlichen Förderung, die hiermit einhergehende Kosten deckt. Die individualisierende Kostentragung verkompliziert sich, wenn Forscher ihre Einrichtung oder zwischen geförderten Forschungsprojekten wechseln.

Die Nutzungskosten sollten im Falle eines Entgelts für die Nutzung der Datenbanken nach dem gebührenrechtlichen Kostendeckungsprinzip nicht die Kosten übersteigen, die durch das Speichern oder Verfügbarmachen der Informationen entstehen.[1177] Eine staatliche Regulierung kann Marktmissbräuchen vorbeugen. Staatlich festgesetzte Entgelte können aber auch die Wissenschafts- und Informationsfreiheit verletzen, wenn sie darauf ausgelegt oder aufgrund ihrer Höhe objektiv geeignet sind, nutzungswillige Interessenten von den Daten aus der Forschungsinfrastruktur fernzuhalten.[1178] Mithin wird nur eine relativ kleine zulässige Preisspanne verbleiben. Verschiedene Diensteanbieter innerhalb derselben Infrastruktur stimulieren den Wettbewerb. Das wiederum wirkt sich positiv auf die Forscher als Nutzer aus, die von sinkenden Preisen und wachsendem Service profitieren. Um angemessene Entgelte für die Nutzer sicherzustellen, sind staatliche Transparenzpflichten bezüglich der Preispolitik der Datenbankbetreiber[1179] oder einheitliche Gebührenstrukturen sinnvoll.

b) *Kostenkollektivierend*

Bei einem kostenkollektivierenden Modell zahlen die Forschungseinrichtungen derjenigen, die Daten einspeisen und abrufen wollen. Das könnte turnusmäßig durch Zahlung eines festen Beitrags erfolgen, mit dem die Institutionen sich Zu-

---

1176 *Buhr*, General Considerations on Infrastructure, in: Feng/Popescu (Hrsg.), Infrastrukturprobleme, 2007, S. 13, 26.

1177 *Lederer*, Open Data, S. 11.

1178 *Schemmer*, in: Epping/Hillgruber (Hrsg.), BeckOK GG, 51. Ed., Mai 2022, Art. 5 Abs. 1, 2, 26.2. Vgl. auch BVerwGE 29, 214 (218).

1179 Transparenzpflichten allein genügen jedoch nicht, um eine faire Entgeltregelung für alle Beteiligten sicherzustellen, vgl. *Schings*, Der Ausbau öffentlicher Ladeinfrastruktur für Elektrofahrzeuge, S. 274.

gang zu Daten erkaufen, die von einer Art Abonnement[1180] umfasst sind. Mit einem Umlageverfahren oder einer Sonderabgabe an einen „Open Research Data-Fond" kann die individuelle finanzielle Belastung auf die Schultern der Beteiligten verteilt werden und ihnen Zugang zu allen beteiligten Repositorien und darin enthaltenen Disziplinen verschaffen. Hierbei müssten die Forschungseinrichtungen in regelmäßigen zeitlichen Abständen ihre Open Data-Abgabe leisten. Eine zentrale Verwaltungsstelle für Forschungsdatenbanken entscheidet dann, wie die Mittel einzusetzen sind. Ein solches Modell erfordert klare Regelungen zur Höhe und Art der Abgaben, zum Berechnungsschlüssel der Beiträge sowie zu den Kriterien der Mittelverwendung. Das Verfahren ist aufwendig und erfordert ein hohes Maß an Koordination und Kooperation zwischen den Beteiligten.

Da der Betrieb der Repositorien zumindest mittelfristig keinen Gewinn verspricht, die finanziellen Ressourcen in der Wissenschaft ohnehin schon knapp bemessen sind und kaum für das eigentliche Forschungsprojekt ausreichen, blieben entsprechend wenig Ressourcen für eine Dateninfrastruktur. Das fehlende Budget einer chronisch auf Fördermittel angewiesenen Forschungslandschaft außerhalb der Industrieforschung erschwert es, die Infrastruktur mitsamt einer Verwaltung für das Umlagemodell aufzubauen.

c) Zwischenfazit

Eine wissenschaftsinterne Finanzierung reicht nicht aus, um eine Forschungsdateninfrastruktur in dem anvisierten Ausmaß und Tempo aus dem Boden zu stampfen und ist zudem sehr aufwendig. Die anfänglichen Investitionskosten sind zu hoch.[1181] Die Kosten der Archivierung oder des Zugangs zu den benötigten Daten auf die Nutzer der Infrastruktur und ihre Einrichtungen umzulegen, überstiege in der Regel ihre finanziellen Mittel. Müssten die Forscher zusätzlich zu ihren Forschungsausgaben hohe Entgelte erbringen, um auf Daten in Repositorien zugreifen zu können, verstärkte das die Tendenz zu einer Zwei-Klassen-Wissenschaftsgesellschaft, in der besser finanzierte Projekte höhere Chancen auf wegweisende Erkenntnisse haben, weil sie sich notwendige Ressourcen und den Zugang zu Daten leisten können.[1182] Sollten die Kosten zu großen Teilen auf die Nutzer und ihre Einrichtungen abgewälzt werden, schreckte das Forscher

1180 Entweder könnten Forschungsinstitutionen Zugang zu disziplinspezifischen Paketen einkaufen oder Kooperationen mit bestimmten Einrichtungen eingehen.

1181 Dazu bereits in Kapitel 3 C. I.

1182 Dabei droht ein Teufelskreis, weil es dann auch wieder die Forscher mit den wegweisenden Erkenntnissen sind, die bessere Chancen auf eine erneute Förderung haben.

eher vom Gebrauch der Infrastruktur ab, was das Anliegen des Austauschs von Forschungsdaten konterkarierte. Prohibitive Zugangsregelungen wie überhöhte Entgelte sind dem Zweck des Data Sharing nicht dienlich.[1183] Insofern wird hier von einer rein wissenschaftsinternen Finanzierung abgeraten.

Es bedarf einer maßgeblichen staatlichen (Anschub-)Finanzierung. Das gilt umso mehr, da der Auf- und Ausbau der Infrastruktur in naher Zukunft aufgrund der bereits genannten Gründe nicht in ausreichendem Maß von privaten Investoren erwartet werden kann. Hinsichtlich der Kosten der Zugangsgewährung müsste die öffentliche Hand wohl ebenfalls einen Teil der Kosten direkt übernehmen und es für Datenbankbetreiber etwa durch Subventionen attraktiver gestalten, Infrastrukturdienste anzubieten. Doch sollte der Zugang auch zumindest zum Teil wissenschaftsintern finanziert werden. Am realistischsten ist, dass Förderorganisationen Forscher unterstützen, indem sie die Kosten für das Bereitstellen und gegebenenfalls auch für das Abrufen der Daten im Rahmen ihrer Förderung übernehmen.[1184] Dazu sollten sie gesonderte Data Sharing-Mittel bereitstellen, die die Fördernehmer einzig zu dem Zweck einsetzen dürfen, ihre Daten in eine Infrastruktur einzuspeisen oder auf dort eingespeiste Daten zuzugreifen. Für nicht geförderte Projekte müssten die Forschungseinrichtungen einspringen.

V. Ausblick

Langfristig ist der Ausbau der Infrastruktur Aufgabe der Wissenschaft. Mitglieder der wissenschaftlichen Gemeinschaft sind die Nutzer der Datenbanken. Der Abbau von Akzeptanzproblemen ist ein entscheidender Schritt auf dem Weg, Open Science- und Open Research Data-Ziele zu erreichen. Die Attraktivität einer vernetzten Infrastruktur erhöht sich proportional zur Zahl ihrer Nutzer. Akzeptanz lässt sich vor allem erreichen, indem sich die Betroffenen beteiligen. Wissenschaftler kennen die Bedürfnisse der Community am besten. Sie können am besten einschätzen, welche Ansätze besonders vielversprechend sind und welche fachspezifischen Besonderheiten es dabei zu berücksichtigen gilt.

Die inhaltliche Umsetzung der Infrastruktur und die Kontrolle der Einhaltung von Vorgaben bleiben der wissenschaftlichen Gemeinschaft innerhalb einer staatlichen Rahmenregulierung überlassen. Mitglieder der Scientific Community verfügen über notwendige Fachkenntnisse und kennen die Bedürfnisse der Nutzer

1183 *Hevers*, Informationszugangsansprüche des forschenden Wissenschaftlers, S. 117.

1184 Wissenschaftler sehen die Übernahme dieser Kosten als eine entscheidende Unterstützung beim Data Sharing an, *Perrier/Blondal/MacDonald*, PLoS ONE, 2/15 (2020), 1, 12.

der Repositorien. Bei Bedarf kann der Staat inhaltliche, verfahrensrechtliche oder organisatorische Leitlinien vorgeben.[1185] Rechtliche Vorgaben können Bestehen, Inhalt und Reichweite der staatlichen Gewährleistungsverantwortung konkretisieren und Aufgabenfelder zuordnen.[1186] Der Staat sollte durchsetzbare Richtlinien zum Schutz, zur Standardisierung und zur Qualität der Daten vorgeben. An diesen Richtlinien müssen sich die Beteiligten orientieren. Beim Festlegen der Leitlinien ist eine Zusammenarbeit zwischen Staat und der wissenschaftlichen Gemeinschaft, einschließlich (semi-)staatlichen Forschungsinstituten und Universitäten, nicht zuletzt zur Wahrung der wissenschaftlichen Autonomie unerlässlich. Zudem sind Leitlinien geboten, die klare Aufgabenbereiche definieren und den Institutionen insbesondere in der prozeduralen Materie[1187] genügend Freiraum für die inhaltliche Ausgestaltung lassen.[1188]

Aufgrund bestehender Wissensdefizite hinsichtlich Fragen einer effizienten Ausgestaltung und des Kosten-Nutzen-Verhältnisses empfiehlt sich eine innovationsoffene[1189] und anpassungsfähige Vorgehensweise in Bezug auf eingesetzte Technologien und Methoden. Erarbeitete Standards, Speicherkapazitäten und Software sollten sich an veränderte Datenvolumina und -formate anpassen können. Der Austausch zwischen Staat und wissenschaftlicher Gemeinschaft ist elementar für die Bedarfsermittlung, Planung und letztlich für eine möglichst effiziente Steuerung mit hoher Nutzerfreundlichkeit. Der Staat greift auf das Wissen (semi-)staatlicher Forschungsinstitute und Universitäten zurück. Der Austausch über geeignete Kommunikations- und Informationskanäle hilft dabei, Handlungsoptionen[1190] auszutarieren, bei denen die wissenschaftliche Gemeinschaft ihre Selbstverwaltungsautonomie behält, der Staat aber dennoch über die Verwendung seiner Mittel zumindest ein wenig mitbestimmen kann.

Zunehmend beschränkt sich der Staat darauf, die Aufgabenerfüllung durch Steuerungsmittel zu initiieren und Private allenfalls zu einem gewissen Grad an-

---

1185 *Gallwas*, VVDStRL, 29 (1971), 211, 225 ff.; *Voßkuhle*, VVDStRL, 62 (2002), 266, 295.

1186 Vgl. *Burgi*, in: Isensee/P. Kirchhof (Hrsg.), Hdb. StR, Bd. IV, 2007, § 75, Rn. 24.

1187 *Hagenah*, in: Grimm (Hrsg.), Staatsaufgaben, 1994, S. 487, 492; *Eder*, in: Grimm (Hrsg.), Wachsende Staatsaufgaben – sinkende Steuerungsfähigkeit des Rechts, 1990, S. 155, 156.

1188 *Buhr*, General Considerations on Infrastructure, in: Feng/Popescu (Hrsg.), Infrastrukturprobleme, 2007, S. 13, 25.

1189 Zum Begriff *Hoffmann-Riem*, AöR, 131 (2006), 255 ff.; *ders.*, Innovation und Recht, Recht und Innovation, S. 29.

1190 *Voßkuhle*, Das Kompensationsprinzip, S. 88 f., 174 ff., 206 f., 312 f.

zuleiten. Das schont personelle und finanzielle Ressourcen des Haushalts.[1191] Bei Forschungsdateninfrastrukturen ist das jedoch wenig sinnvoll, da die Forschung auf staatliche Förderung angewiesen ist und wegen der Garantie der wissenschaftlichen Selbstverwaltung privaten Investoren nicht freie Hand gelassen werden sollte, zumal sich Investitionen für Private mangels Rentabilität ohnehin kaum lohnen. Insofern wird eine staatliche (finanzielle) Förderung wohl langfristig erforderlich sein.

C. Ausgestaltung des Zugangs zu den Daten

Zur Gewährleistungsverantwortung gehört es auch, die Informationen innerhalb der Forschungsdateninfrastruktur wissenschaftsadäquat zugänglich zu machen.[1192] Dazu bedarf es Regeln, die im Einklang mit geltendem Recht einen nach Art und Umfang zweckmäßigen Nutzerzugang zu den eingespeisten Daten ermöglichen. Die Reichweite der Zugangsgewährung darf weder einseitig durch das Interesse an wissenschaftlichem Fortschritt bestimmt sein noch vorschnell aufgrund potenzieller Konflikte mit anderen Rechten und Interessen begrenzt werden. Im Folgenden werden die verschiedenen Arten des Zugangs ebenso vorgestellt wie ihr regulatorischer Rahmen und (verfassungs-)rechtliche Grenzen. Bei der Entscheidung der Zugangsgewährung sind die verfassungsrechtlich geschützten Positionen der Anfragenden ebenso wie die der Datenerzeuger zu berücksichtigen. Der Gesetzgeber und staatliche Forschungsförderer sind bei staatlichen Infrastrukturmaßnahmen gemäß Art. 1 Abs. 3, 20 Abs. 3 GG an die Grundrechte gebunden.

Der Zugang erfolgt entweder direkt über die Datenbank oder wie in den Sozial- und Wirtschaftswissenschaften über Forschungsdatenzentren, die durch einen Rat wie den für Sozial- und Wirtschaftsdaten akkreditiert wurden.[1193] Forschungsdatenzentren sind dafür verantwortlich, dass Daten aus verschiedenen, ihnen untergeordneten Datenbanken unter Einhaltung rechtlicher Vorgaben für die

---

1191 *Voßkuhle*, VVDStRL, 62 (2002), 266, 268. Mit Bezug auf das Subsidiaritätsprinzip auch *Isensee*, in: Isensee/P. Kirchhof (Hrsg.), Hdb. StR, Bd. IV, 2007, 67. Unternehmen in Privatbesitz sind zudem i.d.R. effizienter und rentabler als staatliche Unternehmen, *Buhr*, General Considerations on Infrastructure, in: Feng/Popescu (Hrsg.), Infrastrukturprobleme, 2007, S. 13, 28.

1192 Vgl. zu Open Access-Publikationsvorgaben seitens (semi-)staatlicher Förderorganisationen *Fehling*, Von der kommerziellen Verlagsproduktion zum Open Access, in: Hoffmann-Riem (Hrsg.), Innovationen im Recht, 2016, S. 337, 357.

1193 *Specht-Riemenschneider/Wehde*, ZGI 2022, 3, 4.

wissenschaftliche Forschung zugänglich sind. Vor der Akkreditierung prüft der Rat, ob die Zentren bestimmte professionelle und ethische Standards in Bezug auf Datenqualität, Datenschutz, Datenzugang und Serviceleistungen erfüllen. Darauf können die Nutzer dann vertrauen. Die Forschungsdatenzentren unterstützen auch bei methodischen Fragen, der Datenanalyse und dem Datenmanagement. Sie tauschen sich zudem mit anderen akkreditierten Zentren zu Best Practices aus und sind untereinander vernetzt.

Bei der Zugangsregulierung setzt der Staat auf der Infrastrukturebene an. Beispielsweise räumt er Dritten Mitbenutzungsrechte ein. Eine Differenzierung der Datenbankbetreiber danach, ob das Forschungsteam, das die Daten einspeisen oder abrufen will, aus langfristigen Vertragspartnern, der öffentlich geförderten Forschung oder aus der Industrieforschung stammt, kann zulässiges Kriterium für die Frage sein, ob und in welchem Umfang Zugang gewährt wird.[1194]

I. Der verfassungsrechtliche Rahmen

Die grundgesetzliche Wertentscheidung zugunsten einer freien Wissenschaft und Forschung drückt aus, wie förderlich eine möglichst (von Informationszugangshindernissen) freie Wahl der Forschungsfragen und -methoden für die gesamtgesellschaftliche Entwicklung ist. Je einfacher Informationen über ein Repositorium oder eine ähnliche Einrichtung zugänglich sind, desto leichter können Wissenschaftler ihrem Forschungsvorhaben nachgehen.[1195] Derjenige, der die Daten gewährt, kann sich ebenso wie der Datenempfänger auf die Achtung seiner wissenschaftlichen Autonomie und den Schutz seiner Daten vor Missbrauch berufen.

Um die Wissenschaftsfreiheit zu wahren, sollten Forscher sich nicht nur aussuchen dürfen, ob sie Daten in einem Repositorium teilen (Stichwort negative Publikationsfreiheit), sondern auch wie, in welcher Datenbank, mitgliedstaatlich oder europäisch.

Die Wissenschaftsfreiheit schützt Forscher vor dem Zugriff Unbefugter auf ihre Daten.[1196] Insofern verlangt das Grundrecht von den Repositorien besondere Sicherheitsvorkehrungen (technische Maßnahmen wie Verschlüsselung, Zugriffskontrollen und regelmäßige Sicherheitsaudits). Die Ausstrahlungswirkung des

---

1194 Siehe dazu C. II. 1. a), b).

1195 Zur Möglichkeit des Ausweichens auf andere Forschungstehemen, um weniger Aufwand mit der Datenbeschaffung zu haben, *Hevers*, Informationszugangsansprüche des forschenden Wissenschaftlers, S. 58.

1196 Durchaus Ähnlichkeiten lassen sich bei dem Schutz der Geschäfts- und Betriebsgeheimnisse nach Art. 12 Abs. 1, 14 Abs. 1 GG ziehen.

Grundrechts ist sowohl auf zugangsgewährender als auch auf zugangsbeantragender Seite anhand sachlicher Kriterien zu beachten.[1197] Dem Datenerheber stehen Mitbestimmungsrechte bei der Zugangsgewährung zu.[1198] Auf europäischer Ebene ist Art. 13 GRC zu beachten.

Kommt der Datenerzeuger aus der in dieser Arbeit nicht näher behandelten Industrieforschung, kann ebenfalls der Geschäftsgeheimnisschutz, je nach vertretener Auffassung[1199] aus Art. 12 Abs. 1 GG oder aus Art. 14 Abs. 1 GG, für die Frage der Zugangsgestaltung relevant sein.[1200] Zum einen wird argumentiert, Geschäftsgeheimnisse fallen unter die Berufsfreiheit, da sie für die Ausübung eines Berufs oder Gewerbes essenziell sind, weil sie es Unternehmen ermöglichen, Wettbewerbsvorteile zu erlangen und zu unterhalten;[1201] jedenfalls dann, wenn eine Offenlegung der Konkurrenz nützt.[1202] Andere stufen Geschäftsgeheimnisse als „sonstiges Recht“ im Sinne des Art. 14 Abs. 1 GG ein, das dem Eigentumsschutz unterliegt. Sie betrachten Geschäftsgeheimnisse als Vermögenswerte, die einem Unternehmen einen materiellen Wert verleihen und deshalb ähnlich wie physisches Eigentum schutzwürdig seien.[1203] Wird Zugang auf europäischer Ebene gewährt, greifen hinsichtlich Geschäftsgeheimnissen je nach Ansicht[1204] Art. 17 GRC oder Art. 6, 15 und 16 GRC.

Aus dem Gleichheitssatz kann sich unter akademischen Forschern ein Anspruch auf gleiche Nutzungsmöglichkeiten ergeben.[1205] Bei der Gewährung des

---

1197 *Hevers*, Informationszugangsansprüche des forschenden Wissenschaftlers, S. 123. Vgl. auch die Anm. von *Gallwas*, CR 1986, 835, 837; *Haertlein*, ZZP, 114 (2001), 441, 452; Seibert, wiedergegeben von *Jehle*, Akteneinsicht für wissenschaftliche Zwecke, in: Jehle (Hrsg.), Datensammlungen, 1989, S. 321, 327 f.

1198 Siehe unter C. II. 2. b) bb).

1199 *Rossi*, Rechtliche Grundlagen der Zugänglichkeit geologischer Daten, S. 33 ff. Vgl. auch BVerfGE 115, 205 (229); 128, 1 (56).

1200 *Specht-Riemenschneider/Wehde*, ZGI 2022, 3, 4.

1201 BVerfG, Beschl. v. 14.3.2006 – 1 BvR 2087/03 u.w., Rn. 78 ff.; *Guckelberger*, in: Gersdorf/Paal (Hrsg.), BeckOK Informations- u. MedienR, IFG § 6, Rn. 12.

1202 *Mann/Worthmann*, JuS 2013, 385, 392.

1203 *Jarass*, in: Jarass (Hrsg.), GRC, Kommentar, 4. Aufl. 2021, Art. 17, Rn. 10; *Schoch*, in: Schoch (Hrsg.), IFG, 2. Aufl. 2016, § 6 IFG, Rn. 8.

1204 Siehe zum Meinungsstand *Aplin*, in: Christophe Geiger (Hrsg.), Research Handbook on Human Rights and Intellectual Property, 2015, S. 421, 421 ff.; *Breuer*, in: Isensee/P. Kirchhof (Hrsg.), Handbuch des Staatsrechts der Bundesrepublik Deutschland, 2010, § 171, Rn. 38; *Wollenschläger*, in: von der Groeben (Begr.)/Schwarze/Hatje (Hrsg.), EU-Kommentar, 4. Aufl. 2019, Art. 17 GRC, Rn. 16.

1205 Vgl. *Hünnekens*, Rechtsfragen der wirtschaftlichen Infrastruktur, S. 181, jedoch ohne den Verweis auf Art. 3 Abs. 1 GG.

Zugangs zu Forschungsdaten bedarf es einer gleichberechtigten und diskriminierungsfreien Behandlung aller Forscher. Der Gleichheitssatz schützt wesentlich Gleiches davor, ungerechtfertigterweise ungleich behandelt zu werden, auch betreffend Zugangsverschaffungspflichten sowie betreffend den Zugang zu und die Arbeit mit Daten.[1206] Akademische und Industrieforschung sind in diesem Sinne nicht als wesentlich gleich zu verstehen. Akademische Forschung strebt in der Regel grundlagen- oder erkenntnisorientiert die Generierung und Verbreitung von Wissen an. Sie wird oft öffentlich finanziert und unterliegt Prinzipien der Transparenz und Rechenschaft. Demgegenüber zielt die meist anwendungsorientierte Industrieforschung auf die Entwicklung von Produkten, Technologien oder Dienstleistungen ab, die kommerziell verwertbar sind. In der regelmäßig privat finanzierten Industrieforschung spielen der Schutz von Geschäftsgeheimnissen und Eigentumsrechten eine wichtige Rolle. Damit unterscheiden sich in der Regel Forschungszweck, Verwertungsinteressen, Finanzierung und zugrundeliegende Prinzipien.

Doch selbst wenn man trotz dieser Unterschiede argumentieren wollte, beide Formen der Forschung dienen letztlich der Wissenserweiterung und seien daher in diesem Sinne gleich i.S.d. Art. 3 Abs. 1 GG, wäre die Förderung akademischer, öffentlich finanzierter Forschung ein legitimer Zweck für eine Ungleichbehandlung hinsichtlich der Frage, wer Zugang erhält. Akademische Forschung verfolgt oft das Ziel, allgemeines Wissen zu erweitern und zum öffentlichen Wohl beizutragen. Dank eines freieren Zugangs können akademische Forscher Erkenntnisse breiter teilen, schneller vorantreiben und damit dem Gemeinwohl dienen. Zudem erfüllt akademische Forschung häufig auch einen Bildungsauftrag. Sie ist mehr auf einen offenen Austausch und Kollaborationen, auch transdisziplinäre oder internationale, ausgerichtet als die Industrieforschung. Der erleichterte Zugang zu Forschungsdatenbanken hilft darüber hinaus, finanzielle Unterschiede auszugleichen zwischen öffentlichen Forschungseinrichtungen und Industrieunternehmen und schafft so eine egalitärere Forschungslandschaft.

II. Art und Umfang des Datenzugangs unter Berücksichtigung international entwickelter Prinzipien

Die Art des Datenzugangs kann offen („open“) oder eingeschränkt („restricted“) erteilt werden. Beim eingeschränkten Zugang sind Abstufungen in der erlaubten

1206 Vgl. *Grabbe*, Verfassungsrechtliche Grenzen der Privatisierung kommunaler Aufgaben, S. 70 ff.; *Püttner*, Die öffentlichen Unternehmen, S. 114 ff. Siehe dazu bereits unter C. II. 2. b) aa).

Anschlussverwendung der Daten möglich. Das kann durch Datennutzungsbedingungen und -vereinbarungen geschehen.

Datennutzungsbedingungen sind Vorgaben des Erhebers bezüglich der weiteren Verwendung seiner Daten unabhängig von der Frage, ob es bereits Nachnutzer gibt, die an seinen Daten interessiert sind. Sie legen die Bedingungen für den Zugang zu und die Nutzung von Forschungsdaten fest. Sie bestimmen, ob und gegebenenfalls unter welchen Bedingungen andere Zugang zu den Daten erhalten. Es handelt sich um einseitig vorgegebene Voraussetzungen, die der Datenerheber zuvor nicht individuell ausgehandelt festlegt. Bedingungen können eine akademische Tätigkeit des Anfragenden, die Vorlage eines Forschungsplans, die Zustimmung zu bestimmten Sicherheitsmaßnahmen oder der Nachweis einer Teilnahme an einer Schulung zum Umgang mit sensiblen Daten sein. Der Regelungsinhalt überschneidet sich mit dem einer Datennutzungsvereinbarung.

Datennutzungsvereinbarungen sind vertragliche Vereinbarungen zwischen Forschern oder zwischen Forschern und einer datenverwaltenden Institution. Sie können mitunter individuell ausgehandelt sein und die zuvor gefassten Datennutzungsbedingungen des Erhebers qua Verweis einbeziehen. Vereinbarungen können Beschränkungen hinsichtlich des Nutzungszwecks, der Art der Anschlussforschung oder Veröffentlichung des Nachnutzers enthalten. Auch kann eine Nutzung an die Einhaltung bestimmter ethischer Richtlinien gekoppelt sein. Die Nutzungsvereinbarung kann zudem klären, wer welche Rechte an den Daten innehat, wie mit Urheberrechten verfahren wird sowie ob und wie Daten für spätere Forschungsvorhaben wiederverwendet werden dürfen. Vereinbarungen können auch Bestimmungen darüber enthalten, wie Forschungsergebnisse, die auf den genutzten Daten basieren, veröffentlicht werden dürfen. Das kann Vorgaben zu Zitierweisen, die Anerkennung der ursprünglichen Datenerzeuger und eventuelle Einschränkungen bei der Veröffentlichung umfassen. Die Vereinbarung legt fest, welche Konsequenzen[1207] folgen, wenn der Datenempfänger die festgelegten Bedingungen nicht einhält. Die Laufzeit gibt an, wie lange der Zugang zu den Daten gewährt wird. Eine weitere Klausel regelt, unter welchen Umständen die Vereinbarung gekündigt werden kann. Der Betreiber ist bei der Wahl grundsätzlich und innerhalb des rechtlichen Rahmens frei, in welcher Art und in welchem Umfang Zugang zu seiner Datenbank insgesamt gewährt werden soll. Praktikabel sind vorformulierte Vereinbarungen, die sich flexibel

1207 Das kann von der Entziehung des Datenzugangs bis hin zu rechtlichen Schritten reichen.

hinsichtlich der einzelnen Punkte auf die individuellen Bedürfnisse der Parteien anpassen lassen.

Der Zugang zu Forschungsdaten sollte nach den für Open Data international entwickelten und etablierten Prinzipien erfolgen: „Openness by Design“, „FAIR“ und „Five Safes“.[1208] Anhand des Grundsatzes „Openness by Design“ werden die verschiedenen Zugangsformen des offenen und eingeschränkten Zugangs dargestellt.[1209]

1. Openness by design

Bei dem Prinzip „Openness by Design“ legen die Erheber ihre Daten als Standardeinstellung offen. So kann bei der Speicherung und Veröffentlichung von Daten in einem Repositorium die Default-Einstellung „offen“ sein. Förderorganisationen können auch vorschreiben, dass Daten grundsätzlich offen erstellt, gespeichert und veröffentlicht werden müssen. Wollen Forscher von der Default-Einstellung abweichen, müssen sie das ausdrücklich tun.

Der Grad der Offenheit kann von geschlossen („closed“), gemeinsam genutzt („shared“), bis zu öffentlich („public“) oder offen („open“) variieren.[1210] Geschlossene Daten sind nur innerhalb der eigenen Forschungsorganisation des Erhebers verfügbar. Zu gemeinsam genutzten Daten hat eine bestimmte Personengruppe Zugang, ist dabei aber unter Umständen in ihren Nutzungsmöglichkeiten mit den Daten eingeschränkt. Öffentliche Daten sind öffentlich zugänglich, jedoch mit Nutzungseinschränkungen. Offene Daten kann jeder frei online in Umlauf bringen, abrufen und nutzen (Open Access).

Hinsichtlich des Grades an Offenheit der gespeicherten Daten ist der Betreiber einer Datenbank an rechtliche Parameter wie Vertraulichkeitsvereinbarungen, den Willen des Datenerhebers, dessen Forschungsfreiheit und Urheberrechte gebunden. Er darf niemandem den Zugang unangemessen und ohne rechtlichen Grund erschweren.[1211] Sachliche Kriterien können aber eine Ungleichbehandlung verschiedener Nutzer bei der Zugangsgewährung rechtfertigen.[1212] Der Offenheitsgrad hängt von der Natur beziehungsweise Sensibilität der Daten,

---

1208 *Specht-Riemenschneider/Wehde*, ZGI 2022, 3, 7.

1209 Dazu unter 2. a) und b).

1210 *Sandys*, A strategy for a Modern Digitalised Energy System, S. 25, abrufbar unter: https://esc-production-2021.s3.eu-west-2.amazonaws.com/2021/07/Catapult-Energy-Data-Taskforce-Report-A4-v4AW-Digital.pdf.

1211 BVerfG-K, Beschl. v. 6.9.1999 – 1 BvR 1013/99, Rn. 5; *Jarass*, in: Jarass/Pieroth (Begr.), GG, 17. Aufl. 2022, Art. 5, Rn. 28; *Lederer*, Open Data, S. 44.

1212 Siehe zu Kriterien unter C. I.

schützenswerten Belangen (nationale Sicherheit, legitime Forschungsgeheimnisse und ethische Bedenken) oder dem Willen der Datenerheber, ihrer Forschungseinrichtung und gegebenenfalls ihrer Förderer ab. Im Grunde lässt sich zwischen dem offenen und dem eingeschränkten Zugang einschließlich seiner Abstufungen differenzieren.

a) Offener Zugang

aa) Begriff

Bei einem offenen Zugang („Open Access") sind die Informationen öffentlich online zugänglich und nutzbar.[1213] Die Forschungsdaten werden uneingeschränkt[1214] aktiv zugänglich gemacht. Jedermann kann die Daten grundsätzlich[1215] frei nutzen, weiterverbreiten und weiterverwenden.[1216] Die Weiterverwendung ist bei einem Open Access-Repositorium nicht an die ursprünglichen oder an etwaige andere, in Datennutzungsvereinbarungen festgelegte Zwecke geknüpft.[1217] Der offene Zugang darf weder von subjektiven Rechtspositionen noch von individuellen Interessen abhängen, mithin auch nicht allein der Wissenschaft vorbehalten sein.[1218] Zum Teil gibt es engere Definitionen, nach denen die Daten „in einem

---

1213 Siehe dazu auch bei *Fehling/Tormin*, WissR 2021, 281, 319.

1214 Mithin ist der Zugang zu den Daten auch kostenfrei.

1215 Entsprechend der „Budapest Open Access Initiative", dem „Bethesda Statement of Open Access Publishing" und der „Berlin Declaration" ist Open Access eine „Maximalforderung" (*Hevers*, Informationszugangsansprüche des forschenden Wissenschaftlers, S. 659) nach freiem Zugang und freier Berechtigung zu jeglichen Verwendungen mit den wissenschaftlichen Informationen. Andere verstehen unter Open Access zunächst den freien Zugang als Mindestforderung, so *N. Schmidt*, Open Access, S. 20; *Bagheer/Bellem/B. Schmidt*, in: Spindler (Hrsg.), Rechtliche Rahmenbedingungen von Open Access-Publikationen, 2006, S. 1, 6 f.

1216 *Lucke/Christian Geiger*, Open Government Data, in: Lucke (Hrsg.), Entdeckung, Erkundung und Entwicklung 2.0, 2012, S. 105, 111 ff.

1217 *Lederer*, Open Data, S. 45. Bei (hier nicht gegenständlichen) personenbezogenen Daten ist eine Zweckbindung datenschutzrechtlich vorgeschrieben, Art. 5 Abs. 1 lit. b) DS-GVO.

1218 Die Industrieforschung ließe sich dementsprechend nicht vom Zugang ausschließen. Zu der Problematik einer auch kommerziellen Nutzbarkeit der Daten durch Dritte siehe sogleich unter C. II. 1. cc).

anerkannt offenen, maschinenlesbaren[1219] Format zur beliebigen digitalen Weiterverarbeitung zur Verfügung gestellt werden".[1220]

Daneben gibt es weitere Open Access-Prinzipien. Sie enthalten Idealvorstellungen. Als solche definieren sie nicht den Begriff. Sie helfen aber beim Verständnis dafür, was einen offenen Zugang ausmacht. So sollen die Daten möglichst vollständig sein, was auch die Verfügbarkeit der zugrundeliegenden Metadaten erfasst. Die Daten sollen für möglichst viele Personen diskriminierungsfrei[1221] ohne vorherige Registrierung zeitnah, dauerhaft, strukturiert, maschinenlesbar[1222], leicht auffindbar und zugänglich sowie originalgetreu verfügbar gemacht, und weder in aggregierter noch in modifizierter Form bereitgestellt werden.

Ausgenommen vom Grundsatz der Öffentlichkeit sind bestimmte sensible Daten wie geheimhaltungsbedürftige Staats-, Sicherheits-, Verteidigungs- und gegebenenfalls Betriebsgeheimnisse.[1223] Zu ihrem Schutz können Verschlüsselungsverfahren eingesetzt werden. Eine andere Möglichkeit sind Verifizierungsprozesse, bei denen nur diejenigen Zugang erhalten, die sich als Berechtigte authentifizieren können. Dabei kann die Online-Ausweisfunktion des Personalausweises zum Einsatz kommen. Daneben eignen sich andere Verfahren wie die Zwei-Faktor-Authentifizierung.

bb) Umsetzung innerhalb des (grund-)rechtlichen Rahmens

Um den offenen Zugang sicherzustellen, können Forschungsdaten kostenlos online abrufbar geteilt werden („Golden Road").[1224] Dafür werden sie in einem Open Access-Data Journal, auf der eigenen Webseite, auf einem Server der Forschungseinrichtung oder in einem gesonderten, nichtkommerziellen Repositorium veröf-

---

1219 Eine Legaldefinition findet sich in § 12 Abs. 1 Satz 2 E-Government-Gesetz: „Ein Format ist maschinenlesbar, wenn die enthaltenen Daten durch Software automatisch ausgelesen und verarbeitet werden können."

1220 *Kaltenböck/Thurner*, Open Government Data Weißbuch (Österreich), S. 16. Hervorhebung durch die Verfasserin.

1221 Zur Diskriminierungsfreiheit gehört auch ein möglichst kostenloser Zugang oder zumindest ein diskriminierungsfreies Entgelt, dazu sogleich unter C. II. 1. b) aa) (2).

1222 So schreibt etwa das E-Government-Gesetz für offene (Verwaltungs-)Daten in § 12 Abs. 1 Satz 1 vor, grds. maschinenlesbare Formate zu verwenden, wenn an den Daten ein Nutzungsinteresse zu erwarten ist und sie über öffentlich zugängliche Netze bereitgestellt werden.

1223 Gleiches gilt für die in dieser Arbeit nicht behandelten personenbezogenen Daten.

1224 Allg. zu den Unterschieden zwischen Golden, Green und Grey Road *Hinz/Stier*, in: Oehlke/Hinz/Stier et al. (Hrsg.), Was tun?, 2007, S. 145 ff.

fentlicht. Der natürlichen oder juristischen Person, die die Daten veröffentlicht, müssen die entsprechenden Rechte zustehen.

Ein anderer Weg zur Open Access-Datenveröffentlichung geht über die „Green Road". Dabei werden die Daten frei zugänglich zweitveröffentlicht. Das geschieht in der Regel nach einer bestimmten Embargozeit, innerhalb derer die Daten bereits in einer Publikation veröffentlicht wurden und der erstpublizierende Verlag exklusive Rechte an ihnen hatte.[1225]

Mit einer open access-Veröffentlichung im Wege der Golden oder Green Road ließen sich die Ziele wissenschaftlicher Transparenz, Nachprüfbarkeit von Forschungsergebnissen und Erleichterung von Anschlussforschungen umfassend erreichen, doch sind die damit einhergehenden Gefahren etwa für die Wissenschaftsfreiheit nicht zu unterschätzen.[1226] Die Wissenschaftsfreiheit könnte durch eine uneingeschränkte auch kommerzielle Nutzung der Forschungsdaten durch Dritte beeinträchtigt werden. Es entsteht ein Spannungsfeld zwischen dem Anspruch auf freien Zugang zu Forschungsdaten und dem Schutz der Freiheit, sich eigene wissenschaftliche Erkenntnisse unter dem Ausschluss Dritter vorzubehalten für weitere Experimente und Analysen. Insbesondere bei der Golden Road ist die Publikationsfreiheit der Forscher aus Art. 5 Abs. 3 GG gefährdet.

Doch auch bei der Green Road besteht eine Gefahr für die Forschungsfreiheit. Wissenschaftler haben ein berechtigtes Interesse daran, ihre Daten aus Reputationsgründen in einer bestimmten Zeitschrift zu veröffentlichen. Dieses Interesse ist bei Daten allerdings weniger stark ausgeprägt als bei Fachartikeln. Bei Fachpublikationen ist das Reputationsinteresse von Forschern traditionell größer, weil eine Publikation vor allem in renommierte Fachzeitschriften wissenschaftliche Leistung und Qualität indiziert. Daraus folgen Fördermöglichkeiten und Anerkennung in der wissenschaftlichen Gemeinschaft. Geteilte Forschungsdaten sind in der Regel noch nicht interpretiert. Dieser Schritt erfolgt häufig erst mit der Publikation, in der ihr Erheber sie theoretisch einordnet und analysiert.

Eine Standardeinstellung bezüglich aller Daten, die in eine Datenbank eingespeist werden, entspricht, wenngleich der Erheber der Daten sie ändern kann, nicht dem Leitbild der in Art. 5 Abs. 3 Satz 1 GG garantierten Wissenschaftsfreiheit. Zudem wird sie der Sensibilität einiger Daten nicht gerecht.

Ein wesentlicher Unterschied zwischen Publikationen und Rohdaten ist, dass mit letzteren regelmäßig nur das an der Erhebung beteiligte Forschungsteam etwas anfangen kann. Stellt ein Forscher seine Daten noch vor Veröffentlichung

---

1225 *Wildgans*, ZUM 2019, 21, 23.

1226 *Fehling/Tormin*, WissR 2021, 281, 319.

eines Fachartikels open access bereit, kann das den Neuheitswert zwar ein wenig mindern, der Autor wird dadurch aber voraussichtlich kaum weniger gute Aussichten auf eine Publikation haben. Zudem kann der Erheber durch das Teilen auf einen größeren Verbreitungsgrad seiner Forschung hoffen.

Bei der Green und der Golden Road hat der Erheber es selbst in der Hand, wie lange er seine Daten exklusiv nutzt und ab wann er sie teilt. Er kann Embargofristen festlegen und bestehende verlängern. Erst nach ihrem Ablauf hätten andere dann Zugriff auf seine Daten. So kann der Erheber seine Daten wissenschaftlich verwerten, bevor sie für die breite Öffentlichkeit zugänglich gemacht werden. Möchte ein Forscher Daten frühzeitig in einem öffentlich zugänglichen Repositorium speichern, sich aber dennoch die Erkenntnisse für eigene Forschungen vorbehalten, kann er die zugehörigen Metadaten erst nachträglich innerhalb eines bestimmten Zeitraums ergänzen oder mit dem Betreiber der Datenbank eine Embargozeit vereinbaren. Zu lange Embargofristen behindern allerdings einen mit Data Sharing gerade bezweckten freien Austausch von Wissen. Eine flexible Handhabung gestaffelt nach Forschungsbereichen ist sinnvoll.

Ein weiterer Ansatz zur Eindämmung der Gefahr, dass andere Forscher durch den Zugang zu Originaldaten dem Erheber Ergebnisse oder Anschlussforschungen vorwegnehmen könnten, liegt im Abschluss von Nutzungsbedingungen. In solchen können die Parteien kommerzielle Verwendungen ausschließen, Anschlussprojekte an bestimmte Forschungszwecke oder ein Zustimmungserfordernis des Erhebers knüpfen. Die Bedingungen müssen klar formuliert und rechtlich durchsetzbar sein. Zusätzlich bedarf es mangels vorgeschalteter Zugangsgewährungsverfahren eines begleitenden Monitorings und gegebenenfalls Sanktionsmechanismen.[1227]

Einer sekundären Open Access-Veröffentlichung können Urheberverwertungsrechte[1228] an urheberrechtlich geschützten Publikationen samt den darin enthaltenen Daten entgegenstehen.[1229] Nach § 2 Abs. 1 Nr. 1, 7 UrhG sind Werke der Wissenschaft, einschließlich wissenschaftlicher Artikel urheberrechtlich geschützt, sofern sie die erforderliche individuelle, geistige Schöpfungshöhe erreichen. Darunter fällt die Darstellung von Forschungsergebnissen sowie eine

1227 *Fehling/Tormin*, WissR 2021, 281, 319.

1228 *Glückler*, Eine kritische Bestandsaufnahme bei Open-Access-Journal und Electronic-Archiving-Repository und ihre Bedeutung für die medizinische Information in den Ländern der „Dritten Welt“, S. 16 f.; *Pflüger/Ertmann*, ZUM 2004, 436, 437 f.

1229 *Kuschel/Dolling*, Journal of Intellectual Property, Information Technology and Electronic Commerce Law, 13 (2022), 247, Rn. 8, 53 f.

Analyse und Interpretation von Daten.[1230] Im wissenschaftlichen Publikationswesen übertragen Forscher üblicherweise ihre Urheberrechte oder wesentlichen Nutzungsrechte an die Verlage nach § 31 Abs. 1 Satz 1 UrhG. Gestattet der Urheber die Aufnahme des Werkes in eine periodisch erscheinende Sammlung, erwirbt der Verleger oder Herausgeber dadurch im Zweifel ein ausschließliches Nutzungsrecht nach § 31 Abs. 3, 38 Abs. 1 UrhG.[1231] Nachdem er die Rechte übertragen hat, kann ein Forscher nicht mehr frei über seine eigenen Artikel verfügen. Das schränkt ihn ein, die Publikation sekundär open access zu veröffentlichen.[1232] Jedoch behält gemäß § 38 Abs. 4 UrhG „der Urheber eines wissenschaftlichen Beitrags, der im Rahmen einer mindestens zur Hälfte mit öffentlichen Mitteln geförderten Forschungstätigkeit entstanden und in einer periodisch mindestens zweimal jährlich erscheinenden Sammlung erschienen ist, (…) auch dann, wenn er dem Verleger oder Herausgeber ein ausschließliches Nutzungsrecht eingeräumt hat, das Recht, den Beitrag nach Ablauf von zwölf Monaten seit der Erstveröffentlichung in der akzeptierten Manuskriptversion öffentlich zugänglich zu machen, soweit dies keinem gewerblichen Zweck dient. Die Quelle der Erstveröffentlichung ist anzugeben. Eine zum Nachteil des Urhebers abweichende Vereinbarung ist unwirksam." Beim Autor verbleiben in den Fällen also Nutzungs- und Weiterverwertungsrechte an seiner Publikation, die auf Daten aufbauen und Daten explizit enthalten.[1233] Andernfalls kann eine Veröffentlichung ohne Zustimmung des Verlags nur erfolgen, wenn eine gesetzliche Ausnahme wie die Zitierfreiheit nach § 51 UrhG oder eine Nutzung zu Forschungszwecken i.S.d. § 60c UrhG in Rede steht. Daten an sich, insbesondere Rohdaten, genießen nur in seltenen Fällen urheberrechtlichen Schutz mangels schöpferischer Höhe i.S.d. § 2 Abs. 2 UrhG,[1234] es sei denn ihre Zusammenstellung oder Auswahl stellt bereits eine schöpferische Höhe dar.[1235]

Wenngleich ein offener Zugang Transparenz und Kollaborationen in der Forschungsgemeinschaft fördert, ist er wegen der Möglichkeit einer kommerziellen Nutzung durch Dritte, insbesondere aus der Industrieforschung, problematisch. Zwar ist die Nutzung eingespeister Daten zu kommerziellen Zwecken innovationsfördernd, sie ließe sich aber nicht mehr mit der Förderung eines funktions-

---

1230 Siehe dazu bereits in Kapitel 2 B. II.

1231 *Höpfner/Amschewitz*, NJW 2019, 2966 ff.

1232 *Pflüger/Ertmann*, ZUM 2004, 436, 437 f.

1233 *Radtke*, GRUR, 124 (2022), 1562 ff.

1234 Zum Ganzen *Kuschel/Dolling*, Journal of Intellectual Property, Information Technology and Electronic Commerce Law, 13 (2022), 247, Rn. 1 ff.

1235 Siehe dazu §§ 4 Abs. 1, 2, 87a ff. UrhG.

fähigen Wissenschaftssystems begründen.[1236] Industrieforschung, oft finanziert und durchgeführt von privaten Unternehmen, zielt in der Regel auf anwendungsorientierte Ergebnisse ab, die kommerziell verwertbar sind.[1237] Im Vordergrund steht häufig das Ziel der Entwicklung von Produkten oder der Verbesserung von Technologien, die direkt zum wirtschaftlichen Erfolg des Unternehmens beitragen. An potenziell wirtschaftlich verwertbaren Daten hat die Industrieforschung entsprechende kommerzielle Interessen.

Im Gegensatz dazu ist die akademische Forschung oft auf unabhängige Erkenntnisse und Grundlagenwissen gerichtet. Das kann zu Konflikten bezüglich der Unabhängigkeit, Forschungsethik und Wissenschaftsfreiheit führen und wettbewerbsrechtliche Fragen aufwerfen. Wissenschaftler in der akademischen Forschung streben in der Regel danach, ihre Ergebnisse zu publizieren, um Wissen zu teilen und wissenschaftliche Anerkennung zu erlangen. In der Industrieforschung können Vertraulichkeitsvereinbarungen und der Wunsch nach Schutz von geistigem Eigentum, etwa durch Patente, die Veröffentlichung von Forschungsergebnissen einschränken. Um das Spannungsverhältnis zu entschärfen, sind Richtlinien, transparente Kooperationen und Nutzungsvereinbarungen wichtig, in denen die Beteiligten Rechte, Erwartungen und Grenzen verbindlich festlegen, damit industrielle Anschlussforscher nicht die ursprünglichen Forschungsziele der Datenerheber untergraben und einzig für gewinnorientierte Zwecke verwenden. Eine unkontrollierte kommerzielle Nutzung könnte die Wissenschaftsfreiheit einschränken.

Forschungsdaten, die aus geförderten Projekten stammen, können Förderbedingungen unterliegen, die eine kommerzielle Nutzung untersagen. Zudem ist anzunehmen, dass einige Wissenschaftler selbst in den Nutzungsvereinbarungen für ihre Forschungsdaten eine kommerzielle Nutzung vertraglich beschränken wollen, um eine profitgeleitete Weiterverwendung ihrer Daten ohne eigene Partizipation an den Gewinnen zu unterbinden. Datenerheber dürfen im Einklang mit Art. 8 Abs. 1 der Open-Data-Richtlinie[1238] ihre Daten mit einem einschränkenden „non commercial"-Zusatz in Repositorien einspeisen.[1239]

1236 *Fehling/Tormin*, WissR 2021, 281, 320.

1237 Siehe dazu bereits unter C. I.

1238 Die Vorschrift erlaubt eine Verwendung objektiver, verhältnismäßiger, diskriminierungsfreier Nutzungsbedingungen in Standardlizenzen wie den Creative Commons, *Europäische Kommission*, Leitlinien für empfohlene Standardlizenzen, Datensätze und Gebühren für die Weiterverwendung von Dokumenten vom 24.7.2014, ABl. C 240/1, Nr. 2.2.

1239 So in Anlehnung an das Creative Commons-Lizenssystem vorgeschlagen bei *Fehling/Tormin*, WissR 2021, 281, 320. Ausführlicher zu dem Lizenssystem *Lessig*, Free

b) Eingeschränkter Zugang

Alternativ zum Open Access lässt sich der Kreis der Zugangsberechtigten und der erlaubten Verwendungszwecke einschränken. Für Forschungsdaten erscheint ein eingeschränkter Zugang auf den ersten Blick sinnvoll im Lichte der Wissenschaftsfreiheit der Datenerheber und ihrem legitimen Interesse, Industrieforschung mit ihren Daten auszuschließen. Der Zugang ist bei Forschungsdaten leichter als bei Geodaten[1240] einzuschränken. Denn bei originären Forschungsdaten sind individuelle wissenschaftliche Interessen der Datenproduzenten besonders zu berücksichtigen.[1241] Bei der Frage des „Ob“ und des „Wie“ des Zugangs sind nicht nur die Allgemeinheit und die wissenschaftliche Gemeinschaft unterschiedlich zu behandeln, sondern auch universitäre Forschung und gewinnorientierte Industrieforschung.[1242]

Nicht zu unterschätzen ist jedoch die Frage der Praktikabilität eines ausgetüftelten Zugangsgewährungssystems. Insbesondere bei großen Datenmengen in den Repositorien kann ein solches Verfahren an seine Grenzen stoßen. Mitunter wird es mit den verfügbaren Ressourcen kaum praktisch möglich sein, Nutzungsabsichten zu überprüfen. Ein Gleichgewicht zwischen Zugänglichkeit und Kontrolle ist elementar, will man einen möglichst freien Zugang, geringen bürokratischen Aufwand und gleichzeitig effektiven Schutz die Rechte der Datenerheber erreichen.

Culture. The Nature and Future of Creativity, 2004, S. 282 ff.; zur weiteren Entwicklung Miszczyński, Creative Commons Licensing and Relations of Production in the Sound Industry, Polish Sociological Review 2021, 353, 354; hinsichtlich rechtlicher Steuerungsmöglichkeiten zugunsten Open-Access *Fehling*, Von der kommerziellen Verlagsproduktion zum Open Access. Zur Rolle des Rechts beim Wandel wissenschaftlicher Publikationskanäle, in: Hoffmann-Riem (Hrsg.), Innovationen im Recht, 2016, S. 337, 342 f.

1240 Siehe dazu in Kapitel 3 D. II.

1241 Sie können ein berechtigtes und nach Art. 5 Abs. 3 GG schutzbedürftiges Interesse haben, die von ihnen erhobenen Daten zumindest innerhalb einer gewissen Embargo-Zeit noch exklusiv nutzen zu können. Bei personenbezogenen Forschungsdaten, die nicht Gegenstand dieser Arbeit sind, sind zudem die Interessen der Datensubjekte zu berücksichtigen.

1242 Bürger und Patienten sind einer Öffnung von Forschungsdaten gegenüber privatwirtschaftlichen Unternehmen und entsprechenden Nutzungsrechten zugunsten der Industrieforschung weit weniger offen als einer Öffnung gegenüber (öffentlichen) akademischen Forschungseinrichtungen, *Köngeter/Schickhardt/Jungkunz et al.*, J Med Internet Res, 24 (2022), 1, 8 f.; *Schickhardt/Winkler/Sax et al.*, Bundesgesundheitsblatt Gesundheitsforschung Gesundheitsschutz 2023, 1, 6.

Repositorien, in denen Daten Open Access bereitgestellt werden, sind zwar möglich, angesichts der damit eingehenden umfassenden Verwertungsrechte aber nur in Kombination mit Lizenzen zu empfehlen. Im Vergleich zu Government Data ist es weniger ersichtlich, warum Forschungsdaten der Allgemeinheit beziehungsweise überhaupt zugänglich sein sollten. Der Mehrwert für die Gesellschaft hielte sich bei Open Access-Repositorien in Grenzen. Er wiegt nicht auf, dass der Datenerheber weitrechende Nutzungs- und Verwertungsrechte bei einem Open Access-Repositorium abtreten muss. Stattdessen sollte ein eingeschränktes Zugangsregime zum Einsatz kommen. Ein solcher gepaart mit Nutzungsvereinbarungen erhöht die Sicherheit der Daten. Problematisch hieran ist, dass ein damit notgedrungen verbundenes Zugangsgewährungsverfahren sehr komplex und aufwendig ist.

Für ein Openness by Design-Modell kommt am ehesten Status „shared" in Betracht im Sinne von „zugänglich für Mitglieder der wissenschaftlichen Gemeinschaft gegebenenfalls geknüpft an Nutzungsbedingungen". Solche Bedingungen können bei Fachdaten der inhaltliche Hintergrund eines Forschungsvorhabens sein oder allgemein der Zweck der geplanten Anschlussforschung des Anfragenden, wissenschaftliche und/oder gemeinwohlorientierte Forschung. Eine Offenheit nur gegenüber Mitgliedern des eigenen Forschungsprojekts oder der eigenen Forschungseinrichtung oder nur bei gemeinsamer Nutzung mit dem Erheber wäre zu eng, ein öffentlicher Zugang für jedermann zu weit. Insbesondere ist ein unbeschränkter Zugriff durch Industrieforscher nicht empfehlenswert.[1243]

aa) Zugangsberechtigte, ihre Rechte und Pflichten

(1) Auswahl des Nutzerkreises

Beim eingeschränkten Zugang („Restricted Access") erhält nur der Zugangsberechtigte Zugriff auf die Daten. Der Kreis der Berechtigten kann sich aus Mitgliedern des eigenen Teams, der eigenen Einrichtung oder einer bestimmten Einrichtung zusammensetzen. Er kann sich nach allgemeinen Kriterien richten wie wissenschaftlicher oder gemeinwohlorientierter Forschung. Es kann nach Zugehörigkeit zu Nutzerkreisen, ihrer Fachgemeinschaft, Nationalität[1244] der Art ihrer Förderung (öffentlich oder privat) sowie dem verfolgten Anschluss-

---

1243 Siehe dazu unter C. II. 1. a) cc).

1244 Wobei eine Inländerdiskriminierung gegenüber Bürgern der Union unzulässig ist, *Holoubek*, in: von der Groeben (Begr.)/Schwarze/Hatje (Hrsg.), EU-Kommentar, 4. Aufl. 2019, Art. 18 AEUV, Rn. 8.

forschungszweck differenziert werden oder danach, ob der Anfragende selbst Daten teilt.

Eine Zugangsberechtigung nach Nutzerkreisen ermöglicht es, den Zugang fachspezifisch auszurichten. Anschlussforschungen der jeweiligen Fachgemeinschaft sind mitunter effizienter und kommen aufgrund der bereits bestehenden Expertise in ihrem Feld schneller zu relevanten Erkenntnissen. Ein begrenzter Nutzerkreis schützt sensible Daten potenziell besser. Andererseits würde ein derart eingegrenzter Kreis an Berechtigten dem Prinzip offener Wissenschaft entgegenstehen. Ein solches Vorgehen erschwerte interdisziplinäre Erkenntnisse. Zudem können die Bestimmung und Kontrolle eines stark eingeschränkten Nutzerkreises insbesondere im internationalen Kontext schwierig umzusetzen sein.

Wird bei der Zugangsgewährung nach der Nationalität der Zugangsberechtigten differenziert, kann das nationale Sicherheitsinteressen schützen und gezielt die heimische Forschungsgemeinschaft fördern. Abschottungstendenzen erschweren aber internationale Kooperationen und könnten zur Folge haben, dass andere Nationen außerhalb der Europäischen Union ebenfalls keine Forschungsdaten mit deutschen Forschungsprojekten teilen.

Eine Differenzierung nach Art der Förderung ermöglichte zwar eine zielgerichtete Zugangsgewährung, ist aber als Eingriff in die Wissenschaftsfreiheit abzulehnen. Sie könnte eine Bevorzugung bestimmter Forschungsprojekte oder -richtungen und Vernachlässigung anderer nach sich ziehen, was wiederum die in Art. 5 Abs. 3 GG geschützte freie Wahl eines Forschungsthemas einschränkte. Wird die Förderung als Schlüsselkriterium herangezogen, besteht die Gefahr einer politischen oder wirtschaftlichen Interessenverfolgung. Zudem ist eine solche Differenzierung nicht nur mit einem gewissen bürokratischen Aufwand verbunden,[1245] sondern auch als Eingriff in das Recht auf Selbstverwaltung und Autonomie zu werten, weil externe Interessen in Prozesse eingebracht werden, die die Forschungsarbeit beeinflussen.

Antragsteller, die bereits Forschungsdaten verantwortungsvoll nachgenutzt und sich an die entsprechenden Vereinbarungen gehalten haben, könnten bevorzugt werden. Eine Differenzierung danach, ob der Anfragende selbst Daten teilt, benachteiligte Nachwuchswissenschaftler, die bisher nicht die Gelegenheit zum Data Sharing hatten. Legitim erscheint es hingegen, diejenigen zu bevorzugen, die beabsichtigen, ihre Forschungsergebnisse zu veröffentlichen oder gewonnene Daten auf eine Weise zu nutzen, die der gesamten wissenschaftlichen Gemein-

1245 Forscher greifen oftmals auf unterschiedliche Finanzierungsquellen zurück, was eine Zuordnung erschwert.

schaft zugutekommt. Es empfiehlt sich daneben auf besondere Kenntnisse im Umgang mit Daten abzustellen. Solche können die Anfragenden in Seminaren oder Workshops erwerben. Antragsteller sollten nachgewiesen kompetent hinsichtlich Fragen der Datensicherheit und ethischer Richtlinien sein, insbesondere wenn sie sensible Daten nutzen wollen. Dieses Kriterium bei der Bestimmung des Nutzerkreises sichert die Integrität der Forschung, schützt vor unbefugtem Zugriff und verfolgt damit einen legitimen Zweck. Die Kriterien sollten flexibel angewandt werden, weil andernfalls vor allem junge Forscher und kleinere Institutionen das Nachsehen haben. Das könnte Innovationen hemmen.

Sinnvoll erscheint es zudem, nach dem angestrebten Zweck der Nachnutzung zu differenzieren. Beispielsweise können nur die Nachnutzer Zugang zu den Daten erhalten, die damit Anschlussforschung betreiben oder Replikationsstudien durchführen wollen. Eine Zweckentfremdung im Nachhinein ist in der Regel unzulässig. Ein Ausschluss von Industrieforschungszwecken kann bei berechtigten Interessen in Betracht kommen.[1246] Ein solcher deckt sich allerdings nicht mit dem Ziel, Wertschöpfungspotenziale zu eröffnen und wirtschaftliche Verwendungen zu unterstützen[1247] sowie mit der Idee offener, weiterverwendbarer Daten.[1248] Insofern ist es als milderes Mittel mitunter geboten, vor einem Ausschluss eine Unterscheidung zwischen akademischen und kommerziellen Forschungszwecken zu prüfen.

Eine Nutzungsvereinbarung mit Fokus auf legitime Verwendungszwecke kann die Einhaltung des angegebenen Zwecks sicherstellen, zum Beispiel durch eine Beschränkung auf nicht-kommerzielle Forschung.[1249] Problematisch an rechtlichen Verwendungsbeschränkungen ist allerdings ihre faktische Unwirksamkeit.[1250] Wurden die Daten erst einmal aus der Hand gegeben, verliert der Datenerzeuger oder Datenbankbetreiber seine Herrschaft über sie. Weder Datennutzungsvereinbarungen noch Nebenbestimmungen können eine zweckfremde Nachnutzung oder unerlaubte Weitergabe ausschließen.[1251] Sie begründeten bloß sekundäre

---

1246 Siehe zu den Spannungsfeldern beim Zugriff von Industrieforschern bereits unter C. I.

1247 Zu entsprechenden Erwägungen bei der INSPIRE-Richtlinie *Rossi*, Rechtliche Grundlagen der Zugänglichkeit geologischer Daten, S. 167. Zwar eröffnet Art. 14 Abs. 3 INSPIRE-Richtlinie den Mitgliedstaaten, kommerzielle Weiterverwendung auszuschließen, verpflichtet sie indes nicht dazu.

1248 *Rossi*, Rechtliche Grundlagen der Zugänglichkeit geologischer Daten, S. 174.

1249 Siehe dazu soeben unter C. II. 1. a) aa).

1250 *Rossi*, Rechtliche Grundlagen der Zugänglichkeit geologischer Daten, S. 169.

1251 *Rossi*, Rechtliche Grundlagen der Zugänglichkeit geologischer Daten, S. 169.

Ansprüche auf Richtigstellung, Zitation oder Schadensersatz. Darüber hinaus könnten allerdings diejenigen, die ihnen bereitgestellte Daten zweckentfremdet nutzen, von weiteren Nutzungen ausgeschlossen werden. Ein drohender Ausschluss, der zuvor kommuniziert wird, entfaltet eine wohl nicht zu unterschätzende Abschreckungswirkung.

Es könnten auch speziell interdisziplinäre Vorhaben gefördert werden, um unkonventionelle Perspektiven und Herangehensweisen zu unterstützen. Allerdings ist es wichtig, ein System zu etablieren, das den administrativen Aufwand für die Datenverwalter und Antragsteller möglichst geringhält. Nutzungsbedingungen sind insbesondere bei großen Datenmengen und internationaler Zusammenarbeit kaum durchzusetzen.

(2) Zugangserteilungsverfahren

Zugangsberechtigte, vor allem individuell Anfragende, müssen sich über ein Authentifizierungsverfahren verifizieren, wenn sie auf Daten in einem Repositorium zugreifen wollen. Das erhöht die Sicherheit der Daten, schützt vor unberechtigtem Zugriff und ermöglicht die Durchsetzung von Datennutzungsvereinbarungen. Zudem lässt sich so der Zugang zu den Daten dokumentieren.

Für einen Individualzugang stellt der Anfragende einen formellen Antrag auf Zugang zu den Daten. Im Sinne eines möglichst geringen bürokratischen Aufwands füllt er dazu ein standardisiertes Formular online aus, in dem er die gewünschten Daten spezifiziert und den Zweck der Datennutzung darlegt. Den Antrag muss er bei der zuständigen Datenverwaltungseinheit stellen. Liegen die begehrten Informationen in einem umfassend vernetzten Repositorium, reicht es aus, die Anfrage bei einer der zu dem Netz zugehörigen Datenbanken zu stellen. Das Begehren wird an die zuständige Datenbank weitergeleitet. Idealerweise gibt es eine zentrale Stelle, die Anfragen weiterleitet, um den Verwaltungsaufwand für den Anfragenden zu verringern.

Die Datenbank leitet den Antrag entweder entsprechend der jeweiligen Vereinbarung an den Datenerzeuger selbst oder an dessen Forschungseinrichtung weiter oder befasst sich selbst mit der Anfrage. Hat der Datenerzeuger das Repositorium mit dem Entscheidungsprozess betraut, entscheidet es durch ein Gremium[1252] oder – bei einfachen Anfragen – qua eines automatisierten Systems. Das System analysiert die Antragsdaten. Es verwendet Algorithmen, um die Informationen zu klassifizieren und um zu überprüfen, ob sie mit vordefinierten Kriterien über-

1252 Zu dessen möglicher Zusammensetzung und der Frage seiner Entscheidungsspielräume siehe sogleich unter C. II. 1. b) bb).

einstimmen und kohärent sind. Beispielsweise könnte das System prüfen, ob die angefragten Daten für den angegebenen Zweck freigegeben sind und ob der Antragsteller die notwendigen Qualifikationen oder Berechtigungen aufweist. Bei einfachen Anfragen, zum Beispiel nach allgemein zugänglichen Daten, die klaren, vordefinierten Kriterien entsprechen, entscheidet das System automatisch. Bei komplexeren Anfragen oder wenn bestimmte Kriterien nicht eindeutig erfüllt sind, wird der Antrag zur weiteren Prüfung an das Entscheidungsgremium weitergeleitet. Das System selbst sollte lernfähig (Machine Learning) sein. Dafür muss es mit der letzten Endes getroffenen Entscheidung „gefüttert" werden, zieht daraus dann Schlüsse und verbessert seine Algorithmen kontinuierlich. Es muss den Datenschutz der Daten des Anfragenden gewährleisten. Ein solches automatisiertes System kann den Entscheidungsprozess erheblich beschleunigen und die Verwaltungslast für das Personal des Repositoriums reduzieren. Es bleibt jedoch wichtig, für komplexere oder sensiblere Anfragen menschliche Entscheidungsgremien einzubeziehen, um eine angemessene und individuelle Prüfung zu gewährleisten.

Bei der Entscheidung der Zugangsgewährung sind die verfassungsrechtlich geschützten Positionen der Anfragenden ebenso wie die der Datenerzeuger zu berücksichtigen. Auf beiden Seiten ist die Ausstrahlungswirkung der Wissenschaftsfreiheit aus Art. 5 Abs. 3 GG zu beachten.[1253] Daneben[1254] schützt das Gleichheitsgebot des Art. 3 Abs. 1 GG potenziell Berechtigte davor, ungerechtfertigterweise (un-)gleich behandelt zu werden betreffend den Zugang zu und die Arbeit mit den Daten.[1255] Um einen diskriminierungsfreien Zugang für die Einspeiser und die Nachnutzer zu garantieren, kann wie bei öffentlichen Monopolunternehmen der Daseinsvorsorge im Falle einer privatwirtschaftlichen Ausgestaltung ein Kontrahierungszwang[1256] eingeführt werden, bei dem eine nicht offensichtlich unbegründete Anfrage nur bei gewichtigen Gründen nach einer eingehenden Prüfung der Anfrage abgelehnt werden darf. Ist ein diskrimi-

---

1253 *Fehling/Tormin*, WissR 2021, 281 ff.; *Hevers*, Informationszugangsansprüche des forschenden Wissenschaftlers, S. 123. Vgl. auch die Anm. von *Gallwas*, CR 1986, 835, 837; *Haertlein*, ZZP, 114 (2001), 441, 452; Seibert, wiedergegeben von *Jehle*, Akteneinsicht für wissenschaftliche Zwecke, in: Jehle (Hrsg.), Datensammlungen, 1989, S. 321, 327 f.

1254 *Sachs/Jasper*, JuS 2016, 769, 775.

1255 Vgl. *Grabbe*, Verfassungsrechtliche Grenzen der Privatisierung kommunaler Aufgaben, S. 70 ff.; *Püttner*, Die öffentlichen Unternehmen, S. 114 ff. Siehe dazu auch bereits unter C. I.

1256 *Hünnekens*, Rechtsfragen der wirtschaftlichen Infrastruktur, S. 181.

nierungsfreier Zugang für die Berechtigten gewährleistet, sind auch Monopole bestimmter Betreiber nicht negativ zu bewerten. Im Gegenteil: Je größer, verbundener und umfassender die Datenbank ist, desto mehr Vorteile entstehen für ihre Nutzer und desto geringer sind die laufenden Kosten.[1257]

Der Betreiber der einschlägigen Datenbank prüft das Begehren teil-automatisiert[1258] durch eine Kombination aus Software und einem Datenzugangskomitee, das in komplexen Fällen unter Umständen die Entscheidung über die Zugangsgewährung auf ihre Kohärenz zu bestehenden Beschränkungen hin überprüft. In dem Komitee sollte neben rechtlicher und ethischer Expertise auch inhaltlich-fachliche Kompetenz vertreten sein. Dem Komitee steht ein Beurteilungsspielraum hinsichtlich des tatsächlichen Vorliegens der Kriterien sowie ein Spielraum innerhalb zuvor festgelegter Kriterien bei der Entscheidung über eine Zugangsgewährung zu.

Der Antragsteller wird schließlich automatisch per E-Mail oder über ein zentralisiertes Benutzerportal über die Entscheidung informiert.

(3) Pflichten des Zugangsberechtigten

Dem Datenanfragenden können Mitwirkungspflichten auferlegt werden. Verlangt werden kann ein ausgearbeiteter Data Management-Plan, aus dem hervorgeht, welche Daten das Projekt wofür[1259] und für welchen Zeitraum benötigt. Möglich ist auch die Nachweispflicht einer zweckentsprechenden Verwendung.[1260]

Wer Zugang zu Daten für die eigene Forschung erhält, den können gewisse Anzeige- beziehungsweise Zitations- und Übermittlungspflichten treffen.[1261] Das kann sich aus dem Gesetz (zum Beispiel aus § 51 UrhG) oder aus Nutzungsvereinbarungen ergeben. Der Nachnutzer wird darin verpflichtet, den Datenerheber in seinen Studien zu nennen und ihn auf Anfrage des Datenerzeugers über den Stand seines Forschungsvorhabens zu unterrichten. In der wissenschaftlichen Praxis ist es üblich und ethisch geboten, die Quellen der verwendeten Daten angemessen zu zitieren. Das dient der Transparenz und Nachvollziehbarkeit von Forschung und unterstützt die wissenschaftliche Integrität. Eine Anzeigepflicht, bei der ein Nachnutzer den Datenerheber über den Stand seines Forschungsvorhabens informiert, ist weniger üblich. Eine solche Pflicht könnte in bestimmten Fällen indes

1257 Siehe dazu bereits in Kapitel 3 A. II. 3.

1258 Ausführlicher bereits unter C. II. 1. b) aa) (2).

1259 Eine Angabe des Zwecks ist auch bei Zugangsbegehren zu Geodaten erforderlich, dazu Kapitel 3 D. II.

1260 *Rossi*, Rechtliche Grundlagen der Zugänglichkeit geologischer Daten, S. 167.

1261 Vgl. § 20 Abs. 2 Geodatengesetz, dazu Kapitel 3 D. II.

sinnvoll sein, beispielsweise bei eng kooperierenden Forschungsteams oder bei Projekten, die auf einer intensiven Nutzung spezifischer Daten basieren. Sie muss aber die Autonomie des Datennachnutzers wahren. Eine Übermittlungspflicht, bei der Nachnutzer ihre Forschungsergebnisse oder -fortschritte mit dem Datenerheber teilen, ist sinnvoll, wenn die Daten nur zu bestimmten Forschungszwecken weiterverwendet werden dürfen. Eine solche Pflicht muss klar definiert sein und darf die Wissenschaftsfreiheit des Nachnutzers nicht ohne berechtigtes Interesse des Erhebers beeinträchtigen, etwa weil sie mit unzumutbaren Belastungen einhergeht. Zudem sind Urheberrechte zu beachten.[1262]

bb) Entscheidungsgremium und Differenzierungkriterien bei der Zugangsentscheidung

Handelt es sich nicht um eine automatisierte Zugangsentscheidung etwa wegen der Komplexität der Anfrage, bedarf es eines Datenzugangskomitees („data access committee"). Bei der Zusammensetzung des Komitees gibt es eine Vielzahl an Optionen. In dem Komitee sollte neben rechtlicher und ethischer Expertise auch inhaltlich-fachliche Kompetenz vertreten sein. Das Gremium kann ein Zugangsbegehren und entgegenstehende Einwände nur beurteilen, wenn die potenzielle Tragweite der Daten korrekt erfasst wird. Bei sensiblen Daten sind eine erhöhte Sorgfalt und eine umfassende Prüfung erforderlich.

Im Falle unbestimmter Rechtsbegriffe in den Zugangsbedingungen steht dem Gremium ein Beurteilungsspielraum zu. Dieser Spielraum ermöglicht eine flexible Handhabung der Kriterien, um den spezifischen Umständen jedes Einzelfalls gerecht zu werden. Ob und in welchem Umfang dem Komitee ein Ermessensspielraum zusteht, hängt von den Vorgaben des Datenerhebers, der Natur der Daten und ihrem Verarbeitungsgrad ab. Abschließende Auswahlkriterien erleichterten zwar eine Entscheidung, sind aber im Lichte der Wissenschaftsfreiheit nur zulässig, wenn sie Ausnahmen gestatten. Eine differenzierte Herangehensweise gewährleistet, dass der Zugang zu Forschungsdaten einerseits die Rechte und Interessen der Datenerheber schützt und andererseits die Wissenschaftsfreiheit und den freien Informationsfluss innerhalb der wissenschaftlichen Gemeinschaft fördert.

Es bietet sich eine Unterscheidung zwischen Nachweis-, Bewertungs- und Fachdaten wie bei Geodaten sowie zwischen Daten aus öffentlich versus privat

---

1262 Rudimentär dazu bereits unter C. I.

geförderter Forschung an.[1263] Nachweisdaten, die Forscher vorrangig zur Bestätigung beziehungsweise Widerlegung einer Hypothese oder Theorie erheben, sind anders als Bewertungsdaten oft besonders sensibel, weil sie unveröffentlichte Ergebnisse enthalten oder ihre vorzeitige Offenlegung die Forschungsergebnisse beeinträchtigen könnte. Metadaten sollten im Sinne einer guten Nachvollziehbarkeit stets zugänglich sein, wenn Zugang zu den ihnen zugrundeliegenden Daten genehmigt wurde.

Bei Daten, die nur für bestimmte Fachgebiete relevant sind, könnte der Zugang bei entsprechender Fachkompetenz des Anfragenden leichter erteilt werden.[1264] Daten, die mit öffentlichen Mitteln erzeugt wurden, könnten eher der Allgemeinheit zugänglich gemacht werden, da sie aus öffentlichen Quellen finanziert wurden, weshalb ein breiteres öffentliches Interesse ebenso an ihnen besteht wie an der Frage, ob die öffentlichen Mittel ihrem Zweck entsprechend eingesetzt wurden. Das kann auch Förderorganisationen helfen, einzuschätzen, welche Forschungsprojekte besonders erfolgreich waren. Daten aus privat geförderter Forschung unterliegen mitunter strengeren Zugangsbeschränkungen, vor allem wenn an ihnen wirtschaftliche oder vertrauliche Geschäftsinteressen bestehen. Bei Rohdaten ist ein Geheimhaltungsinteresse des Erhebers mitunter größer als bei Daten, die bereits wissenschaftlich interpretiert und analysiert wurden oder gar in eine Publikation eingeflossen sind. Das ist bei der Entscheidung zu beachten. Der Zugang ist quantitativ oder qualitativ einzuschränken, wenn schutzwürdige Rechte und Interessen wie Betriebs- und Geschäftsgeheimnisse, Urheberschutzrechte oder öffentliche Nichtoffenbarungsinteressen dies gebieten.

Aus wissenschaftsgrundrechtlicher Perspektive ist es erforderlich, den Datenerzeuger in die Zugangsgewährung einzubeziehen, wenn er das wünscht. Angesichts des hohen damit verbundenen Aufwands sollte es Repositorien geben, die dafür interne Mechanismen haben, so dass ein Forscher, dem eine Mitentscheidung wichtig ist, sich vorrangig an diese wenden kann. Die Bandbreite einer Einbeziehung des Erzeugers reicht von keiner Beteiligung über eine Anhörung hin zu einem Mitsprache- oder Vetorecht gegebenenfalls gepaart mit dem Erfordernis, sich wegen seines Vetos erklären zu müssen. An das Rechtfertigungserfordernis können unterschiedlich strenge Anforderungen gestellt werden. Wenngleich ein endgültiges Verweigerungsrecht gegen die Entscheidung des Data-Access-Gremiums das Konzept des grundsätzlichen Bestrebens nach offenen Forschungsdaten

---

1263 Siehe dazu § 3 Abs. 3, 4 Geodatengesetz und Kapitel 3 D. II. Die Bedeutung der drei Kategorien findet sich ebenfalls in dem Abschnitt.

1264 Zu Problemen im Zusammenhang mit einer Zugangsgewährung nach der Fachkompetenz des Anfragenden siehe jedoch unter C. II. 1. b) aa) (1).

gefährdet, scheint es legitim, dass es dem Datenerheber im Sinne seiner Wissenschaftsfreiheit und Selbstverwaltungsautonomie zusteht.

Möglich ist, dem Erzeuger ein durch ihn selbst jederzeit abdingbares und wieder annehmbares Mitentscheidungsrecht über die Zugangsgewährung einzuräumen. So kann er etwa auf eigenen Wunsch hin nur mit kritischen Fällen behelligt werden. Was einen „kritischen Fall" darstellt, muss vorab anhand von Kriterien festgelegt werden. Ob ein solcher besteht, ist je nach Komplexität des Falls automatisiert oder durch das Entscheidungsgremium zu bestimmen. Praxistauglicher kann es sein, den Forschern, die die begehrten Daten erhoben haben, eine Kooperationslast aufzuerlegen: Sie könnten verpflichtet werden, Einwände gegen die Zugangsgewährung innerhalb einer Präklusionsfrist im Rahmen einer Anhörung (schriftlich) zu äußern.[1265] Der damit verbundene Aufwand steigt für Forscher mit steigender Menge an seinerseits in Repositorien eingespeisten Daten. Auch hier könnte es sinnvoll sein, mit den Kriterien für „kritische Fälle" zu arbeiten, um den Aufwand so gering wie möglich und so hoch wie nötig zu halten. Für beide Varianten gilt: In allen anderen Fällen nimmt das einberufene Datenzugangskomitee des Repositoriums oder der Forschungseinrichtung dem Datenerzeuger die Arbeit ab und er kann seine Zeit der Forschung widmen.

Der Erheber selbst sollte im Rahmen seiner Datennutzungsvereinbarungen eine Grundentscheidung treffen können, wann die von ihm eingespeisten Daten wie (jedem Anfragenden oder nach einem Zugangsverfahren) zugänglich gemacht werden. Dabei kann er hinsichtlich des Zeitpunkts und nach dem Stand der Verarbeitung und der Art der Daten (originäre Forschungsdaten versus Metadaten) differenzieren. In den Datennutzungsvereinbarungen kann der Erheber auch Nutzungs- und Verwertungsrechte sowie Pflichten des potenziellen Nachnutzers nach abstrakten Kriterien (zum Beispiel nach dem Zweck der Forschung: Replikation, Reproduktion oder völlig neues Forschungsvorhaben) festlegen. Dem Erheber sollte die Möglichkeit eingeräumt werden, sich am Zugangsverfahren zu beteiligen.

cc) Zugriffsform und Bereitstellungsfrist

Wurde der Zugang gewährt, erhält der Anfragende – gegebenenfalls zeitlich oder inhaltlich begrenzt – Zugang zu den begehrten Daten einschließlich der Meta-

---

1265 *Rossi*, Rechtliche Grundlagen der Zugänglichkeit geologischer Daten, S. 179 ff.; *Voßkuhle*, VVDStRL, 62 (2002), 266, 319. In diese Richung *Ziekow*, Verankerung verwaltungsrechtlicher Kooperationsverhältnisse (Public Private Partnership) im Verwaltungsverfahrensgesetz, S. 146 ff.

daten. Das erfolgt über Zugriffscodes oder Links, die der Datenverwalter ihm bereitstellt. Der Nachnutzer kann dann über sein Endgerät von überall auf die in einer Cloud gespeicherten Daten zugreifen und sie für die eigene Anschlussforschung herunterladen. Mittels entsprechender Authentifizierungen sind die Daten abrufbar. Schutzvorkehrungen wie eine Firewall oder eine Verschlüsselung bei der Übertragung können die Sicherheit der Daten während der Abruf- und Download-Prozesse garantieren.

Ein rein lokaler Zugriff erleichterte zwar die Kontrolle über die Daten und erschwerte Missbrauch oder eine ungewollte Vervielfältigung. Ein solches Verfahren ist aber kostenintensiv, impraktikabel und nicht an die Bedürfnisse moderner Forschung angepasst, weil die Repositorien in der Regel über kein für verschiedene Disziplinen ausgestattetes Labor verfügen. Zudem erschwert die lokale Zugriffsform grenzüberschreitende Arbeit. Ein solches Vorgehen ist weder effizient noch innovationsoffen und deshalb abzulehnen.

Vorgegeben werden kann eine Frist, innerhalb derer der Zugang zu den Daten erteilt werden muss.[1266] Einerseits ist von pauschalen Fristen abzuraten, da Zugangsbegehren im Grad ihres Umfangs und ihrer Dringlichkeit variieren. Andererseits hat ein Nachnutzer ein berechtigtes Interesse, zu wissen, wann er eine Antwort auf seine Anfrage und potenziell Zugang zu den von ihm für seine Forschung benötigten Daten erhalten wird. Forschungsvorhaben können akut sein. Der Zeitpunkt der Anspruchsentstehung ist auch im Hinblick auf eine gegebenenfalls erforderliche (gerichtliche) Durchsetzbarkeit relevant.[1267] In Betracht kommt eine Frist von einem Monat für die Prüfung der Anfrage mit Verlängerungsoption von ein bis zwei weiteren Monaten bei komplexen Anliegen parallel zu der Regelung bei Geodaten.[1268]

2. *FAIR Data*

Der Zugang zu Forschungsdaten sollte sich an den aus sich heraus nicht rechtlich verbindlichen FAIR-Prinzipien orientieren.[1269] Danach sollen Daten auffind-

---

1266 Forschungsklauseln halten sich zu dieser Frage bisweilen im Nichts, einzig Art. 31 Abs. 1 Satz 1 Digital Services Act spricht von einer „angemessenen Frist".

1267 *Specht-Riemenschneider*, Studie zur Regulierung eines privilegierten Zugangs zu Daten für Wissenschaft und Forschung durch die regulatorische Verankerung von Forschungsklauseln in den Sektoren Gesundheit, OnlineWirtschaft, Energie und Mobilität, 2021, S. 79 f.; *Specht-Riemenschneider/Wehde*, ZGI 2022, 3, 10.

1268 Siehe Kapitel 3 D. II.

1269 Allg. zu den FAIR-Prinzipien *M. Wilkinson/Dumontier/Aalbersberg et al.*, Sci Data, 3 (2016), 160018, 4; zu den Prinzipien im Bereich von Datensouveränitätserwägungen vgl. *Hummel/Matthias Braun/Augsberg et al.*, Datensouveränität, S. 29.

bar („findable"), zugänglich („accessible"), interoperabel („interoperable") und wiederverwendbar („reusable") sein. Trotz ihres ethisch anmutenden Namens handelt es sich bei den FAIR-Grundsätzen vordergründig um technische und organisatorische (Mindest-)Anforderungen.[1270]

Damit Daten auffindbar sind, sollen sie samt ihren zugehörigen Metadaten in einer durchsuchbaren Datenbank gespeichert werden. Sowohl Daten als auch Metadaten erhalten eine identifizierbare, dauerhafte Kennung („Persistant Identifier") wie zum Beispiel einem DOI („Digital Object Identifier"), um langfristig und eindeutig identifizierbar und zitierbar zu sein.[1271] Metadaten beziehen sich auf die zugehörigen Daten und ihre Kennzeichnung. Sie müssen möglichst umfassend detailliert und vollständig die ihnen zugrundeliegenden Daten beschreiben. Das umfasst den Titel der Datensammlung, eine kurze Beschreibung des Inhalts, den Namen des für sie Verantwortlichen und des Datums der Erstellung. Zudem bedarf es Informationen über das Forschungsprojekt, den Kontext der Erhebung, die verwendeten Methoden, Instrumente oder Software und gegebenenfalls Verweise auf Publikationen, die die Daten beschreiben oder anderweitig verwertet haben. Informationen über das Dateiformat, die Dateigröße, die Struktur der Daten (zum Beispiel Tabellenstruktur, Variablennamen und -typen) sollten ebenfalls enthalten sein. Zudem gehören zu den Metadaten Angaben darüber, wie und unter welchen Bedingungen die Daten zugänglich sind, einschließlich jeglicher Nutzungsbeschränkungen und Lizenzinformationen. Schlagwörter, Deskriptoren und gegebenenfalls Klassifizierungen nach wissenschaftlichen Disziplinen ordnen die Daten thematisch ein und erleichtern die Handhabung. Unter Umständen kommt es auf Angaben zum geografischen Bezug (zum Beispiel Koordinaten bei Umweltdaten) und zum zeitlichen Bezug (Erhebungs- oder Beobachtungszeiträume) an.

Zugänglich bedeutet, dass Mensch und Maschine die Daten über ein aktuelles Speichermedium abrufen können. Das bedarf einer digitalen Langzeitarchivierung und standardisierten Kommunikationsprotokollen.[1272] Angestrebt wird ein dauerhafter offener Zugang zumindest zu Metadaten, die Aufschluss darüber geben, wie die Daten wo angefragt und abgerufen werden können.[1273]

Interoperabel sind Daten, wenn sie samt ihren Metadaten so aufbereitet sind, dass sie über verschiedene Systeme, Anwendungen und Organisationen hinweg

1270 *Schickhardt/Winkler/Sax et al.*, Bundesgesundheitsblatt Gesundheitsforschung Gesundheitsschutz 2023, 1, 2.

1271 *Specht-Riemenschneider/Wehde*, ZGI 2022, 3, 8.

1272 *Hartl/Wössner/Sure-Vetter*, Informatik Spektrum, 44 (2021), 370, 371.

1273 *Specht-Riemenschneider/Wehde*, ZGI 2022, 3, 8.

genutzt und miteinander kombiniert werden können. Dazu müssen sie formale Standards erfüllen, in zugänglichen Formaten und Systemen gespeichert werden sowie mit anderen Datensätzen kompatibel sein und auf sie verlinkt verweisen können.[1274] So lassen sich die Daten in verschiedenen Kontexten verwenden.

Ein Beispiel soll dies verdeutlichen: In der umweltwissenschaftlichen Forschung sammelt eine Forschungsgruppe Daten zum Klimaphänomen Meerestemperatur, eine andere zu atmosphärischen CO2-Konzentrationen und eine dritte zu Niederschlagsmustern. Jede Gruppe erhebt Daten mit unterschiedlichen Instrumenten und Methoden. Damit diese Daten zusammengeführt und für umfassende Klimamodelle genutzt werden können, müssen sie interoperabel sein. Dazu sollten sie in einem allgemein anerkannten, für eine breite Palette von Anwendungen nützlichen und zugänglichen Format vorliegen, wie zum Beispiel im Comma-Separated Values-Format oder im XML-Schema für Umweltdaten. Die Daten sollten kompatibel mit gängigen Datenverarbeitungssystemen sein, sodass Forscher unterschiedlicher Disziplinen sie in ihren eigenen Systemen ohne umständliche Konvertierung nutzen können. Die Daten sollten schließlich Informationen enthalten, die ihre Verbindungen zu anderen relevanten Datensätzen aufzeigen. Zum Beispiel könnten die Daten über Meerestemperaturen Verweise auf entsprechende atmosphärische CO2-Daten enthalten, damit Forscher Korrelationen zwischen diesen Parametern erkennen können.

Das Merkmal der Wiederverwendbarkeit verlangt abermals umfangreiche Metadaten und Beschreibungen sowie Auskunft zu Kontext, Datenherkunft, Zugangsbedingungen, Nutzungslizenzen und Zitation.[1275]

Eine Forschungsdateninfrastruktur sollte sich an den FAIR-Prinzipien orientieren. Sie sind mittlerweile weit verbreitet und als gemeinsamer Nenner für das Teilen wissenschaftlicher Daten zu verstehen. Auch die *Nationale Forschungsdateninfrastruktur* sieht nach eigenen Angaben vor, Daten nach den FAIR-Kriterien zu verwalten und bereitzustellen.[1276]

3. *Five Safes Model*

Das Five Safes Model dient als Maßstab für die Frage, ob und unter welchen Bedingungen der Zugang zu bestimmten Daten in einer Forschungsdatenbank

1274 *Hartl/Wössner/Sure-Vetter*, Informatik Spektrum, 44 (2021), 370, 371.

1275 *Hummel/Matthias Braun/Augsberg et al.*, Datensouveränität, S. 29*M. Wilkinson/Dumontier/Aalbersberg et al.*, Sci Data, 3 (2016), 160018, 4.

1276 *Hartl/Wössner/Sure-Vetter*, Informatik Spektrum, 44 (2021), 370, 370.

gewährt werden soll. Für Verwaltungsdaten ist es ein bereits etabliertes Modell.[1277] Es unterteilt den Datenzugang in fünf Risikodimensionen.[1278] Gemeinsam wollen die Dimensionen ein umfassendes Bild der Eignung, Sicherheit und Nützlichkeit eines Zugangs zu Daten zugunsten eines bestimmten Nachnutzers oder Anschlussprojektes bieten. Anhand festzulegender Kriterien sollen wissenschaftliches Erkenntnispotenzial und die Gefahren von Missbrauch, zweckentfremdeter Nutzung und unbefugtem Zugriff besser eingeschätzt werden können.

Im Ausgangspunkt stellt sich bei der ersten Risikodimension die Frage, ob der geplante Nutzen des Anschlussprojekts mit den Daten sicher ist („safe project"). Sie zielt darauf ab, ob die Nachnutzer die angefragten Daten ihren Sicherheitsanforderungen entsprechend verarbeiten werden und ob die Daten für das Projekt überhaupt relevant und aussagekräftig sind. Das soll eine zielgerichtete Forschung im Einklang mit ethischen Standards unterstützen und Datenmissbrauch vermeiden. Eine strenge Beurteilung eines Forschungsvorhabens kann aber auch innovative und unkonventionelle Forschungsansätze behindern und damit die Forschungsfreiheit einschränken. Zudem geht ein hoher Aufwand mit der Beurteilung einher und kann im Falle subjektiver Einschläge durch ein Entscheidungsgremium oder zuvor festgelegte Kriterien unfair sein.

Auf zweiter Stufe stellt sich die Frage, ob die Datenempfänger, die auf die Daten zugreifen wollen, vertrauenswürdig sind und im Sinne der wissenschaftlich gebotenen Sorgfalt mit den Daten umgehen („safe people"). Die Zuverlässigkeit und Qualifikation der Anfragenden werden gemessen an wissenschaftlichen Standards bewertet. So sollen nur Personen Zugang erhalten, die im Umgang mit Daten kompetent sind. Das könnte jedoch zu einer Benachteiligung von Nachwuchsforschern führen und geht abermals mit einem bürokratischen Prüfungsaufwand einher. Sollten die Nachnutzer zuvor eine Schulung oder einen Test durchlaufen müssen, würde das ihnen Zeit nehmen, die sie andernfalls in ihre Kernforschungstätigkeit stecken könnten.

Die dritte Dimension fragt, ob die in Rede stehenden Daten in sich ein Offenlegungsrisiko bergen oder nicht („safe data"). Je nach Art der Daten spielen

---

1277 Regierungsbehörden in Australien, Neuseeland und dem Vereinigten Königreich setzen das Modell als politisches Instrument, z.T. in der Gesetzgebung verankert, ein, *Culnane/Rubinstein/Watts*, Not fit for Purpose: A critical analysis of the 'Five Safes', 2020, S. 1. Siehe auch *Desai/Ritchie/Welpton*, Five Safes: designing data access for research, abrufbar unter: https://www2.uwe.ac.uk/faculties/bbs/Documents/1601.pdf.

1278 *Desai/Ritchie/Welpton*, Five Safes: designing data access for research, S. 5, abrufbar unter: https://www2.uwe.ac.uk/faculties/bbs/Documents/1601.pdf.

Vertraulichkeit und Sicherheitsaspekte eine Rolle. Die Differenzierung ermöglicht eine angepasste Risikoeinschätzung.

In der Dimension Umfeld geht es um die Frage, wie das Setup ist und ob die Art des angefragten Zugangs eine unbefugte Nutzung verhindern kann („safe setting"). Hierbei spielen technische und organisatorische Sicherheitsvorkehrungen der Dateninfrastruktur eine Rolle. Die Dimension dient einer proaktiven Auseinandersetzung mit Risiken. Adäquate Schutzmaßnahmen sollen das Risiko eines unbefugten Zugriffs minimieren und die Integrität der Daten gewährleisten. Hier ist allerdings nicht nur die Überprüfung, sondern auch die Einrichtung und Aufrechterhaltung eines sicheren Umfelds kosten- und ressourcenintensiv. Forscher, die an kleinere Institute angebunden sind, die kein elaboriertes Sicherheitssystem aufweisen, werden durch dieses Kriterium benachteiligt, obwohl das Vorliegen der Voraussetzung nicht in ihrem Machtbereich liegt.

Schließlich wird in der fünften Dimension gefragt, wie aufschlussreich die Ergebnisse sind („safe outputs"). Dabei wird geprüft, welche Art von Ergebnissen erwartet werden kann und wie wertvoll diese für das Forschungsfeld sind. Die Dimension hängt eng mit der des geplanten Nutzens zusammen und soll ebenfalls eine effiziente, zielgerichtete Forschung fördern, läuft aber ebenso Gefahr, Wissenschaftler in ihrer Wahl des Forschungsgegenstands einzuschränken oder aufgrund subjektiver Einschläge unfair zu sein.

Die Risikodimensionen stärken oder schwächen einander.[1279] Wenn die Daten beispielsweise im Rahmen eines „sicheren Projekts" verwendet werden, das dem Gemeinwohl dient und die Forscher des Projekts für ihre sorgfältige und umsichtige wissenschaftliche Arbeit bekannt sind, und nur bestimmte Adressaten Zugang zu den Daten erhalten, erhalten sie eher Zugriff auf risikobehaftete Daten über das Repositorium.[1280]

Problematisch an dem Modell ist jedoch der mit ihm einhergehende Aufwand und dass die Beurteilung subjektiv sein kann. Das kann zu ungerechten Zugangsbeschränkungen führen. Darunter könnten insbesondere innovative und unkonventionelle Forschungsansätze leiden. Vor diesem Hintergrund ist es umso wichtiger, dass Kriterien wie „Vertrauenswürdigkeit" im Vorfeld klar und transparent definiert werden durch Mitglieder der wissenschaftlichen Gemeinschaft und Betroffene sich im Falle einer für sie ungünstigen Entscheidung beschweren können.

1279 *Specht-Riemenschneider/Wehde*, ZGI 2022, 3, 8.

1280 *Desai/Ritchie/Welpton*, Five Safes: designing data access for research, S. 7 f., abrufbar unter: https://www2.uwe.ac.uk/faculties/bbs/Documents/1601.pdf.

Für eine Forschungsdateninfrastruktur, die keine personenbezogenen Daten enthält, eignet sich das Modell nur eingeschränkt als Vorbild. Im Sinne des Transparenzgebots ist es für anfragende Forscher hilfreich, anhand der Risikodimensionen und zuvor festgelegten Auslegungskriterien die Erfolgsaussichten der eigenen Anfrage einschätzen zu können. Das Datenzugangskomitee sollte bei seiner Entscheidung auf die objektiven Kriterien zurückgreifen. Dabei sollte es sich jedoch nicht starr an die im Modell etablierten Dimensionen halten, sondern die Kriterien für Forschungsdaten angepasst in einem gemeinsamen Prozess mit anderen Stakeholdern aus der wissenschaftlichen Gemeinschaft entwickeln und festlegen. Dabei sollte ein Ansatz gewählt werden, der sich auf die Bewertung und Minimierung von Risiken konzentriert.[1281]

III. Regulatorischer Rahmen

Um den Zugang zu Forschungsdaten sicherzustellen und zu regulieren, eignen sich verschiedene Instrumente. Eines davon sind Forschungsklauseln, die einen privilegierten Zugang zu Daten für Wissenschaftler regeln.[1282] Eine sektorübergreifende Forschungsklausel, die Zugang zu Daten eröffnet, gibt es bisher nicht. Stattdessen bestehen spezifische Klauseln. Viele setzen eine im Gemeinwohlinteresse oder zumindest im öffentlichen Interesse liegende Forschung voraus.[1283] Andere fordern eine wissenschaftliche Forschung in Abgrenzung zu einer kommerziellen[1284] und/oder regeln die Anschlussnutzung etwa durch Zitationsvorgaben oder der Beschränkung einer Weitergabe von Daten an Dritte. Oft wird der Zugang nur eingeschränkt zu bestimmten Forschungszwecken gewährt, angeknüpft an Qualifikationen des Anfragenden oder an die Einhaltung bestimmter Bedingungen. Zudem kann eine Begrenzung hinsichtlich der Nutzungsdauer vorgesehen sein. Das ermöglicht einen zielgerichteten Zugang für akademische Wissenschaftler und fördert gezielte Forschung im öffentlichen Interesse. Die Schrankenregelung dient dem Ausgleich der Grundrechtspositionen von Zu-

---

1281 Vgl. auch *Culnane/Rubinstein/Watts*, Not fit for Purpose: A critical analysis of the 'Five Safes', 2020, S. 6.

1282 Beispiele dafür sind § 19 Abs. 3 Satz 1 Urheberrechts-Diensteanbieter-Gesetz, § 8 Abs. 1 Bundeskrebsregisterdatengesetz, § 303e Abs. 1 Nr. 8 SGB V, Art. 31 Digital Services Act, § 5a Netzwerkdurchsetzungsgesetz. Letztere Norm verlangt in ihrem Abs. 4 ein Schutzkonzept für Grundrechte und Grundfreiheiten Dritter im Zugangsantrag.

1283 So in der Gesetzesbegründung zu § 8 KrebsRegG-E, wo von einem öffentlichen „Erkenntnisinteresse" die Rede ist, BT-Drs. 19/28185, S. 43.

1284 So bspw. in § 303e Abs. 1 Nr. 8 SGB V.

gangsberechtigten, Zugangsgewährungsverpflichteten und Dritten. Es gibt Klauseln, denen zufolge ein wissenschaftlicher Ausschuss oder ein anderes Gremium über den Zugang mitentscheiden muss.

Das Fehlen einer einheitlichen (Auffang-)Regelung kann zu inkonsistenten Zugangsgewährungen und rechtlichen Unsicherheiten führen. Eine allgemeine, fachübergreifende Forschungsklausel, die offen gegenüber innovativen Ansätzen – unter bestimmten Voraussetzungen auch aus der kommerziellen Forschung – ist, sollte wie folgt lauten: „Zugang zu Forschungsdaten wird für wissenschaftliche Zwecke gewährt, vorausgesetzt, die Forschung erfüllt festgelegte rechtliche, ethische und wissenschaftliche Standards. Der Zugang zu Daten für kommerzielle Zwecke wird gesondert geprüft und kann – wenn er gewährt wird – zusätzlichen Auflagen unterliegen." Datenerhebende, -verwaltende und -nachnutzende Institutionen sollten die Klausel gemeinsam formulieren, der Gesetzgeber legt sie fest.

Ein weiteres Instrument ist eine Datenzugangsvergütung.[1285] Die Vergütung würden die Nutzer der Daten an den Bereitsteller (in der Regel den Datenbankbetreiber) entrichten. Dies kompensiert die Kosten für das Bereitstellen, Pflegen und Sichern der Daten. Erhalten auch Datenerheber einen Teil des Entgelts, könnte das ihre Bereitschaft zum Teilen erhöhen. Ein Anspruch des Bereitstellers auf Erstattung der durch den Datenzugang entstehenden Kosten in angemessener[1286] Höhe gleicht den Mehraufwand des Zugänglichmachens aus.

Allerdings erschweren Vergütungsansprüche faktisch den Zugang zu bereits vorhandenen Daten insbesondere für Forscher mit begrenzten Mitteln und lassen ihn mitunter weniger attraktiv erscheinen.[1287] Deshalb sollte der Nachnutzer das Geld von der eigenen Forschungseinrichtung oder – vorzugswürdig – der Förderorganisation erstattet bekommen. Förderorganisationen unterstützen zunehmend den Mehraufwand, der durch das Datenteilen entsteht und haben gesonderte Fördergelder für Projekte, die auf bestehende Daten zurückgreifen.[1288] Ein direkter Anspruch auf zusätzliche Mittel für eine Nachnutzung eingespeister

1285 Die Datenzugangsvergütung ist umfassend in der Datentransparenz-Gebührenverordnung geregelt, die für die Datenzugangsgewährung nach den §§ 303a ff. SGB V gilt.

1286 Um die Angemessenheit der Vergütung zu bestimmen, sollten Faktoren wie der Umfang und die Komplexität der Daten, der erforderliche Wartungs- und Sicherungsaufwand berücksichtigt werden.

1287 § 5a Abs. 8 NetzDG zufolge dürfen die Kosten kein wesentliches Hindernis für die Inanspruchnahme des Datenzugangsanspruchs darstellen und sind auf 5.000 Euro gedeckelt. Darüber hinaus sind die Grundsätze des § 287 Abs. 1 ZPO anzuwenden.

1288 *Specht-Riemenschneider/Wehde*, ZGI 2022, 3, 9.

Daten ergibt sich jedenfalls nicht unmittelbar aus der Wissenschaftsfreiheit. Förderorganisationen trifft jedoch die Pflicht, im Rahmen ihrer Förderpolitik und -praxis die finanzielle Umsetzbarkeit von Forschungsprojekten zu unterstützen, die sie fördern.[1289] Das gilt umso mehr, wenn sie Fördernehmer zu Data Sharing und der Nutzung geteilter Daten verpflichten. Bei verbindlichen Vorgaben müssten Förderer für den finanziellen Mehraufwand aufkommen, weil andernfalls eine Forschung in vielen Bereichen praktisch zu sehr erschwert würde durch zusätzliche finanzielle Belastungen. Insofern kommt Förderorganisationen, die den Datenaustausch ihrer Fördernehmer einfordern, ein Schutzauftrag vor finanziellen Überbelastungen der Geförderten zu. Das geht allerdings wiederum mit einer erhöhten Abhängigkeit von Fördermitteln einher.

Zudem gibt es das Instrument eines Open-Research-Data-Gesetzes durch den Staat oder überstaatliche Zusammenschlüsse wie die Europäische Union.[1290] Ein solches regelte die Offenlegung von und den Zugang zu Forschungsdaten. Eine gesetzliche Regelung bietet mehr Rechtssicherheit und stellt eine einheitliche Grundlage für alle Beteiligten dar. Es förderte einen freien Zugang und unterstützte Open Science-Prinzipien. Enthaltene Mechanismen für eine internationale Zusammenarbeit unterstützen globale Forschungsinitiativen. Allerdings sind gesetzliche Vorgaben oft starr und lassen weniger Spielraum, um auf disziplinspezifische Forschungsbedürfnisse einzugehen.

Ferner können Transparenz- und Berichtspflichten sowie individuelle Zugangsvereinbarungen zwischen Wissenschaftlern, Forschungseinrichtungen und Datenverwaltern den Zugang zu Daten regeln. Zugangsvereinbarungen sind in der Regel Teil einer Datennutzungsvereinbarung, die festlegt, ob und wie die Daten zugänglich sind, wie der Nachnutzer auf sie zugreifen kann, was er dabei zu beachten hat, welche Rechte (zum Beispiel hinsichtlich Überprüfung, Nutzung und Verwertung) dem Nachnutzer in welchem Verarbeitungsstadium zustehen, welche Pflichten ihn konkret treffen (zum Beispiel in welcher Form er die Datenquelle zitiert) und welche Rechte beim Datenerheber verbleiben, nachdem er seine Daten in ein Repositorium eingespeist hat. Vertragliche Regelungen können flexibel auf einzelne Projekte und Datenarten zugeschnitten werden. Eine Vielzahl unterschiedlicher Vereinbarungen kann allerdings die Rechtssicherheit beeinträchtigen und geht mit einem hohen Verwaltungs- und Zeitaufwand einher, wenn die Vereinbarungen bei jeder Nutzung neu individualisiert angepasst werden.

1289 Siehe zu diesem Aspekt, der eine Gewährleistungsverantwortung auslösen kann, Kapitel 4 C. II., III.

1290 Zu entsprechenten Kompetenzvorschriften unter Kapitel 4 C. IV.

Mustervereinbarungen vereinfachen den Prozess und erhöhen die Einheitlichkeit. Erprobte Richtlinien verhindern zudem das Risiko rechtlicher Auseinandersetzungen. Sie können den Beteiligten mühsame Arbeit abnehmen. Zudem vereinheitlichen sie zu einem gewissen Grad die Ausgestaltung des Zugangs wie auch des Zugriffs, können zu mehr Rechtssicherheit führen und Rechtsstreitigkeiten vorbeugen. Ein gutes Beispiel hierfür ist der „Mustervertrag Datennutzung KonsortSWD".[1291] Die standardisierte Vereinbarung enthält Richtlinien für die Nutzung von Daten hinsichtlich Zugangsrechten und Nutzungseinschränkungen.[1292] Allerdings sind sie auch weniger flexibel und decken unter Umständen nicht alle disziplinspezifischen Bedürfnisse ab. Forschungseinrichtungen, Förderorganisationen oder Betreiber von Repositorien könnten Mustervereinbarungen bereitstellen.

In der Praxis ist eine Kombination der Instrumente sinnvoll. Es bedarf einer gesetzlichen Grundlage in Form einer europäischen und ins nationale Recht umgesetzten Forschungsgeneralklausel, die den Zugang zu eingespeisten Forschungsdaten regelt. Zudem bedarf es einheitlicher Richtlinien, unter welchen Bedingungen eine kommerzielle Nutzung zulässig ist. Der Gesetzgeber setzt grundlegende Standards in Form von Leitlinien. Vertragliche Vereinbarungen regeln spezifische Details. Dazu sollte es standardisierte Mustervereinbarungen geben, von denen die Beteiligten aber im Einzelfall bezüglich bestimmter Punkte abweichen können. Schulungen und Informationsangebote sind wichtig, um die Akteure für wichtige Aspekte des Datenmanagements zu sensibilisieren.

1291 Das Projekt hat den Musterdatennutzungsvertrag 2021 i.R.d. Nationalen Forschungsdateninfrastruktur erarbeitet auf Grundlage von Datennutzungsverträgen von Forschungsdatenzentren (FDZ), die durch den RatSWD akkreditiert sind, *Schallaböck/Hoffstätter/Buck et al.*, Mustervertrag Datennutzung KonsortSWD, 2022, abrufbar unter: https://zenodo.org/record/5828114#.Y8aa5HbMJPY.

1292 *Schallaböck/Hoffstätter/Buck et al.*, Mustervertrag Datennutzung KonsortSWD, 2022, S. 2 ff., 8, abrufbar unter: https://zenodo.org/record/5828114#.Y8aa5HbMJPY.

Kapitel 6: Zusammenfassung und Handlungsempfehlungen

Die wissenschaftliche Forschung hat eine Schlüsselfunktion für die gesamtgesellschaftliche Entwicklung.[1293] Informationen sind die Grundlage von Fortschritt.[1294] Doch sind wissenschaftliche Daten oft kaum auffindbar und es fehlt an einer adäquaten Infrastruktur.[1295] Angesichts der aktuellen Entwicklungen in der datenbasierten Forschung bedarf es einer umfassend vernetzt-standardisierten Infrastruktur, die insbesondere Gesundheits- und Umweltdaten zugänglich macht und ihren wissenschaftlichen Austausch fördert.

Eine solche zukunftsoffene Infrastruktur ist auf staatliche Hilfe angewiesen, um ein ausreichendes Speichervolumen, eine adäquate Vernetzung auch mit internationalen Infrastrukturen sowie eine langfristige Planung und Finanzierung zu garantieren.[1296] Eine Beteiligung an der Infrastruktur ermöglicht es dem Staat, die Strukturen eines digitalen Raums für Forschungsdaten mitzugestalten und sie gegebenenfalls zu regulieren.[1297] Ein weiterer Auf- und Ausbau der *Nationalen Forschungsdateninfrastruktur* und anderen Repositorien greift etwaigen europäischen Entwicklungen in Richtung einer Forschungsdateninfrastruktur-Richtlinie vor. Deutschland sollte im Falle einer europarechtlichen Pflicht zur Etablierung einer Forschungsdateninfrastruktur vorbereitet auf diese reagieren können.[1298]

A. Das „Ob“ der Gewährleistungsverantwortung für eine Forschungsdateninfrastruktur

Die Gewährleistung einer Forschungsdateninfrastruktur kann als Staatsaufgabe angesehen werden. Daraus lassen sich jedoch keine Rückschlüsse auf das Bestehen oder die Reichweite einer entsprechenden staatlichen Pflicht ziehen.[1299] Eine solche Pflicht lässt sich zumindest noch nicht aus hoheitlichen Vorgaben in Verbindung mit dem Konsequenzgebot beziehungsweise der Garantenstellung

1293 Kapitel 4 D. I. 2. b), vgl. auch die Potenziale des Datenaustauschs in Kapitel 2 A.
1294 *Lederer*, Open Data, S. 33.
1295 Siehe Kapitel 2 B.
1296 Vgl. Kapitel 3 A. II. 1.
1297 Kapitel 4 B. I. 2.
1298 Kapitel 4 E.
1299 Kapitel 4 A.

und dem Grundsatz des Vertrauensschutzes begründen. Bisherige unverbindliche Empfehlungen zugunsten des Teilens wissenschaftlicher Daten reichen dafür nicht aus.[1300] Da sich vorhandene hoheitliche Vorgaben aber grundsätzlich zu einer Gewährleistungsverantwortung verdichten können und ein zunehmender Datenaustausch angesichts der Entwicklungen im Open Science-Bereich zu erwarten ist, kann sich das zukünftig ändern. Hier sind die Entwicklungen dynamisch. Je verbindlicher der Staat Wissenschaftlern vorgibt, ihre Daten (in einer bestimmten Art) zu teilen, desto größer ist seine Verantwortung, eine Infrastruktur zum Speichern und Bereitstellen dieser Informationen auch im Rahmen seiner Vorsorgeverantwortung[1301] zu gewährleisten.[1302]

Aus der subjektiven Schutzdimension der Wissenschaftsfreiheit ergibt sich keine staatliche Gewährleistungsverantwortung für eine solche Forschungsdateninfrastruktur.[1303] Zwar ermöglicht Infrastruktur Anschluss- und Reproduktionsstudien in effizienter und effektiver Weise. Der Austausch von Daten ist dennoch zumindest noch nicht unerlässlich für die freie Ausübung des Grundrechts aus Art. 5 Abs. 3 Satz 1 GG.

Aus der objektiv-rechtlichen Dimension der Wissenschaftsfreiheit trifft den Staat allerdings eine Förder- und Schutzpflicht zugunsten einer freien Wissenschaft, insbesondere gegenüber Datenerhebern und Nachnutzern. Die freie Wissenschaft profitiert von einem gemeinwohlorientierten Forschungsdatenaustausch.[1304] Ein ausbleibender Ausbau der Infrastruktur verletzt nicht das Untermaßverbot.[1305] Doch die Gewährleistung einer Forschungsdateninfrastruktur ist eine Option, wissenschaftlichen Schutzpflichten nachzukommen. Zwingend ist sie jedenfalls noch nicht.[1306] Forschungsvorhaben in den Gesundheits- und Umweltwissenschaften profitierten zwar von einer solchen Infrastruktur, sind jedoch nicht auf sie angewiesen.

Schließlich ergibt sich weder aus der Informationsfreiheit nach Art. 5 Abs. 1 Satz 1 Alt. 2 GG noch aus der Schutzpflicht des Staates für Leben und Gesundheit aus Art. 2 Abs. 2 Satz 1 GG eine Gewährleistungsverantwortung. Eine solche ergibt sich auch nicht unmittelbar aus dem Gestaltungsauftrag des Art. 20a GG, in Verbindung mit dem Schutzauftrag für Leib und Leben oder völkerrechtlichen

---

1300 Kapitel 4 C. II. 1., 2.

1301 Dazu in Kapitel 4 B. II. 1.

1302 Siehe Kapitel 4 C. V.

1303 Kapitel 4 D. I. 1. a)-e).

1304 Kapitel 4 D. I. 2., insb. in c).

1305 Kapitel 4 D. I. 2. c) aa).

1306 Zur einer sich dynamisch entwickelnden Vorsorgeverantwortung Kapitel 4 D. I. 2. d).

Umweltschutzpflichten. Gleiches gilt für die Kompetenz zur Förderung wissenschaftlicher Forschung aus Art. 74 Abs. 1 Nr. 13, 72 Abs. 2 GG und Ableitungen aus dem Sozial- und Rechtsstaatsprinzip. Die Verfassungsnormen stehen einer Gewährleistungsverantwortung allerdings auch nicht entgegen.

Wenngleich einschlägige verfassungsrechtlich geschützte Interessen für den Nutzen einer Forschungsdateninfrastruktur sprechen,[1307] ist ihre Gewährleistung verfassungsrechtlich nicht zwingend geboten. Sowohl hinsichtlich des „Ob“ als auch des „Wie“ der Etablierung staatlich gewährleisteter Forschungsdatenbanken verbleibt der öffentlichen Hand ein Beurteilungsspielraum. Sollte Deutschland sich einer Gewährleistungsverantwortung für eine Forschungsdateninfrastruktur annehmen, sind dabei die folgenden Erwägungen hinsichtlich des „Wie“ der Wahrnehmung zu berücksichtigen.

B. Ausgestaltung des „Wie“ bei einer Infrastrukturgewährleistungsverantwortung

I. Inhalt der Verantwortung

Eine Gewährleistungsverantwortung für Forschungsdatenbanken umfasst ihren Auf- und Ausbau, ihren Betrieb im engeren Sinne inklusive (Cloud-)Diensten, Schutzvorkehrungen für Nutzer und eingespeiste Informationen sowie Serviceleistungen zum Speichern und Abrufen von Daten, das Instandhalten der Systeme, Software und Datenformate sowie die Verwaltung und Vernetzung der Speicherorte.[1308] Optionen zur Umsetzung werden im Folgenden ausgesprochen, wenngleich die Vorgehensweise letztlich den Verantwortungsträgern (insbesondere Staat, Förderorganisationen, Forschern, Datenbankbetreibern)[1309] obliegt.

Die Infrastruktur sollte an bestehende Datenbanken angebunden werden und mit ihnen kompatibel sein.[1310] Das gilt insbesondere für die *European Open Science Cloud*, die den Aufbau einer europäischen Forschungsdateninfrastruktur ermöglicht.[1311] Diese kann als europäisches Forschungsdaten-Portal ähnlich den GENESIS-Geodatenbanken angesehen und eingesetzt werden.[1312] Für eine hohe Kompatibilität empfehlen sich gemeinsame technische Sicherheits- sowie fach-

1307 Kapitel 4 E.
1308 Siehe Kapitel 3 A. II. 4. und Kapitel 5 A. I., II.
1309 Genauer zu den Verantwortungsträgern sogleich unter II.
1310 Vgl. Kapitel 4 B. I. 3. b) und Kapitel 5 A. III. 2.
1311 Gründe dafür finden sich in Kapitel 3 B. III. 4. b) und Kapitel 5 A. III. 2.
1312 Kapitel 3 D. III.

spezifisch qualitative Standards für Daten und Metadaten wie auch entsprechende Kontrollstrukturen.[1313] Für die Überprüfung der Einhaltung etwaiger Lizenzen und Standards empfiehlt sich neben Peer Review-Verfahren der Einsatz moderner Technologien.[1314] Die Infrastruktur muss robust, skalierbar und sicher sein. Dafür sind Schutzmechanismen wie Firewalls, Verschlüsselungen und gewisse Zugangskontrollen unentbehrlich.

Infrastrukturen spezialisiert auf bestimmte benachbarte Disziplinen mit ähnlichen Standards sind vorzugswürdig. Sie sollten überregional operieren und fachübergreifend vernetzt sein.[1315] Es gilt, den Austausch zwischen Forschern technologieneutral[1316] sowie innovationsoffen gegenüber modernen Verarbeitungs- und Verifizierungsmethoden[1317] zu erleichtern.[1318] Da Daten mit zunehmender Masse an Übersichtlichkeit und damit an Nutzen verlieren können, kann eine Vorauswahl trotz der mit ihr einhergehenden Herausforderungen erforderlich sein.[1319] Um Ressourcen optimal zu nutzen, sollte die Abwärme eingesetzter Rechenzentren der Energiegewinnung dienen.[1320]

1313 Siehe zu einheitlichen Standards Kapitel 5 A. III., zu möglichen Kontrollstrukturen Kapitel 5 A. I. 2, III.

1314 Kapitel 3 D. III. 1.

1315 Siehe Kapitel 5 A. III., auf die Notwendigkeit globaler Datennutzungsabbkommen hinweisend und betonend, dass zunächst eine nationale Infrastruktur ausgebaut werden sollte.

1316 In diesem Kontext meint technologieneutral, dass die Infrastruktur mit einer Vielzahl von Technologien und Standards kompatibel ist, mit unterschiedlichen Soft- und Hardwaresystemen funktioniert, neue technologische Entwiclungen integrieren kann und interoperabel zwischen verschiedenen Systemen und Plattformen den Austausch zwischen den Disziplinen ermöglicht. Eine technologieneutrale Infrastruktur kann unabhängig von spezifischen technologischen Ressourcen und damit von einer größeren Anzahl an Forschern genutzt werden.

1317 Zum Einsatz von Blockchains bei diesem Unterfangen siehe Kapitel 5 A. II. 1.

1318 So geschieht es für Gerichte i.R.d. Digitalisierung der Justiztätigkeit, *Bundesministerium der Justiz*, Diskussionsentwurf eines Gesetzes zur Einführung der elektronischen Akte in Strafsachen, http://www.bmj.de/SharedDocs/Downloads/DE/pdfs/Diskussionsentwurf_Gesetz_zur_Einfuehrung_der_elektronischen_Akte_in_Strafsachen.html. Siehe auch Kapitel 3 D. III. 1., C. II. 3. b) und Kapitel 5 A. III. 3., B. V.

1319 Siehe zu Kriterien dieser Vorauswahl Kapitel 5 A. III. 4. b).

1320 Kapitel 3 A. II. 2.

II. Verantwortungsteilung

Der Staat kann Private in den Forschungsdateninfrastrukturausbau einbeziehen über Öffentlich-Private-Partnerschaften, Kooperationsverträge oder im Rahmen der Vergabe öffentlicher Aufträge.[1321] Im Sinne einer interessengerechten Verantwortungs- und Aufgabenverteilung wird Folgendes empfohlen:

1. Verantwortung der Forscher, ihrer Einrichtungen und der wissenschaftlichen Gemeinschaft

Die Datenerheber und ihre Forschungseinrichtungen tragen primär die Verantwortung für die Qualität der Daten und Metadaten. Sekundär kommt anderen Forschern der wissenschaftlichen Gemeinschaft eine Kontrollverantwortung zu, die Qualität im Rahmen von Peer Review-Verfahren zu überprüfen.[1322]

Forschungsförderorganisationen kommt insbesondere aufgrund ihrer Sachnähe und Expertise die Aufgabe zu, den institutionellen Rahmen eines Forschungsdatenaustauschs langfristig mitzugestalten und zu planen.[1323] Sie legen die Richtlinien für den Datenaustausch fest. Zudem sollten sie die Entwicklung und Wartung von Repositorien unterstützen sowie Schulungen zur Nutzung der Repositorien, Tools und zum Datenmanagement initiieren. Bei einer kostenkollektivierenden wissenschaftsinternen Finanzierung kommt sie finanziell für das Aufbewahren und Zugänglichmachen von Daten auf.[1324]

Besonders im Kontext globaler Forschung können internationale Organisationen oder Konsortien aus verschiedenen Ländern und Institutionen eine Rolle spielen, vor allem bei der Vernetzung und dem Austausch von Daten über nationale Grenzen hinweg.

2. Verantwortung der Datenbankbetreiber

Datenbankbetreiber sind für die Wartung und Instandhaltung der Infrastruktur einschließlich der angebotenen Dienste und eingespeisten Daten zuständig. Diese Dienste können auch dazu eingesetzt werden, die Qualität der eingespeisten Daten und das Vorhandensein von Metadaten zu überprüfen (Kontrollverantwortung). Technologieanbieter sind für spezialisierte Software, Cloud-Dienste oder technische Unterstützung verantwortlich.

1321 Siehe verschiedene Modelle in Kapitel 5 B. I.

1322 Kapitel 3 D. III. 1., Kapitel 4. B. I. 2. a) aa) und Kapitel 5 B. III. 2. c).

1323 Kapitel 3 A. I. 2. und Kapitel 5 B. III. 1., V.

1324 Siehe dazu Kapitel 5 B. IV. 2. b).

Ebenso haben die Betreiber für die Sicherheit der Repositorien einzustehen.[1325] Sie trifft eine Kooperationsverantwortung, ihr Repositorium interoperabel in die bestehende Infrastruktur einzugliedern und zu vernetzen.[1326] Zudem kann sie auch eine Verantwortung für den Erlass eines Zugangsregimes treffen.

3. *Verantwortung des deutschen Staates*

Dem Staat kommt im Rahmen seiner Gewährleistungs- und Steuerungsverantwortung die Aufgabe zu, den Infrastrukturprozess zu beobachten und bei Bedarf subsidiär einzugreifen (Auffangverantwortung). Der Staat kann mehr als den Mindeststandard gewährleisten, muss sich bei dem „Wie" der Leistungserbringung allerdings im Sinne des Subsidiaritätsgrundsatzes gegenüber privaten Akteuren zurückhalten. Subsidiär ist die öffentliche Hand auch für die Sicherheit der Nutzer und eingespeisten Daten in staatlich gewährleisteten Datenbanken verantwortlich (Auswahl-, Kontroll- und Reserveverantwortung). Der Staat sollte sicherstellen, dass Leitlinien existieren, an denen sich Datenerheber, Nachnutzer und Datenbankbetreiber orientieren können. Das ermöglicht eine Vereinheitlichung und erleichtert spätere Kontrollen. Bei positiver Kenntnis von Defiziten treffen ihn angesichts seiner Kontrollverantwortung Nachforschungspflichten. Schließlich trifft den Staat eine Planungsverantwortung.[1327]

Angesichts chronisch knapper Mittel in der Forschung ist der Staat für die Finanzierung hauptverantwortlich. Das kann auch eine Regulierungsverantwortung nach sich ziehen. Hinsichtlich der Investition öffentlicher Gelder in die Infrastruktur trifft ihn eine Rechenschaftsverantwortung.[1328]

Im internationalen Kontext trägt Deutschland (gegebenenfalls neben Institutionen der Europäischen Union) eine Verantwortung, sich für eine Vernetzung und einheitliche Standards beim Austausch von Forschungsdaten einzusetzen und sich an entsprechenden Arbeitsgruppen zu beteiligen.[1329]

Es empfiehlt sich ein stetiger Austausch mit der wissenschaftlichen Gemeinschaft und Infrastrukturbetreibern. Die dadurch erhoffte Expertise hilft dem Staat, seine Verantwortung im Bereich der Forschungsdateninfrastruktur sinnvoll mit

1325 Kapitel 3 D. III. 1 und Kapitel 5 B. III. 2. c).

1326 Kapitel 5 B. III.

1327 Siehe zur Verantwortung des Staates Kapitel 4 B. I. 2. a) aa), II. 1. b) und Kapitel 5 B. I., III. 1., 2., V.

1328 Kapitel 4 B. I. 2. b), II. 1. a) und Kapitel 5 B. IV.

1329 Kapitel 5 A. III. 2., B. III. 2. b).

der gebotenen Zurückhaltung wahrzunehmen und Maßnahmen an sich wandelnde Bedürfnisse anzupassen.[1330]

III. Zugangsgestaltung

Der Zugang zu Forschungsdaten in einer staatlich gewährleisteten Infrastruktur sollte sich an den international etablierten „FAIR“- Prinzipien orientieren. Eingespeiste Daten müssen danach auffindbar, zugänglich, interoperabel und wiederverwendbar sein.[1331]

Zudem empfiehlt sich die Default-Einstellung „gemeinsam genutzt“ nach dem „Openness by Design“-Prinzip.[1332] Dann werden die Daten ohne Zutun ihres Erhebers unter der Rubrik „shared“ für andere Wissenschaftler geteilt. Der vorzugswürdige Offenheitsgrad variiert jedoch je nach Einzelfall entsprechend der Natur der geteilten Daten und ihrem Verarbeitungsgrad. Es kann und sollte bei der Zugangsgewährung im Falle eines – hier empfohlenen – eingeschränkten Zugangs zusätzlich nach dem Ursprungs- oder Anschlussprojekt, dem Zweck der Nachnutzung, dem Datenempfänger, dem „Setting“, den Möglichkeiten zur Minimierung einer unbefugten Nutzung und den Folgen einer nichtautorisierten Nachnutzung differenziert werden. Die Kriterien orientieren sich an den Risikodimensionen des „Five Safes Model“, das aufschlüsselt, unter welchen Umständen etwa risikobehaftete Daten nach welchem Offenheitsgrad zugänglich gemacht werden können.[1333] Das Modell kann Datenzugangskomitees[1334] bei ihrer Entscheidung unterstützen oder als Algorithmus in ein automatisiertes System zur Verarbeitung von Zugangsfragen eingespeist werden. Automatisierte Zugangsgewährungen sind nur bei unkomplizierten Anfragen zu empfehlen und sollten unter dem Vorbehalt einer erneuten Kontrolle durch eine reale Person gewährt werden.

Der Zugang sollte grundsätzlich innerhalb eines Monats gewährt werden.[1335] Er kann quantitativ oder qualitativ hinsichtlich der zulässigen Datenverwendung eingeschränkt werden. Das gilt jedenfalls, wenn schutzwürdige Rechte und Interessen (Wissenschaftsfreiheit des Datenerhebers, Betriebs- und Geschäfts-

---

1330 Kapitel 5 B. V.

1331 Zur genauen Bedeutung der FAIR Prinzipien siehe Kapitel 5 C. II. 2.

1332 Zu den Vorzügen gegenüber anderen Offenheitsgraden siehe Kapitel 5 C. II. 2., 2. b), c).

1333 Zum „Five Safes Model“ in Kapitel 5 C. II. 3, zu weiteren Differenzierungskriterien bereits in 2. b) bb).

1334 Zu möglichen Zusammensetzungen des Entscheidungsgremiums, insb. zur Einbeziehung des Datenerhebers siehe Kapitel 5 C. II. 2. b) bb).

1335 Kapitel 5 C. II. 2. b) cc).

geheimnisse, Urheberschutzrechte, öffentliche Nichtoffenbarungsinteressen, das Recht auf informationelle Selbstbestimmung dies gebieten.[1336] Zugangsberechtigte sollten sich über ein Authentifizierungsverfahren verifizieren müssen, bevor sie Zugriff auf die Daten – idealerweise von überall über das Internet – erhalten.[1337] Den Zugangsberechtigten können Übermittlungs-, Anzeige- beziehungsweise Zitationspflichten treffen.[1338] Das sollte in einer allgemeinen Forschungsklausel, in einem Open-Research-Data-Gesetz und ergänzend auf den konkreten Fall zugeschnitten in Datennutzungsvereinbarungen geregelt werden.[1339]

C. Schlusswort

Mit dem Aufbau der *Nationalen Forschungsdateninfrastruktur* setzt der Staat einen wichtigen Schritt in Richtung offen verfügbarer Forschungsdaten. Damit ist es aber noch nicht getan. Die Gewährleistung einer Infrastruktur, die die Überprüfung und Weiterverwendung von Forschungsbereichen insbesondere aus den Gesundheits- und Umweltwissenschaften ermöglicht, ist eine dynamische Daueraufgabe, die sich nach den Entwicklungen in der wissenschaftlichen Gemeinschaft richtet. Deutschland sollte sich seiner Verantwortung in diesem Zusammenhang annehmen und seine Rolle als international wichtige Forschungsnation nutzen, um eine offene Wissenschaft international zu fördern.

1336 Kapitel 5 C. II. 2. b) aa), bb), III.

1337 Kapitel 5 C. II. 2. b) aa), cc). Jener Abschnitt beschäftigt sich auch mit erforderlichen Sicherheitsvorkehrungen.

1338 Kapitel 5 C. II. 2. b) aa).

1339 Kapitel 5 C. II. 2. b) aa), II.

Glossar

Big Data	sehr große, komplexe, unstrukturierte, dynamisch zusammengesetzte Datenmassen aus heterogenen Datenquellen, für deren datengeleitete Verarbeitung weder die traditionellen Datenanalyseverfahren noch die bestehenden Regeln eines rechtssicheren und ethischen Umgangs mit Daten ausreichen
Datenteilen	Prozess bei dem Daten über eine Infrastruktur einem (bestimmten) Adressatenkreis zugänglich gemacht werden
Datenerheber/ Datenerzeuger	Forscher, der Daten erzeugt und sie gegebenenfalls in eine Infrastruktur einspeist oder anderweitig teilt
Datennutzer/ Nachnutzer	Forscher, der Zugang zu und Nutzungsrechte an Daten erhält, um damit eigene Forschung betreiben zu können
Forschungsdaten-management	Die Verwaltung von Forschungsdaten einschließlich ihrer Erhebung, Weiterverarbeitung und Aufbereitung zur Nachnutzung

Literaturverzeichnis

Bei der Zitation von Loseblattsammlungen ist der Stand der jeweiligen Bearbeitung angegeben.

Alle Internetquellen wurden am 30. Januar 2024 das letzte Mal aufgerufen.

Abend, Theresa, Grenzen der Völkerrechtsfreundlichkeit, 2018.

Agarwal, Deborah A./Damerow, Joan/Varadharajan, Charuleka/Christianson, Danielle S. et al., Balancing the needs of consumers and producers for scientific data collections, Ecological Informatics, 62 (2021), S. 1-8.

Agbehadji, Israel Edem/Awuzie, Bankole Osita/Ngowi, Alfred Beati/Millham, Richard C., Review of Big Data Analytics, Artificial Intelligence and Nature-Inspired Computing Models towards Accurate Detection of COVID-19 Pandemic Cases and Contact Tracing, Int. Journal of Environmental Research and Public Health, 17 (2020), S. 1-16.

Albalwy, Faisal/McDermott, John H./Newman, William G./Brass, Andrew et al., A blockchain-based framework to support pharmacogenetic data sharing, Pharmacogenomics Journal 2022, S. 1-12.

Alexy, Robert, Grundrechte als subjektive Rechte und als objektive Normen, Der Staat, 29 (1990), S. 49-68.

Alexy, Robert, Recht, Vernunft, Diskurs. Studien zur Rechtsphilosophie, 1995.

Alexy, Robert, Theorie der Grundrechte, 1986.

Alexy, Robert, Theorie der juristischen Argumentation. Die Theorie des rationalen Diskurses als Theorie der juristischen Begründung; Nachwort: Antwort auf einige Kritiker, 2. Aufl., 1991.

Allianz der Wissenschaftsorganisation, Schwerpunktinitiative „Digital Information“, Leitbild 2018-2022, 2017.

Alonso, Ruth/Pisa, Diana/Carrasco, Luis, Brain Microbiota in Huntington‘s Disease Patients, Front Microbiol, 10 (2019), Article 2622.

Andersen, Erik André/Lindsnaes, Birgit, Towards new global strategies. Public goods and human rights, 2007.

Angelov, Jean, Grundlagen und Grenzen eines staatsbürgerlichen Informationszugangsanspruchs, 2000.

Anger, Michael/Wendelborn, Christian/Winkler, Eva C./Schickhardt, Christoph, Neither carrots nor sticks? Challenges surrounding data sharing from the perspective of research funding agencies. A qualitative expert interview study, PLoS ONE, 17/9 (2022), e0273259.

Angrist, Misha, Eyes wide open: the personal genome project, citizen science and veracity in informed consent, Personalized Medicine, 6 (2009), S. 691-699.

Anschütz, Gerhard, Die Verfassung des Deutschen Reichs. Vom 11. August 1919. Ein Kommentar für Wissenschaft und Praxis, 14. Aufl., 1933.

Aplin, Tanya, Right to property and trade secrets, in: Geiger, Christophe (Hrsg.), Research Handbook on Human Rights and Intellectual Property, 2015, S. 421-437.

Arnaut, Catarina/Pont, Marta/Scaria, Elizabeth et al., Study on data sharing between companies in Europe. Final report: a study prepared for the European Commission DG Communications Networks, Content & Technology, 2018.

Attaran, Mohsen, Blockchain technology in healthcare: Challenges and opportunities, International Journal of Healthcare Management, 15 (2022), S. 70-83.

Augsberg, Steffen, § 8. Maßstäbe des Verwaltungshandelns, in: Voßkuhle, Andreas/Eifert, Martin/Möllers, Christoph (Hrsg.), Grundlagen des Verwaltungsrechts. Band I, 3. Aufl., 2022.

Autolitano, Simona/Pawlowska, Agnieszka, Europe's Quest for Digital Sovereignty: GAIA-X as a Case Study, JSTOR 2021, S. 1-23.

Badura, Peter, Dienste von allgemeinem wirtschaftlichen Interesse unter der Aufsicht der Europäischen Gemeinschaft, in: „In einem vereinten Europa dem Frieden der Welt zu dienen …“, Liber amicorum Thomas Oppermann, 2001, S. 571-582.

Bagheer, Margo/Bellem, Saskia/Schmidt, Birgit, Open Access und Institutional Repositories – Rechtliche Rahmenbedingungen, in: Spindler, Gerald (Hrsg.), Rechtliche Rahmenbedingungen von Open Access-Publikationen, 2006, S. 1-20.

Baker, Monya, 1,500 scientists lift the lid on reproducibility, Nature 2016, S. 452-454.

Baluch, Christina Alexa, Der verfassungsrechtliche Schutz der Habilitation durch Art. 5 Abs. 3 S. 1 GG. Kann der Gesetzgeber die Habilitation abschaffen?, 2007.

Barczak, Tristan, § 4 Geschichtliche Grundlagen deutscher Verfassungsstaatlichkeit, in: Stern, Klaus/Sodan, Helge/Möstl, Markus (Hrsg.), Das Staatsrecht der Bundesrepublik Deutschland im europäischen Staatenverbund. Band I, 2. Aufl., 2022.

Barczak, Tristan, Demokratische Zukunftsverantwortung zwischen Verfassungsrecht und Verfassungspolitik, DÖV 2023, S. 925-935.

Battis, Ulrich/Mitschang, Stephan/Reidt, Olaf (Hrsg.), Baugesetzbuch. Kommentar, 15. Aufl., 2022.

Bauer, Hartmut, Privatisierung und Verwaltungsaufgaben, VVDStRL, 54 (1995), S. 243-280.

Bäuerle, Michael, Open Access zu hochschulischen Forschungsergebnissen?, in: Britz, Gabriele (Hrsg.), Forschung in Freiheit und Risiko, 2012, S. 1-16.

Bayer, Walter, Akteneinsicht zu Forschungszwecken. BVerwG, NJW 1986, 1277, und BVerfG, NJW 1986, 1243, JuS, 29 (1989), S. 191-194.

Bayertz, Kurt, Eine kurze Geschichte der Herkunft der Verantwortung, in: Bayertz, Kurt (Hrsg.), Verantwortung. Prinzip oder Problem?, 1995, S. 3-71.

Beater, Axel, Medienrecht, 2. Aufl., 2016.

Beckmann, Martin/Durner, Wolfgang/Mann, Thomas/Röckinghausen, Marc (Hrsg.), Umweltrecht. Kommentar, 99. Aufl., 2022.

Benavidez, Gabriel A./Mandelbaum, Jennifer/Fisk, Calley E., Complexities of COVID-19 Demonstrate the Need for More Interdisciplinary Research Training in Graduate School, Public Health Rep, 136 (2021), S. 391-393.

Berg, Wilfried, Informationelle Selbstbestimmung und Forschungsfreiheit. Zum Spannungsverhältnis zwischen zwei verfassungsrechtlichen Prinzipien, CR 1988, S. 234-240.

Berg, Wilfried, Informationelle Selbstbestimmung und Forschungsfreiheit: Zum Spannungsverhältnis zwischen zwei in der Verfassung verankerten Rechten, in: Jehle, Jörg-Martin (Hrsg.), Datenzugang und Datenschutz in der kriminologischen Forschung, 1987, S. 30-46.

Berg, Wilfried, Zur grundrechtlichen Problematik von Datenschutz und Forschungsfreiheit, Zeitschrift für Pädagogik 1983, S. 399-402.

Bergmann, Jan (Hrsg.), Handlexikon der Europäischen Union, 6. Aufl., 2022.

Berndt, Christian/Grill, Markus, Ergebnisse Tausender Studien nicht veröffentlicht, Pharmastudien, 2021.

Bernhardt, Jana/Steininger, Marina, Gaia-X – Wegbereiter einer digitalen und wettbewerbsfähigen Zukunft der EU?, ifo Schnelldienst, 74 (2021), S. 66-71.

Bernhardt, Ute/Ruhmann, Ingo/Weichert, Thilo, Die Forschungsklauseln im neuen Datenschutzrecht, Weshalb wir in Deutschland einheitliche Regelungen benötigen, 2018.

Bethge, Herbert, Das Selbstverwaltungsrecht im Spannungsfeld zwischen institutioneller Garanttie und grundrechtlicher Freiheit, in: Selbstverwaltung im Staat der Industriegesellschaft, Festgabe zum 70. Geburtstag von Georg Christoph von Unruh, 1983, S. 149-170.

Bethge, Herbert, Zur Problematik von Grundrechtskollisionen, 1977.

Bethge, Herbert, Zur verfassungsrechtlichen Legitimation informalen Staatshandelns der Bundesregierung, JURA, 25 (2003), S. 327-333.

Bieber, Roland/Epiney, Astrid/Haag, Marcel et al., Die Europäische Union. Europarecht und Politik, 14. Aufl., 2021.

Biebl, Jürgen, Wofür steht Cloud Computing eigentlich?, Wirtschaftsinformatik & Management, 4 (2012), S. 22-29.

Bill & Melinda Gates Foundation, Open Access Policy, 2020.

Bizer, Johann, Forschungsfreiheit und informationelle Selbstbestimmung. Gesetzliche Forschungsregelungen zwischen grundrechtlicher Förderungspflicht und grundrechtlichem Abwehrrecht, 1992.

Blanke, Hermann-Josef, § 142. Kommunikative und politische Rechte, in: Merten, Detlef/Papier, Hans-Jürgen (Hrsg.), Europäische Grundrechte I. Band VI/1, 2010.

Blanke, Hermann-Josef, Vertrauensschutz im deutschen und europäischen Verwaltungsrecht, 2000.

BMBF, Bundesministerium für Bildung und Forschung, Nationale Forschungsdateninfrastruktur, 2021.

Bobzin, Hagen, Principles of Network Economics, 2006.

Böckenförde, Ernst-Wolfgang, Die sozialen Grundrechte im Verfassungsgefüge, in: Böckenförde, Ernst-Wolfgang/Jekewitz, Jürgen/Ramm, Thilo (Hrsg.), Soziale Grundrechte. 5. Rechtspolitischer Kongreß der SPD vom 29. Feburar bis 2. März 1980 in Saarbrücken, 1981, S. 7-16.

Böckenförde, Ernst-Wolfgang, Grundrechte als Grundsatznormen. Zur gegenwärtigen Lage der Grundrechtsdogmatik, Staat, Verfassung, Demokratie. Studien zur Verfassungstheorie und zum Verfassungsrecht, 2. Aufl., 1992, S. 159-199.

Böckenförde, Ernst-Wolfgang, Staat, Verfassung, Demokratie. Studien zur Verfassungstheorie und zum Verfassungsrecht, Bd. 953 – Suhrkamp-Taschenbuch Wissenschaft, 2. Aufl., 1992.

Bodansky, Daniel/Brunnée, Jutta/Rajamani, Lavanya, International climate change law, 2017.

Bogers, Marcel/Chesbrough, Henry/Moedas, Carlos, Open Innovation: Research, Practices, and Policies, California Management Review, 60 (2018), S. 5-16.

Bohne, Eberhard, Versicherungsmodelle zur Investitionsbeschleunigung und zum Abbau von Vollzugsdefiziten im Anlagenzulassungsrecht, DVBl. 1994, S. 195-203.

Böker, Elisabeth, Repositorien, 2022.

Bonitz, Kai, Persönlichkeitsrechtsschutz im Stasi-Unterlagen-Gesetz, 2009.

Bonomi, Luca/Huang, Yingxiang/Ohno-Machado, Lucila, Privacy challenges and research opportunities for genomic data sharing, Nature genetics, 52 (2020), S. 646-654.

Borghi, John A./Van Gulick, Ana E., Data management and sharing: Practices and perceptions of psychology researchers, PLoS ONE, 16/5 (2021), S. 1-14.

Börner, Georg/Bluhm, Matthias/Fechner, Thore et al., Umwelt- und Naturschutzinformationssystem UNIS-D, Machbarkeitsstudie, 17/2021.

Bös, Dieter/Schneider, Friedrich, Private public partnership: Gemeinschaftsunternehmen zwischen Privaten und der öffentlichen Hand, ZGR 1996, S. 519-543.

Bouter, Lex M., Open data are not enough to realize full transparency, J Clinical Epidemiology, 70 (2016), S. 256-257.

Brand, Torsten, Rundfunk im Sinne des Artikel 5 Abs. 1 Satz 2 GG. Eine Analyse der Reichweite des verfassungsrechtlichen Rundfunkbegriffs unter besonderer Berücksichtigung neuerer medialer Angebotsformen, 2002.

Brauckmann, Otto, Digitale Revolution in der industriellen Fertigung. Denkansätze, 2019.

Breuer, Rüdiger, § 171 Staatliche Berufsregelung und Wirtschaftslenkung, in: Isensee, Josef/Kirchhof, Paul (Hrsg.), Handbuch des Staatsrechts der Bundesrepublik Deutschland. Wirtschaft, Verfahren, Gleichheit, 2010.

Breuer, Rüdiger, Grundrechte als Quelle positiver Ansprüche. Zur gewandelten Rolle der Grundrechte im sozialen Rechtsstaat, JURA 1979, S. 401-412.

Britz, Gabriele, „Kommunale Gewährleistungsverantwortung" – ein allgemeines Element des Regulierungsrechts in Europa?, Die Verwaltung, 37 (2004), S. 145-163.

Bröhmer, Jürgen, Transparenz als Verfassungsprinzip. Grundgesetz und Europäische Union, 2004.

Budäus, Dietrich/Grüning, Gernod, Public Private Partnership. Konzeption und Probleme eines Instruments zur Verwaltungsreform aus Sicht er Public Choice-Theorie, in: Budäus, Dietrich/Eichhorn, Peter (Hrsg.), Public Private Partnership. Neue Formen öffentlicher Aufgabenerfüllung, 1997, S. 25-66.

Buhr, Walter, General Considerations on Infrastructure: Essence of the Term, Role of the State, Impacts of Population Decline and Ageing, in: Feng, Xiao/Popescu, Alina M. (Hrsg.), Infrastrukturprobleme bei Bevölkerungsrückgang, 2007, S. 13-48.

Buhr, Walter, Infrastructure of the Market Economy, Volkswirtschaftliche Diskussionsbeiträge 132-09, 2009.

Buhr, Walter, What is infrastructure?, 2003.

Bull, Hans Peter, Die Staatsaufgaben nach dem Grundgesetz, 2. Aufl., 1977.

Bull, Hans Peter/Dammann, Ullrich, Wissenschaftliche Forschung und Datenschutz, DÖV, 35 (1982), S. 213-223.

Bullinger, Martin, Vertrauensschutz im deutschen Verwaltungsrecht in historisch-kritischer Sicht. Mit einem Reformvorschlag, JZ, 54 (1999), S. 905-913.

Bullinger, Martin, Von der administrativen Daseinsvorsorge zu privatwirtschaftlicher Leistung unter staatlicher Rahmengarantie, in: Ruland, Franz/Maydell, Bernd Baron von/Papier, Hans-Jürgen (Hrsg.), Verfassung, Theorie und Praxis des Sozialstaats. Festschrift für Hans F. Zacher zum 70. Geburtstag, 1998, S. 85-93.

Bumke, Christian, Die Pflicht zur konsistenten Gesetzgebung. Am Beispiel des Ausschlusses der privaten Vermittlung staatlicher Lotterien und ihrer bundesverfassungsgerichtlichen Kontrolle, Der Staat, 49 (2010), S. 77-105.

Bumke, Christian, Kapitalmarktregulierung. Eine Untersuchung über Komzeption und Dogmatik des Regulierungsverwaltungsrechts, Die Verwaltung, 41 (2008), S. 227-257.

Bumke, Christian, Universitäten im Wettbewerb, VVDStRL, 69 (2010), S. 407-461.

Bumke, Ulrike, Die öffentliche Aufgabe der Landesmedienanstalten. Verfassungs- und organisationsrechtliche Überlegungen zur Rechtsstellung einer verselbständigten Verwaltungseinheit, 1995.

Bundesanzeiger vom 17.6.2020.

Bundesanzeiger vom 24.6.2021.

Bundesministerium der Justiz, Diskussionsentwurf eines Gesetzes zur Einführung der elektronischen Akte in Strafsachen, http://www.bmj.de/SharedDocs/Downloads/DE/pdfs/Diskussionsentwurf_Gesetz_zur_Einfuehrung_der_elektronischen_Akte_in_Strafsachen.html.

Bundesministerium des Inneren, für Bau und Heimat, Nationaler Pakt Cybersicherheit, Cybersicherheit in Deutschland.

Bundesministerium für Bildung und Forschung, Die ELSA-Förderung des BMBF, 2016.

Bundesministerium für Finanzen, Deutscher Aufbau- und Resilienzplan, 2021.

Bundesregierung, Datenstrategie der Bundesregierung, Eine Innovationsstrategie für gesellschaftlichen Fortschritt und nachhaltiges Wachstum, 2021.

Bundesregierung, Klimaschutzprogramm 2030, Zur Umsetzung des Klimaschutzplans 2050, 2019.

Bündnis F5, Stellungnahme des Bündnis F5 für gemeinwohlorientierte Digitalpolitik zum BMBF-Entwurf der Zukunftsstrategie Forschung und Innovation, 2022.

Bunnenberg, Jan Niklas, Privatautonomie und Datenschutz. Zum Verhältnis privater und staatlicher Regelbildung im Recht der Verbraucherdatenverarbeitung, JZ, 75 (2020), S. 1088-1097.

Burgi, Martin, § 8. Strukturen und Organisationseinheiten, in: Ehlers, Dirk/Pünder, Hermann (Hrsg.), Allgemeines Verwaltungsrecht. Mit Onlinezugang zur Jura-Kartei-Datenbank, 15. Aufl., 2016.

Burgi, Martin, § 75. Privatisierung, in: Isensee, Josef/Kirchhof, Paul (Hrsg.), Handbuch des Staatsrechts der Bundesrepublik Deutschland. Band IV, 3. Aufl., 2007.

Burgi, Martin, Funktionale Privatisierung und Verwaltungshilfe. Staatsaufgabendogmatik, Phänomenologie, Verfassungsrecht, 1999.

Burgi, Martin, Privat vorbereitete Verwaltungsentscheidungen und staatliche Strukturschaffungspflicht. Verwaltungsverfassungsrecht im Kooperationsspektrum zwischen Staat und Gesellschaft, Die Verwaltung, 33 (2000), S. 183-206.

Busse, Peter, Diskussionsbeitrag, in: Institut für Zeitgeschichte (Hrsg.), Wissenschaftsfreiheit und ihre rechtlichen Schranken, 1978, S. 69-70.

Butzer, Hermann, § 74. Sicherstellungsauftrag, in: Isensee, Josef/Kirchhof, Paul (Hrsg.), Handbuch des Staatsrechts der Bundesrepublik Deutschland. Band IV, 3. Aufl., 2007.

Calliess, Christian, § 44. Schutzpflichten, in: Merten, Detlef/Papier, Hans-Jürgen (Hrsg.), Handbuch der Grundrechte in Deutschland und Europa. Band II, 2009.

Calliess, Christian/Ruffert, Matthias (Hrsg.), EUV/AEUV. Das Verfassungsrecht der Europäischen Union mit Europäischer Grundrechtecharta. Kommentar, 6. Aufl., 2022.

Caspar, Johannes, Das aufsichtsbehördliche Verfahren nach der EU-Datenschutz-Grundverordnung – Defizite und Alternativregelungen, ZD 2012, S. 445-446.

Caspar, Johannes/Geissen, Martin, Das neue Staatsziel Tierschutz in Art. 20 a GG, NVwZ 2002, S. 913-917.

Cassata, Cathy, Here's how it was possible to develop COVID-19 vaccines so quickly, 2021.

Caulfield, Timothy/McGuire, Amy L./Cho, Mildred/Buchanan, Janet A. et al., Research ethics recommendations for whole-genome research: consensus statement, PLoS Biol, 6 (2008), S. 430-435.

Cepic, Michael, Broad Consent: Die erweiterte Einwilligung in der Forschung, ZD-Aktuell 2021, S. 5214.

Chan, Vincent/Gherardini, Pier Federico/Krummel, Matthew F./Fragiadakis, Gabriela K., A "data sharing trust" model for rapid, collaborative science, Cell, 184 (2021), S. 566-570.

Classen, Claus Dieter, Wissenschaftsfreiheit außerhalb der Hochschule. Zur Bedeutung von Artikel 5 Absatz 3 Grundgesetz für außeruniversitäre Forschung und Forschungsförderung, 1994 (Zugl.: Tübingen, Univ., Habil.-Schr., 1992/93).

Classen, Claus Dieter/Nettesheim, Martin, Europarecht. Ein Studienbuch, 9. Aufl., 2021.

Coelln, Christian von, § 124. Wissenschaftsfreiheit, in: Stern, Klaus/Sodan, Helge/Möstl, Markus (Hrsg.), Das Staatsrecht der Bundesrepublik Deutschland im europäischen Staatenverbund. Band IV, 2. Aufl., 2022.

Coelln, Christian von, Zur Medienöffentlichkeit der Dritten Gewalt. Rechtliche Aspekte des Zugangs der Medien zur Rechtsprechung im Verfassungsstaat des Grundgesetzes, 2005.

Conrad, Isabell/Treeger, Christina, § 34. Recht des Datenschutzes, in: Auer-Reinsdorff, Astrid/Conrad, Isabell (Hrsg.), Handbuch IT- und Datenschutzrecht, 3. Aufl., 2019.

Cooper, David N./Krawczak, Michael/Polychronakos, Constantin/Tyler-Smith, Chris et al., Where genotype is not predictive of phenotype: towards an understanding of the molecular basis of reduced penetrance in human inherited disease, Human Genetics, 132 (2013), S. 1077-1130.

Cornils, Matthias, Der medienrechtliche Auskunftsanspruch in der Kompetenzordnung des Grundgesetzes. Verfassungsfragen eines Bundes-Presseauskunftsgesetzes, DÖV, 66 (2013), S. 657-667.

Corti, Louise/van den Eynden, Veerle, The Importance of Managing and Sharing Research Data, in: Corti, Louise/van den Eynden, Veerle/Bishop, Libby et al. (Hrsg.), Managing and Sharing Research Data. A Guide to Good Practice, 2014, S. 1-16.

COVID-19 Ethical & Legal Working Group, International Transfers of Personal Data for Health Research following Schrems II: A problem in need of a solution, 2021.

Cremer, Hans-Joachim, § 5. Regulierung und Freiheit, in: Fehling, Michael/Ruffert, Matthias (Hrsg.), Regulierungsrecht, 2010.

Cremer, Wolfram, Verfassungskräftiger Klimaschutz nach Maßgabe völkerrechtlich verbindlicher Verpflichtungen und Ziele, ZUR 2019, S. 278-283.

Culnane, Chris/Rubinstein, Benjamin I. P./Watts, David, Not fit for Purpose: A critical analysis of the 'Five Safes', 2020.

Cyran, Marek A., Blockchain as a Foundation for Sharing Healthcare Data, Blockchain in Healthcare Today 2018, S. 1-6.

Dahlke, Peter, Rechtssystematische Besonderheiten im Telekommunikationsrecht, 2004 (Zugl.: Köln, Univ., Diss., 2003).

Dahlke, Peter/Neumann, Andreas, Zur wettbewerbspolitischen Forderung nach Deregulierung und regulierungsfreien Räumen, CR 2006, S. 377-383.

Dähne, Harald, Forschung zwischen Wissenschaftsfreiheit und Wirtschaftsfreiheit. Dargestellt anhand der Forschung und Verwertung ihrer Erkenntnisse in der Bio- und Gentechnik, 2010.

Datenethikkommission der Bundesregierung, Gutachten der Datenethikkommission, 2019.

Debène, Marc, Von nationalen Monopolen zu transeuropäischen Netzen, in: Monnier, Lionel (Hrsg.), Perspektive der öffentlichen Wirtschaft in Europa. Die Aufgaben der öffentlichen Unternehmen im Binnenmarkt, 1994, S. 145-162.

Desai, Tanvi/Ritchie, Felix/Welpton, Richard, Five Safes: designing data access for research, 2016.

Deutsch, Karl W., Von der Industrie- zur Informationsgesellschaft, 1980.

Deutsche Forschungsgemeinschaft, Nationale Forschungsdateninfrastruktur, 2022.

Deutsche Gesellschaft für Psychologie, Survey, 2021.

Deutscher Ethikrat, Big Data und Gesundheit, Datensouveränität als informationelle Freiheitsgestaltung, 2017.

Deutscher Ethikrat, Humanbiobanken für die Forschung, Stellungnahme, 2010.

Deutscher Ethikrat, Zukunft der genetischen Diagnostik – von der Forschung in die klinische Anwendung, Stellungnahme, 2013.

Devriendt, Thijs/Shabani, Mahsa/Borry, Pascal, Data Sharing in Biomedical Sciences: A Systematic Review of Incentives, Biopreserv Biobank, 19 (2021), S. 219-227.

DFG, Deutsche Forschungsgemeinschaft, Sicherung guter Wissenschaftlicher Praxis, Kodex, 2022.

DFG, Deutsche Forschungsgemeinschaft, Wissenschaftliche Infrastruktur, 2016.

DFG, Förderprogramm „Infrastrukturen für wissenschaftliches Publizieren“, 2021.

DFG, Guidelines on the Handling of Research Data, 2015.

DFG, Leitlinien zur Guten Wissenschaftlichen Praxis, 2019.

Di Fabio, Udo, Die Ermessensreduzierung. Fallgruppen, Systemüberlegungen und Prüfprogramm, VerwArch, 86 (1995), S. 214-234.

Di Fabio, Udo, Verwaltung und Verwaltungsrecht zwischen gesellschaftlicher Selbstregulierung und staatlicher Steuerung, VVDStRL, 56 (1997), S. 235-277.

Dickert, Thomas, Naturwissenschaften und Forschungsfreiheit, 1991 (Zugl.: Regensburg, Univ., Diss., 1990).

Dierks, Christian, Lösungsvorschläge für ein neues Gesundheitsforschungsdatenschutzrecht in Bund und Ländern, 2019.

Dietlein, Johannes, Glücksspielregulierung und Konsequenzgebot. Der Spielhallen-Beschl. des BVerfG vom 7.3.2017 in der Diskussion, NVwZ 2017, S. 1667-1670.

Dobusch, Leonhard/Heimstädt, Maximilian, Strukturwandel der wissenschaftlichen Öffentlichkeit: Konstitution und Konsequenzen des Open-Access-Pfades, Leviathan, Sonderband 37 2021, S. 425-453.

Dorer, Peter/Mainusch, Helmut/Tubies, Helga, Bundesstatistikgesetz. Gesetz über die Statistik für Bundeszwecke mit den Leitsätzen des Volkszählungsurteils, Mikrozensusgesetz und Volkszählungsgesetz; Kommentar, 1988.

Döring, Patricia, Haftung und Haftpflichtversicherung als Instrument einer präventiven Umweltpolitik, 1999 (Zugl.: Jena, Univ., Diss., 1998).

Dörr, Dieter, § 103. Informationsfreiheit, in: Merten, Detlef/Papier, Hans-Jürgen (Hrsg.), Handbuch der Grundrechte in Deutschland und Europa. Band IV, 2011.

Dörr, Oliver, Die Anforderungen an ein zukunftsfähiges Infrastrukturrecht. 1. Referat, VVDStRL, 73 (2014), S. 323-362.

Dorta-González, Pablo/González-Betancor, Sara M./Dorta-González, María Isabel, To what extent is researchers' data-sharing motivated by formal mechanisms of recognition and credit?, Scientometrics, 126 (2021), S. 2209-2225.

Dreher, Meinrad, Public Private Partnerships und Kartellvergaberecht. Gemischtwirtschaftliche Gesellschaften, In-house-Vergabe, Betreibermodell und Beleihung Privater, NZBau 2002, S. 245-259.

Dreier, Horst (Hrsg.), Grundgesetz. Kommentar. Band I: Präambel, Artikel 1-19, 3. Aufl., 2013.

Dreier, Horst (Hrsg.), Grundgesetz. Kommentar. Band II: Artikel 20-82, 3. Aufl., 2015.

Dreier, Horst (Hrsg.), Grundgesetz. Kommentar. Band III: Artikel 83-146, 3. Aufl., 2018.

Dreier, Horst, Hierarchische Verwaltung im demokratischen Staat. Genese, aktuelle Bedeutung und funktionelle Grenzen eines Bauprinzips der Exekutive, 1991.

Dreier, Horst, Verantwortung im demokratischen Verfassungsstaat, in: Neumann, Ulfrid/Schulz, Lorenz (Hrsg.), Verantwortung in Recht und Moral. Referate der Tagung der Deutschen Sektion der Internationalen Vereinigung für Rechts- und Sozialphilosophie vom 2. bis zum 3. Oktober 1998 in Frankfurt am Main, 2000, S. 9-38.

Dreier, Thomas/Schulze, Gernot (Hrsg.), Urheberrechtsgesetz. Urheberrechts-Diensteanbieter-Gesetz, Verwertungsgesellschaftengesetz, Nebenurheberrecht, Kunsturhebergesetz : Kommentar, 7. Aufl., 2022.

Drews, Claudia, Die Wesensgehaltsgarantie des Art. 19 II GG, 2005 (Zugl.: Kiel, Univ., Diss., 2004).

Drohla, Jeannine, Aufarbeitung versus Allgemeines Persönlichkeitsrecht. §§ 32, 34 Stasi-Unterlagen-Gesetz, 2011 (Zugl.: Frankfurt/Oder, Europa-Univ. Viadrina, Diss., 2008).

Dubovitskaya, Alevtina/Novotny, Petr/Xu, Zhigang/Wang, Fusheng, Applications of Blockchain Technology for Data-Sharing in Oncology: Results from a Systematic Literature Review, Oncology, 98 (2020), S. 403-411.

Dubovitskaya, Alevtina/Xu, Zhigang/Ryu, Samuel/Schumacher, Michael et al., Secure and Trustable Electronic Medical Records Sharing using Blockchain, AMIA Annu Symp Proc, 2017 (2018), S. 650-659.

Dürig, Günter/Herzog, Roman/Scholz, Rupert (Hrsg.), Grundgesetz. Kommentar. Band I: Texte, Art. 1-5, 102. EL, Stand August 2023.

Dürig, Günter/Herzog, Roman/Scholz, Rupert (Hrsg.), Grundgesetz. Kommentar. Band III: Art. 17-28, 102. EL, Stand August 2023.

Dürig, Günter/Herzog, Roman/Scholz, Rupert (Hrsg.), Grundgesetz. Kommentar. Band VI: Art. 87a-106b, 102. EL, Stand August 2023.

Dürig, Günter/Herzog, Roman/Scholz, Rupert (Hrsg.), Grundgesetz. Kommentar. Band VII: Artikel 107-146, Sachverzeichnis, 102. EL, Stand August 2023.

Eder, Prozedurales Recht und Prozeduralisierung des Rechts, in: Grimm, Dieter (Hrsg.), Wachsende Staatsaufgaben - sinkende Steuerungsfähigkeit des Rechts, 1990, S. 155.

Ehlers, Dirk, Die verfassungsrechtliche Garantie der kommunalen Selbstverwaltung, DVBl. 2000, S. 1301-1310.

Ehmann, Eugen/Selmayr, Martin/Albrecht, Jan Philipp/Baumgartner, Ulrich/Bertermann, Nikolaus/Braun, Martin (Hrsg.), DS-GVO. Datenschutz-Grundverordnung : Kommentar, 2. Aufl., 2018.

Eifert, Martin, Grundversorgung mit Telekommunikationsleistungen im Gewährleistungsstaat, 1998 (Zugl.: Hamburg, Univ., FB Rechtswiss., Diss., 1998).

Engartner, Tim, Infrastruktur, in: Oberreuter, Heinrich/Haring, Sophie/Schreyer, Bernhard et al. (Hrsg.), Staatslexikon. Recht, Wirtschaft, Gesellschaft, 8. Aufl., 2021.

Engisch, Karl, Einführung in das juristische Denken, Band 20, in: Würtenberger, Thomas/Otto, Dirk (Hrsg.), 2018.

Ennuschat, Jörg, Das Hochschulorganisationsrecht nach der MHH-Entscheidung des BVerfG vom 24.6.2014. Zugleich Anmerkung zu VerfGH BW, Urt. vom 14.11.2016 - 1 VB 16/15, RdJB 2017, S. 34-46.

Epping, Volker (Hrsg.), Niedersächsisches Hochschulgesetz, Mit Hochschulzulassungsgesetz. Handkommentar, 2016.

Epping, Volker; Hillgruber, Christian (Hrsg.), Grundgesetz, Kommentar, 51. Aufl. (zitiert: BeckOK GG).

Erb, Volker/Schäfer, Jürgen (Hrsg.), Münchener Kommentar zum Strafgesetzbuch. Band 1: §§ 1-37 StGB, 4. Aufl., 2020.

Erbguth, Wilfried, Zur Rechtsnatur von Programmen und Plänen der Raumordnung und Landesplanung, DVBl. 1981, S. 557-564.

Esser, Josef, Grundsatz und Norm in der richterlichen Fortbildung des Privatrechts. Rechtsvergleichende Beiträge zur Rechtsquellen- und Interpretationslehre, 4. Aufl., 1990.

Europäische Kommission, „Eine europäische Datenstrategie", 2020.

Europäische Kommission, Covid-19: Von der Leyen startet EU-Datenbank zur Coronavirusforschung, Pressemitteilung vom 21.4.2020, Zeitschrift für Wirtschaftsrecht 2020, S. 443.

Europäische Kommission, European Open Science Cloud (EOSC), 2021.

Europäische Kommission, H2020 Programme, 2017.

Europäische Kommission, Horizon 2020, 2021.

Europäische Kommission, Horizon Europe, 2021.

Europäische Kommission, Open Europe, Policies, Reforms and Archievements in EU Science and Innovation, 2019.

Europäischer Wissenschaftsrat, Open Research Data and Data Management Plans, Information for ERC grantees.

Evers, Hans-Ulrich, Das Recht der Energieversorgung, 2. Aufl., 1983.

Ewer, Wolfgang, Der Umweltgutachterausschuß. Die Einbeziehung Privater in verselbständigte Verwaltungsträger, 2000.

Ewers, Hans-Jürgen/Meyer, Henning, Privatisierung und Deregulierung bei den Eisenbahnen. Das Beispiel der Deutschen Bundesbahn und der Deutschen Reichsbahn, in: Herder-Dorneich, Philipp/Schenk, Karl-Ernst/Schmidtchen, Dieter (Hrsg.), Jahrbuch für neue politische Ökonomie, 1994, S. 178-208.

Falkhofen, Benedikt, Infrastrukturrecht des digitalen Raums, EuZW 2021, S. 787-794.

Fauduet, Louise/Peyrad, Sébastien, Destination: Shared Repository. The National Library of France's Journey to Third-Party Archiving, in: Borbinha,

José/Nelson, Michael/Knight, Steve (Hrsg.), Proceedings of the 10th International Conference on Preservation of Digital Objects. iPRES 2013, 2013, S. 172-176.

Fecher, Benedikt/Friesike, Sascha/Hebing, Marcel, What drives academic data sharing?, PLoS ONE, 10 (2015), S. 1-25.

Fecher, Benedikt/Friesike, Sascha/Hebing, Marcel/Linek, Stephanie, A reputation economy: how individual reward considerations trump systemic arguments for open access to data, Palgrave Communications, 3 (2017), S. 1-10.

Fechner, Frank/Popp, Susanne, Informationsinteresse der Allgemeinheit, AfP 2006, S. 213-216.

Fehling, Michael, Der finanzielle Asugleich für die Mitbenutzung fremder Infrastruktur bei Schienenwegen, Energieversorgungs- und Telekommunikationsleitungen, VerwArch, 86 (1995), S. 600-620.

Fehling, Michael, Der Umgang mit Unsicherheit in der ökonomischen Analyse des (Öffentlichen) Rechts, in: Hill, Hermann/Schliesky, Utz (Hrsg.), Management von Unsicherheit und Nichtwissen, 2016, S. 203-237.

Fehling, Michael, Mitbenutzungsrechte Dritter bei Schienenwegen, Energieversorgungs- und Telekommunikationsleitungen vor dem Hintergrund staatlicher Infrastrukturverantwortung, AöR, 121 (1996), S. 59-95.

Fehling, Michael, Regulierung als Staatsaufgabe im Gewährleistungsstaat Deutschland. Zu den Konturen eines Regulierungsverwaltungsrechts, in: Hill, Hermann (Hrsg.), Die Zukunft des öffentlichen Sektors, 2006, S. 91-111.

Fehling, Michael, Verfassungskonforme Ausgestaltung von DFG-Förderbedingungen zur Open-Access-Publikation, OdW 2014, S. 179-214.

Fehling, Michael, Verschiedene Arten demokratischer Steuerung am Beispiel der deutschen Straßen- und Eisenbahninfrastruktur, in: Hochhuth, Martin (Hrsg.), Rückzug des Staates und Freiheit des Einzelnen. Die Privatisierung existenzieller Infrastrukturen, 2012, S. 93-124.

Fehling, Michael, Von der kommerziellen Verlagspublikation zum Open Access – zur Rolle des Rechts beim Wandel wissenschaftlicher Publikationskanäle, in: Hoffmann-Riem, Wolfgang (Hrsg.), Innovationen im Recht, 2016, S. 337-366.

Fehling, Michael, Zur Reform der Daseinsvorsorge am Beispiel des öffentlichen Personennahverkehrs, Die Verwaltung, 34 (2001), S. 25-57.

Fehling, Michael/Tormin, Miriam, Das Teilen von Forschungsdaten zwischen Wissenschaftsfreiheit und guter wissenschaftlicher Praxis, WissR 2021, S. 281-324.

Fehling, Michael/Tormin, Miriam/Wendelborn, Christian/Schickhardt, Christoph, Forschungsförderorganisationen in der Verantwortung zwischen Data Sharing und dem Schutz von Datensubjekten, MedR, 41 (2023), S. 869-878.

FitzGerald, Chloë/Hurst, Samia, Implicit bias in healthcare professionals: a systematic review, BMC Med Ethics, 18 (2017), S. 1-19.

forschungsdaten.info, Glossar, 2023.

Forsthoff, Ernst, Die Verwaltung als Leistungsträger, 1938.

Forsthoff, Ernst, Lehrbuch des Verwaltungsrechts. Band 1. Allgemeiner Teil, 10. Aufl., 1973.

Forsthoff, Ernst, Rechtsfragen der leistenden Verwaltung, 1959.

Frank, Götz, Zur Medienfreiheit der wissenschaftlichen Fachzeitschriften, NJW 1983, S. 1172-1173.

Franke, Johannes, Die Finanzierung des Netzausbaus zwischen Markt und Staat. Zugleich ein Beitrag zu privater und staatlicher Finanzierungsverantwortung im Regulierungsrecht, 2020.

Frankena, William K., Analytische Ethik. Eine Einführung, 2. Aufl., 1975.

Franzius, Claudio, § 4. Modalitäten und Wirkungsfaktoren der Steuerung durch Recht, in: Voßkuhle, Andreas/Eifert, Martin/Möllers, Christoph (Hrsg.), Grundlagen des Verwaltungsrechts. Band I, 3. Aufl., 2022.

Franzius, Claudio, Der Gewährleistungsstaat – Ein neues Leitbild für den sich wandelnden Staat?, Der Staat, 42 (2003), S. 493-517.

Franzius, Claudio, Die Herausbildung der Instrumente indirekter Verhaltenssteuerung im Umweltrecht der Bundesrepublik Deutschland, 2000 (Zugl.: Berlin, Humboldt-Univ., Diss., 1999).

Fraunhofer-Institut für Digitale Medizin MEVIS, Gemeinsame Wissenschaftskonferenz beschließt Förderung der NFDI4Health, 2020.

Fraunhofer Institut für Software und Systemtechnik, Anreizsysteme und Ökonomie des Data Sharings, Handlungsfelder des unternehmensübergreifenden Datenaustausches und Status quo der deutschen Wirtschaft, März 2022.

Frey, René L., Infrastruktur. Grundlagen der Planung öffentlicher Investitionen, 1970.

Freys, Alexander F. J., Das Recht der Nutzung und des Unterhalts von Archiven, 1989.

Gadamer, Hans-Georg, Gesammelte Werke, 6. Aufl., 1990.

Gaia-X, Hubs, 2022.

Gallwas, Hans-Ullrich, Akteneinsicht zu Forschungszwecken, CR 1986, S. 835-838.

Gallwas, Hans-Ullrich, Datenschutz und historische Forschung in verfassungsrechtlicher Sicht, in: Weber, Jürgen (Hrsg.), Datenschutz und Forschungsfreiheit. Die Archivgesetzgebung des Bundes auf dem Prüfstand, 15, 1986, S. 35-44.

Gallwas, Hans-Ullrich, Die Erfüllung von Verwaltungsaufgaben durch Private, VVDStRL, 29 (1971), S. 211-233.

Gärditz, Klaus Ferdinand, Die grundrechtliche Stellung der Wissenschaftlerinnen und Wissenschaftler in der Hochschulorganisation, WissR, 49 (2016), S. 349-372.

Gärditz, Klaus Ferdinand, Hochschulorganisation und verwaltungsrechtliche Systembildung, 2012.

Gärditz, Klaus Ferdinand, Invasive Tierversuche zwischen Wissenschaftsethik und Wissenschaftsfreiheit, WissR 2012, S. 97-128.

Gärditz, Klaus Ferdinand, Zur tierschutzrechtlichen Genehmigung forschungsbezogener Tierversuche, DVBl. 2010, S. 1048-1052.

Gause, Hermann, Die öffentliche Indienststellung Privater als Rechtsinstitut der Staatsorganisation, 1967.

Gemeinsame Wissenschaftskonferenz, Bund-Länder-Vereinbarung zu Aufbau und Förderung einer Nationalen Forschungsdateninfrastruktur (NFDI) vom 26. November 2018, 2018.

Geneviève, Lester Darryl/Martani, Andrea/Perneger, Thomas/Wangmo, Tenzin et al., Systemic Fairness for Sharing Health Data: Perspectives From Swiss Stakeholders, Front Public Health, 9 (2021), S. 1.

Gersdorf, Hubertus; Paal, Boris P. (Hrsg.), Informations- und Medienrecht, 42. Aufl., 2023 (zitiert: BeckOK Informations- und Medienrecht).

Gets, Marina, Meinungsäußerungs- und Informationsfreiheit im Internet aus der Sicht des Völkerrechts, 2002 (Zugl.: Jena, Univ., Diss., 2001).

Gill, Bernhard/Bizer, Johann/Roller, Gerhard, Riskante Forschung. Zum Umgang mit Ungewissheit am Beispiel der Genforschung in Deutschland: eine sozial- und rechtswissenschaftliche Untersuchung, 1998.

Gillich, Ines, Wissenschaftsfreiheit in Gefahr? Verwaltungs- und verfassungsrechtliche Vorgaben für Kooperationsvereinbarungen zwischen Hochschulen und Unternehmen, WissR, 50 (2017), S. 234-262.

Gitelman, Lisa, "Raw data" is an oxymoron, 2013.

Globig, Klaus (Hrsg.), Kommentar: Landesdatenschutzgesetz (LDSG). Praxis der Kommunalverwaltung. B 16 RhPf, 2009.

Glückler, Ingo, Eine kritische Bestandsaufnahme bei Open-Access-Journal und Electronic-Archiving-Repository und ihre Bedeutung für die medizinische Information in den Ländern der „Dritten Welt".

Godt, Christine, Abschnitt N. Forschungs-, Wissenschafts- und Technologiepolitik, in: Dauses, Manfred A./Ludwigs, Markus (Hrsg.), Handbuch des EU-Wirtschaftsrechts, 59. Aufl., 2023.

Gostomzyk, Tobias, Grundrechte als objektiv-rechtliche Ordnungsidee, JuS 2004, S. 949-954.

Grabbe, Jürgen, Verfassungsrechtliche Grenzen der Privatisierung kommunaler Aufgaben, 1979.

Gramlich, Ludwig, Entwicklungen der staatlichen Wirtschaftsaufsicht: Das Telekommunikationsrecht als Modell?, VerwArch, 88 (1997), S. 598-644.

Gramm, Christof, Privatisierung und notwendige Staatsaufgaben, 2001 (Zugl.: Freiburg (Breisgau), Univ., Habil.-Schr., 1998).

Grande, Edgar, Vom produzierenden zum regulierenden Staat: Möglichkeiten und Grenzen von Regulierung und Privatisierung, in: König, Klaus/Benz, Angelika (Hrsg.), Privatisierung und staatliche Regulierung. Bahn, Post und Telekommunikation, Rundfunk, 1997, S. 576-591.

Greb, Klaus, Der Anspruch der Wissenschaft auf Überlassung und Nutzung (steuer-)statistischer Daten, Die Verwaltung, 44 (2011), S. 563-576.

Gregory, Arofan/Hodson, Simon/Wackerow, Joachim, The Role of DDI-CDI in EOSC: Possible Uses and Applications, 2021.

Grönewald, Matthias/Mund, Patrick/Bodenbrenner, Matthias et al., Mit AIMS zu einem Metadatenmanagement 4.0: FAIRe Forschungsdaten benötigen interoperable Metadaten, 2022.

Gröschner, Rolf, Transparente Verwaltung. Konturen eines Informationsverwaltungsrechts, VVDStRL, 63 (2004), S. 344-376.

Groß, Thomas/Karaalp, Remzi N., Die Übertragbarkeit verwaltungsrechtlicher Verfhrensgrundsätze auf das Begutachtungsverfahren der DFG, DVBl. 2010, 1135-1145.

Gurlit, Elke, Konturen eines Informationsverwaltungsrechts, DVBl. 2003, S. 1119-1134.

Häberle, Peter, Die Freiheit der Wissenschaften im Verfassungsstaat, AöR, 110 (1985), S. 329-363.

Häberle, Peter, Grundrechte im Leistungsstaat, VVDStRL, 30 (1972), S. 43-141.

Häberle, Peter, Verfassungsstaatliche Staatsaufgabenlehre, AöR, 111 (1986), S. 595-611.

Haertlein, Lutz, Die Erteilung von Abschriften gerichtlicher Entscheidungen an wissenschaftlich Interessierte und die Erhebung von Kosten, ZZP, 114 (2001), S. 441-471.

Hagenah, Neue Instrumente fiir eine neue Staatsaufgabe: Zur Leistungsfähigkeit prozeduralen Rechts im Umweltschutz, in: Grimm, Dieter (Hrsg.), Staatsaufgaben, 1994, S. 487-521.

Hailbronner, Kay, Die Freiheit der Forschung und Lehre als Funktionsgrundrecht, 1979 (Zugl.: Heidelberg, Univ., Habil.-Schr., 1977).

Hain, Karl-E., Medienmarkt im Wandel: Technische Konvergenz und Anbieterkonkurrenz als Herausforderung an Verfassungsrecht und Regulierung, AfP, 35 (2012), S. 313-328.

Hallinan, Dara/Bernier, Alexander/Cambon-Thomsen, Anne/Crawley, Francis P. et al., International transfers of personal data for health research following Schrems II: a problem in need of a solution, Eur opean Journal of Human Genetics, 29 (2021), S. 1502-1509.

Hänold, Stefanie, Die Zulässigkeit eines „broad consent" in der medizinischen Forschung – a never ending story?, ZD-Aktuell 2020.

Hänold, Stefanie, DSK: Zustimmung zu Broad-Consent-Formular der Medizininformatik-Initiative, ZD-Aktuell 2020, 07198.

Hardwicke, Tom E./Wallach, Joshua D./Kidwell, Mallory C./Bendixen, Theiss et al., An empirical assessment of transparency and reproducibility-related research practices in the social sciences (2014-2017), RS Open Science, 7/2 (2020), S. 1.

Harford, Tim, The data detective. Ten easy rules to make sense of statistics, 2021.

Hart, H. L. A., Der Begriff des Rechts. Mit dem Postskriptum von 1994 und einem Nachwort von Christoph Möllers, 2. Aufl., 2018.

Hartl, Nathalie/Wössner, Elena/Sure-Vetter, York, Nationale Forschungsdateninfrastruktur (NFDI), Informatik Spektrum, 44 (2021), S. 370-373.

Haug, Volker M., Open Access in Baden-Württemberg: Rechtswidriger Zweitveröffentlichungszwang zwischen Urheber- und Hochschulrecht, OdW 2019, S. 89-95.

Heilshorn, Torsten, Sollte die überörtliche kommunale Wirtschaftstätigkeit durch die Gemeindeordnungen zugelassen werden? Zur Reformfähigkeit und -befürftigkeit des kommunalen WIrtschaftsrechts, VerwArch, 96 (2005), S. 88-99.

Herbst, Christian, Risikoregulierung durch Umwelthaftung und Versicherung, 1996 (Zugl.: Bremen, Univ., Diss., 1995).

Herbst, Tobias, Rechtliche und ethische Probleme des Umgangs mit Proben und Daten bei großen Biobanken, DuD, 40 (2016), S. 371-375.

Hermes, Georg, Gewährleistung umweltverträglicher Mobilität für alle. Was folgt aus der staatlichen Infrastrukturverantwortung für die Verkehrswende?, Die Verwaltung, 53 (2020), S. 311-346.

Hermes, Georg, Staatliche Infrastrukturverantwortung. Rechtliche Grundstrukturen netzgebundener Transport- und Übertragungssysteme zwischen Daseinsvorsorge und Wettbewerbsregulierung am Beispiel der leitungsgebundenen Energieversorgung in Europa, 1998 (Zugl.: Freiburg (Breisgau), Univ., Habil.-Schr., 1996/97).

Herzog, Roman, § 72. Ziele, Vorbehalte und Grenzen der Staatstätigkeit, in: Isensee, Josef/Kirchhof, Paul (Hrsg.), Handbuch des Staatsrechts der Bundesrepublik Deutschland. Band IV, 3. Aufl., 2007.

Hesse, Guenter, Staatsaufgaben. Zur Theorie d. Legitimation u. Identifikation staatlicher Aufgaben, 1979.

Hesse, Konrad, Grundzüge des Verfassungsrechts der Bundesrepublik Deutschland, 20. Aufl., 1995.

Hesselmann, Felicitas, Die Bestrafung wissenschaftlichen Fehlverhaltens. Zwischen Selbstreinigung und autoritativer Sanktion, 2019 (Dissertation).

Hevers, Erik, Informationszugangsansprüche des forschenden Wissenschaftlers, 2015.

Heyde, Wolfgang, Diskussionsbeitrag, in: Institut für Zeitgeschichte (Hrsg.), Wissenschaftsfreiheit und ihre rechtlichen Schranken, 1978, S. 63-64.

Hildebrandt, Jonas, Bereitstellung von Ladeinfrastruktur für Elektrofahrzeuge unter Berücksichtigung idealtypischer Ladebedarfe, 2016.

Hill, Hermann, Partnerschaft und Netzwerke. Staatliches Handeln in der Bürgergesellschaft, BayVBl. 2002, S. 321-326.

Hinz, Julia/Stier, Jochen, Open Access in der deutschen Bibliotheks-, Informations- und Dokumentationsszene, in: Oehlke, Christiane/Hinz, Julia/Stier, Jochen et al. (Hrsg.), Was tun? Digitale Buchformen in Bibliotheken, 2007, S. 145.

Hirschman, Albert Otto, Die Strategie der wirtschaftlichen Entwicklung, 1967.

Hirschman, Albert Otto, The Strategy of Economic Development, 1958.

Höffe, Otfried/Vogt, Markus, Verantwortung, in: Oberreuter, Heinrich/Haring, Sophie/Schreyer, Bernhard et al. (Hrsg.), Staatslexikon. Recht, Wirtschaft, Gesellschaft, 8. Aufl., 2021.

Hoffmann-Riem, Wolfgang, Effizienz als Herausforderung an das Verwaltungsrecht. Einleitende Problemskizze, in: Hoffmann-Riem, Wolfgang/Schmidt-Aßmann, Eberhard (Hrsg.), Effizienz als Herausforderung an das Verwaltungsrecht, 1998, S. 11-57.

Hoffmann-Riem, Wolfgang, Innovation und Recht, Recht und Innovation. Recht im Ensemble seiner Kontexte, 2016.

Hoffmann-Riem, Wolfgang, Innovationsoffenheit und Innovationsverantwortung durch Recht: Aufgaben rechtswissenschaftlicher Innovationsforschung, AöR, 131 (2006), S. 255-277.

Hoffmann-Riem, Wolfgang, Modernisierung von Recht und Justiz. Eine Herausforderung des Gewährleistungsstaates, 2001.

Hoffmann-Riem, Wolfgang, Tendenzen in der Verwaltungsrechtsentwicklung, DÖV, 50 (1997), S. 433-442.

Hoffmann-Riem, Wolfgang, Verantwortungsteilung als Schlüsselbegriff moderner Staatlichkeit, in: Staaten und Steuern, Festschrift für Klaus Vogel zum 70. Geburtstag, 2000, S. 47-64.

Hoffmann-Riem, Wolfgang, Verfahrensprivatisierung als Modernisierung, in: Hoffmann-Riem, Wolfgang/Schneider, Jens-Peter (Hrsg.), Verfahrensprivatisierung im Umweltrecht, 1996, S. 9-30.

Hoffmann-Riem, Wolfgang/Schneider, Jens-Peter, Wettbewerbs- und umweltorientierte Re-Regulierung im Großhandels-Strommarkt, in: Hoffmann-Riem, Wolfgang/Schneider, Jens-Peter (Hrsg.), Umweltpolitische Steuerung in einem liberalisierten Strommarkt, 1995, S. 13-94.

Höfling, Wolfram (Hrsg.), Berliner Kommentar zum Grundgesetz. Band 1. Art. 1-10, *Friauf,* 2009.

Hofmann, Ekkehard, Die Abwägung konfligierender Interessen in Recht und Wohlfahrtstheorie, in: van Aaken, Anne (Hrsg.), Beiträge zur ökonomischen Theorie im Öffentlichen Recht, 2003, S. 135-148.

Hofmann, Hasso, Verfassungsrechtliche Annäherungen an den Begriff des Gemeinwohls, in: Münkler, Herfried/Fischer, Karsten (Hrsg.), Gemeinwohl und Gemeinsinn im Recht. Konkretisierung und Realisierung öffentlicher Interessen, 2002, S. 25-41.

Höhne, Jörg, Verfahren zur Anonymisierung von Einzeldaten, 2010 (Zugl.: Tübingen, Univ., Diss., 2009).

Höhne, Jörg/Höninger, Julia, Statistische Geheimhaltung bei der Auswertung georeferenzierter Daten, Zeitschrift für amtliche Statistik 2014, S. 54-61.

Holznagel, Bernd, Internetdienstefreiheit und Netzneutralität, AfP, 34 (2011), S. 532-539.

Hömig, Dieter/Wolff, Heinrich Amadeus (Hrsg.), Kommentar zum Grundgesetz für die Bundesrepublik Deutschland. Art. 1-17a. Band 1, Alternativkommentare, 3. Aufl., 2001.

Hömig, Dieter/Wolff, Heinrich Amadeus (Hrsg.), Kommentar zum Grundgesetz für die Bundesrepublik Deutschland. Art. 18-80. Band 2, Alternativkommentare, 3. Aufl., 2001.

Hömig, Dieter/Wolff, Heinrich Amadeus (Hrsg.), Kommentar zum Grundgesetz für die Bundesrepublik Deutschland. Art. 81-145. Band 3, Alternativkommentare, 3. Aufl., 2001.

Höpfner, Clemens/Amschewitz, Dennis, Die Zweitveröffentlichungspflicht im Spannungsfeld von Open-Access-Kultur und Urheberrecht, NJW 2019, S. 2966-2973.

Hösch, Friedrich/Mayer, Hans, Der Stellenwert der Energieversorgung im Rahmen der infrastrukturellen Grundausstattung, in: Guthsmuths, Willi (Hrsg.), Energieversorgungsprobleme aus raumökonomischer Sicht. Beiträge zur energiewirtschaftlichen Raumentwicklung mit einer Modellanalyse, 1978.

Hossayni, Hicham/Khan, Imran/Crespi, Noel, Data Anonymization for Maintenance Knowledge Sharing, IT Prof., 23 (2021), S. 23-30.

Huber, Peter M., Staat und Wissenschaft, 2008.

Huber, Peter M./Voßkuhle, Andreas (Hrsg.), Grundgesetz Kommentar. Band 1. Präambel, Art. 1-19, 7. Aufl., 2018 (zitiert: MKS).

Huber, Peter M./Voßkuhle, Andreas (Hrsg.), Grundgesetz Kommentar. Band 2. Art. 20-82 GG, Bd. 2, *Mangoldt/F. Klein/Starck*, 7. Aufl., 2018 (zitiert: MKS).

Huber, Peter M./Voßkuhle, Andreas (Hrsg.), Grundgesetz Kommentar. Band 3. Art. 83-146 GG, Bd. 3, *Mangoldt/F. Klein/Starck*, 7. Aufl., 2018 (zitiert: MKS).

Hummel, Patrik/Braun, Matthias/Augsberg, Steffen et al., Datensouveränität. Governance-Ansätze für den Gesundheitsbereich, 2021.

Hünnekens, Georg, Rechtsfragen der wirtschaftlichen Infrastruktur, 1995.

Informationsdienst Wissenschaft, DFG setzt neue Akzente für Open Access, 2021.

Ingold, Albert, Desinformationsrecht. Verfassungsrechtliche Vorgaben für staatliche Desinformationstätigkeit, 2011.

Ipsen, Hans Peter, Gesetzliche Indienstnahme Privater für Verwaltungsaufgaben, in: FG E. Kaufmann (Hrsg.), Um Recht und Gerechtigkeit. Festgabe für Erich Kaufmann zu seinem 70. Geburtstage, 21. September 1950, 1950, S. 141-161.

Ipsen, Jörn, Staatsrecht II. Grundrechte, 24. Aufl., 2021.

Isensee, Josef, § 73. Staatsaufgaben, in: Isensee, Josef/Kirchhof, Paul (Hrsg.), Handbuch des Staatsrechts der Bundesrepublik Deutschland. Band IV, 3. Aufl., 2007.

Isensee, Josef, § 191. Das Grundrecht als Abwehrrecht und als staatliche Schutzpflicht, in: Isensee, Josef/Kirchhof, Paul (Hrsg.), Handbuch des Staatsrechts der Bundesrepublik Deutschland. Band IX, 3. Aufl.

Isensee, Josef, Das Amt als Medium des Gemeinwohls in der freiheitlichen Demokratie, in: Schuppert, Gunnar Folke/Neidhardt, Friedhelm (Hrsg.), Gemeinwohl. Auf der Suche nach Substanz, 2002, S. 241-270.

Janda, Timm Christian, Mehr Transparenz und Partizipation durch Open Government Data, VM, 17 (2011), S. 227-238.

Jarass, Hans D. (Hrsg.), Charta der Grundrechte der Europäischen Union. Unter Einbeziehung der sonstigen Grundrechtsregelungen des Primärrechts und der EMRK : Kommentar, 4. Aufl., 2021.

Jarass, Hans D./Pieroth, Bodo (Begr.), Jarass, Hans D./Kment, Martin (Hrsg.), Grundgesetz für die Bundesrepublik Deutschland. Kommentar, 17. Aufl., 2022.

Jehle, Jörg-Martin, Diskussion der künftigen Regelung der Akteneinsicht für wissenschaftliche Zwecke, in: Jehle, Jörg-Martin (Hrsg.), Datensammlungen und Akten in der Strafrechtspflege. Nutzbarkeit für Kriminologie und Kriminalpolitik, 1989, S. 321-334.

Jochimsen, Reimut, Theorie der Infrastruktur. Grundlagen der marktwirtschaftlichen Entwicklung, 1966.

Jochimsen, Reimut/Gustafsson, Knut, Infrastruktur. Grundlagen der marktwirtschaftlichen Entwicklung, in: Simonis, Udo E. (Hrsg.), Infrastruktur. Theorie und Politik, 1977, S. 38-55.

Joffe, Carole, Dispatches from the abortion wars. The costs of fanaticism to doctors, patients, and the rest of us, 2010.

Kahl, Wolfgang/Waldhoff, Christian/Walter, Christian (Hrsg.), Bonner Kommentar zum Grundgesetz, 1950 (begr.).

Kaltenböck, Martin/Thurner, Thomas, Open Government Data Weißbuch (Österreich), 2011.

Kämmerer, Jörn Axel, Privatisierung. Typologie, Determinanten, Rechtspraxis, Folgen, 2001.

Kamrani, Pantea/Dorsch, Isabelle/Stock, Wolfgang, Publikationen, Zitationen und H-Index im Meinungsbild deutscher Universitätsprofessoren, Beiträge zur Hochschulforschung, 42 (2020), S. 78-98.

Kaniowski, Andrzej M., Verantwortung oder Sollen? Eine falsche Alternative?, in: Juchacz, Piotr W./Kozłowski, Roman (Hrsg.), Freiheit und Verantwortung. Moral, Recht und Politik, 2002, S. 239-249.

Karlsen, Jan Reinert/Solbakk, Jan Helge/Holm, Søren, Ethical Endgames: Broad Consent for Narrow Interests, Open Consent for Closed Minds, Cambridge Quarterly of Healthcare Ethics 2011, S. 572-583.

Karpen, Ulrich, Die Finanzverfassung der Hochschulen angesichts der gegenwärtigen Haushaltslage, VerwArch, 73 (1982), S. 405-437.

Kaufhold, Ann-Katrin, Wissenschaftsfreiheit als ausgestaltungsbedürftiges Grundrecht?, NJW, 63 (2010), S. 3276-3279.

Kaufmann, Franz-Xaver, Diskurse über Staatsaufgaben, in: Grimm, Dieter (Hrsg.), Staatsaufgaben, 1994, S. 15-41.

Kelsen, Hans, Reine Rechtslehre. Mit einem Anhang: Das Problemd der Gerechtigkeit, 2. Aufl., 1960.

Kelsen, Hans, Verteidigung der Demokratie. Abhandlungen zur Demokratietheorie, hrsg. v. Jestaedt, Matthias/Lepsius, Oliver, 2006.

Kelsen, Hans, Wissenschaft und Demokratie, in: Jestaedt, Matthias/Lepsius, Oliver (Hrsg.), Verteidigung der Demokratie. Abhandlungen zur Demokratietheorie, 2006, S. 238-247.

Kempen, Bernhard, I. Hochschulen im Verfassungsstaat, in: Hartmer, Michael/Detmer, Hubert (Hrsg.), Hochschulrecht. Ein Handbuch für die Praxis, 3. Aufl., 2017.

Kimminich, Otto, Die Rechtsstellung der Studenten im Wandel des Universitätsbegriffs, DVBl. 1968, S. 679-686.

Kirchhof, Ferdinand, Rechtliche Grundsätze der Universitätsfinanzierung. Staatliche Zuweisungen und autonome Binnenfinanzierung, JZ 1988, S. 275-282.

Kirchhof, Gregor, Rechtsfolgen der Privatisierung. Jede Privatisierung lockert, löst öffentlich-rechtliche Bindungen, 132 (2007), S. 215-256.

Klein, Eckart, Einwirkungen des europäischen Menschenrechtsschutzes auf Meinungsäußerungsfreiheit und Pressefreiheit, AfP, 25 (1994), S. 9-18.

Klein, Oliver, Das Untermaßverbot. Über die Justiziabilität grundrechtlicher Schutzpflichterfüllung, JuS, 46 (2006), S. 960-964.

Kleindiek, Ralf, Wissenschaft und Freiheit in der Risikogesellschaft. Eine grundrechtsdogmatische Untersuchung zum Normbereich von Art. 5 Abs. 3 Satz 1 des Grundgesetzes, 1998 (Zugl.: Gießen, Univ., Diss., 1997).

Klement, Jan Henrik, Verantwortung. Funktion und Legitimation eines Begriffs im Öffentlichen Recht, 2006.

Kloepfer, Michael, Informationsrecht, 2002.

Kloepfer, Michael, Tierversuchsbeschränkungen und Verfassungsrecht, JZ 1986, S. 205-212.

Kloepfer, Michael, Umweltrecht, 4. Aufl., 2016.

Kloepfer, Michael/Rossi, Matthias, Tierschutz in das Grundgesetz? Zu den rechtlichen Konsequenzen einer Staatszielbestimmung „Tierschutz" im Grundgesetz - insbesondere zu ihren Auswirkungen auf die Forschungsfreiheit, JZ 1998, S. 369-378.

Klös, Hans-Peter, Öffentliches Infrastrukturmonopol – noch zeitgemäß?, 1989.

Kluth, Winfried, Öffentliches Wirtschaftsrecht, 2019.

Knauff, Matthias, Der Gewährleistungsstaat. Reform der Daseinsvorsorge : eine rechtswissenschaftliche Untersuchung unter besonderer Berücksichtigung des ÖPNV, 2004 (Zugl.: Würzburg, Univ., Diss., 2003-2004).

Köck, Wolfgang, § 36. Pläne und andere Formen des prospektiven Verwaltungshandelns, in: Voßkuhle, Andreas/Eifert, Martin/Möllers, Christoph (Hrsg.), Grundlagen des Verwaltungsrechts. Band II, 3. Aufl., 2022.

Köhler, Stefan/Wille, Volker, Infrastruktur in einer mobilen Gesellschaft – Einführung in das Thema, in: Köhler, Stefan (Hrsg.), Infrastruktur in einer mobilen Gesellschaft. Was, wofür und für wen?, 2007, S. 1-8.

Köngeter, Anja/Schickhardt, Christoph/Jungkunz, Martin/Bergbold, Susanne et al., Patients' Willingness to Provide Their Clinical Data for Research Purposes and Acceptance of Different Consent Models: Findings From a Representative Survey of Patients With Cancer, Journal of Medical Internet Research, 24 (2022), S. 1-14.

Konno, Ko/Akasaka, Munemitsu/Koshida, Chieko/Katayama, Naoki et al., Ignoring non-English-language studies may bias ecological meta-analyses, Ecology and evolution, 10 (2020), S. 6373-6384.

Konrad, Maximilian, Das Gemeinwohl, die öffentliche Meinung und die fusionsrechtliche Ministererlaubnis, 2019.

Köttgen, Arnold, Das Grundrecht der deutschen Universität. Gedanken über die institutionelle Garantie wissenschaftlicher Hochschulen, 1959.

Kraft, Sophie/Seitz-Moskaliuk, Hendrik/Sure-Vetter, York/Wössner, Elena et al., Nationale Forschungsdateninfrastruktur (NFDI), in: Heuveline, Vincent/Bisheh, Nina (Hrsg.), E-Science-Tage 2021. Share Your Research Data, S. 374-383.

Kraker, Peter/Schramm, Maxi/Kittel, Christopher, Discoverability in (a) Crisis, ABI Technik, 41 (2021), S. 3-12.

Krämer, Hagen, Digitalisierung, Monopolbildung und wirtschaftliche Ungleichheit, Wirtschaftsdienst, 99 (2019), S. 47-52.

Krapp, Claudia, Förderung für nationales Forschungsdaten-Netz beschlossen, in: Forschung und Lehre, 2020.

Krüger, Herbert, Marktwirtschaftliche Ordnung und öffentliche Vorhaltung der Verkehrswege.

Kube, Hanno, § 91. Neue Medien – Internet, in: Isensee, Josef/Kirchhof, Paul (Hrsg.), Handbuch des Staatsrechts der Bundesrepublik Deutschland. Band IV, 3. Aufl., 2007.

Kühling, Jürgen, Sektorspezifische Regulierung in den Netzwirtschaften. Typologie, Wirtschaftsverwaltungsrecht, Wirtschaftsverfassungsrecht, 2004 (Zugl.: Bonn, Univ., Habil.-Schr., 2002-2003).

Kühling, Jürgen/Buchner, Benedikt (Hrsg.), Datenschutz-Grundverordnung, BDSG. Kommentar, Beck-online Bücher, 3. Aufl., 2020.

Kuschel, Linda, Urheberrecht und Forschungsdaten, OdW 2020, S. 43-52.

Kuschel, Linda, Wem „gehören" Forschungsdaten?, Forschung & Lehre 2018.

Kuschel, Linda/Dolling, Jasmin, Access to Research Data and EU Copyright Law, Journal of Intellectual Property, Information Technology and Electronic Commerce Law, 13 (2022), S. 247-266.

Kwon, Seokbeom/Motohashi, Kazuyuki, Incentive or disincentive for research data disclosure? A large-scale empirical analysis and implications for open science policy, International Journal of Information Management, 60 (2021), S. 1.

Lange, Robert, Wissenschaft zwischen Verfassungsgarantie und Staatszielbestimmung. Ein Beitrag zur grundgesetzlichen Verankerung des Tierschutzes, KritV, 87 (2004), S. 171-181.

Laurie, Graeme/Stevens, Leslie/Jones, Kerina H. et al., A Review of Evidence Relating to Harm Resulting from Uses of Health and Biomedical Data, 2015.

Lederer, Beatrice, Open Data. Informationsöffentlichkeit unter dem Grundgesetz, 2015 (Zugl.: Passau, Univ., Diss., 2013).

Lepsius, Oliver, § 4. Verfassungsrechtlicher Rahmen der Regulierung, in: Fehling, Michael/Ruffert, Matthias (Hrsg.), Regulierungsrecht, 2010.

Lepsius, Oliver, Besitz und Sachherrschaft im öffentlichen Recht, 2002 (Zugl.: München, Univ., Habil.-Schr., 2000).

Lepsius, Oliver, Zur Neubegründung des Rückwirkungsverbots aus der Gewaltenteilung, JZ 2014, S. 488-500.

Lerche, Peter, Verfassungsfragen um Sozialhilfe und Jugendwohlfahrt. Ein Rechtsgutachten, 1963.

Leschke, Martin, § 6. Regulierungstheorie aus ökonomischer Sicht, in: Fehling, Michael/Ruffert, Matthias (Hrsg.), Regulierungsrecht, 2010.

Liang, Jingjing/Gamarra, Javier G. P., The importance of sharing global forest data in a world of crises, Sci Data, 7 (2020), S. 1-5.

Lindner, Josef Franz, Das Grundrecht der Wissenschaftsfreiheit, JURA, 40 (2018), S. 240-249.

Lindner, Josef Franz, Wissenschaftsfreiheit und Tierversuch. Zur AUslegung der §§ 7, 8 TierSchG, NordÖR 2009, S. 329-336.

Link, Christoph, Staatszweck im Verfassungsstaat. Nach 40 Jahren Grundgesetz, VVDStRL, 48 (1990), S. 7-49.

Loeper, Eisenhart von, Studentische Gewissensfreiheit und mitgeschöpfliche Sozialbindung, ZPR 1991, S. 224-227.

Löwenberg, Fabian, Service public und öffentliche Dienstleistungen in Europa. Ein Beitrag zu Art. 16 des EG-Vertrages, 2001 (Zugl.: Berlin, Humboldt-Univ., Diss., 2000).

Löwer, Wolfgang, § 99. Freiheit von Forschung und Lehre, in: Merten, Detlef/ Papier, Hans-Jürgen (Hrsg.), Handbuch der Grundrechte in Deutschland und Europa. Band IV, 2011.

Löwer, Wolfgang, Energieversorgung zwischen Staat, Gemeinde und Wirtschaft, 1989.

Löwer, Wolfgang, Wert der Wissenschaft - was darf Wissenschaft?, WissR, 47 (2014), S. 3-26.

Lucke, Jörn von/*Geiger, Christian P.*, Open Government Data. Frei verfügbare Daten des öffentlichen Sektors, in: Lucke, Jörn von (Hrsg.), Entdeckung, Erkundung und Entwicklung 2.0. Open government, open government data und open budget 2.0, 2012, S. 105-155.

Lv, Yang/Ma, Chenwei/Li, Xiaohan/Wu, Min, Big data driven COVID-19 pandemic crisis management: potential approach for global health, Arch Med Sci, 17 (2021), S. 829-837.

Mager, Ute, § 166. Freiheit von Forschung und Lehre, in: Isensee, Josef/Kirchhof, Paul (Hrsg.), Handbuch des Staatsrechts der Bundesrepublik Deutschland. Band VII, 2009.

Manegold, Bartholomäus, Archivrecht. Die Archivierungspflicht öffentlicher Stellen und das Archivzugangsrecht des historischen Forschers im Licht der Forschungsfreiheitsverbürgung des Art. 5 Abs. 3 GG, 2002.

Mann, Thomas/Worthmann, Esther-Maria, Berufsfreiheit (Art. 12 GG). Strukturen und Problemkonstellationen, JuS 2013, S. 385-392.

Marauhn, Thilo, Kommunikationsgrundrechte, in: Ehlers, Dirk/Germelmann, Claas Friedrich (Hrsg.), Europäische Grundrechte und Grundfreiheiten, 5. Aufl., 2023.

Martens, Wolfgang, Grundrechte im Leistungsstaat, VVDStRL, 30 (1972), S. 7-42.

Martini, Mario/Damm, Matthias, Auf dem Weg zum Open Government: Zum Regimewechsel im Geodatenrecht, DVBl. 2013, S. 1-10.

Masing, Johannes, § 90. Post und Telekommunikation, in: Isensee, Josef/Kirchhof, Paul (Hrsg.), Handbuch des Staatsrechts der Bundesrepublik Deutschland. Band IV, 3. Aufl., 2007.

Maurer, Hartmut/Waldhoff, Christian, Allgemeines Verwaltungsrecht, 20. Aufl., 2020.

Max-Planck-Gesellschaft, Regeln zur Sicherung guter wissenschaftlicher Praxis, 2009.

Mayen, Thomas, Der grundrechtliche Informationsanspruch des Forschers gegenüber dem Staat, 1992 (Zugl.: Köln, Univ., Diss., 1991).

Mayen, Thomas, Privatisierung öffentlicher Aufgaben: Rechtliche Grenzen und rechtliche Möglichkeiten, DÖV, 54 (2001), S. 110-119.

McMillan, David, Replication studies, Cogent Economics & Finance, 5 (2017).

Medizininformatik-Initiative, Medizininformatik-Initiative erhält grünes Licht für bundesweite Patienteneinwilligung, 2020.

Meinel, Florian, Das erste Hochschulurteil des Bundesverfassungsgerichts vom Mai 1973. Zur Rekonstruktioin einer Kontroverse, WissR, 50 (2017), S. 3-27.

Mellinghoff, Rudolf, Die Verantwortung des Gesetzgebers für ein verfassungsgemäßes Steuerrecht, DStR, S. 3-19.

Merk, Sebastian, Gasversorgung und staatliche Krisenvorsorge, NJW 2022, S. 2664-2669.

Merten, Detlef, Bürgerverantwortung im demokratischen Verfassungsstaat, VVDStRL, 55 (1996), S. 7-47.

Mestmäcker, Ernst-Joachim, Offene Märkte im System unverfälschten Wettbewerbs in der Europäischen Wirtschaftsgemeinschaft, in: Coing, Helmut/Kronstein, Heinrich/Mestmäcker, Ernst-Joachim (Hrsg.), Wirtschaftsordnung und Rechtsordnung. Festschrift zum 70. Geburtstag von Franz Böhm, 1965, S. 345-391.

Meusel, Ernst-Joachim/Blum, Nikolaus, Außeruniversitäre Forschung im Wissenschaftsrecht, 2. Aufl., 1999.

Meyer, Jürgen/Hölscheidt, Sven (Hrsg.), Charta der Grundrechte der Europäischen Union, NomosKommentar, 5. Aufl., 2019.

Michaelis, Rüdiger, Der Beliehene. Ein Beitrag zur Verflechtung von öffentlichem und privatem Recht, 1969.

Middendorf, Max, Zur Wesensgehaltsgarantie des Grundgesetzes, JURA, 25 (2003), S. 232-236.

Ministerium für Wissenschaft, Forschung und Kunst BW, E-Science, Wissenschaft unter neuen Rahmenbedingungen, 2024.

Mlinarić, Ana/Horvat, Martina/Šupak Smolčić, Vesna, Dealing with the positive publication bias: Why you should really publish your negative results, Biochem Med (Zagreb), 27 (2017), S. 1.

Mohr, Hans, Illusion und Desiderat. Die Einheit der Wissenschaft aus Sicht eines Grenzgängers, in: Mainusch, Herbert (Hrsg.), Einheit der Wissenschaft. Wider die Trennung von Natur und Geist, Kunst und Wissenschaft [Kongreß „Einheit der Wissenschaft" am 20. und 21. November 1992 in Duisburg], 1993, S. 139-150.

Möllers, Christoph, Staat als Argument, 2000 (Zugl.: München, Univ., Diss., 1999/2000).

Mosele, Fernanda/Deluche, Elise/Lusque, Amelie/Le Bescond, Loïc et al., Trastuzumab deruxtecan in metastatic breast cancer with variable HER2 expression: the phase 2 DAISY trial, Nat Med, 29 (2023), S. 2110-2120.

Möstl, Markus, Die staatliche Garantie für die öffentliche Sicherheit und Ordnung. Sicherheitsgewährleistung im Verfassungsstaat, im Bundesstaat und in der Europäischen Union, 2002.

Müller-Graff, Peter-Christian, Die wettbewerbsverfaßte Marktwirtschaft als gemeineuropäisches Verfassungsprinzip?, EuR 1997, S. 433-457.

Müller-Using, Detlev, Nochmals: Zu den verfassungsrechtlichen Aspekten der Postreform II, ArchPT 1995, S. 46-47.

Munafò, Marcus R./Nosek, Brian A./Bishop, Dorothy V. M./Button, Katherine S. et al., A manifesto for reproducible science, Nat Hum Behav 2017, S. 1-9.

Münch, Ingo von/Kunig, Philip (Begr.);, Kämmerer, Jörn Axel; Kotzur, Markus (Hrsg.), Grundgesetz-Kommentar. Band 1: Präambel bis Art. 69, Bd. 1, 7. Aufl., 2021.

Murswiek, Dietrich, Das sogenannte Kooperationsparadigma - ein Prinzip des Umweltschutzes?, ZUR, 12 (2001), S. 7-13.

Murswiek, Dietrich, Die staatliche Verantwortung für die Risiken der Technik. Verfassungsrechtliche Grundlagen und immissionsschutzrechtliche Ausformung, 1985 (Zugl.: Saarbrücken, Univ., Habil.-Schr., 1983).

Musgrave, Richard A., Infrastruktur und die Theorie der öffentlichen Güter, in: Arndt, Helmut/Swatek, Dieter (Hrsg.), Grundfragen der Infrastrukturplanung für wachsende Wirtschaften, 1971, S. 43-54.

Nationale Plattform Zukunft Mobilität, Kundenfreundliches Laden - Fokus öffentliche Ladeinfrastruktur, Verknüpfung der Verkehrs- und Energienetze, Sektorkopplung, 2020.

Nau, Petra, Verfassungsrechtliche Anforderungen an Archivgesetze des Bundes und der Länder, 2000.

Nettesheim, Martin, Europäische Beihilfeaufsiht und mitgliedstaatliche Daseinsvorsorge, EWS, 13 (2002), S. 253-263.

NIH, Genomic Data Sharing Policy, 2024.

NIH, Grants Policy Statement, 2024.

NIH, Policy for Data Management and Sharing, 2020.

Nitz, Gerhard, Private und öffentliche Sicherheit, 2000.

Nuffield Council on Bioethics, The collection, linking and use of data in biomedical research and health care: ethical issues, 2014.

Oebbecke, Janbernd, Mehrfachzuständigkeiten in der Verwaltung als Verfassungsproblem, in: Beiträge zur Rechtswissenschaft, Festschrift für Walter Stree und Johannes Wessels zum 70. Geburtstag, 1993, 1119-1134.

OECD, Principles and Guidelines for Access to Research Data from Public Funding, Nr. 2390779402, 2007.

Ola, Kunle, Fundamentals of Open Access, European Intellectual Property Review, 36 (2014), S. 112-123.

Oldenhage, Klaus, Archivrecht? Überlegungen zu den rechtlichen Grundlagen des Archivwesens in der Bundesrepublik Deutschland, in: Boberach, Heinz/Booms, Hans (Hrsg.), Aus der Arbeit des Bundesarchivs. Beitr. zum Archivwesen, zur Quellenkunde u. Zeitgeschichte, 1978, S. 187-207.

Oldenhage, Klaus, Überlegungen zu rechtlichen Problemen der Nutzungvon Archiven in der Bundesrepublik Deutschland, in: Institut für Zeitgeschichte (Hrsg.), Wissenschaftsfreiheit und ihre rechtlichen Schranken, 1978, S. 27-33.

Oostveen, Manon, Identifiability and the applicability of data protection to big data, International Data Privacy Law, 6 (2016), S. 299-309.

OpenAIRE, Open Science in Europe, 2018.

ORCID, About ORCID, 2024.

Ossenbühl, Fritz, § 15. Grundsätze der Grundrechtsinterpretation, in: Merten, Detlef/Papier, Hans-Jürgen (Hrsg.), Handbuch der Grundrechte in Deutschland und Europa. Band I, 2004.

Ossenbühl, Fritz, Die Interpretationd er Grundrechte in der Rechtsprechung des Bundesverfassungsgerichts, NJW, 29 (1976), S. 2100-2107.

Ossenbühl, Fritz, Staatliches Fernmeldemonopol als Verfassungsgebot?, in: Festschrift für Rudolf Lukes zum 65. Geburtstag, 1989, S. 525-546.

Osterloh, Lerke, Privatisierung von Verwaltungsaufgaben, VVDStRL, 54 (1995), 204-239.

Ostrom, Vincent, Adam Smith und öffentliche Güter, in: Markt, Staat und Solidartität bei Adam Smith, 1984, S. 135-157.

Ottmann, Henning, Verantowrtung und Vertrauen als normative Prinzipien der Politik, in: Gloy, Karen (Hrsg.), Demokratie-Theorie. Ein West-Ost-Dialog, 1992, S. 19-30.

Overkamp, Philipp Georg, Ökonomische Instrumente und Ordnungsrecht, 2019 (Dissertation).

Overkamp, Philipp Georg/Tormin, Miriam, Staatliche Steuerungsmöglichkeiten zur Förderung des Teilens von Forschungsdaten, OdW 2022, S. 39-53.

Paal, Boris P., Die digitale Zukunft Europas. Europäische Strategien für den digitalen Binnenmarkt, ZfDR 2021, S. 97-129.

Paal, Boris P./Pauly, Daniel A./Ernst, Stefan (Hrsg.), Datenschutz-Grundverordnung. Bundesdatenschutzgesetz, Beck'sche Kompakt-Kommentare, 3. Aufl., 2021.

Paals, Carsten, Verarbeitung von personenbezogenen Daten zu wissenschaftlichen Zwecken auf Basis des § 28 DSG NRW, DVP, 66 (2015), S. 234-237.

Pagnamenta, Alistair T./Camps, Carme/Giacopuzzi, Edoardo/Taylor, John M. et al., Structural and non-coding variants increase the diagnostic yield of clinical whole genome sequencing for rare diseases, Genome Med, 15 (2023), S. 1.

Patil, Archana/Patil, Rekha, An Analysis Report on Green Cloud Computing Current Trends and Future Research Challenges, Proceedings of International Conference on Sustainable Computing in Science, Technology and Management, S. 813-820.

Payandeh, Mehrdad, Das Gebot der Folgerichtigkeit: Rationalitätsgewinn oder Irrweg der Grundrechtsdogmatik?, AöR, 136 (2011), S. 578-615.

Pechstein, Matthias/Nowak, Carsten/Häde, Ulrich (Hrsg.), Frankfurter Kommentar zu EUV, GRC und AEUV. Band I: EUV und GRC, Bd. 1, 2017.

Pechstein, Matthias/Nowak, Carsten/Häde, Ulrich (Hrsg.), Frankfurter Kommentar zu EUV, GRC und AEUV. Band III: AEUV, Artikel 101-215, 2017.

Peer, Limor/Arguillas, Florio/Honeyman, Tom et al., Challenges of Curating for Reproducible and FAIR Research Output, A Report by the RDA CURE-FAIR Working Group, Subgroup 3 on CURE-FAIR Challenges, 2021.

Peglau, Jens, Die Einsicht in Prozeßakten zu Forschungszwecken, NJ 1993, S. 440-443.

Perrier, Laure/Blondal, Erik/MacDonald, Heather, The views, perspectives, and experiences of academic researchers with data sharing and reuse: A meta-synthesis, PLoS ONE, 2/15 (2020), 1.

Peukert, Alexander, Ein wissenschaftliches Kommunikationssystem ohne Verlage. Zur rechtlichen Implementierung von Open Access als Goldstandard wissenschaftlichen Publizierens, in: Grünberger, Michael/Leible, Stefan (Hrsg.), Die Kollision von Urheberrecht und Nutzerverhalten, 2014, S. 145-172.

Pflüger, Thomas/Ertmann, Dietmer, E-Publishing und Open Access – Konsequenzen für das Urheberrecht im Hochschulbereich, ZUM 2004, S. 436-443.

Phillips, Mark, International data-sharing norms: from the OECD to the General Data Protection Regulation (GDPR), Human Genetics, 137 (2018), S. 575-582.

Pielow, Johann-Christian, Grundstrukturen öffentlicher Versorgung. Vorgaben des Europäischen Gemeinschaftsrechts sowie des französischen und des deutschen Rechts unter besonderer Berücksichtigung der Elektrizitätswirtschaft, 2001 (Zugl.: Bochum, Univ., Habil.-Schr., 1998).

Pieroth, Bodo, Materiale Rechtsfolgen grundgesetzlicher Kompetenz- und Organisationsrechtsnormen, AöR, 114 (1989), S. 422-450.

Pigeot, Iris/Buchner, Benedikt, Epidemiologie und Datenschutz, DuD, 38 (2014), S. 816-820.

Piper, Kelsey, This economics journal only publishes results that are no big deal, Here's how that might save science, 2019.

Pitschas, Rainer, Polizeirecht im kooperativen Staat. Innere Sicherheit zwischen Gefahrenabwehr und kriminalpräventiver Risikovorsorge, 55 (2002), S. 221-231.

Pitschas, Rainer, Struktur- und Funktionswandel der Aufsicht im Neuen Verwaltungsmanagement, DÖV 1998, S. 907.

Pitschas, Rainer, Verwaltungsverantwortung und Verwaltungsverfahren. Strukturprobleme, Funktionsbedingungen und Entwicklungsperspektiven eines konsensualen Verwaltungsrechts, 1990 (Zugl.: München, Univ., Habil.-Schr., 1988).

Plath, Kai-Uwe (Hrsg.), DSGVO/BDSG. Kommentar zu DSGVO, BDSG und den Datenschutzbestimmungen von TMG und TKG, Juris Spectrum Bund, 3. Aufl., 2018.

Platzer, Helmut, Das Vorhaben einer Forschungsdatenbank nach dem Digitale Versorgung Gesetz (DVG) – fragwürdig und risikoreich, NZS 2020, S. 289-295.

Poscher, Ralf, Grundrechte als Abwerrechte. Reflexive Regelung rechtlich geordeneter Freiheit, 2003.

Probst Eide, Sebastian, Der aktuelle Entwicklungsstand von Tools zur Daten-Anonymisierung, IT Finanzmagazin, 2018.

Pröbstl, Katja, Das Recht der Tierversuche unter Berücksichtigung unionsrechtlicher Vorgaben, 2017.

Püttner, Günter, Die öffentlichen Unternehmen. E. Handbuch zu Verfassungs- u. Rechtsfragen d. öffentl. Wirtschaft, 2. Aufl., 1985.

Radtke, Tristan, Die Hintertür zu mehr Open Access. § 38 I UrhG und die AGB-Kontrolle, GRUR, 124 (2022), S. 1562-1569.

Radtke, Tristan, Im Dienste der Wissenschaft – Das Forschungsprivileg der DS-GVO, 2020.

Rat für Informationsinfrastrukturen, Leistung aus Vielfalt, Empfehlungen zu Strukturen, Prozessen und Finanzierung des Forschungsdatenmanagements in Deutschland, 2016.

Registry of Research Data Repositories, Schema 2014.

Reimer, Franz, Grundrechtlicher Schutz riskanter Forschung? Grundrechtsdogmatische Lehren aus der Gentechnik-Entscheidung des Bundesverfassungsgerichts, in: Britz, Gabriele (Hrsg.), Forschung in Freiheit und Risiko, 2012, S. 47-69.

Reinhardt, Rudolf, Autonomie, Selbstverwaltung, Staatsverwaltung in der Universität. Unter besonderer Berücksichtigung des Hessischen Hochschulgesetzes vom 16. Mai 1966 (HessHochschulG), WissR, 1 (1968), S. 1-27.

Repschläger, Jonas/Pannicke, Danny/Zarnekow, Rüdiger, Cloud Computing: Definitionen, Geschäftsmodelle und Entwicklungspotenziale, HMD Praxis der Wirtschaftsinformatik, 47 (2010), S. 6-15.

Rhein, Felix, Der Anwendungsbereich presserechtlicher Auskunftsansprüche auf Bundesebene. Zugleich ANmerkung zu BVerwG, Urt. v. 25. Oktober 2018, 7 C 6.17, DÖV, 72 (2019), S. 394-398.

Rieble, Volker, Autorenfreiheit und Publikationszwang, in: Reuss, Roland/Rieble, Volker (Hrsg.), Autorschaft als Werkherrschaft in digitaler Zeit. Symposium Frankfurt 15. Juli 2009, 2009, 29-66.

Rieble, Volker, Freier Zugang zu unfreien Autoren, Forschung & Lehre 2009, S. 648-651.

Riechelmann, Frank, Die Angemessenheit der Begriffe – oder: Das Schutzgut des verfassungsrechtlichen Vertrauensschutzes, ZRPh 2021, S. 97-115.

Riechelmann, Frank, Struktur des verfassungsrechtlichen Bestandsschutzes. Rechtssicherheit als Freiheitsschutz. Teilw. zugl.: Kiel, Univ., Diss., 2005, 3. Aufl., 2008.

Riehm, Thomas, Rechte an Daten. Die Perspektive des Haftungsrechts, VersR 2019, S. 714-724.

Rietzler, Katja, Anhaltender Verfall der Infrastruktur, IMK Report, 2014.

Ring, Gerhard/Grziwotz, Herbert/Schmidt-Räntsch, Johanna (Hrsg.), Bürgerliches Gesetzbuch: BGB. Band 3: Sachenrecht. § 854-1296, Band 3 – Nomos-Kommentar BGB, 5. Aufl., 2022.

Ritter, Ernst-Hasso, Organisationswandel durch Expertifizierung und Privatisierung im Ordnungs- und Planungsrecht, in: Schmidt-Aßmann, Eberhard (Hrsg.), Verwaltungsorganisationsrecht als Steuerungsressource, 1997, S. 207.

Robbio, Antonella de/*Corradi, Antonella*, Biobanks on Balance between Private Property and Commons: Patents or Open Data sharing?, Italian Journal of Library and Information Science 2010, S. 305-329.

Rodenhäuser, Tilman/Vignati, Mauro, 8 rules for "civilian hackers" during war, and 4 obligations for states to restrain them, 2023.

Röhl, Hans Christian, Verwaltungsverantwortung als dogmatischer Begriff, Die Wissenschaft vom Verwaltungsrecht, Beiheft 2 zu „Die Verwaltung" 1999, 33.

Röhl, Klaus-F./Röhl, Hans-Christian, Allgemeine Rechtslehre. Ein Lehrbuch, 3. Aufl., 2008.

Rolnick, David/Donti, Priya L./Kaack, Lynn H./Kochanski, Kelly et al., Tackling Climate Change with Machine Learning, ACM Computing Surveys, 55 (2023), S. 1-96.

Ronellenfitsch, Michael, § 98. Wirtschaftliche Betätigung des Staates, in: Isensee, Josef/Kirchhof, Paul (Hrsg.), Handbuch des Staatsrechts der Bundesrepublik Deutschland. Band IV, 3. Aufl., 2007.

Ronning, Gerd/Sturm, Roland/Höhne, Jörg et al., Handbuch zur Anonymisierung wirtschaftsstatistischer Mikrodaten, 2005.

Roos, Philipp/Maddaloni, John-Markus, Regulierter Datenaustausch zur Gesundheitsforschung. Die legislativen Vorhaben für einen Europäischen Gesundheitsdatenraum und ein Gesundheitsdatengesetz, Recht Digital 2023, S. 225-232.

Rossen, Helge, Vollzug und Verhandlung. Die Modernisierung des Verwaltungsvollzugs, 1999.

Rossi, Matthias, Informationszugangsfreiheit und Verfassungsrecht. Zu den Wechselwirkungen zwischen Informationsfreiheitsgrenzen und der Verfassungsordnung in Deutschland, 2004.

Rossi, Matthias, Rechtliche Grundlagen der Zugänglichkeit geologischer Daten, 2016.

Rossi, Matthias, Staatliche Daten als Informationsrohstoff, NVwZ 2013, S. 1263-1266.

Roßnagel, Alexander/Scholz, Philip, Datenschutz durch Anonymität und Pseudonymität - Rechtsfolgen der Verwendung anonymer und pseudonymer Daten, MMR 2000, S. 721-731.

Röthel, Anne, Normkonkretisierung im Privatrecht, 2004 (Zugl.: Erlangen-Nürnberg, Univ., Habil.-Schr., 2003).

Ruffert, Matthias, § 7. Begriff, in: Fehling, Michael/Ruffert, Matthias (Hrsg.), Regulierungsrecht, 2010.

Ruffert, Matthias, Grund und Grenzen der Wissenschaftsfreiheit, VVDStRL, 65 (2006), S. 146-215.

Ruffert, Matthias, Regulierung im System des Verwaltungsrechts, AöR, 124 (1999), S. 237-281.

Rüfner, Wolfgang, § 96. Daseinsvorsorge und soziale Sicherheit, in: Isensee, Josef/Kirchhof, Paul (Hrsg.), Handbuch des Staatsrechts der Bundesrepublik Deutschland. Band IV, 3. Aufl., 2007.

Rüfner, Wolfgang, Grundrechtliche Leistungsansprüche, in: Im Dienst des Sozialrechts, Festschrift für Georg Wannagat zum 65. Geburtstag am 26. Juni 1981, 1981, S. 379-390.

Rüfner, Wolfgang, Zur Bedeutung und Tragweite des Artikels 19 Abs. 3 des Grundgesetzes. Anwendbarkeit der Grundrechte auf juristische Personen, AöR, 89 (1964), S. 261-322.

Ruge, Reinhard, Die Gewährleistungsverantwortung des Staates und der Regulatory State. Zur veränderten Rolle des Staates nach der Deregulierung der Stromwirtschaft in Deutschland, Großbritannien und der EU, 2011.

Rupp, Hans Heinrich, Die Stellung der Studenten in der Universität, VVDStRL, 27 (1969), S. 113-139.

Rupp, Hans Heinrich, Rechts- und Organisationsfragen der außeruniversitären „staatlichen Forschung", WissR 1984, S. 1-15.

Sachs, Michael (Hrsg.), Grundgesetz. Kommentar, 9. Aufl., 2021.

Sachs, Michael, Bürgerverantwortung im demokratischen Verfassungsstaat, DVBl. 1995, S. 873-894.

Sachs, Michael/Jasper, Christian, Der allgemeine Gleichheitssatz. Das Eingriffsmodell zu Art. 3 I GG als Abwehrrecht, JuS 2016, S. 769-775.

Sack, Detlev, Public Private Partnership/Öffentlich-Private Partnerschaften, in: Blanke, Bernhard/Nullmeier, Frank/Reichard, Christoph et al. (Hrsg.), Handbuch zur Verwaltungsreform, 4. Aufl., 2011, S. 161-168.

Säcker, Franz Jürgen, Das Verhältnis von Wettbewerbs- und Regulierungsrecht, EnWZ 2015, S. 531-536.

Sacksofsky, Ute, § 39. Anreize, in: Voßkuhle, Andreas/Eifert, Martin/Möllers, Christoph (Hrsg.), Grundlagen des Verwaltungsrechts. Band II, 3. Aufl., 2022.

Saha, Somnath/Saint, Sanjay/Christakis, Dimitri A., Impact factor: a valid measure of journal quality?, J Med Libr Assoc, 91 (2003), S. 42-46.

Saladin, Peter, Verantwortung als Staatsprinzip. Ein neuer Schlüssel zur Lehre vom modernen Rechtsstaat, 1984.

Samuelson, Paul A., The Pure Theory of Public Expenditure, The Review of Economics and Statistics, 36 (1954), S. 387-389.

Sandys, Laura, A strategy for a Modern Digitalised Energy System, Energy Data Taskforce report, 2019.

Sane, Jussi/Edelstein, Michael, Overcoming Barriers to Data Sharing in Public Health: A Global Perspective, 2015.

Schachtschneider, Karl Albrecht, Staatsunternehmen und Privatrecht. Kritik der Fiskustheorie, exemplifiziert an § 1 UWG, 1986 (Zugl.: Hamburg, Univ., Habil.-Schr., 1985/86).

Schaks, Nils, Das Verbot der Belastungskumulation als Bestandteil der Wesensgehaltsgarantie des Art. 19 Abs. 2 GG, DÖV 2015, S. 817-827.

Schallaböck, Jan/Hoffstätter, Ute/Buck, Daniel et al., Mustervertrag Datennutzung KonsortSWD, 2022.

Schatz, Klaus-Werner, Zur Entwicklung des Begriffs Infrastruktur, in: Berger, Heinz (Hrsg.), Wettbewerb und Infrastruktur in Post- und Telekommunikationsmärkten, 1996, S. 122-136.

Scheele, Ulrich, Privatisierung von Infrastruktur. Möglichkeiten und Alternativen, 1993.

Scherer, Joachim, Telekommunikationsrecht und Telekommunikationspolitik. = Telecommunication law and politics, 1985 (Zugl.: Frankfurt a. M., Univ., Habil.-Schr., 1984/85).

Schickhardt, Christoph/Winkler, Eva C./Sax, Ulrich/Buchner, Benedikt, Dateninfrastrukturen für die Gesundheitsforschung : Ethische Rahmenbedingungen und rechtliche Umsetzung, Bundesgesundheitsblatt Gesundheitsforschung Gesundheitsschutz 2023, S. 1-8.

Schiedermair, Hartmut, Universität als Selbstverwaltungskörperschaft?, WissR, 21 (1988), S. 1-21.

Schiller, Marcus, Staatliche Gewährleistungsverantwortung und die Sicherstellung von Anschluss und Versorgung im Bereich der Energiewirtschaft, 2012 (Zugl.: Münster, Univ., Diss., 2009-2010).

Schings, Charlotte, Der Ausbau öffentlicher Ladeinfrastruktur für Elektrofahrzeuge. Perspektiven staatlicher Steuerung für Klimaschutz und Mobilitätsgewährleistung, 2022 (Dissertation).

Schlette, Volker, Die Verwaltung als Vertragspartner. Empirie und Dogmatik verwaltungsrechtlicher Vereinbarungen zwischen Behörde und Bürger, 2000 (Zugl.: Göttingen, Univ., Habil-Schr., 1998-1999).

Schlink, Bernhard, Die Amtshilfe. Ein Beitrag zu einer Lehre von der Gewaltenteilung in der Verwaltung. Teilw. zugl.: Freiburg [i.Br.], Univ., Habil.-Schr., 1981, 1982.

Schmehl, Arndt, Die Genehmigung zwischen staatlicher und privater Umweltverantwortung, in: Lange, Klaus (Hrsg.), Gesamtverantwortung statt Verantwortungsparzellierung im Umweltrecht, 1997, S. 191-206.

Schmidhuber, Peter M./Hitzler, Gerhard, Die Planungskompetenz der Europäischen Gemeinschaft beim Ausbau der europäischen Infrastrukturen, DÖV, 44 (1991), S. 271-278.

Schmidt, Nicole, Open Access. Hochschulrechtliche Veröffentlichungs- und urheberrechtliche Anbietungspflichten des Hochschulprofessors, 2016.

Schmidt, Reiner, Die Reform von Verwaltung und Verwaltungsrecht, VerwArch, 91 (2000), S. 149-168.

Schmidt, Reiner, Rechtliche Möglichkeiten für Privatisierungen im Bereich der Bundespost, in: Wege und Verfahren des Verfassungslebens, Festschrift für Peter Lerche zum 65. Geburtstag, 1993, S. 965-978.

Schmidt-Aßmann, Eberhard, Das allgemeine Verwaltungsrecht als Ordnungsidee. Grundlagen und Aufgaben der verwaltungsrechtlichen Systembildung, 2. Aufl., 2004.

Schmidt-Aßmann, Eberhard, Die Wissenschaftsfreiheit nach Art. 5 Abs. 3 GG als Organisationsgrundrecht, in: Becker, Bernd/Bull, Hans Peter/Seewald, Otfried (Hrsg.), Festschrift für Werner Thieme zum 70. Geburtstag, 1993, S. 697-711.

Schmidt-Aßmann, Eberhard, Öffentliches Recht und Privatrecht: Ihre Funktionen als wechselseitige Auffangordnungen. Einleitende Problemskizze, in: Hoffmann-Riem, Wolfgang/Schmidt-Aßmann, Eberhard (Hrsg.), Öffentliches Recht und Privatrecht als wechselseitige Auffangordnungen, 1996, S. 7-40.

Schmidt-Aßmann, Eberhard, Zur Reform des Allgemeinen Verwaltungsrechts. Reformbedarf und Reformansätze, in: Hoffmann-Riem, Wolfgang/Schmidt-Aßmann, Eberhard/Schuppert, Gunnar Folke (Hrsg.), Reform des allgemeinen Verwaltungsrechts. Grundfragen, 1993, S. 11-63.

Schmidt-Aßmann, Eberhard/Röhl, Hans Christian, Grundpositionen des neuen Eisenbahnverfassungsrechts (Art. 87e GG), DÖV, 47 (1994), S. 577-585.

Schmidt-Jortzig, Edzard, § 162. Meinungs- und Informationsfreiheit, in: Isensee, Josef/Kirchhof, Paul (Hrsg.), Handbuch des Staatsrechts der Bundesrepublik Deutschland. Band VII, 2009.

Schmidt-Preuß, Matthias, Verwaltung und Verwaltungsrecht zwischen gesellschaftlicher Selbstregulierung und staatlicher Steuerung, VVDStRL, 56 (1997), S. 160-227.

Schmitt Glaeser, Walter, Die Freiheit der Forschung, in: Eser, Albin/Schumann, Karl F. (Hrsg.), Forschung im Konflikt mit Recht und Ethik. Zur Problematik von Zeugnisverweigerungsrecht, strafrechtlicher Immunität und freiem Datenzugang des Forschers, 1976, S. 77-99.

Schmitt Glaeser, Walter, Die Freiheit der Forschung, WissR, 7 (1974), S. 106-134.

Schnapp, Friedrich E., Der Verwaltungsvorbehalt, VVDStRL, 43 (1985), S. 172-198.

Schoch, Friedrich (Hrsg.), Informationsfreiheitsgesetz. Kommentar, Beck-Online, 2. Aufl., 2016.

Schoch, Friedrich, Öffentlich-rechtliche Rahmenbedingungen einer Informationsordnung, VVDStRL, 57 (1998), S. 158-212.

Schoch, Friedrich, Public Private Partnership, in: Erichsen, Hans-Uwe (Hrsg.), Kommunale Verwaltung im Wandel, 1999, S. 101-116.

Schoch, Friedrich, Verfassungsrechtlicher Schutz der kommunalen Finanzautonomie. Darstellung am Beispiel saarländischer Kommunen, 1997.

Schoch, Friedrich/Kloepfer, Michael/Garstka, Hansjürgen, Archivgesetz (ArchG-ProfE). Entwurf eines Archivgesetzes des Bundes, 2007.

Schoch, Friedrich/Wieland, Joachim, Finanzierungsverantwortung für gesetzgeberisch veranlaßte kommunale Aufgaben, 1995.

Schönke, Adolf/Schröder, Horst (Begr.), Strafgesetzbuch. Kommentar, 30. Aufl., 2019.

Schönbrodt, Felix/Gollwitzer, Mario/Abele-Brehm, Andrea, Der Umgang mit Forschungsdaten im Fach Psychologie: Konkretisierung der DFG-Leitlinien, Psychologische Rundschau, 68 (2017), S. 20-35.

Schriewer, Berenike, Zur Theorie der internationalen Offenheit und der Völkerrechtsfreundlichkeit einer Rechtsordnung und ihrer Erprobung am Beispiel der EU-Rechtsordnung, 2015 (Dissertation).

Schröder, Christoph, Die Gewaltenteilung, JuS 2022, S. 122-125.

Schröter, Nico, Pfadabhängigkeit und Recht, 2024.

Schulte, Martin, Grund und Grenzen der Wissenschaftsfreiheit, VVDStRL, 65 (2006), S. 110-145.

Schulze-Fielitz, Helmuth, Politische Voraussetzungen wissenschaftlicher Forschung, in: Dreier, Horst (Hrsg.), Wissenschaft und Politik. ... beging die Bayerische Akademie der Wissenschaften ihr 250jähriges Jubiläum, 2010, S. 71-106.

Schulze-Fielitz, Helmuth, Staatsaufgabenentwicklung und Verfassung. Zur normativen Kraft der Verfassung für das Wachstum und die Begrenzung von Staatsaufgaben, in: Grimm, Dieter (Hrsg.), Wachsende Staatsaufgaben - sinkende Steuerungsfähigkeit des Rechts, 1990, S. 11-47.

Schulze-Fielitz, Helmuth, Zusammenspiel von öffentlich-rechtlichen Kontrollen der Verwaltung, in: Schmidt-Aßmann, Eberhard/Hoffmann-Riem, Wolfgang (Hrsg.), Verwaltungskontrolle, 2001, S. 291-323.

Schuppert, Gunnar Folke, Der moderne Staat als Gewährleistungsstaat, in: Empirische Policy- und Verwaltungsforschung, Lokale, nationale und internationale Perspektiven, 2001, S. 399-414.

Schuppert, Gunnar Folke, Die Erfüllung öffentlicher Aufgaben durch Staat, kommunale Gebietskörperschaften und Private, in: Ipsen, Jörn (Hrsg.), Privatisierung öffentlicher Aufgaben. Private Finanzierung kommunaler Investitionen, 1994, S. 17-36.

Schuppert, Gunnar Folke, Die öffentliche Verwaltung im Kooperationsspektrum staatlicher und privater Aufgabenerfüllung: Zum Denken in Verantwortungsstufen, Die Verwaltung, 31 (1998), S. 415-447.

Schuppert, Gunnar Folke, Die Privatisierungsdiskussion in der deutschen Staatsrechtslehre, Staatswissenschaften und Staatspraxis 1994, S. 541-564.

Schuppert, Gunnar Folke, Die Zukunft der Daseinsvorsorge in Europa: Zwischen Gemeinwohlbindung und Wettbewerb, in: Schwintowski, Hans-Peter (Hrsg.), Die Zukunft der kommunalen EVU im liberalisierten Energiemarkt. Geschäftschancen und Geschäftsfelder ; [zweites Jahressympsoium, das das EWeRK am 16. März 2001 in der Humboldt-Universität Berlin veranstaltet hat], 2002, S. 11-39.

Schuppert, Gunnar Folke, Jenseits von Privatisierung und „schlankem" Staat: Vorüberlegungen zu einem Konzept von Staatsentlastung durch Verantwortungsteilung, in: Gusy, Christoph (Hrsg.), Privatisierung von Staatsaufgaben. Kriterien - Grenzen - Folgen, 1998, S. 72-115.

Schuppert, Gunnar Folke, Rückzug des Staats? Zur Rolle des Staates zwischen Legitimationskrise und politischer Neubestimmung, DÖV, 48 (1995), S. 761-770.

Schuppert, Gunnar Folke, Verwaltungswissenschaft. Verwaltung, Verwaltungsrecht, Verwaltungslehre, 2000.

Schuppert, Gunnar Folke, Vom produzierenden zum gewährleistenden Staat: Privatisierung als Veränderung staatlicher Handlungsformen, in: König, Klaus/ Benz, Angelika (Hrsg.), Privatisierung und staatliche Regulierung. Bahn, Post und Telekommunikation, Rundfunk, 1997, S. 539-575.

Schwarz, Kyrill-A., § 20. Grundfragen, in: Stern, Klaus/Sodan, Helge/Möstl, Markus (Hrsg.), Das Staatsrecht der Bundesrepublik Deutschland im europäischen Staatenverbund. Band I, 2. Aufl., 2022.

Schwarz, Kyrill-A., Rückwirkung von Gesetzen, Juristische Ausbildung 2013, S. 683-687.

Schwarz, Kyrill-A., Verfassungsrechtliche Anforderungen an die Verteilung der Finanzmasse zwischen Land und Kommunen. Zugleich eine Anmerkung zum Urt. des Nds. Staatsgerichtshofs vom 16. Mai 2001 (Az.: StGH 6-9/99, 1/00), ZKF 2001, S. 268-274.

Schwarz, Kyrill-A., Vertrauensschutz als Verfassungsprinzip. Eine Analyse des nationalen Rechts, des Gemeinschaftsrechts und der Beziehungen zwischen beiden Rechtskreisen, 2002 (Zugl.: Göttingen, Univ., Habil.-Schr., 2001).

Schwarze, Jürgen, Daseinsvorsorge im Lichte des europäischen Wettbewerbsrechts, EuZW 2001, S. 334-339.

Schwarze, Jürgen; Becker, Ulrich; Hatje, Armin; Schoo, Johann (Hrsg.), EU-Kommentar, *Groeben/Schwarze/Hatje,* 4. Aufl., 2019.

Science Journals, Editorial Policies, 2021.

Seckelmann, Margrit, Evaluation und Recht. Strukturen, Prozesse und Legitimationsfragen staatlicher Wissensgewinnung durch (Wissenschafts-)Evaluationen, 2018.

Seidel, Achim, Privater Sachverstand und staatliche Garantenstellung im Verwaltungsrecht, 2000 (Zugl.: München, Univ., Diss., 1999/2000).

Sendler, Horst, Teilhaberechte in der Rechtsprechung des Bundesverwaltungsgerichts, DÖV, 31 (1978), S. 581-589.

Senges, Max/Müller, Philipp/Weitzmann, John H. et al., Offene Staatskunst. Bessere Politik durch „Open Government“? Eine Publikation des Internet & Gesellschaft Co:llaboratory. Abschlussbericht, Oktober 2010.

Shen, Bingqing/Guo, Jingzhi/Yang, Yilong, MedChain: Efficient Healthcare Data Sharing via Blockchain, Applied Sciences, 9 (2019), S. 1207.

Shrestha, Ajay Kumar/Vassileva, Julita, Blockchain-Based Research Data Sharing Framework for Incentivizing the Data Owners, in: Chen, Shiping/Wang, Harry/Zhang, Liang-Jie (Hrsg.), Blockchain – ICBC 2018, 2018, S. 259-266.

Sieber, Ulrich, Informationsrecht und Recht der Informationstechnik – Die Konstituierung eines Rechtsgebietes in Gegenstand, Grundfragen und Zielen, NJW 1989, S. 2569-2580.

Siegel, Thorsten, Allgemeines Verwaltungsrecht. Mit ebook: Lehrbuch & Entscheidungen, 14. Aufl., 2022.

Sieweke, Simon, Managementstrukturen und outputorientierte Finanzierung im Hochschulbereich. Zum Instrumentarium des Neuen Steuerungsmodells im Hinblick auf Wissenschaftsfreiheit und Hochschulautonomie, 2010.

Simitis, Spiros/Hornung, Gerrit/Spiecker Döhmann, Indra/Albrecht, Jan Philipp (Hrsg.), Datenschutzrecht. DSGVO mit BDSG, 2019.

Simmons, Joseph/Nelson, Leif/Simonsohn, Uri, Pre-registration: Why and How, J. of Consumer Psychology, 31 (2021), S. 151-162.

Smith, Adam, Der Wohlstand der Nationen. Eine Untersuchung seiner Natur und seiner Ursachen, 1789.

Sommermann, Karl-Peter, Staatsziele und Staatszielbestimmungen, 1997 (Zugl.: Berlin, Humboldt-Univ., Habil.-Schr., 1995).

SPD/DIE GRÜNEN/FDP, Mehr Fortschritt wagen. Bündnis für Freiheit, Gerechtigkeit und Nachhaltigkeit, Koalitionsvertrag 2021-2025 zwischen der Sozialdemokratischen Partei Deutschlands (SPD), BÜNDNIS 90 / DIE GRÜNEN und den Freien Demokraten (FDP).

Specht, Louisa, Ausschließlichkeitsrechte an Daten. Notwendigkeit, Schutzumfang, Alternativen, CR 2016, S. 288-296.

Specht-Riemenschneider, Louisa, Studie zur Regulierung eines privilegierten Zugangs zu Daten für Wissenschaft und Forschung durch die regulatorische

Verankerung von Forschungsklauseln in den Sektoren Gesundheit, Online-Wirtschaft, Energie und Mobilität, 2021.

Specht-Riemenschneider, Louisa/Blankertz, Aline/Sierek, Pascal/Schneider, Ruben et al., Die Datentreuhand, MMR-Beil. 2021, S. 25-48.

Specht-Riemenschneider, Louisa/Mantz, Reto (Hrsg.), Handbuch europäisches und deutsches Datenschutzrecht. Bereichsspezifischer Datenschutz in Privatwirtschaft und öffentlichem Sektor, 2019.

Specht-Riemenschneider, Louisa/Wehde, Forschungsdatenzugang. Rahmenbedingungen, Prinzipien und Leitlinien für einen privilegierten Zugang zu Daten für Forschung und Wissenschaft, ZGI 2022, S. 3-11.

Spiecker gen. Döhmann, Indra, Wissensverarbeitung im Öffentlichen Recht, RW 2010, S. 247-282.

Springer Nature, Reporting Standards and Availability of Data, Materials, Code and Protocols, 2019.

Starck, Christian, Freiheit und Institutionen, 2002.

Starck, Christian, Staatliche Organisation und staatliche Finanzierung als Hilfe zu Grundrechtsverwirklichungen?, in: Bundesverfassungsgericht und Grundgesetz, Festgabe aus Anlaß des 25jährigen Bestehens des Bundesverfassungsgerichts, 1976, S. 480-526.

Staud, Toralf/Reimer, Nick, Deutschland 2050. Wie der Klimawandel unser Leben verändern wird, 2021.

Stehr, Nico, Die Zerbrechlichkeit moderner Gesellschaften, 2000.

Steinberg, Philipp, Daseinsvorsorge im europäischen Mehrebenensystem als geteilte Gewährleistungsverantwortung, in: Bungenberg, Marc/Danz, Stefan/Heinrich, Helge et al. (Hrsg.), Recht und Ökonomik. 44. AssÖR: 44. Assistententagung Öffentliches Recht, 2004, S. 189-221.

Steindorff, Ernst, Einführung in das Wirtschaftsrecht der Bundesrepublik Deutschland, 1985.

Steindorff, Ernst, Markt und hoheitliche Verantwortung in der EG. Vom Werden europäischer Wirtschaftsordnung, ZHR, 164 (2000), S. 223-273.

Stelkens, Ulrich, Zum Erfordernis einer Staatshaftung gegenüber juristischen Personen des öffentlichen Rechts, DVBl. 2003, S. 22-31.

Stern, Klaus, Rationale Infrastrukturpolitik und Regierungs- und Verwaltungsorganisation, in: Arndt, Helmut/Swatek, Dieter (Hrsg.), Grundfragen der Infrastrukturplanung für wachsende Wirtschaften. Verhandlungen auf der Tagung in Innsbruck, 2. Aufl., 1971, 69.

Stettner, Rupert, Grundfragen einer Kompetenzlehre, 1983.

Stober, Rolf, EG-Binnenmarkt und deutsche Wirtschaft. Ein Leitfaden für Unternehmen, Wirtschaftsberatung und Wirtschaftsverwaltung, 1990.

Stober, Rolf, Handbuch des Wirtschaftsverwaltungs- und Umweltrechts, 1989.

Stober, Rolf, Verwaltungsrecht. Ein Studienbuch, 7. Aufl., 2010.

Stober, Rolf/Korte, Stefan, Öffentliches Wirtschaftsrecht. Allgemeiner Teil. Grundlagen des deutschen, europäischen und internationalen öffentlichen Wirtschaftsrechts, 19. Aufl., 2019.

Stohler, Jacques, Zur rationalen Planung der Infrastruktur, Konjunkturpolitik, 11 (1965), S. 279-308.

Storr, Stefan, Der Staat als Unternehmer. Öffentliche Unternehmen in der Freiheits- und Gleichheitsdogmatik des nationalen Rechts und des Gemeinschaftsrechts, 2001 (Zugl.: Jena, Univ., Habil.-Schr., 2000-2001).

Streinz, Rudolf/Michl, Walther/Härtel, Ines/Huber, Peter M. (Hrsg.), EUV/AEUV, Vertrag über die Europäische Union - Vertrag über die Arbeitsweise der Europäischen Union - Charta der Grundrechte der Europäischen Union, Beck'scher Kurz-Kommentar, 3. Aufl., 2018 (zitiert: Streinz (Hrsg.), EUV/AEUV, 3. Aufl. 2018).

Streiter, Felix, Wissenschaftsförderung durch Mittlerorganisationen, 2008.

Strieth-Kalthoff, Felix/Sandfort, Frederik/Kühnemund, Marius/Schäfer, Felix R. et al., Machine Learning for Chemical Reactivity: The Importance of Failed Experiments, Angewandte Chemie Int. Ed., 61 (2022), e202204647.

Stuart, David/Baynes, Grace/Hrynaszkiewicz, Iain et al., Practical challenges for researchers in data sharing, White paper, 2018.

Stürmer, Verena, Löschen durch Anonymisieren? Mögliche Erfüllung der Löschpflicht nach Art. 17 SD-GVO, ZD 2020, S. 626-631.

Suchodoletz, Dirk von/*Mühlhaus, Timo/Brillhaus, Dominik/Jasbeen, Hajira et al.*, Data Stewards as ambassadors between the NFDI and the community, in: Heuveline, Vincent/Bisheh, Nina (Hrsg.), E-Science-Tage 2021. Share Your Research Data, 2022, S. 358-365.

Sydow, Gernot (Hrsg.), Europäische Datenschutzgrundverordnung. Handkommentar, Nomos Kommentar, 2. Aufl., 2018.

Szczekalla, Peter, Die sogenannten grundrechtlichen Schutzpflichten im deutschen und europäischen Recht. Inhalt und Reichweite einer „gemeineuropäischen Grundrechtsfunktion", 2002.

Taeger, Jürgen/Gabel, Detlev (Hrsg.), DSGVO – BDSG – TTDSG. Kommentar, 4. Aufl., 2022.

Tal-Socher, Michal/Ziderman, Adrian, Data sharing policies in scholarly publications. Interdisciplinary comparisons, Prometheus, 36 (2020), S. 116-134.

Teare, Harriet/Prictor, Megan/Kaye, Jane, Reflections on dynamic consent in biomedical research: the story so far, European Journal of Human Genetics, 29 (2021), S. 649-656.

Tedersoo, Leho/Küngas, Rainer/Oras, Ester/Köster, Kajar et al., Data sharing practices and data availability upon request differ across scientific disciplines, Sci Data, 8 (2021), S. 1-11.

Tenopir, Carol/Christian, Lisa/Allard, Suzie/Borycz, Josh, Research Data Sharing: Practices and Attitudes of Geophysicists, Earth and Space Science, 5 (2018), S. 891-902.

Tenopir, Carol/Rice, Natalie M./Allard, Suzie/Baird, Lynn et al., Data sharing, management, use, and reuse: Practices and perceptions of scientists worldwide, PLoS ONE, 15/3 (2020), 1 (Stand: 26.08.2022).

Tettinger, Peter J., Die rechtliche Ausgestaltung von Public Private Partnership, DÖV, 49 (1996), S. 764-770.

Tettinger, Peter J., Maastricht II. Vertragsergänzung zur Sicherung der Daseinsvorsorge in Europa?, DVBl. 1997, S. 341-346.

Thieme, Werner, Berufungszusagen und Hochschulreform, 1970.

Tieben, Philipp, Förderungsstrategien für Elektromobilität. Möglichkeiten rechtlicher Steuerung zur Überwindung des Akzeptanzproblems, 2017.

Tinbergen, Jan, Shaping the World Economy. Suggestions for an International Economic Policy, 1962.

Tinnefeld, Marie-Theres/Conrad, Isabell, Die selbstbestimmte Einwilligung im europäischen Recht. Voraussetzungen und Probleme, ZD 2018, 391-398.

Trunzer, Hans Friedrich, Infrastrukturinvestitionen und Wirtschaftswachstum, 1980.

Trute, Hans-Heinrich, Die Forschung zwischen grundrechtlicher Freiheit und staatlicher Institutionalisierung. Das Wissenschaftsrecht als Recht kooperativer Verwaltungsvorgänge, 1994 (Zugl.: Heidelberg, Univ., Habil.-Schr., 1992).

Trute, Hans-Heinrich, Die Verwaltung und das Verwaltungsrecht zwischen gesellschaftlicher Selbstregulierung und staatlicher Steuerung, DVBl., 111 (1996), S. 950-964.

Trute, Hans-Heinrich, Gemeinwohlsicherung im Gewährleistungsstaat, in: Schuppert, Gunnar Folke/Neidhardt, Friedhelm (Hrsg.), Gemeinwohl. Auf der Suche nach Substanz, 2002, S. 329-347.

Trute, Hans-Heinrich, Verantwortungsteilung als Schlüsselbegriff eines sich verändernden Verhältnisses von öffentlichem und privatem Sektor, in: Schuppert, Gunnar Folke (Hrsg.), Jenseits von Privatisierung und „schlankem“

Staat. Verantwortungsteilung als Schlüsselbegriff eines sich verändernden Verhältnisses von öffentlichem und privatem Sektor, 1999, S. 13-45.

Trute, Hans-Heinrich, Verzahnungen von öffentlichem und privatem Recht. Anhand ausgewählter Beispiele, in: Hoffmann-Riem, Wolfgang/Schmidt-Aßmann, Eberhard (Hrsg.), Öffentliches Recht und Privatrecht als wechselseitige Auffangordnungen, 1996, S. 167-223.

Tsao, Li-Chung/Crosby, Erika J./Trotter, Timothy N./Agarwal, Pankaj et al., CD47 blockade augmentation of trastuzumab antitumor efficacy dependent on antibody-dependent cellular phagocytosis, JCI Insight, 4 (2019), S. 1.

Uerpmann-Wittzack/Robert, § 89. Verkehr, in: Isensee, Josef/Kirchhof, Paul (Hrsg.), Handbuch des Staatsrechts der Bundesrepublik Deutschland. Band IV, 3. Aufl., 2007.

Universität Heidelberg, Satzung zur Sicherung guter wissenschaftlicher Praxis und zum Umgang mit wissenschaftlichem Fehlverhalten, 2021.

van den Eynden, Veerle/Knight, Gareth/Vlad, Anca, Open Research: practices, experiences, barriers and opportunities, 2016.

van Tuyl, Steven/Whitmire, Amanda L., Water, Water, Everywhere: Defining and Assessing Data Sharing in Academia, PLoS ONE, 11 (2016), 1-16.

Velazquez, Anjelina/Bustria, Mhealyssah/Ouyang, Youwen et al., An analysis of clinical and geographical metadata of over 75,000 records in the GISAID COVID-19 database.

Vierkant, Paul/Spier, Shaked/Rücknagel, Jessika et al., Schema for the description of research data repositories, 2014.

Voßkuhle, Andreas, § 1. Neue Verwaltungswissenschaft, in: Voßkuhle, Andreas/Eifert, Martin/Möllers, Christoph (Hrsg.), Grundlagen des Verwaltungsrechts. Band I, 3. Aufl., 2022.

Voßkuhle, Andreas, Beteiligung Privater an der Wahrnehmung öffentlicher Aufgaben und staatliche Verantwortung, VVDStRL, 62 (2002), S. 266-335.

Voßkuhle, Andreas, Das Kompensationsprinzip. Grundlagen einer prospektiven Ausgleichsordnung für die Folgen privater Freiheitsbetätigung, zur Flexibilisierung des Verwalyungsrechts am Beispiel des Umwelt, und Planungsrechts, 1999.

Voßkuhle, Andreas, Das Kooperationsprinzip im Immissionsschutzrecht, ZUR, 12 (2001), S. 23-28.

Voßkuhle, Andreas, Der „Dienstleistungsstaat". Über Nutzen und Gefahren von Staatsbildern, Der Staat, 40 (2001), 495-523.

Voßkuhle, Andreas, Gesetzgeberische Regelungsstrategien der Verantwortungsteilung zwischen öffentlichem und privatem Sektor, in: Schuppert, Gunnar

Folke (Hrsg.), Jenseits von Privatisierung und „schlankem" Staat. Verantwortungsteilung als Schlüsselbegriff eines sich verändernden Verhältnisses von öffentlichem und privatem Sektor, 1999, S. 47-90.

Voßkuhle, Andreas, Grundwissen – Öffentliches Recht: Gesetzgebungskompetenzen, JuS 2020, S. 315-318.

Voßkuhle, Andreas, Staatsaufgabe Infrastruktur, in: Habersack, Mathias/Huber, Karl/Spindler, Gerald (Hrsg.), Festschrift für Eberhard Stilz zum 65. Geburtstag, 2014, S. 675-688.

Voßkuhle, Andreas, Umweltschutz und Grundgesetz, NVwZ 2013, S. 1-8.

Waechter, Kay, Kooperationsprinzip, gesellschaftliche Eigenverantwortung und Grundpflichten. Verrechtlichung von ethischen Pflichten durch indirekte Steuerung, Der Staat, 38 (1999), S. 279-310.

Wahl, Rainer, Staatsaufgaben im Verfassungsrecht, in: Ellwein, Thomas (Hrsg.), Staatswissenschaften. Vergessene Disziplin oder neue Herausforderung?, 1990, S. 29-53.

Wallach, Joshua D./Boyack, Kevin W./Ioannidis, John P. A., Reproducible research practices, transparency, and open access data in the biomedical literature, 2015-2017, PLoS Biol, 16 (2018), 1.

Wallis, Jillian C./Rolando, Elizabeth/Borgman, Christine L., If we share data, will anyone use them? Data sharing and reuse in the long tail of science and technology, PLoS ONE, 8 (2013), e67332.

Weber, Rolf H., Wirtschaftsregulierung in wettbewerbspolitischen Ausnahmebereichen. Studien zur staatlichen Wirtschaftsregulierung und zum Einsatz der Regulierungsinstrumente in den Transport-, Kommunikations- und Energiemärkten in der Schweiz und in den Vereinigten Staaten von Amerika, 1986.

Weber, Werner, Die Rechtstellung des deutschen Hochschullehrers, 2. Aufl., 1965.

Wegener, Bernhard W., Der geheime Staat. Arkantradition und Informationsfreiheitsrecht, 2006.

Wegener, Bernhard W., Informationsfreiheit und Verfassungsrecht, in: Planung - Steuerung - Kontrolle, Festschrift für Richard Bartlsperger zum 70. Geburtstag, 2006, S. 165-183.

Wehr, Matthias, Rechtspflichten im Verfassungsstaat. Verfassungs- und verwaltungsrechtliche Aspekte der Dogmatik öffentlich-rechtlicher Pflichten Privater, 2011.

Weichert, Thilo, Die Forschungsprivilegierung in der DS-GVO. Gesetzlicher Änderungsbedarf bei der Verarbeitung personenbezogener Daten für Forschungszwecke, ZD 2020, S. 18-24.

Weinhardt, Christof/Anandasivam, Arun/Blau, Benjamin/Borissov, Nikolay et al., Cloud-Computing, Wirtschaftsinformatik, 51 (2009), S. 453-462.

Weiß, Wolfgang, Beteiligung Privater an der Wahrnehmung öffentlicher Aufgaben und staatliche Verantwortung, DVBl., 117 (2002), S. 1167-1182.

Weiß, Wolfgang, Privatisierung und Staatsaufgaben. Privatisierungsentscheidungen im Lichte einer grundrechtlichen Staatsaufgabenlehre unter dem Grundgesetz, 2002.

Wendelborn, Christian/Anger, Michael/Schickhardt, Christoph, What is data stewardship? Towards a comprehensive understanding, Sci Data 2021, S. 1-7.

Wendt, Rudolf, Das Recht am eigenen Bild als strafbewehrte Schranke der verfassungsrechtlich geschützten Kommunikationsfreiheit des Art. 5 Abs. 1 GG, AfP, 27 (2004), S. 181-190.

White, Tonya/Blok, Elisabet/Calhoun, Vince D., Data sharing and privacy issues in neuroimaging research: Opportunities, obstacles, challenges, and monsters under the bed, Human Brain Mapping, 43 (2022), S. 278-291.

Wieland, Bernhard, Infrastruktur, in: Schöller, Oliver/Canzler, Weert/Knie, Andreas (Hrsg.), Handbuch Verkehrspolitik, 2007, S. 376-404.

Wildgans, Julia, Zuckerbrot und Peitsche? – Ein Plädoyer für Open Access im juristischen Publikationswesen, ZUM 2019, S. 21-28.

Wilkinson, Mark D./Dumontier, Michel/Aalbersberg, I. Jsbrand Jan/Appleton, Gabrielle et al., The FAIR Guiding Principles for scientific data management and stewardship, Sci Data, 3 (2016), 160018.

Wilkinson, Ross, The State of Open Data Report, 2018.

Winter, Christian/Battis, Verena/Halvani, Oren, Herausforderungen für die Anonymisierung von Daten. Technische Defizite, konzeptuelle Lücken und rechtliche Fragen bei der Anonymisierung von Daten, ZD 2019, S. 489-493.

Wißmann, Hinnerk, Die Anforderungen an ein zukunftsfähiges Infrastrukturrecht, VVDStRL, 73 (2014), S. 369-421.

Wokart, Norbert, Verantwortung. Garant konservativer Ethik, in: Wokart, Norbert (Hrsg.), Ent-Täuschungen. Philosophische Signaturen des 20. Jahrhunderts, 1991, S. 59-75.

Wolff, Heinrich Amadeus/Brink, Stefan (Hrsg.), BeckOK Datenschutzrecht, 40. Aufl., 2022.

Wolff, Heinrich Amadeus/Hömig, Dieter (Hrsg.), Grundgesetz für die Bundesrepublik Deutschland. Handkommentar, NomosKommentar, 13. Aufl., 2022.

Wollenteit, Ulrich, Informationsrechte des Forschers im Spannungsfeld von Transparenzforderungen und Datenschutz. Zum Datenzugang für Forschungszwecke in den USA und in der Bundesrepublik Deutschland, 1993.

Woolley, J. Patrick, Towards coherent data policy for biomedical research with ELSI 2.0: orchestrating ethical, legal and social strategies, J Med Ethics, 43 (2017), S. 741-743.

Woolley, J. Patrick/Kirby, Emily/Leslie, Josh/Jeanson, Francis et al., Responsible sharing of biomedical data and biospecimens via the "Automatable Discovery and Access Matrix" (ADA-M), Genomic Medicine, 17 (2018), S. 1-7.

Würtenberger, Thomas/Fikentscher, W./Lübbe-Wolf, G., Wandlungen in den privaten und öffentlichen Verantwortungssphären, in: Lampe, Ernst-Joachim (Hrsg.), Verantwortlichkeit und Recht, 1989, S. 308-326.

Würtenberger, Thomas/Tanneberger, Stefan, Biosicherheit und Forschungsfreiheit. Zu den Schranken des Art. 5 Abs. 3 S. 1 GG, OdW 2014, S. 1-10.

Wysk, Peter, § 51. Die Rechtsprechung, in: Stern, Klaus/Sodan, Helge/Möstl, Markus (Hrsg.), Das Staatsrecht der Bundesrepublik Deutschland im europäischen Staatenverbund. Band III, 2. Aufl., 2022.

Yarborough, Mark, Why There Is No Obligation to Participate in Clinical Research, J. Law. Med. Ethics, 45 (2017), S. 327-332.

Yotova, Rumiana/Knoppers, Bartha Maria, The Right to Benefit from Science and Its Implications for Genomic Data Sharing, European Journal of International Law, 31 (2020), S. 665-691.

Zech, Herbert, Daten als Wirtschaftsgut. Überlegungen zu einem „Recht des Datenerzeugers, CR 2015, S. 137-146.

Zech, Herbert, Information als Schutzgegenstand, 2012.

Zibell, Barbara, Infrastruktur in einer mobilen Gesellschaft – Was, wofür und für wen?, in: Köhler, Stefan (Hrsg.), Infrastruktur in einer mobilen Gesellschaft. Was, wofür und für wen?, 2007, S. 92-103.

Ziekow, Jan, Verankerung verwaltungsrechtlicher Kooperationsverhältnisse (Public Private Partnership) im Verwaltungsverfahrensgesetz. Wissenschaftliches Gutachten, 2003.

Zippelius, Reinhold, Recht und Gerechtigkeit in der offenen Gesellschaft, 2. Aufl., 1996.

Zuck, Rüdiger, Geldwäsche: Die verfassungswidrige Indienstnahme des Rechtsanwalts für die Zwecke der Strafverfolgung, NJW 2002, S. 1397-1398.

Zwirner, Henning, Zum Grundrecht der Wissenschaftsfreihei, AöR, 98 (1973), S. 313-339.

www.ingramcontent.com/pod-product-compliance
Ingram Content Group UK Ltd.
Pitfield, Milton Keynes, MK11 3LW, UK
UKHW021927290926
8980IPUK00016B/1494

9 783631 927120